Porkert

Lehrbuch der chinesischen Diagnostik

Weitere Bücher des Autors zum Thema
in deutscher Sprache:

Die theoretischen Grundlagen der chinesischen Medizin
2., durchgesehene Auflage
300 Seiten, S. Hirzel Verlag, Stuttgart, 1982

Die chinesische Medizin (Sachbuch)
unter Mitarbeit von Christian Ullmann
416 SS. Econ-Verlag, Düsseldorf, 1982

Klinische chinesische Pharmakologie
630 Seiten; erste Auflage VfM, Heidelberg, 1978
jetzt alle Rechte und Alleinvertrieb bei
ACTA MEDICINAE SINENSIS, Chinese Medicine Publications Ltd., Zürich

Klassische chinesische Rezeptur
ca. 600 Seiten, Erscheinungstermin: September 1983
ACTA MEDICINAE SINENSIS, Chinese Medicine Publications Ltd., Zürich

Systematische Akupunktur
unter Mitarbeit von Carl-Hermann Hempen
ca. 550 Seiten,
Verlag Urban & Schwarzenberg, München
Erscheinungstermin: 4. Quartal 1983

Lehrbuch der chinesischen Diagnostik

von Prof. Dr. Manfred Porkert

Extraordinarius für Sinologie und Theoretische Grundlagen der chinesischen Medizin an der Universität München

mit 19 Abbildungen

ACTA MEDICINAE SINENSIS

CHINESE MEDICINE PUBLICATIONS LTD. · ZÜRICH · SWITZERLAND

2., durchgesehene und ergänzte Auflage
des erstmals 1976 im Verlag für Medizin Dr. Ewald Fischer, Heidelberg, erschienenen Werkes

ISBN 3-85597-001-7

Umschlagentwurf: CMC
Druck und Bindearbeiten: Mayer-Druck, Augsburg

INHALT

Vorwort zur 2., deutschsprachigen Auflage 9
Vorwort 10

Einführung 11
Wozu chinesische Diagnostik? 11
Die Polarität von westlicher und chinesischer Wissenschaft 11
Die kausale Analyse und ihre Grenzen 12
Die induktive Synthese und ihre Grenzen 13
Die Folgen der kausalanalytischen Polarisation der westlichen Medizin 14
Wieso die chinesische Diagnostik Funktionsstörungen spezifisch bestimmen kann oder die Bedeutung der induktiven Synthese für die medizinische Praxis 15
Chinesische Diagnostik als Voraussetzung rationaler Akupunktur und Moxibustion 18
Die „Einfachheit" der chinesischen Diagnostik 19
Die Objektivierung diagnostischer Befunde 20
Die Rationalität der Diagnose 21
Die Persönlichkeit des Patienten in der Diagnose 22

Erster Teil: Theorie der Diagnostik

I. Allgemeine Normen und Entsprechungen 23
1. Die allgemeinen Normkonventionen 23
a) Yang (Aktives) und Yin (Struktives) 23
b) Die Fünf Wandlungsphasen *(wu-hsing)* 26
2. Die Orbisikonographie 29

II. Grundgedanken der Differentialdiagnose 33
1. Die Acht Leitkriterien *(pa-kang)* 34
(1) Yin und Yang 34
a) Defizienz des *yin merum*, Defizienz des *yang merum* 36
b) Völliger Verlust des Yin (der struktiven Energie), völliger Verlust des Yang (der aktiven Energie) 37
(2) *Species* und *Intima* 39
a) *Species*- und *Intima*-Symptome 39
b) *Species*- und *Intima*-Symptome in Verbindung mit *algor* und *calor, inanitas* und *repletio* 41
c) Halb-*species,* halb-*intima*-Symptome 42
d) Kombination und Interferenz von *species*- und *intima*-Symptomen 42
(3) *Algor* et *calor* 43
a) Die reinen Symptome 44
b) Vermischtes Auftreten von *algor*- und *calor*-Symptomen 44
c) *Algor falsus, calor falsus* 45
(4) *Inanitas* und *repletio* 48
a) Die Symptomatik von *inanitas* und *repletio* 48
1. Erschöpfung der aktiven und individualspezifischen Energie *(inanitas ch'i)* 48
2. Fülle im Bereich der aktiven individualspezifischen Energie *(repletio ch'i)* 49
3. Erschöpfung der struktiven individualspezifischen Energie *(inanitas hsüeh)* 49
4. Fülle im Bereich der struktiven individualspezifischen Energie *(repletio hsüeh)* 49
5. Erschöpfung der Energie der Orbes *(inanitas orbium)* 50
6. Fülle der Energie der Orbes *(repletio orbium)* 50
b) Vermischtes Auftreten von *inanitas*- und *repletio*-Symptomen 50
c) *Inanitas falsa, repletio falsa* 51

2. Die Agentien der Krankheit *(ping-yin)* 53
a) Die Sechs klimatischen Exzesse *(liu-yin)* und die durch sie bedingte Symptomatik 54
b) Die Sieben Emotionen *(ch'i-ch'ing)* und die durch sie bedingte Symptomatik . . 56
c) Neutrale Agentien und ihre Symptomatik 57

III. Pathologie 58

1. Die Pathologie der Orbes: *morbi varii (tsa-ping)* 59
(1) Krankheiten in den Oo. *hepaticus* und *felleus* 59
a) Orbiskonographisches 59
b) Pathologisches 60
c) Klinische Symptomatik bei Störungen der Oo. *hepaticus et felleus* 61
d) Differentialdiagnose 61
(2) Krankheiten in den Oo. *cardialis et intestini tenuis* 66
a) Orbiskonographisches 66
b) Pathologisches 66
c) Klinische Symptomatik bei Störungen der *orbes cardialis et intestini tenuis* . . 67
d) Differentialdiagnose 67
(3) Krankheiten in den Oo. *lienalis et stomachi* 71
a) Orbiskonographisches 71
b) Pathologisches 72
c) Klinische Symptomatik bei Störungen der Oo. *lienalis et stomachi* 72
d) Differentialdiagnose 72
(4) Krankheiten in den Oo. *pulmonalis et intestini crassi* 77
a) Orbiskonographisches 77
b) Pathologisches 77
c) Klinische Symptomatik bei Störungen des *orbis pulmonalis* (et *intest. crassi)* . . 78
d) Differentialdiagnose 78
(5) Krankheiten in den Oo. *renalis et vesicalis* 83
a) Orbiskonographisches 83
b) Pathologisches 83
c) Klinische Symptomatik bei Störungen des *orbis renalis* (et *vesicalis)* 84
d) Differentialdiagnose 84

2. Die Pathologie der Leitbahnen: *algor laedens*-Erkrankungen *(shang-han)* 88
(1) Krankheiten des *yang maior (t'ai-yang)* 90
1. Pathologie, Krankheitsmechanismus 90
2. Klinische Manifestation 91
a) *Cardinalis*-Symptome (weitere) 91
b) *Orbis aulicus*-Symptome 92
c) Komplexe Symptome 92
3. Therapie 92
(2) Krankheiten des *splendor yang (yang-ming)* 92
1. Pathologie, Krankheitsmechanismus 92
2. Klinische Manifestationen 93
a) *Cardinalis*-Symptome 93
b) *Orbis aulicus*-Symptome 93
c) Komplexe Symptome 93
3. Therapie 93
(3) Krankheiten des *yang minor (shao-yang)* 93
1. Pathologie, Krankheitsmechanismus 93
2. Klinische Manifestationen 94
a) Reine *yang-minor*-Symptome 94
b) Kombinierte Symptome 94
3. Therapie 94
(4) Krankheiten des *yin maior (t'ai-yin)* 95
1. Pathologie, Krankheitsmechanismus 95
2. Klinische Manifestationen 95
3. Therapie 95
(5) Krankheiten des *yin flectens (shao-yin)* 96

1. Pathologie, Krankheitsmechanismus 96
2. Klinische Manifestationen 97
a) Symptome von *calor* oben, *algor* unten 97
b) Symptome von *victoria* und *reversio* von *flexus* und *calor* 97
c) Symptome von Flexus und Kontravektion 97
d) Symptomatik bei Diarrhöe und Erbrechen 97
3. Therapie 97

(6) Krankheiten des *yin minor (shao-yin)* 98
1. Pathologie, Krankheitsmechanismus 98
2. Klinische Manifestationen 98
3. Therapie 99

3. Die Pathologie der Energieformen: *morbi temperati (wen-ping)* 99

(1) Die Wehrenergie *(wei, ch'i defensivum)* 100

(2) Die individualspezifische aktive Energie *(ch'i)* 100

(3) Die Bauenergie *(ying, ch'i constructivum)* 101

(4) Die individualspezifische struktive Energie *(hsüeh)* 101

(5) Das Tricalorium (san-chiao) 102
a) Symptome des *calorium superius* 102
b) Symptome des *calorium medium* 102
c) Symptome des *calorium inferius* 103

Zweiter Teil: Praxis der Diagnostik

I. Kapitel: *Inspectio*, Diagnose durch den Augenschein *(wang-chen)* 108

(1) Die *inspectio* im allgemeinen 108
1. *Inspectio* des *shen* (die „Inaugenscheinnahme der konstellierenden Kraft", *wang-shen)* 108
2. *Inspectio coloris* („Inaugenscheinnahme der Farbe", *wang-sêh)* 109
3. *Inspectio somatis* (die „Inaugenscheinnahme der körperlichen Gestalt", *wang-hsing)* 111
4. *Inspectio motus* („Inaugenscheinnahme der Bewegungen", *wang-tung)* . . . 112

(2) *Inspectio linguae*, die „Zungendiagnose" *(shê-chen)* 113
1. Theoretischer Hintergrund 113
2. Topologie und Zuordnung 114
3. Praktische Maßnahmen und Kautelen bei der Zungendiagnose 116
4. Die Diagnose des Zungenkörpers 117
5. Die Diagnose des Zungenbelags 122
6. Zusammenfassung der kritischen Zeichen der Zungendiagnose 131

(3) *Inspectio topologica partium*, die regionale Inaugenscheinnahme des Körpers . . 132
1. *Inspectio capitis*, die Inaugenscheinnahme des Kopfes 132
2. *Inspectio vultus*, die Inaugenscheinnahme des Gesichts 132
3. *Inspectio oculi*, die Inaugenscheinnahme des (äußeren) Auges 138
4. *Inspectio nasi*, die Inaugenscheinnahme der Nase 140
5. *Inspectio auris*, die Inaugenscheinnahme des Ohres 141
6. *Inspectio oris atque labium*, die Inaugenscheinnahme des Mundes und der Lippen 141
7. *Inspectio dentium et gingivarum*, die Inaugenscheinnahme der Zähne und des Zahnfleisches 142
8. *Inspectio faucium*, Inaugenscheinnahme des Rachens 142
9. *Inspectio membrorum*, die Inaugenscheinnahme der Gliedmaßen 143
10. *Inspectio indicis infantum*, die Inaugenscheinnahme des Zeigefingers in der Pädiatrie 143
11. *Inspectio excrementorum*, die Inaugenscheinnahme der Ausscheidungen . . . 145

II. Kapitel: *Auscultatio* et *olfactio,* Diagnose durch Gehör und Geruch *(wen-chen)* . . 146

(1) *Auscultatio vocis,* die diagnostische Beurteilung der Stimme und Sprache 146

1. Vokation 146
2. *Sermo* (Redefluß) 146
3. Respiration 147
4. *Tussis,* der Klang des Hustens 148
5. *Auscultatio vomitus,* die Geräusche des Würgens und Erbrechens 148
6. *Auscultatio singulti,* die Geräusche von Schluckauf *(êh-ni)* und Rülpsen *(ai-ch'i)* 149

(2) *Olfactio,* die Geruchsdiagnose 149

1. Mundgeruch 150
2. Schweißgeruch 150
3. Geruch der Ausscheidungen 150
4. Krankenzimmer 150

III. Kapitel: *Interrogatio,* die diagnostische Befragung 150

1. Temperaturempfinden 151
2. Schweiße 152
3. Schmerzen 153
4. Stuhl und Urin 155
5. Appetit und Nahrungsaufnahme 156
6. Gehör 158
7. Augen und Sehkraft 158
8. Schlaf und das Bedürfnis nach Schlaf 159
9. Weibliche Regel 160

IV. Kapitel: *Palpatio:* Diagnose durch Tastung *(ch'ieh-chen, an-chen)* 161

(1) *Palpatio pulsuum,* die Tastung der Pulse *(ch'ieh-mo),* kurz Pulsdiagnose" 161

1. Historischer und theoretischer Hintergrund 161
2. Praktische Voraussetzungen — Technik der Pulstastung I 163
3. Die Topologie und Bedeutung der allgemeinen Körperpulse 166
4. Die Topologie und Zuordnung der Pulse am *ostium pollicare* *(ts'un-k'ou),* d. h. der „Radialispulse" 168
5. Die spezielle Ikonographie der Radialpulse: die „Pulsbilder" 170
6. Technik der Pulstastung II 188
7. Die klinische Interpretation des Pulsbildes 195

(2) *Palpatio generalis,* die allgemeine Tastung von Körperregionen 202

1. *Palpatio cutis pedalis* 202
2. *Palpatio speciei carnis,* die palpatorische Bestimmung von Körpertemperatur, Hautfeuchtigkeit usw. 203
3. *Palpatio ulcerum,* die Tastung von oberflächlichen Geschwüren 203
4. *Palpatio infantum,* die Tastung in der pädiatrischen Diagnose 204
5. *Palpatio foraminorum,* die diagnostische Tastung der Foramina (der chinesischen „Akupunkturpunkte") 204

Bibliographie 207

Register (deutsch) 209

Register (lateinisch) 231

Register (chinesische Transkriptionen) 237

Vorwort

zur 2., deutschsprachigen Auflage

Als das vorliegende Werk vor sechs Jahren erstmals erschien, war es ein präzendenzloser Versuch, endlich auch im Westen für die angewandte Heilkunde zentral wichtige Aussagen der induktiv-synthetischen chinesischen Medizin direkt zu erschließen.

Dieser Versuch bedeutete ein Wagnis, weil die angestrebte Authentizität und Schlüssigkeit der Darstellung nur durch eine dem induktiv-synthetischen Denkmodus kompromißlos neu angepaßte Terminologie und methodische Argumentation erzielt werden kann. Unvermeidlich werden dadurch alle Heilhandwerker entmutigt, deren intellektuelles Adaptionsvermögen sich im Verlauf einer vorangehenden Lerndressur restlos erschöpft hat, und deren Frische und Mut zu sinnlicher Wahrnehmung völlig geschwunden ist.

Dennoch fand sich erstaunlich rasch eine seither unablässig wachsende Schar von Heil- und Hilfsbeflissenen, die begriffen, daß neue Horizonte der Heilbehandlung wirksam nicht durch neue Arrangements altvertrauter Klischees und Phrasen, sondern nur durch bisher ungehörte, neue Erkenntnisse erschlossen werden können.

Kurzum, nicht nur wurde die 1. Auflage des Buches verhältnismäßig schnell und restlos ausverkauft; mittlerweile findet auch eine überarbeitete englische Ausgabe weltweite Verbreitung. Deshalb erscheint es mir richtig, daß die schon vorhandene deutsche Fassung nicht über Gebühr lang vergriffen bleibt.

In dieser 2. Auflage wurden neben der Korrektur erfreulich weniger Fehler einige bei der Anwendung des Buches gewonnene Erfahrungen und Anregungen der Benutzer berücksichtigt. Hierzu zählt die Einfügung auch einer deutschen Nomenklatur und die Ergänzung chinesischer Zeichen bei der Pulsikonographie, ferner der auf den Seiten 205 – 206 abgedruckte Text über die unabdingbaren Voraussetzungen für das Erlernen der Pulsdiagnose. Dieser Text mußte an der genannten Stelle eingeschoben werden, um eine Neupaginierung – und damit die überaus kostenintensive Neuanfertigung der Register zu vermeiden. Gerade die Beachtung dieser Ergänzung wird dem Lernenden mit Nachdruck empfohlen.

Auch eine Umstellung der Wade-Giles Transkription der chinesischen Worte auf das seit 1980 international akzeptierte *pinyin*-System habe ich aus ähnlichen Überlegungen unterlassen. Nur so nämlich war ein gleichfalls anvisiertes Ziel zu verwirklichen, den Preis des in Inhalt und Aufmachung verbesserten Buchs nicht zu erhöhen, sondern gegenüber der 1. Auflage sogar zu senken.

Schließlich sind auch einige Fußnoten getilgt worden, die durch die Bearbeitung der mittlerweile auch verfügbaren 2. Auflage meiner *Theoretischen Grundlagen der chinesischen Medizin* überflüssig geworden sind.

Ich wünsche, daß dieses Werk weiterhin den Weg bereitet für eine den lebendigen Erscheinungen wach und flexibel sich anpassende, zugleich rational begründete Krankheitsbehandlung; auch, daß seine neuen Benutzer weiterhin durch ihre Kritik zur Verbesserung meiner Argumente beitragen mögen.

Am Stein, 4. April 1983 (Ostermontag)

Vorwort

zur 1. Auflage

Das vorliegende Lehrbuch der chinesischen Diagnostik ist das erste und bisher einzige Werk zum Thema in einer westlichen Sprache. Es wendet sich in erster Linie an praktizierende Ärzte, ferner an jene Wissenschaftler, die klar erkannt haben, daß eine methodische Erweiterung der Heilwissenschaft notwendig ist. Es beruht zur Gänze auf Erkenntnissen erster und zweiter Hand; aus erster Hand sind die Ergebnisse von mehr als eineinhalb Jahrzehnten Quellenforschung in der chinesischen Medizinliteratur, wie auch die eigenen diagnostischen Erfahrungen in Ostasien und Europa; ergänzend, aus zweiter Hand, kommen die Ergebnisse der modernen Sekundärliteratur in chinesischer Sprache und die Mitteilungen von Kollegen und Schülern.

Größere Teile des hier gebotenen Stoffs hatte ich bereits in meinen Vorlesungen an der Universität München zwischen dem Wintersemester 1971/72 und dem Sommersemester 1974 entfaltet. Noch konsequenter als in jenen Vorlesungen bemühe ich mich hier um innere Schlüssigkeit und normative Präzision von Darstellung und Terminologie. Dabei ist mir klar, daß damit auf den ersten Blick vielen Medizinern, die im Glauben erzogen wurden, daß außerhalb der westlichen Medizin eine wissenschaftliche Heilkunde nicht einmal denkbar ist, der Einstieg in dieses überragend wichtige und wirksame Komplementärsystem erschwert wird. Sie sollten bedenken, daß auch schon bisher ihr ärztliches Handeln zu einem nicht geringen Teil durch theoretisches Wissen und systematisierende Modellvorstellungen motiviert ist, mit denen sie sich während ihres Studiums vertraut zu machen hatten — ist doch eine rationale und schlüssige Systematik das einzige Merkmal, durch welches sich wissenschaftliche Medizin von Badermedizin und Erfahrungsheilkunde unterscheidet.

Die chinesische Medizin, von der hier die Rede ist, ist eine wissenschaftliche Medizin. Wer sich gedrängt fühlt, ihren theoretischen Zusammenhängen noch weiter nachzugehen, sei vorerst auf die deutsche Ausgabe meiner „Theoretischen Grundlagen der chinesischen Medizin“ verwiesen, wobei ich mir der darstellungsmäßigen Unzulänglichkeiten jenes Werks nur allzu bewußt bin. Vor allem sei ihnen die sorgfältige Lektüre der hier anschließenden *Einführung* dringend empfohlen, die die gedankliche Durchdringung des folgenden Stoffs erleichtern soll.

Am Stein, 30. März 1976

Einführung

WOZU CHINESISCHE DIAGNOSTIK?

Drei Argumente, vor mehreren anderen, lassen heute im Rahmen einer erweiterten Universalmedizin die Anwendung diagnostischer Verfahren, die von der wissenschaftlichen Medizin Chinas entwickelt und vervollkommnet wurden, sinnvoll, ja eigentlich unumgänglich erscheinen, nämlich

1. für die bedeutende Zahl funktioneller Störungen ohne präzisen oder absolut ohne somatischen Befund erbringt allein die chinesische Diagnostik positive und spezifische Aussagen und schafft somit erst die Voraussetzungen für eine rationale Therapie und sichere Prognose bei diesen Krankheiten;

2. die vielfältigen und hochdifferenzierten therapeutischen Möglichkeiten der verschiedenen Verfahren der chinesischen Medizin, wie etwa der Akupunktur und Moxibustion, lassen sich allein auf der Grundlage einer chinesischen Diagnose sachlich überprüfen, methodisch erweitern und praktisch ausschöpfen;

3. die relative Einfachheit bei hoher Stringenz der chinesischen Diagnostik lassen dort, wo sie methodisch angebracht ist, eine größere Transparenz und geringere Fehlerquote bei den Befunden erwarten — mit allen begrüßenswerten Folgen für Patient, Arzt und Allgemeinheit.

Daß diese triftigen Argumente gegenwärtig keineswegs als Gemeinplätze empfunden, sondern von vielen Medizinern mit Überraschung aufgenommen werden, hat seinen Grund in der Komplementarität, ja in der methodischen Polarität von westlicher und chinesischer Medizin.

DIE POLARITÄT VON WESTLICHER UND CHINESISCHER WISSENSCHAFT

Wenn wir hier von Polarität sprechen, dann nicht als modische *façon de parler*, sondern im starken und eigentlichen Wortsinn: polare Aussagen schließen sich gegenseitig aus, ergänzen sich zugleich vollkommen. Polarisationsfilter schalten Licht einer Schwingungsrichtung vollkommen aus, lassen das aller anderen mehr oder weniger ungehindert passieren. Eine wissenschaftliche Methode und die ihr entsprechende Sprache ist in ihrer Wirkung einem Polarisationsfilter vergleichbar: sie vermittelt dem eigenen Standpunkt entsprechende Erkenntnisse makellos, die übrigen Daten mehr oder weniger deutlich und direkt polare Aussagen überhaupt nicht. Wenn wir bedenken, daß bisher nahezu alle Veröffentlichungen in westlichen Sprachen etwa über Akupunktur von Autoren stammen, die als wissenschaftliche Methode ausschließlich die des Westens kennen, so wird verständlich, daß westliche Mediziner bisher außer isolierten Ergebnissen (die unabhängig von spezifischen Erkenntnissen bestehen) nichts von der systematischen Erkenntnis der chinesischen Medizin in den Blick bekommen haben. Wozu auch? Nun, je deutlicher wir uns bewußt sind, daß die exakten Wissenschaften des Westens in der Neuzeit die Kriterien einer Wissenschaftlichkeit von nie dagewesener Strenge und Wirksamkeit praktisch entfaltet haben, nicht nur im Abendland, sondern in allen Kulturen, um so klarer auch sehen wir, daß in der westlichen Medizin diese Wissenschaftlichkeit nur in einigen Bereichen mit umwälzenden Auswirkungen realisiert werden konnte, andere hingegen weiterhin auf der Stufe protowissenschaftlicher Erkenntnisse verharren. Jeder praktizierende Arzt erfährt fortgesetzt dieses Erkenntnisgefälle innerhalb seines Arbeitsgebiets, weiß er doch, daß die jeweilige Spezifizität einer Diagnose und Therapie und die Präzision einer Prognose direkt proportionale Indikatoren für die Rationalität und mithin Wissenschaftlichkeit einer bestimmten Aussage sind. Wozu ihm hingegen gewöhnlich sowohl die Muße als auch das historische Rüstzeug fehlen ist, zu erkennen, welche erkenntnistheoretischen Faktoren dieses Erkenntnisgefälle bedingt haben. Damit sind wir wieder bei der Polarität und Komplementarität von abendländischer und chinesischer Wissenschaft.

DIE KAUSALE ANALYSE UND IHRE GRENZEN

Jedermann weiß, daß nicht alle Dinge, alle erkennbaren Wirkungen vom gleichen Standpunkt, aus der gleichen Perspektive heraus vollkommen erfaßt werden können. Und dieser Satz gilt nicht nur für die Astronomen, die ihre Observatorien in der nördlichen und südlichen Halbkugel, und noch dazu unter ausgesuchten klimatischen Bedingungen aufstellen müssen, sondern für absolut alle Berufe und Wissenschaften. Er gilt aber auch für die Methoden selbst, auch für den Erkenntnismodus. Um Substrat, Materie, Körper, Somatisches in den Blick und Griff zu bekommen, bedarf es der kausalen Analyse, des Absehens von aktuellen und des Aufsuchens vergangener Wirkungen. Umgekehrt lautet dieser Satz: durch kausale Analyse bekommt man nur Substrat, nur Materie, nur Somatisches in den Blick und Griff. Denn so wie von keinem wie immer gewählten realen Standpunkt der Blick unserer Augen (oder auch unserer Instrumente) bis in die Unendlichkeit reicht, so wenig genügt ein einziger, einen ganz bestimmten Horizont setzender Erkenntnismodus zur vollkommenen Erkenntnis aller Wirkungen. Was der kausalen Analyse eine Grenze setzt, ist die — vom menschlichen Perspektivpunkt her gesehen — abnehmende Homogenität des Substrats. Diese Homogenität erscheint im Bereich der Elementarteilchen am größten und nimmt über Atome, Moleküle, Zellen, niedere und höhere Organismen, menschliche Individuen, soziale, staatliche und kulturelle Gemeinschaften, Planetensysteme, Galaxien kontinuierlich ab. Die Aussagen, die wir im Lehrbuch etwa über ein Sauerstoffatom machen, wurden nicht aus der Beobachtung eines einzigen bestimmten Sauerstoffatoms, sondern durch die Beobachtung einer statistisch großen Zahl ähnlicher Atome gewonnen. Dieses Verfahren liefert für jedes einzelne Atom Aussagen mit der Wahrscheinlichkeit fast = 1 (mit an Sicherheit grenzender Wahrscheinlichkeit) weil die Homogenität der Atome groß ist, ihre erkennbaren individuellen Unterschiede hingegen gering sind. Ähnliches gilt nun auch für alle anderen Phänomene und Wirkungen, nur daß eben mit abnehmender Homogenität auch die Strenge (die „Stringenz"), die Wahrscheinlichkeit, mithin der positive Charakter der kausalanalytischen Aussage abnimmt.

Infolge der Abnahme der Homogenität liegt die Grenze der Signifikanz kausalanalytischer Aussagen in der Mitte des biologischen Bereichs — in dem die Humanmedizin ihre Wirksamkeit entfaltet. Anders gesagt, die Wahrscheinlichkeit kausalanalytischer Aussagen nähert sich und erreicht schließlich dort den Durchschnittswert aller aleatorischen Verfahren. Mit anderen, anschaulicheren Worten, je vielfältiger und differenzierter (= abnehmende Gleichförmigkeit, Homogenität) biologische Gebilde und Wesen sich darstellen, um so weniger sicher kann von der Beobachtung eines einzigen Individuums auf das Verhalten der übrigen geschlossen werden, um so unsicherer wird auch die statistische Aussage, die aus der Beobachtung einer Vielzahl ähnlicher Individuen gewonnen wurde, für die detaillierte Prognose des Individualfalles. Kurzum, die kausalanalytische Aussage zeigt im Bereich der Humanphysiologie eine deutliche Abnahme ihrer Stringenz und verdämmert im Bereich der psychischen und sozialen Phänomene in völlige Unbestimmtheit.

DIE INDUKTIVE[1]) SYNTHESE UND IHRE GRENZEN

Mit dem soeben beschriebenen Signifikanzverfall der kausalen Analyse muß keineswegs ein Verfall der Stringenz und Rationalität von entsprechenden Erkenntnissen parallel gehen. Denn die kausale Analyse ist nicht der einzige Erkenntnismodus, nicht die einzige Perspektive, aus der positive Aussagen über die Wirklichkeit möglich sind. Um Funktionen, Bewegung, Dynamisches, Psychisches in den Blick und Griff zu rücken, bedarf es der induktiven Synthese, also der Betrachtungsweise, die eine bestimmte Wirkung zu allen sie gegenwärtig bedingenden Wirkungen in Beziehung setzt. Umgekehrt lautet dieser Satz: durch induktive Synthese werden nur Funktionen, Bewegungen, Dynamisches, Psychisches in den Blick und Griff gerückt.

Natürlich hat auch diese Betrachtungsweise ihre Grenze. Und zwar wird die Signifikanz induktivsynthetischer Aussagen vom menschlichen Perspektivpunkt her begrenzt durch die Stabilität der Funktion, d. h. durch die relative Dauer, während der eine bestimmte Funktion in gleicher Qualität beobachtet werden kann. Diese Stabilität der Funktion ist aus menschlicher Perspektive im Bereich der Galaxien gewaltig groß und nimmt in Richtung auf Planetensysteme, kulturelle Gemeinschaften . . . kontinuierlich ab. Anders gesagt, die Stabilität der Funktion ist der Homogenität des zugehörigen Substrats

---

[1]) Die Worte „induktiv", „Induktion", „Induktivität" werden in philosophischem, technischem und methodologischem Kontext mit jeweils engen, sich nicht deckenden Bedeutungen gebraucht. Die von uns seit 1963 (Einführung zur deutschen Fassung von Marcel GRANET: *„La pensée chinoise": Das chinesische Denken)* zur Wiedergabe der chinesischen Erkenntnisprämissen (des Nexusaxioms) unterlegte Bedeutung kann als Erweiterung des heute in der Elektrodynamik üblichen Begriffs am besten verstanden werden. Vgl. auch Seite 33 unten.

umgekehrt proportional. Praktisch begründet dieser Satz die Komplementarität von kausalanalytischen und induktivsynthetischen Methoden: im gleichen Maß, in dem die Signifikanz, der positive Charakter kausalanalytischer Aussagen abnimmt, nimmt die Signifikanz induktivsynthetischer Aussagen zu — und umgekehrt. Von hier ist es nur ein Schritt zur Einsicht, daß kausalanalytische und induktivsynthetische Wissenschaft bzw. ihre Ergebnisse sich nur in einem Zentralbereich thematisch überschneiden, im übrigen aber über völlig verschiedene Bereiche der Wirklichkeit gleichermaßen positive Aussagen liefern.

DIE FOLGEN DER KAUSALANALYTISCHEN POLARISATION DER WESTLICHEN MEDIZIN

Die soeben umrissenen Einsichten sind von zwingender Evidenz, und ihr Vollzug ist längst überfällig. Was maßgebende Vertreter — und damit den Großteil — der westlichen Medizin bislang trotzdem davon abhält, sie zu vollziehen, ist denn auch nicht eigene bessere Erkenntnis, sondern die anhaltende Blendwirkung einer historischen Konstellation. Der Übergang der westlichen Medizin vom Stadium einer Protowissenschaft in das echter Wissenschaft erfolgte erst in der 2. Hälfte des 19. Jahrhunderts durch die konsequente Anwendung kausalanalytischer Verfahren — durch Männer wie EHRLICH, KOCH, PASTEUR, VIRCHOW ... Er hatte in der Menschheitsgeschichte beispiellose Breitenwirkung durch die Beherrschung der Infektionskrankheiten, die Verlängerung des statistischen Lebensalters, die drastische Senkung der Säuglingssterblichkeit u. a. m. Unter dem überwältigenden Eindruck dieser einschneidenden Neuerungen konnte die westliche Medizin bis heute nicht die methodischen Konsequenzen aus dem just zur gleichen Zeit erfolgenden, nicht minder einschneidenden Ereignis ziehen, nämlich, daß die Schrittmacherin exakter Wissenschaft, die Physik, in Männern wie FARADAY und MAXWELL die einseitige Festlegung auf die kausale Analyse verließ und mit der gleichberechtigten Anwendung induktivsynthetischer Verfahren den Boden für jene „Revolution der Physik" bereitete, auf dem sich bis Anfang des 20. Jahrhunderts die Elektrodynamik, schließlich die Kernphysik, entfalteten, beides rein induktivsynthetische Disziplinen. Und schon gar nicht vermochte sie die Bedeutung der chinesischen Medizin zu ermessen, die im 19. Jahrhundert auf dem Tiefpunkt einer historischen Krise war [2]).

Durch die kausalanalytische Polarisation, die sich dahingehend auswirkt, daß absolut jede Aussage und jedes Datum des chinesischen Textes sogleich aufgrund westlicher Erkenntnisse interpretiert, ergänzt, korrigiert, ersetzt wird, werden ja eben genau jene Spuren verwischt, jene Informationen ausgelöscht oder zumindest bis zur Unkenntlichkeit pervertiert, die zu erschließen man beabsichtigt, und deren die westliche Medizin heute so dringend bedarf.

---

[2]) Vgl. PORKERT: „The Intellectual and Social Impulses Behind the Evolution of Traditional Chinese Medicine", Wenner-Gren Symposium Nr. 53. „TOWARD THE COMPARATIVE STUDY OF ASIAN MEDICAL SYSTEMS".

Mit anderen Worten, wenn wir die reifen Erkenntnisse der wissenschaftlichen Medizin Chinas prüfen und praktisch anwenden wollen, müssen wir sie 1. in *ihrem* logischen Gesamtkontext erfassen und sodann 2. im Einklang mit ihren eigenen rationalen Begründungen praktisch erproben. Als Folgerung für die sinnvolle Anwendung der chinesischen Diagnostik ergibt sich also, daß bei den nachfolgend dargelegten chinesischen Theorien und Regeln nicht vorab und immer wieder zu fragen ist „Was bedeutet dies in Worten der westlichen Medizintheorie?" — denn zumeist gibt es da überhaupt keine vergleichbare Entsprechung, sonst könnte man nicht von Komplementarität reden —, sondern, daß diese Regeln allein von ihrem eigenen Bezugssystem her erfaßt und praktisch gebraucht werden müssen.

Denken wir z. B. an die Krankheitssymptome, die mit dem einhergehen, was die westliche Medizin Parkinsonismus, Epilepsie oder Geisteskrankheiten nennt. Die auffälligen Verhaltensstörungen, die solche Krankheiten charakterisieren, sind heute nicht anders als vor 2 000 Jahren zu konstatieren. Wenn sie einer rationalen Therapie zugeführt werden sollen, müssen diese Eindrücke indes durch diagnostische Untersuchungen erweitert und zu anderen Erkenntnissen in eindeutige Beziehung gesetzt werden. Die westliche Medizin faßt diese Krankheiten allesamt als Schädigungen des Nervensystems auf und versucht durch somatische und ganz neuerdings auch funktionale Untersuchungen einen Befund zu gewinnen. Auch wenn solche Befunde zustandekommen, haben sie nur selten jene Spezifizität und Eindeutigkeit, die eine sichere Prognose und eine rasche *restitutio ad integrum* ermöglichen.

Die seit dem 3. Jahrhundert vor der Zeitwende konstituierte wissenschaftliche chinesische Medizin versteht die genannten Krankheiten primär als Störungen des *orbis renalis* (der, das wollen wir uns immer gegenwärtighalten [3]), nur wenige zufällige Gemeinsamkeiten mit dem aufweist, was die westliche Physiologie als „Nierenfunktion" definiert), ein Befund, der in der Regel mit allen ihr verfügbaren diagnostischen Verfahren, also durch *inspectio, auscultatio et olfactio, interrogatio, palpatio* zu objektivieren und zu präzisieren ist, mithin auch zu präzisen (nicht unbedingt fausten) Prognosen und zu gezielten therapeutischen Maßnahmen, darunter auch die Anwendung der Akupunktur und Moxibustion, führt.

Dieser Vergleich zeigt, wie sowohl der Versuch, die Aussagen der beiden Medizinsysteme direkt aufeinander zu reduzieren, als auch Vermutungen wie, die westliche Physiologie hätte die Funktionen der Niere noch nicht in der genannten Richtung erforscht, oder aber, die chinesische Ikonographie des *orbis renalis* enthalte „mystische Zuschreibungen", die durch die Ergebnisse der westlichen Wissenschaft korrigiert werden müßten, gleichermaßen ins Leere stoßen. Er zeigt überdies für die genannten Fälle eine reelle Überlegenheit der chinesischen, d. h. induktivsynthetischen Betrachtungsweise: Die neurologische Theorie ist ein Produkt der Neuzeit, in ihrer Beweisbarkeit eng abhängig von den technischen Mitteln und Ergebnissen der neurologischen Anatomie und Histologie. Das Postulat des *orbis renalis* war bereits vor 2 200 Jahren im wesentlichen aus aktuellen und anamnestischen sinnlichen Daten schlüssig zu begründen, so daß volle 2 Jahrtausende für seine Feinkorrektur und ausgiebige Erprobung im volkreichsten Kulturkreis zur Verfügung standen.

WIESO DIE CHINESISCHE DIAGNOSTIK FUNKTIONSSTÖRUNGEN SPEZIFISCH BESTIMMEN KANN oder DIE BEDEUTUNG DER INDUKTIVEN SYNTHESE FÜR DIE MEDIZINISCHE PRAXIS

Die Medizin Chinas gründet (aus historischen, hier nicht weiter zu entfaltenden Ursachen) ausschließlich auf dem induktivsynthetischen Erkenntnismodus. Sie erfüllt in ihren klassischen Lehren durchaus die allgemeinen Kriterien von Wissenschaft im modernen Sinne, nämlich

---

[3]) Vgl. Seite 30 und Falttabelle bei Seite 32 unten.

1. positive (d. h. beliebig oft verifizierbare) Empirie,
2. Eindeutigkeit der Aussagen [4]),
3. stringent rationale Vernetzung (Systematisierung) der empirischen Daten.

Die chinesische Medizin ist also qualitativ (d. h. nach ihrer Perspektive oder Blickrichtung) von der wissenschaftlichen Heilkunde des Westens, und niveaumäßig wie diese von allen Erfahrungsheilkunden verschieden.

Zunächst die Abhebung von ähnlichen Aussagen der westlichen kausalanalytischen Medizin, deren Physiologie ja gleichfalls Funktionen zum Gegenstand hat: Diese Physiologie kann Funktionen nur in Abhängigkeit, unter ständigem Rückverweis auf anatomische oder histologische Daten postulieren und beschreiben; es ist ihr logisch und methodisch absolut unmöglich, eine Funktion ohne Kenntnis eines Substrats auch nur zu konzipieren. Die induktivsynthetische chinesische Lehre von den „Erscheinungen der Funktionskreise“ (Orbisikonographie) nimmt hingegen *direkt* bei den positiven Beobachtungen der Lebensäußerungen ihren Ausgang und integriert diese *direkt* in ein logisches System. Sofern sie zu Aussagen über somatische Daten veranlaßt ist, erfolgen diese in Abhängigkeit, unter Rückverweis auf die funktionalen Erkenntnisse. Diese Verschiedenheit der Blickrichtung führt dazu, daß die Ergebnisse beider Verfahren, je positiver und präziser sie gesichert wurden, um so weniger direkt aufeinander reduzierbar sind. Und sie begründet die spezifische Überlegenheit beider Verfahren in *verschiedenen* Bereichen.

Was nun die positive Erkenntnis der Funktionen anlangt, so ist wohl klar, daß sie (die Lebensäußerungen) an totem Substrat der Anatomie und Histologie absolut nicht direkt, und aus analytischen (d. h. den Gesamtzusammenhang *per definitionem* lösenden) Versuchsanordnungen heraus nur rudimentär und bedingt erschlossen werden können. Sie erschließen sich direkt und positiv nur aus der andauernden und vergleichenden Beobachtung gesunder und kranker Menschen in ihrem alltäglichen Milieu.

Sodann der Unterschied gegenüber empirischen Verfahren, gegenüber jeder Art von Erfahrungsheilkunde: Diese, die ja auch innerhalb der westlichen Medizin noch breiten Raum einnehmen, stellen eine direkte, aber nicht strenge Beziehung her zwischen einer Symptomgruppe und bestimmten Mitteln oder Maßnahmen. Mit anderen Worten, die Verordnung erfolgt nach einem Vergleich von Krankheitsbild und Arzneimittelbild. Die Indikationsstellung ist eine wahrscheinliche, desgleichen die Prognose: erst nach Anwendung des Mittels läßt sich mit einiger Sicherheit sagen, ob es die erhoffte Wirkung zeitigt. (Um die Wirkungswahrscheinlichkeit zu erhöhen, sind daher auf bestimmte Krankheiten hin Kombinationen von ähnlich wirkenden Arzneien im Handel

[4]) Die Eindeutigkeit — und damit zugleich Allgemeingültigkeit — wissenschaftlicher Aussagen wird allein dadurch erzielt, daß alle Aussagen unter konsequentem Bezug auf sogenannte Normkonventionen formuliert werden. Während das primäre Unterscheidungsmerkmal ähnliche Substrate quantitative Unterschiede sind (und daher kausalanalytische Wissenschaft mit Maßnormen wie dem cgs-System arbeitet), unterscheiden sich ähnliche Funktionen durch verschiedene Richtung, d. h. Qualität, weshalb die induktivsynthetischen Wissenschaften Chinas mit Wertnormen operieren. Weitere Einzelheiten hierzu unten auf der Seite 23, ferner in PORKERT: Die theoretischen Grundlagen der chinesischen Medizin (T. G.), S. 1 ff.

[Komplexmittel], deren Anwendung eine individualspezifische Diagnose überflüssig, aber auch sinnlos macht.)

Wie bereits das hier vorgelegte Lehrbuch der chinesischen Diagnostik deutlich macht, werden bei dieser alle bei einem Patienten registrierten Symptome zunächst nach übergeordneten Gesichtspunkten gesichtet und geordnet und dann (natürlich nicht zu in der Vergangenheit liegenden, völlig unerreichbaren Ursachen, sondern) zu allen in der Gegenwart für die Wirkung relevanten Agentien *(yin)* in Beziehung gesetzt. Erst aus der synthetischen Würdigung all dieser Faktoren resultieren die therapeutischen Anzeigen, in die *per definitionem* auch Faktoren wie konstitutionelle Schwächen, momentane emotionale, milieubedingte und klimatische Einflüsse mit eingegangen sind. (In der chinesischen Medizin kann und wird eine solche hochspezifische Diagnose und die daraus sich ergebende Verordnung schon nach Stunden revidiert werden. Schon ein Wettersturz, aber auch eine durchgreifende Arzneiwirkung rechtfertigt eine neue Verordnung.)

Wir sagten eingangs, vorerst setze uns allein die chinesische Diagnostik in die Lage, bei funktionellen Störungen ohne somatische Veränderungen einen *spezifischen* Befund zu gewinnen. Obzwar wir inzwischen die erkenntnistheoretischen und methodischen Hintergründe dieser Behauptung summarisch ausgeleuchtet haben, obgleich die Worte „funktionelle Störung" gängige Münze sind im Vokabular der westlichen Ärzte, obgleich schließlich die meisten dieser Ärzte sich Gedanken gemacht haben zur Wechselwirkung von Soma und Psyche, Substrat und Funktion, so tritt uns die Tragweite dieser Feststellung doch erst dann voll ins Bewußtsein, wenn wir eben diese Wechselwirkung zwischen Funktion und Substrat noch schärfer fassen.

Bewegung, Funktion ist allein in der Gegenwart direkt positiv wahrnehmbar, beeinflußbar. Diese gegenwärtige Wirkung (= Funktion) ist das Produkt vergangener und künftiger Wirkungen.

Substrat, Materie ist das Resultat vergangener Wirkungen, ist in die Vergangenheit zurückgesunkene Wirkung. Medizinisch gesehen ist also der Körper, ist alles Somatische das Ergebnis vergangener Wirkung, in die Vergangenheit zurückgesunkene Funktionen. Und somatisch bestimmbare krankhafte Veränderungen sind das Resultat in die Vergangenheit zurückgesunkener Funktionsstörungen. Die moderne Physiologie, Histologie und Neurologie ... geben uns eine ungefähre Vorstellung davon, ab welcher relativen Intensität und Dauer Funktionen eine sicher wahrnehmbare Veränderung (= Spur) im Körpersubstrat hinterlassen. Während ein einzelner Gedanke, ja selbst die vielfältigen Sinneseindrücke, Emotionen und Handlungen eines ganzen Tages keine der kausalen Analyse im nachhinein sicher unterscheidbare Spuren hinterlassen, zeigen sich solche Spuren, wenn ein gestörtes psychisches Milieu, eine berufsbedingte Sonderhaltung oder eine falsche Eßgewohnheit Monate und Jahre, ein extremer Umweltreiz Wochen, Tage oder nur Stunden, ein starkes Gift oder eine grobe mechanische Einwirkung nur Minuten oder Sekunden das Individuum beeinflußt haben. Und nur solche Störungen liegen in Reichweite der westlichen kausalanalytischen Diagnose. Diese Diagnose kann um so präziser (und die anschließende Therapie um so wirkungsvoller) sein, je weniger tief in die Vergangenheit die Wirkungen zurückliegen, je stärker (und damit deutlicher) die störende Wirkung, je klarer begrenzt das affizierte Gewebe oder Organ erscheint. Hingegen — wir sagten es schon — verdämmert eine solche Diagnose in Mutmaßungen und ungewissen Alternativen, sobald der ganze Mensch, ja die ganze Persönlichkeit, der Organismus als Ganzes infolge konstitutioneller Schwächen und langandauernder, nicht mehr präzis kausal rekonstruierbarer Störreize erkrankt. Von hier an zeigt die (chinesische Medizin und mithin die im somatischen Bereich oft indifferente) chinesische Diagnostik ihre Stärke. Praktisch alle Faktoren — also insbesondere auch die ohne somatische Zeichen, die die augenblickliche Funktionslage bedingen, werden bei ihrer sachgemäßen Durchführung objektivierbar, vor allem spezifierbar — als Voraussetzung einer gezielten Therapie und signifikanten Prognose.

Somit läßt sich das Ergebnis der hier zum ersten Argument angestellten Überlegungen wie folgt zusammenfassen: Die Anwendung der chinesischen Diagnostik eröffnet der wissenschaftlichen Medizin bisher verschlossene Möglichkeiten, insbesondere

a) die echte Frühdiagnose von Funktionsstörungen, die erst bei ihrer Fortdauer in degenerative und maligne Organveränderungen münden;

b) die spezifische und umfassende Bestimmung aller an einem komplexen Krankheitsablauf momentan beteiligten Faktoren (Problem der chronischen und konstitutionellen Leiden);

c) die spezifische und umfassende Bestimmung momentaner Arznei- oder Therapiewirkungen (zur Sofortkontrolle der durchgeführten Therapie wie auch im Rahmen von Arzneimittelprüfungen).

CHINESISCHE DIAGNOSTIK ALS VORAUSSETZUNG RATIONALER AKUPUNKTUR UND MOXIBUSTION

Erinnern wir zunächst an den Gemeinplatz, daß ganz selbstverständlich ein thematischer und logischer Zusammenhang zwischen Diagnose und wirksamer Therapie bestehen muß. Die Aku-Moxi-Therapie (= die Akupunktur und Moxibustion), um das vorerst einzige im Westen bekannte chinesische Heilverfahren zu nennen, ist ein integrierender Bestandteil der chinesischen Medizin und hat sich in China mit dieser kontinuierlich etwa seit 2 200 Jahren ausdifferenziert. Mithin beziehen sich alle Maßnahmen und Möglichkeiten der Aku-Moxi-Therapie auf induktivsynthetisch gewonnene Daten, auf eine minutiöse Funktionsdiagnose. Wenn man, wie dies heute weltweit geschieht, die Akupunktur und Moxibustion aus ihrem wissenschaftlichen Kontext herauslöst und „empirisch“ oder aufgrund einer kausalanalytischen Diagnose anwendet, so ist solcher Eklektizismus irrational und unrational zugleich; er spricht jeder wissenschaftlichen Methodik Hohn oder läßt den besseren Teil der mit der Aku-Moxi-Therapie gegebenen Möglichkeiten ungenützt. Und gewiß verhindert er jeden schlüssigen Beweis für die Leistungsfähigkeit des chinesischen Verfahrens, der ja die Voraussetzung für dessen vollgültige wissenschaftliche

Anerkennung wäre. Allein die sachgemäße Anwendung der chinesischen Diagnostik vermeidet einen solchen logischen Bruch und stellt das chinesische Verfahren auf seine ursprüngliche Grundlage.

DIE „EINFACHHEIT“ DER CHINESISCHEN DIAGNOSTIK

Im Vergleich zu manchen hypertrophischen und überdifferenzierten Diagnoseverfahren der westlichen Medizin ist die chinesische Diagnostik *relativ* einfach (allerdings nicht so einfach, daß ihre Grundzüge an einem Wochenende erfaßt und all ihre Feinheiten in wenigen Monaten beherrscht werden könnten).

Die relative Einfachheit der chinesischen Diagnostik ist die Folge einer optimalen Anpassung der Methode an ihren Gegenstand, nicht das Zeichen von Primitivität und geringer rationaler Ausdifferenzierung. Denn die chinesische Diagnostik hat vollkommen mit (subjektiven und objektiven) sinnlichen Daten ihr Auskommen, nicht allein, wie man vereinfachend meint, *weil in früheren Zeiten keine technischen Diagnostikhilfen verfügbar waren, sondern weil aus induktivsynthetischer Perspektive absolut keine medizinisch* (wir sagen nicht „biologisch“!) *relevanten Veränderungen denkbar sind, die jenseits einer sachgemäßen rein sinnlichen Diagnose lägen.*

Die Aussage Gesundheit/Krankheit beruht in erster Instanz auf dem subjektiven Eindruck oder Gefühl, entweder ungeschmälert oder eben nur eingeschränkt präsent und leistungsfähig zu sein. Eine solche Aussage mag zwar sehr häufig zur medizinischen Diagnose den Anstoß geben, mehr nicht. Denn die Diagnose als zugleich systematische und zielgerichtete Handlung setzt eine wissenschaftliche Theorie und beim Diagnostizierenden eine eingehende Schulung der Sinne und des Verstandes voraus, nicht anders als wir dies für das Lesen und Schreiben, die Unterscheidung von Farben und Tönen, den Umgang mit Mengen und Zahlen voraussetzen. Medizinische Diagnose unter alleiniger Zuhilfenahme der Sinne ist also wesentlich verschieden von absichtsloser und naiver Wahrnehmung und Selbstbeobachtung. Sie erbringt spezifische Befunde weit jenseits der subjektiven Reizschwellen, an welchen der Patient über Gesundheit und Krankheit entscheidet.

Diese Feststellung wird anschaulich, wenn man weiß, daß heute etwa die Pulsdiagnose bei fast 100 % der Stadtbewohner einen deutlichen Befund erbringt, während vielleicht nur 60—70 % dieser Gruppe über gelegentliche oder chronische Krankheit klagen.

Was sich solcher Diagnose entzieht, ist dann entweder als Störreiz so insignifikant, daß es auch zur geringsten Funktionsbeeinträchtigung des Individuums nicht ausreicht (also medizinisch irrelevant) oder, im Gegenteil, bereits in somatischen Veränderungen konkretisiert, für welche die kausalanalytische westliche Diagnostik vorrangig zuständig ist.

DIE OBJEKTIVIERUNG DIAGNOSTISCHER BEFUNDE

Die soeben angestellten Überlegungen zeigen auch die Haltlosigkeit der neuerdings öfter erhobenen Forderung, die chinesische Diagnostik müsse durch instrumentale Hilfen „objektiviert“ werden. Für die *westliche* Medizin trifft zwar zu, daß erst moderne technische Hilfsmittel viele ihrer wesentlichen Aussagen ermöglicht haben. Und doch kann man selbst für sie nicht pauschal Gleichungen aufstellen wie „Instrumentengebrauch = Objektivierung“ und „Verfeinerung = höhere Präzision“. Durch den Gebrauch etwa eines Fieberthermometers wird die entsprechende Aussage nicht objektiviert [5]), sondern nur quantitativ präzisiert. Ähnliches gilt für die vielen anderen technischen Hilfen der kausalanalytischen westlichen Medizin: sie ermöglichen oder steigern die Präzision quantitativer Aussagen. Aber, wie wir bereits erklärten, geht es bei der sicheren Abgrenzung von Funktionen primär nicht um quantitative, sondern um qualitative Daten und nicht um absolute, sondern stets um *relative* (also hier ganz wörtlich um in Beziehung zu anderen stehenden, gleichzeitig in Betracht gezogene) Größen. Zum Beispiel ist bei der Zungendiagnose nicht einfach die Farbe und Dicke des Zungenbelags, die Farbe und Form des Zungenkörpers zu konstatieren, sondern es ist präzis zu ermitteln die Ausdehnung des Zungenbelags, seine Veränderungen in den einzelnen Zungenbereichen, seine apparente Dicke, ob er fest haftend oder teilweise sich abreibend, ob klebrig, schleimig, wässrig, glatt oder rauh oder gar trocken, mit oder ohne spitze Vorsprünge, mit Klüften, Rissen oder Zahneindrücken ist . . . usw. Ähnlich bei der Pulsdiagnose. Die absolute Pulsfrequenz etwa, oft das einzige, was in die westliche Diagnose eingeht, ist für die chinesische Pulsdiagnose überhaupt wertlos; und selbst die relative (in Abhängigkeit von der Atemfrequenz bestimmte) ist nur eine unter nahezu einem Dutzend anderer gleichwertiger oder wichtigerer Kriterien [6]).

Wollte man nun, was heute technisch gewiß zu verwirklichen ist, einzelne der hier genannten Eindrücke nicht direkt über die Sinne des Diagnostizierenden, sondern vermittels einer kunstreichen Apparatur indirekt an diesen weitergeben, so wäre dies, als ob ein völlig gesunder Mensch am Morgen Kamm und Zahnbürste nicht mit seiner rechten Hand, sondern über einen von dieser rechten Hand gesteuerten Roboter in Bewegung setzte: für gleiche oder verringerte Effektivität wird ein sinnloser Aufwand getrieben. Vor allem ginge durch solche technischen Spielereien jener unschätzbare Vorteil verloren, der darin besteht, daß selbst die umfassendste und gründlichste Durchuntersuchung nach den Regeln chinesischer Diagnostik von ein und demselben Untersuchen-

---

[5]) Bei dem Begriff „Objektivierung“ müssen wir, wenn wir ihn schon gebrauchen wollen, zwischen potentieller (möglicher) und aktueller (tatsächlicher) Objektivierung unterscheiden; in vielen medizinischen Veröffentlichungen werden beide stillschweigend gleichgesetzt, was die entsprechenden Argumente methodisch fragwürdig macht. Also, die Objektivierung einer Fieberbestimmung wird möglich, wenn bereits bei der Anwendung des Fieberthermometers willkürliche oder unwillkürliche Einflüsse seitens des Patienten auf die Messung zuverlässig ausgeschlossen werden; und sie ist tatsächlich objektiv, wenn eine (oder mehrere) sachkundige Personen unabhängig vom Patienten das Fieber konstatieren.

[6]) Einzelheiten findet man unten im Kapitel „Pulsdiagnose“.

den in einem Zug zu Ende geführt und als Ganzes überschaut werden kann: im seltenen Extremfall eines neuen Problempatienten wird man nicht mehr als 2 Stunden, bei der Neuaufnahme durchschnittlicher Fälle 20—30 Minuten und für die Kontrolluntersuchungen von Kranken, die man täglich sieht, oft nur Minuten benötigen (Zeiten rein für die chinesische Diagnostik).

DIE RATIONALITÄT DER DIAGNOSE

Bei einer, wie eben beschrieben, in einer Hand und in einem Zug durchzuführenden Gesamtdiagnose, sind die Konzentration und Übersichtlichkeit der Daten ihrerseits Faktoren, die die Rationalität, die logische Schlüssigkeit und Eindeutigkeit der diagnostischen Aussage steigern. Auch in dieser Hinsicht bringt die Anwendung der chinesischen Diagnostik ein rationalisierendes Element in die medizinische Praxis. Denn zwar genügt die Diagnostik der wissenschaftlichen westlichen Medizin in jenen Bereichen, wo die kausale Analyse optimale Ergebnisse zeitigt, den strengsten wissenschaftlichen Ansprüchen. In der gemischten Alltagspraxis hingegen ist die historische Kurve der Zunahme ihrer Effektivität längst abgeflacht. Dies liegt in erster Linie daran, daß man das oben beschriebene erkenntnistheoretische Defizit ihrer Methodik durch fortgesetzte technische und apparative Perfektionierung allein der kausalen Analyse zu kompensieren sucht — nicht bloß ein aussichtsloses, sondern ein selbstzerstörerisches Unterfangen. Indem man einzelne diagnostische Maßnahmen an mehrere Personen delegiert, den Diagnosevorgang selbst über Stunden oder sogar Tage ausdehnt, nehmen die Fehlerquellen ebenso wie die Schwierigkeiten der richtigen Auswertung, oder sagen wir präziser Integration der Diagnoseergebnisse, in nahezu geometrischer Proportion zu. Dies wiederum führt zwangsläufig zu einem vermehrten Zeit- und Materialaufwand pro Patient und Diagnose. Dadurch wird der Arzt fortgesetzt vor die unechten Alternativen gestellt, entweder das dem Stand der Wissenschaft entsprechende diagnostische Instrumentarium nur eingeschränkt anzuwenden oder aber Unkosten zu verursachen, die weder den Patienten noch den Kassen akzeptabel erscheinen. Die Alternativen sind unecht, weil in der geschilderten Situation jede Entscheidung zum Nachteil aller Beteiligten sich auswirkt. Flüchtige Diagnosen belasten das Gewissen, wenn nicht den Ruf des Arztes, und gefährden den Patienten. Eine aufwendige Diagnose setzt den Arzt dem Verdacht aus, am Leiden der Patienten über Gebühr zu verdienen, und belastet den privaten wie den öffentlichen Haushalt. Die Anwendung der chinesischen Diagnostik kann diesem Dilemma deutlich steuern, und zwar, wie wir wissen, nicht, indem sie zur westlichen Diagnostik in Konkurrenz tritt — präzise somatische Befunde werden wie heute, so in aller Zukunft nur nach den Regeln kausaler Analyse zu gewinnen sein — sondern indem sie jene große und noch zunehmende Zahl von Fällen ohne klaren oder überhaupt ohne somatischen Befund einer raschen, spezifischen und umfassenden Beurteilung zuführt, einer rationalen Diagnose im vollen Wortsinn.

DIE PERSÖNLICHKEIT DES PATIENTEN IN DER DIAGNOSE

Seit langem wird die unpersönliche, wenn nicht gar gleichgültige Einstellung der modernen Ärzte gegenüber den Patienten und ihren Leiden beklagt. Diese Klage ist vollauf berechtigt, falsch ist aber bisher immer der Adressat.

Wenn der Mensch die Welt durch sein Sehorgan anders sieht als ein Insekt durch sein Netzauge, anders selbst als viele Säuger mit ihrem gespaltenen Sehfeld, so ist dieser Umstand weder persönliches noch kollektives Verdienst, sondern schlicht von Natur aus so. Wenn die Ärzte die kausale Analyse, deren Methoden ihnen während eines langwierigen Lernprozesses als die allein wissenschaftlichen nahegebracht worden waren, mit Gewissenhaftigkeit und Konsequenz anzuwenden suchen, so ist dies weder ihre noch ihrer Lehrer Schuld, sondern die Logik der historischen Situation. Zu dieser Logik gehört allerdings, wie oben dargetan [7]), daß eine ausreichende Homogenität des Substrats unabdingbare Voraussetzung ist für die Gewinnung einer positiven Aussage auf dem Wege kausaler Analyse. Daß nur bei Homogenität des Substrats, bei Gleichförmigkeit der stofflichen, der körperlichen Daten kausalanalytische Wissenschaft überhaupt möglich ist, bedeutet für die Humanmedizin: es sind überhaupt nur jene Aspekte eines Individuums, die es mit allen anderen gemeinsam hat, der kausalanalytischen wissenschaftlichen Erkenntnis zugänglich, nur sie können wissenschaftlich behandelt, korrigiert werden. Mit anderen Worten, der Patient steht nicht als einmalige Persönlichkeit, sondern grundsätzlich als zufälliges Exemplar der Spezies Mensch im Blick der kausalanalytischen Heilwissenschaft. An dieser inneren Logik können weder moralisierende Ermahnungen, ja nicht einmal der persönliche gute Wille des einzelnen Arztes etwas ändern, denn je ernster dieser seine wissenschaftliche Aussage nimmt, um so konsequenter muß er von den Zufälligkeiten des Einzelfalles absehen.

Der diagnostische Befund, den die chinesische Medizin anstrebt und erbringt, ist *per definitionem* eine *Synthese aus sehr vielen Einzelfaktoren,* die im untersuchten Patienten in einmaliger, unverwechselbarer Weise zusammentreffen. Überdies gründet der wissenschaftliche Positivismus der chinesischen Medizin auf der Stabilität der Funktion; mit anderen Worten, nur solche Funktionen erscheinen ihr überhaupt signifikant, die aus menschlicher Perspektive eine für die genaue Betrachtung hinreichende Stabilität, also Dauer haben. Daraus resultiert in der Praxis eine sehr viel weitergehende Kongruenz von subjektiver und objektiver Erfahrung der Krankheitszeichen, als dies in der kausalanalytischen westlichen Medizin der Fall ist. Und die beiden genannten Momente bewirken aus innerer Notwendigkeit, ohne äußeren Zwang, ohne Willkür, daß jede Krankheit stets als individuelles und einmaliges Geschehen, als die Störungen einer ganz bestimmten Persönlichkeit in den Blick kommt und behandelt werden muß. Somit ist von der Anwendung der chinesischen Diagnostik allmählich auch ein rehumanisierender Einfluß auf die allgemeine Medizinpraxis zu erwarten. Diese Rehumanisierung wird nicht durch die beliebige Verwirklichung moralischer Gebote herbeigeführt, sondern sie ist die unumgängliche Folge der sachgemäßen Anwendung einer wissenschaftlichen Methode.

---

[7]) Siehe Seite 12.

Erster Teil: Theorie der Diagnostik

Das theoretische Instrumentarium der chinesischen Diagnostik deckt sich zwangsläufig weitgehend mit dem verschiedener anderer Disziplinen der chinesischen Medizin. Da wir jedoch vorerst im Westen kein umfassendes Wissen von dieser Medizin voraussetzen dürfen, erscheint eine Zusammenfassung der hier relevanten Konventionen und Lehren unerläßlich.

I. Allgemeine Normen und Entsprechungen

1. DIE ALLGEMEINEN NORMKONVENTIONEN

Die eindeutige und allgemeinverbindliche Übermittlung von Beobachtungsergebnissen ist allein durch die Verwendung konventioneller Normen, mit anderen Worten, durch ihren Bezug auf Normkonventionen möglich. Während nun die exakten substratorientierten Wissenschaften des Westens ihre Exaktheit durch den Bezug auf das cgs-System erzielen, ist in den chinesischen Wissenschaften die Eindeutigkeit in der Formulierung funktionaler Aussagen an die Verwendung qualitativer Normkonventionen gebunden, denn die Qualität, also die Richtung im Raum, ist das einzige Kriterium, nach welchem ähnliche Funktionen unmittelbar gegeneinander abgegrenzt werden können [1]). Die allen chinesischen Wissenschaften gemeinsamen Wertnormen sind Yin, Yang und die Fünf Wandlungsphasen *(wu-hsing)*.

In der modernen Literatur zum Thema ist es Usus, diese Wertnormen als Symbole oder sogar philosophische Prinzipien zu bezeichnen, eine Deutung, die bei Kenntnis des philologischen Kontextes von selbst dahinfällt. Halten wir hier lediglich fest, daß in der chinesischen Medizin — nicht anders wie in anderen Wissenschaften auch — der Wandel vom Symbol (richtiger: Emblem) zur schlichten Wertnorm parallelgeht mit der Abkehr von magischen und sakralen Praktiken, wie er in den chinesischen Medizinklassikern spätestens seit dem 3. Jahrhundert vor der Zeitwende vollzogen wird.

a) Yang (Aktives) und Yin (Struktives)

Im Kontext der chinesischen Medizin ist es statthaft, Yang als Aktives, Aktivität, Aktion, Yin als Struktives, Struktivität, Struktion zu verstehen, *vorausgesetzt,* daß man diesen Begriffen tatsächlich jene differenzierten und präzisen Bedeutungen verleiht, die sie in jenem Kontext haben [2]).

---

[1]) Eine aktuelle Funktion, d. h. eine gegenwärtig stattfindende Bewegung ist *per definitionem* nicht quantitativ zu definieren: Die Dauer einer Bewegung kann erst nach ihrem natürlichen oder künstlichen Ende bestimmt werden. Unter Funktionen, die nicht nur in der gleichen Zeit, d. h. in der Gegenwart, sondern auch am gleichen Ort erfolgen, liefern allein Aussagen über die Richtung bzw. die Richtungen, in welchen die Bewegung erfolgt oder zu erfolgen scheint, eine Handhabe für die Unterscheidung verschiedener Bewegungen bzw. Funktionen.
[2]) Vgl. PORKERT: Die theoretischen Grundlagen der chinesischen Medizin, Seite 20.

So bedeutet Yang, Aktives, nicht nur Auslösendes (Induzierendes), Bewegendes (Dynamisierendes), Bewegtes (Dynamisches), sich Ausbreitendes, sich Entfaltendes, sondern im gleichen Atem Bestehendes, Verwandelndes, Veränderndes, Zerstreuendes, Auflösendes (Lockeres, Loses), Zerstörendes. Wichtig ist auch das in China klar erkannte Paradoxon, daß Aktion zwar alle Determinationen setzt (Yang, Aktives, ist Determinierendes), selbst aber absolut undeterminierbar bleibt. — Wenn man vermeint, die Wirkung oder Reichweite einer Aktion wahrzunehmen oder gar zu bestimmen, so registriert oder bestimmt man tatsächlich nur ausgewählte Re-aktionen der genannten Aktion auf struktivem Wege durch die menschlichen Sinnesorgane oder durch die Vermittlung von Instrumenten. Aktion ist Negation von Bestehendem, von positiv Gegebenem; Aktives (Yang) ist mithin auch Negatives, das sich absolut jeder (direkten) Bestimmung entzieht.

Diese paradoxen Zusammenhänge lassen sich heute am physikalischen Phänomen einer Strahlung sehr genau demonstrieren. Eine Strahlung (= Aktion), die von einem Körper A (= Position A) ausgeht, wird nur dann und insoweit positiv bestimmbar, als sie auf andere Körper B, C, D usw. trifft und insoweit in diesen Körpern spezifische Qualitäten struiert, d. h. zu konkreter Darstellung gebracht werden können. Vergleiche der konkreten Veränderungen, welche die von A ausgehende Strahlung an den Körpern B, C, D usw. hervorruft, ermöglichen eine partielle und zufällige, keine umfassende und definite Aussage über die von A ausgehende Strahlung. Ja, genaugenommen sind die Aussagen über die Veränderungen an B, C und D ... zunächst und primär nur Aussagen über B, C und D, d. h. über die Fähigkeit der Körper B, C und D, sich in der beobachteten Weise zu verändern. Auf die diagnostische Praxis übertragen: Was positiv konstatiert werden kann, sind nicht die direkten Wirkungen (= Aktionen) pathogener oder therapeutischer Agentien, sondern die dem menschlichen Beobachter momentan signifikant erscheinenden Veränderungen an Erfolgsorganen oder in bestimmten Organismen. Entsprechend gibt auch z. B. eine Arzneimittelprüfung nicht Auskunft über die Gesamtwirkung des Arzneimittels, auch nicht über seine protrahierteste oder intensivste Wirkung, sondern allein über jene Wirkungen, die an bestimmten Organen zu so gearteten Veränderungen führen, daß sie vom menschlichen Beobachter aufgrund seiner augenblicklichen Aufmerksamkeit und Funktionslage wahrgenommen werden können.

Wollen wir den Begriff Yang mit dem Vokabular moderner Wissenschaft umschreiben, so denken wir an Worte wie Extraversives, Expansives, Zentrifugales, Aggressives, Petitives, Negatives.

Yin ist als Struktives (Struktivität, Struktion) zu verstehen — vom Lat. *struere* = bauen, konkret errichten → zu konkreter, positiver Darstellung oder Wirkung bringen, konkretisieren [3]). Und Struktives bedeutet zugleich Vollendendes (Perfektives), Bestätigendes (Korrespondierendes), Ruhendes (Statisches); ferner Befestigendes, Erstarrendes, Absterbendes; Verdichtendes (Konzentrierendes), Kompaktes; endlich zu Organisierendes, aber Determinierbares, Determiniertes.

Struktion (Yin) bedeutet also Konkretisation, Materialisierung, Zu-somatischer-Darstellung-bringen, sowohl im physiologischen als auch im pathologischen Sinn. Spricht man etwa von „Defizienz des Yin" oder „*inanitas yin*", d. h. von zu geringer Struktivität, so meint man einen pathologischen Mangel von konkretisierender Energie in einem bestimmten Individuum; umgekehrt deutet „Redundanz des Yin" oder „*repletio yin*" auf ein pathologisches Übermaß eben dieser Tendenzen (vgl. den übernächsten Abschnitt Seite 35 unten).

---

[3]) Vgl. PORKERT: ebenda, S. 13, 17 ff.

Im modernen wissenschaftlichen Vokabular ist also das Yin mit Worten zu charakterisieren wie Kontraktives, Intrasuszeptives, Zentripetales, Responsives, Konservatives, Positives.

Bei energetischer (induktivsynthetischer) Betrachtung der Wirklichkeit kann Yin, Struktives, und Yang, Aktives, zur eindeutigen Bewertung der Grundtendenz absolut aller Phänomene herangezogen werden — und wird im Rahmen der chinesischen Wissenschaften dazu herangezogen. Denn, hat man sich die soeben dargelegten Assoziationen der Qualitätsnormen eingeprägt, so fällt es tatsächlich nicht schwer, jedes beliebige, eingehend beobachtete Phänomen sowohl als Ganzes als auch in seinen Einzelaspekten treffend zu qualifizieren. Die in einschlägigen Veröffentlichungen üblichen Listen von „Entsprechungen" des Yin und des Yang werden deshalb weitgehend tautologisch überflüssig. Wir geben hier eine solche Aufzählung lediglich zur Illustration und Einübung.

Es werden qualifiziert als

aktive (yang) Phänomene	struktive (yin) Phänomene
der Himmel	die Erde
die Sonne (= das „Mächtige Yang")	der Mond (= das „Mächtige Yin")
der Frühling	der Herbst
der Sommer	der Winter
das Männliche	das Weibliche
das Warme, Heiße	das Kalte, Kühle
das Äußere	das Innere
das Helle	das Dunkle
das Große, Starke	das Schwache, Kleine
das Obere	das Untere
das Feuer	das Wasser, der Regen
das Bewegte	das Stille
der Tag	die Nacht
die Linke [4])	die Rechte;

ferner, im engeren Rahmen der medizinischen Thematik als

aktive (yang) Phänomene	struktive (yin) Phänomene
die Zeit von Mitternacht bis Mittag	die Zeit von Mittag bis Mitternacht [5])
der Außenorbis *(piao)*	der Innenorbis *(li)* [6])
das an der Oberfläche liegende, an die Oberfläche treibende	das in der Tiefe wirkende, absinkende
der Rücken *(pei)*	der Bauch *(fu)* [7])

[4]) Die Wertung von links und rechts ist in allen Kulturen das Ergebnis einer frühen Ritualisierung bestimmter manueller Funktionen, die später beibehalten oder modifiziert wurde. Vgl. auch den Hinweis in PORKERT, opus cit., S. 22.

[5]) Vgl. ebenda, S. 42 f.

[6]) Siehe unten S. 31 und 39.

[7]) Genaugenommen liegen bei der Abgrenzung von Yin und Yang an der Körperoberfläche auch des Menschen die Verhältnisse bei der Lurche zugrunde: das Yang, der „Rücken", reicht vom Damm bis zur Oberlippe, das Yin, der „Bauch", von der Unterlippe bis zum Damm. Entsprechend ist auch die Vorderseite der Beine als Yang zu qualifizieren. Zur Philologie des Problems vgl. PORKERT: T. G., S. 23 f.

aktive (yang) Phänomene	struktive (yin) Phänomene
der Rumpf oberhalb des Zwerchfells	der Rumpf unterhalb des Zwerchfells
die *Orbes aulici (fu)*	die *Orbes horreales (tsang)* [8])
die Wandlungsphasen Holz und Feuer	die Wandlungsphasen Metall und Wasser [9])
die konstellierende Kraft *(shen)*	das Struktivpotential *(ching)* [10])
die aktive individualspezifische Energie *(ch'i)*	die struktive individualspezifische Energie *(hsüeh)*
die Wehrenergie *(wei)*	die Bauenergie *(ying)*
chin (aktive Säfte)	*yeh* (struktive Säfte)
hun (aktiver Aspekt der individuell konstellierenden Kraft)	*p'o* (struktiver Aspekt der individuell konstellierenden Kraft);
Fülle [der Energie] *(repletio, shih)*	Erschöpfung [der Energie] *(inanitas, hsü)*
Klares	Trübes
Hartes	Weiches
Süßes, Scharfes [11])	Saures, Bitteres [12])
Geschmackloses	Salziges
Ungeradzahliges	Geradzahliges.

b) Die Fünf Wandlungsphasen (wu-hsing)

Während Yin und Yang als qualitative Normkonventionen für die Bewertung jeder möglichen (funktionalen) Polarität oder Alternanz geeignet sind, rührt die in den chinesischen Wissenschaften allgemeine Verwendung der Wertnormen der Fünf Wandlungsphasen [13]) aus ihrer Bewährung bei der Beschreibung zyklischer Abläufe. — Die chinesische Medizin beschreibt alle energetischen Prozesse als zyklische Abläufe.

Die Fünf Normwerte der Wandlungsphasen resultieren aus der Kombination von drei Polarisationskriterien, und zwar 1. Aktivität: Struktivität, 2. Potentialität: Aktualität, 3. Differenziertheit: Einheit. Das Zusammenspiel dieser Polaritäten und die aus ihm sich ergebenden Qualitäten lassen sich am

---

[8]) Näheres über diese Begriffe unten auf S. 30 f.

[9]) Vgl. nächste Seite.

[10]) Mit Ausnahme von *shen* und *ching* bezeichnen alle folgenden Termini technische, d. h. nur in der angewandten Medizin unterschiedene Formen der Energie. *Shen* ist jene Kraft, die als auslösender und erhaltender Einfluß für das Zustandekommen aller individualisierbaren Wirkungen — also auch für die Entstehung und den Fortbestand der menschlichen Persönlichkeit postuliert wird. Das Struktivpotential *(ching)* ist die Voraussetzung für die wahrnehmbare Konkretisierung der konstellierenden Kraft.
Alle folgenden energetischen Begriffe, deren Unterscheidung sich in der medizinischen Praxis oft als nützlich erwies, nämlich *hsüeh* (struktive individualspezifische Energie ≈ Blut) und Bauenergie *(ying)*, aber auch die Säfte *(chin* und *yeh)* sind durchwegs Formen struktiver Energie. Diese Energien stellt man sich in bestimmtem Zusammenhang abermals als polarisiert vor, also in Säfte, denen man aktive Funktionen, und Säfte, denen man struktive Funktionen zuschreibt.
Ausführlicheres zur Energetik findet man in PORKERT: T. G., S. 138—149.

[11] u. [12]) Eine Ungenauigkeit der deutschen Ausgabe der „Theoretischen Grundlagen der chinesischen Medizin" korrigierend gebrauchen wir hier und künftighin für chinesisch *hsin* die Übersetzung „Scharfes" und umgekehrt für *k'u* die Übersetzung „Bitteres". Das bedeutet also, daß die Wandlungsphase Metall durch Bitteres und die Wandlungsphase Feuer durch Scharfes qualifiziert ist.

[13]) Früher fälschlich mit „Fünf Elemente" wiedergegeben, vgl. Kleindruck in PORKERT: T. G., S. 40 f.

zweckmäßigsten anhand eines Achsenkreuzes veranschaulichen, wie es auch in chinesischen Texten gebräuchlich ist (Abb. 1).

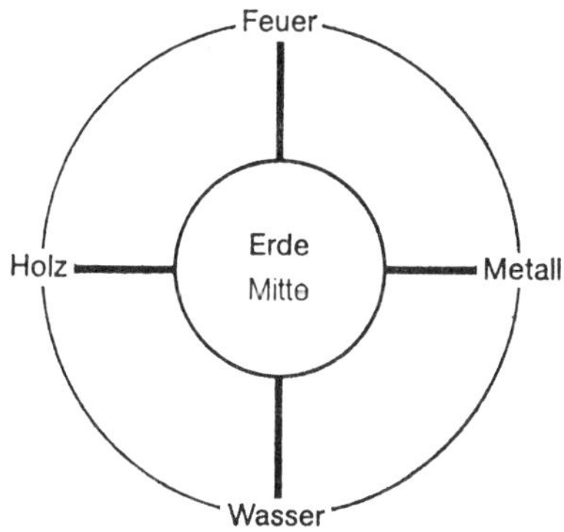

Abb. 1

Die differenzierten Energiestadien sind durch die 4 Pole dieses Achsenkreuzes dargestellt und werden mit den Namen Holz, Feuer, Metall und Wasser belegt. Der Schnittpunkt, Ursprung, der Ort der Vermischung, Verwandlung, des Attributaustauschs, der Einheit und Undifferenziertheit, der Mittel-, Dreh-, Null- und Schwerpunkt ist mit dem Wort „Erde" bezeichnet.

Offensichtlich knüpft diese Unterscheidung an die Erfahrung tages- und jahreszeitlichen Wandels an, denn Holz entspricht auch dem Morgen, dem Frühling, dem Osten; Feuer entspricht auch dem Mittag, dem Sommer, dem Süden; Metall dem Abend, dem Herbst, dem Westen; Wasser der Mitternacht, dem Winter, dem Norden. Hiervon sind die eingangs genannten Polaritäten unmittelbar abzuleiten: Holz und Feuer (= Morgen + Mittag, Frühling + Sommer) bezeichnet expansive, also aktive (yang) Phasen; Metall und Wasser (= Abend + Mitternacht, Herbst + Winter) bezeichnet kontraktive, konservative, also struktive (yin) Phasen. Und zwar sind diese Grundqualitäten im Holz (Morgen, Frühling) und Metall (Abend, Herbst) potentiell, im Feuer (Mittag, Sommer) und Wasser (Mitternacht, Winter) aktuell gegeben.

Mithin bezeichnet

„Holz"	eine Phase potentieller Aktivität,
„Feuer"	eine Phase aktueller Aktivität,
„Metall"	eine Phase potentieller Struktivität,
„Wasser"	eine Phase aktueller Struktivität,
„Erde"	eine Phase des Übergangs, der Umpolung, der Umsteuerung, des Ausgleichs . . .

Unterstreichen wir abermals: Yin, Yang und die Fünf Wandlungsphasen sind Normqualitäten, Hilfsmittel zur Beschreibung der Wirklichkeit, *nicht selbst* schon eine Beschreibung der Wirklichkeit. Für sich und aus sich stehen sie also nicht für irgendwelche wissenschaftlichen Erkenntnisse oder Einsichten. Ihr einziger Zweck ist, jenen Aussagen und Regeln, die aufgrund positiver Beobachtungen dynamischen Geschehens gemacht und aufgestellt werden, Präzision und Eindeutigkeit zu verleihen. Nur als Vehikel von Beobachtungsdaten und systematisierender Regeln haben sie einen Sinn.

Die wichtigsten Beispiele solcher unter Verwendung der Wandlungsphasen formulierter Regeln sind die Phasensequenzen oder einfach Sequenzen *(hsü)*, von welchen in der Medizin nur drei von Bedeutung sind, nämlich die „Hervorbringungsreihenfolge" (Sequenz I), die „Bezwingungsreihenfolge" (Sequenz II) und die „Überwältigungsreihenfolge" (Sequenz III).

Alle regelmäßigen kosmischen (also auch die biologischen) Prozesse lassen sich aus dem Zusammenspiel von aktivem Antrieb (Yang) und struktiver Gegensteuerung (Yin) erklären. Der aktive Antrieb wirkt in Richtung einer Hervorbringungsreihenfolge *(sequentia efficiens, hsiang-sheng-hsü)*, die unter Bezug auf die Wandlungsphasen als Holz → Feuer → [Erde] → Metall → Wasser beschrieben werden kann (Abb. 2). Der Widerstand des Substrats

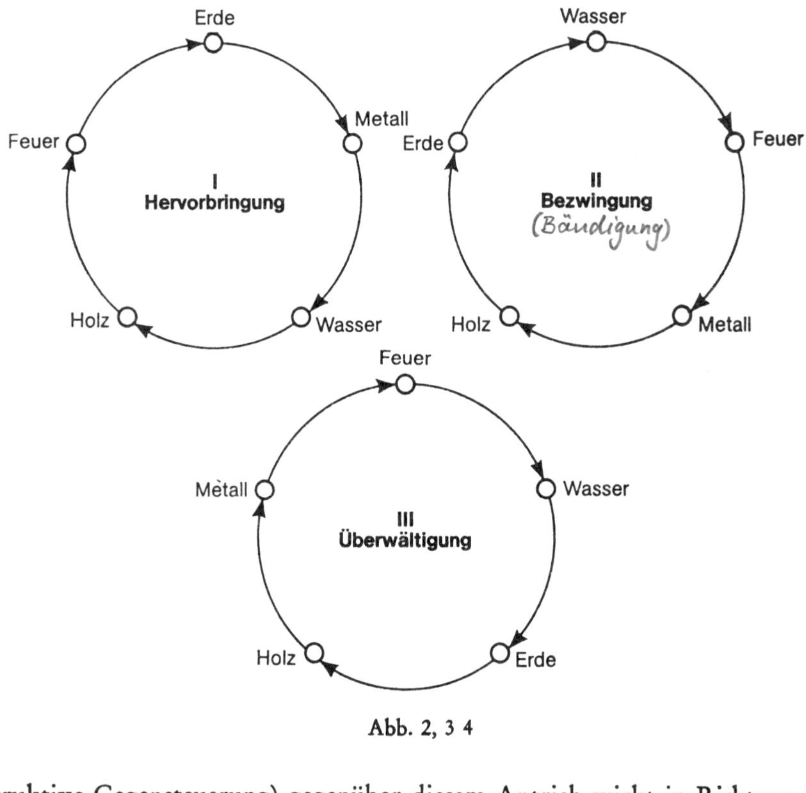

Abb. 2, 3 4

(struktive Gegensteuerung) gegenüber diesem Antrieb wirkt in Richtung einer „Bezwingungs- oder Bändigungsreihenfolge" *(sequentia vincens sive cohibens, hsiang-sheng* [14]*), hsiang-k'o-hsü)*, die unter Bezug auf die Wandlungsphasen als Holz → [Erde] → Wasser → Feuer → Metall beschrieben werden kann.

[14]) Bei diesem zweiten Wort *shen*, hier im vierten Ton ausgesprochen, handelt es sich nicht um einen Druckfehler, sondern das gleiche Phonem *sheng*, im Chinesischen mit verschiedenen Zeichen geschrieben und in verschiedenen Tönen ausgesprochen, bedeutet einmal Hervorbringen, einmal Bezwingen, Besiegen.

Hervorbringung ebenso wie Bändigung und das ihnen im Mikrokosmos entsprechende Kräftespiel sind als physiologische Vorgänge zu verstehen, die die unerläßliche Grundlage gesunder Funktionen bilden (Abb. 3). Dieses physiologische Kräftespiel kann jedoch durch pathologische Agentien gestört werden, was sich zunächst in Energiestauungen an einigen, Energiedefizienzen an anderen Stellen bemerkbar macht, Störungen, die schließlich zu einer mehr oder minder ausgedehnten Überlagerung der physiologischen Phasenbeziehungen führen. Dabei ist eine pathologische Sequenz, die sogenannte „Überwältigungsreihenfolge" *(sequentia violationis, hsiang-wu-hsü)* zu beobachten, die darin besteht, daß solche Phasenqualitäten, die durch ungenügendes Energiepotential vertreten sind, durch jene überwältigt werden, die sie eigentlich bändigen sollten, also (in Umkehrung der Sequenz II, der Bändigungsreihenfolge) Holz überwältigt Metall, Metall überwältigt Feuer, Feuer überwältigt Wasser, Wasser überwältigt Erde, Erde überwältigt Holz (Abb. 4).

Oder einzelne Phasenqualitäten sind durch überproportionale Energiebeträge vertreten (energetische Redundanz); dann überlagern sie damit jene Phasen, die sie physiologisch nur bändigen sollten — nach der Sequenz II, der „Bändigungsreihenfolge".

Die beschriebenen Phasensequenzen sind der systematisch knappe Ausdruck fortgesetzt zu beobachtender energetischer Beziehungen. Darin gründet ihre überragende Bedeutung für die diagnostisch zu explorierenden, therapeutisch zu beobachtenden Beziehungen der Funktionskreise (Orbes), die im folgenden Abschnitt zu behandeln sind.

2. DIE ORBISIKONOGRAPHIE

Im Gefüge der primär an Funktionen orientierten chinesischen Medizin ist die Orbisikonographie, die „Lehre von den Erscheinungsweisen der Funktionskreise" *(tsang-hsiang)* jene fundamentale theoretische Disziplin, auf der analog — mithin „anstelle" — der westlichen Anatomie + Physiologie absolut alle praktischen Disziplinen aufbauen.

Bei der Würdigung ihrer Aussagen ist einigen Mißverständnissen vorzubeugen. Die chinesischen Ärzte und Wissenschaftler haben, im Einklang mit ihrer induktivsynthetischen Betrachtungsweise, ihre positiven Beobachtungen biologischer Funktionen (denen ihr primäres Interesse galt) nach qualitativen Gesichtspunkten *direkt* [15]) systematisch verknüpft. Die Ergebnisse solcher Systematisierung belegten sie mit dem Wort *tsang*, welches in archaischer, vorwissenschaftlicher Zeit ebenso wie noch heute im Alltag der Metzger, Hausfrauen und Köche ein Organ bezeichnet. Dennoch berechtigt uns nichts, in chinesischem, medizinischem Kontext *tsang* mit „Organ" zu übersetzen, zwingt uns vielmehr

---

[15]) Im Gegensatz zur kausalanalytisch orientierten westlichen Medizin, in welcher die substratorientierte Anatomie dem Schrittmacher der Erkenntnis entspricht. Deshalb erfolgen in der westlichen Physiologie alle Aussagen über Funktionen unter Bezug und Rückverweis auf anatomische Daten und stehen nur über diese anatomischen Daten in einem *indirekten* logischen Zusammenhang.

alles, *tsang* durch den Ausdruck *orbis* (Orbis) wiederzugeben, denn in der Orbisikonographie sind

1. (nur) die Aussagen über funktionale Beziehungen positiv verifizierbar, sachlich lückenlos und rational stringent miteinander verknüpft;

2. demgegenüber die Aussagen über das somatische Substrat („die Organe") sofern überhaupt auffindbar — unbestimmt, unverbindlich, auf Äußerlichkeiten beschränkt; stellen

3. die Illustrationen der Orbisikonographie nicht anatomische Protokolle, sondern die Modelle funktionaler Beziehungen dar; gibt es

4. in der chinesischen Medizin Orbes *(tsang)*, für die sich kein Substrat (also kein anatomisches Organ) bestimmen läßt, umgekehrt in der westlichen Medizin Organe oder Gewebe, zu welchen die chinesische Medizin keinen separaten Orbis postuliert [16]).

Unbeschadet mancher Anklänge ist es mithin sachlich falsch und methodisch abwegig, die Orbes *(tsang)* der chinesischen Medizin mit den Organen der westlichen Anatomie und Physiologie zu vergleichen oder gar in Eins zu setzen [17]).

Beiläufig wird hier zum wiederholten Mal deutlich, weshalb auf dem Boden der chinesischen Medizin gewachsene Verfahren wie etwa die Aku-Moxi-Therapie („Akupunktur") nur bei vollständiger Restituierung ihres theoretischen Hintergrunds ihre ganze Flexibilität und Zuverlässigkeit zurückgewinnen kann: nur so werden die logischen Verbindungen zwischen den ihnen zugrunde liegenden Erkenntnissen und den technischen Details des Verfahrens wiederhergestellt.

Die Orbiskonographie beschreibt drei Arten von Orbes: 1. die *orbes horreales (tsang)*, 2. die *orbes aulici (fu)*, 3. die Paraorbes *(ch'i-heng chih fu)*.

Die *orbes horreales*, zu Deutsch Speicherorbes [18]) — das sind die *orbes hepaticus, cardialis, lienalis, pulmonalis, renalis, pericardialis* — werden allgemein als struktiv qualifiziert, womit zum Ausdruck kommt, daß ihnen in der Gesamtökonomie der Persönlichkeit [19]) konstituierende, konkretisierende, kurzum grundlegende Funktionen zufallen. Wenn es nach klassischem Zitat [20]) heißt: „Sie speichern Struktivpotential ohne etwas abfließen zu lassen, sind dann voll *(pleni, man)*, nicht angefüllt *(repleti, shih)*", so wird damit lediglich ausgedrückt, daß das *vermutliche* Substrat dieser Orbes physiologisch keinen Schwankungen in Form und Konsistenz unterworfen ist.

---

[16]) Vgl. unten S. 83 ff. den *orbis renalis*.

[17]) Der dringend wünschenswerte Brückenschlag zwischen westlicher und chinesischer Medizin kann nur von der Ebene der praktischen Ergebnisse her sinnvoll vollzogen werden. Vgl. PORKERT: „Der wissenschaftliche Ort der Akupunktur" in Münchener Medizinische Wochenschrift, Heft 14/1976, S. 421—424.

[18]) *Horreum* = Speicher; vgl. PORKERT: T. G., S. 90.

[19]) Nachdem es in den traditionellen Wissenschaften Chinas, so auch in der traditionellen chinesischen Medizin, eine Unterscheidung von Soma und Psyche, Substrat und Funktion nicht gibt, erscheint uns dieser Ausdruck zur Wiedergabe der chinesischen Vorstellung als der einzig angemessene.

[20]) In PORKERT: T. G., S. 91.

Die *orbes aulici (fu)*, deutsch „Durchgangsorbes"[21]) das sind die *orbes felleus, intestini tenuis, stomachi, intestini crassi, vesicalis, tricalorii* — werden insgesamt als aktive qualifiziert, womit vor allem zum Ausdruck kommt, daß sie die Persönlichkeit gegenüber von außen kommenden Wirkungen vertreten: sie vermitteln zwischen Körperoberfläche (Haut) und den inneren, nämlich struktiven Funktionsbereichen. Sie assimilieren von außen kommende Energien einschließlich der mit der Nahrung zugeführten Energien. Im Klassiker heißt es von ihnen daher: „Sie befördern und assimilieren, speichern aber nicht, sind deshalb [bisweilen] angefüllt *(repleti, shih)* ohne je voll *(pleni, man)* sein zu können"[22]). Entsprechend der so postulierten Aufgabenteilung, zwischen struktiven *orbes horreales* und aktiven *orbes aulici*, werden erstere auch als Innenorbes *(li, intimae)*, letztere als Außenorbes *(piao, species)* bezeichnet.

Endlich bilden die *Paraorbes (ch'i-heng chih fu)* — das sind die *paraorbes felleus, uteri, cerebri et medullae* — eine Rubrik, in welcher jene Beobachtungsdaten untergebracht werden, die anderweitig nicht in das System integriert werden konnten.

Der Leser findet die für die Diagnostik unerläßlichen Angaben über Qualitäten, Charakteristika und Beziehungen der einzelnen Orbes der Übersichtlichkeit und raschen Vergleichbarkeit halber in der Falttabelle zusammengefaßt. Dieser Tabelle liegt ein gerafftes orbisikonographisches Paradigma[23]) zugrunde, welches umfaßt

1. Qualifikation des Orbis durch eine Wandlungsphase — entsprechend einer umfassenden Bestimmung der energetischen Qualität der in und durch den Orbis wirkenden Energien.
2. *Sapor*, d. h. jene Geschmacksrichtung, die diagnostisch auf eine Störung des Orbis deuten kann, oder die, diätetisch angewandt, für die gezielte Therapie der Störung des Orbis herangezogen werden kann.
3. Geruch — anamnestische Geruchsaffinität ebenso wie diagnostisch bedeutsame Ausdünstung des Körpers.
4. Stimmliche Manifestation, die (diagnostisch) auf eine funktionale Präponderanz des Orbis schließen läßt.
5. Farbe — die, wenn sie bei der *inspectio* anklingt, als Hinweis auf den Orbis verstanden werden kann.
6. Tageszeit und Jahreszeit, während der der Orbis eine besondere Labilität zeigt, mithin Störeinflüssen wie therapeutischen Maßnahmen gegenüber gleichermaßen besonders empfindlich reagiert.
7. Komplementärorbis, das ist jener energetisch komplementäre Orbis, der mit ihm gewissermaßen ein funktionelles Gespann bildet und ganz eng an seinen Funktionen partizipiert. — Viele diagnostische Aussagen über die *orbes aulici* = aktive Außenorbes sind nur indirekt eben aufgrund dieser Komplementarität möglich.

---

[21]) *aula* = der Ort, an dem öffentliche Angelegenheiten verhandelt werden. Vgl. auch PORKERT: T. G., S. 91.

[22]) *Op. et loc. cit.*

[23]) Wer ausführlichere Informationen sowie philologische Nachweise sucht, sei auf das einschlägige Kapitel in PORKERT: T. G. verwiesen.

8. Bändigender Orbis: Die physiologische Gegensteuerung eines jeden Orbis geht von dem Orbis aus, der durch jene Wandlungsphase qualifiziert ist, welche nach Sequenz II (= Bezwingungsreihenfolge) die eigene Qualität bändigt.
9. Sinarterie — Jedem Orbis entspricht eine eigene (paarige) *sinarteria cardinalis* (Hauptleitbahn), die seinen Namen trägt und deren Foramina („Reizpunkte") diagnostische Schlüsse und therapeutische Einwirkungen auf die Funktionen des Orbis zulassen [24]).
10. Funktionelle Darstellung *(ch'ung, perfectio)* — Jeder Orbis hat in bestimmten Körperteilen bzw. deren Lebensäußerungen seine „funktionelle Darstellung" — was diagnostisch von Belang ist.
11. Äußere Entfaltung *(flos)* — Jeder *orbis horrealis* hat direkt, jeder *orbis aulicus* indirekt in einem jederzeit sichtbaren Körperteil eine diagnostisch leicht zugängliche Darstellung.
12. Spezifischer Radialispuls — Den wichtigsten *orbes horreales* wird ein spezieller *locus* der Radialispulse [25]) direkt, den *orbes aulici* indirekt zugeordnet.
13. Spezifisches Sinnesorgan *(kuan, organum)* — das den meisten orbes *horreales* direkt, den meisten *orbes aulici* indirekt zugeordnet wird.
14. Spezifische Körperöffnung *(k'ai-ch'iao)* — Diese, mit der vorangehenden Rubrik sich nur teilweise überdeckende Kategorie, ist von ähnlicher diagnostischer Relevanz.
15. *Emotio (chih bzw. ch'ing)* — Den wichtigsten Orbes ist eine bestimmte Gefühlsregung *(emotio)* zugeordnet. Das Auftreten dieser Gefühlsregung ist vom Energieniveau im betreffenden Orbis abhängig. Völlige Unfähigkeit zu einer bestimmten *emotio*, oder, im Gegenteil, zu heftiges oder zu häufiges Ausleben derselben führt zu einer Schädigung des entsprechenden Orbis oder ist symptomatisch für eine solche Schädigung.
16. Spezifische Funktion — Generalrubrik für die Funktion, welche den Orbis im Konzert aller Funktionskreise unverwechselbar charakterisiert.
17. Dominante Funktion — Diese kann mit der vorhergehenden identisch sein oder aber vornehmlich der Wirkung der funktionellen Darstellung des Orbis (siehe Pos. 10 oben) entsprechen.
18. Fundamentale Funktion — Manchem Orbis wird eine umfassende Rolle bei der Erhaltung des zeitlichen Fortbestands einer Persönlichkeit zugeschrieben: der Orbis begründet („fundiert" *pen)* auf näher definierte Weise die Existenz des Individuums.
19. Speicherfunktion — Jeder *orbis horrealis* speichert eine bestimmte Form der physiologischen Energie.
20. Sonstige Funktionen — Rubrik für Funktionen, die nur einzelnen Orbes aufgrund der Beobachtungsdaten zugeschrieben werden.

Wie man bei Betrachtung der Tabelle sieht, ist das hier gegebene Paradigma nur bei den *orbes horreales* annähernd vollständig ausgefüllt. Die Funktionen und Qualitäten der *orbes aulici* erschließen sich nach chinesischer Auffassung

[24]) Von jeder *cardinalis* hängen wiederum Seitenbahnen ab, die als *paracardinalis, reticularis, parareticularis, reticularis parvula, nervocardinalis,* endlich auch als *cutis regio* bezeichnet werden. Vgl. PORKERT: T. G., S. 155 ff.
[25]) Ausführliches darüber unten auf S. 168 ff.

nur durch die Spiegelungen, Veränderungen, die sie an die *orbes horreales* weitergeben, in diesen hervorrufen. Die über sie zu erhaltenden Aufschlüsse sind also oft indirekter Art — mit dem Hinweis „vgl. Innenorbis" aus dem Orbisikonogramm des entsprechenden Komplementärorbis zu entnehmen.

II. Grundgedanken der Differentialdiagnose

Die chinesische Medizin ist eine wissenschaftliche Heilkunde [1]). Deshalb schiebt sich bei ihr, wie in der modernen westlichen Medizin, zwischen die Feststellung der Krankheitszeichen und die therapeutischen Maßnahmen das ganze System der rationalen Überlegungen, das zum Zweck hat, die Vielfalt des Krankheitsgeschehens und die Fülle der therapeutischen Möglichkeiten durch die Erkenntnis übergeordneter und verbindender Faktoren gedanklich und mithin methodisch in den Griff zu bekommen.

Diese übergeordneten Faktoren sind in der chinesischen Medizin die Agentien *(yin)* [2]), in der westlichen Medizin die Ursachen *(causae)*. Der Unterschied zwischen beiden? — Ein Agens ist gleichzeitig mit der beobachteten Wirkung gegeben; es „induziert" die Wirkung, etwa eine mit dem Sonnenstand zunehmende und abnehmende Migräne, ein Frösteln bei kaltem Wind, usw. Die Ursache geht den beobachteten Phänomenen voran, hat die Wirkung „verursacht". Diese Unterscheidung tangiert den praktizierenden Arzt wenn überhaupt, nur indirekt [3]), denn hier wie dort werden erkannte pathogene Faktoren häufiger kompensiert als eliminiert.

Die Bestimmung übergeordneter Faktoren, also die Differentialdiagnose, wird in der chinesischen Medizin in zwei Etappen vollzogen. Zunächst wird jedes registrierte Symptom aufgrund der Acht diagnostischen Leitkriterien *(pa-kang)* qualifiziert, d. h. hinsichtlich seiner energetischen Allgemeintendenz bestimmt. Sodann wird aus der Synthese mehrerer Diagnosedaten auf das oder die pathologische(n) Agens (Agentien) geschlossen. Der letzte Schritt, die präzise Bestimmung des affizierten Funktionsbereichs, die Empfehlung einer spezi-

---

[1]) Vgl. hierzu die Einführung oben S. 15 ff., ferner die Einführung zu den „Theoretischen Grundlagen ...".

[2]) Bei diesem Wort Yin handelt es sich wiederum um ein Homonym, das mit einem anderen Zeichen als das in der Verbindung Yin/Yang vorkommende geschrieben wird. Um in der Umgangssprache Mißverständnisse zu vermeiden, sagt man deshalb gewöhnlich *ping-yin* („Krankheitsagentien").

[3]) Ganz zu schweigen von der terminologischen Verwirrung, die durch die vermeintliche „Erweiterung des Kausalgesetzes", die im 19. Jh. vollzogen wurde, eingetreten ist. Tatsächlich wurde damals nicht ein „Gesetz" erweitert, sondern ein vorhandenes Axiom, der Kausalnexus (: „Die Ursache geht der Wirkung voraus") durch ein zweites, komplementäres Axiom, den Induktivnexus ergänzt (: „Der bedingende Faktor [Agens] ist *gleichzeitig* mit der Wirkung gegeben.") Vgl. PORKERT: „Die bleibende Relevanz des chinesischen Denkens", Funkmanuskript München 1975.

fischen Therapie, die Prognosestellung ist Gegenstand der Pathologie, die im nächsten Kapitel zu umreißen sein wird.

1. DIE ACHT LEITKRITERIEN (pa-kang)

Die Acht Leitkriterien der Diagnose umfassen vier Paare polarer Qualitäten, und zwar

1. Yin und Yang,
2. *species* und *intima (piao, li)*,
3. *algor* und *calor (han, joh)*,
4. *inanitas* und *repletio (hsü, shi)*.

Ihre Anwendung bezweckt eine den besonderen Bedürfnissen der medizinischen Diagnose angepaßte erste Differenzierung der Krankheitszeichen. Dabei bietet Yin und Yang (Struktives und Aktives) die umfassende, eigentlich die folgenden drei Paare subsumierende Qualifikationsnorm. Je nach dem Eindringungsgrad einer Krankheit spricht man von einer *species* („Außenseite")- oder *intima* („Innenseite")-Erkrankung. Die allgemeine symptomatische Natur einer Krankheit definiert man mit den Werten *algor* („Kälte") oder *calor* („Hitze"). Endlich charakterisiert man die relative Schwäche der Orthopathie oder die relative Stärke der Heteropathie als *inanitas* („Erschöpfung") oder *repletio* („Fülle"). Nachdem die drei letztgenannten Unterscheidungen bei jeder Diagnose unabhängig voneinander anzutreffen sind, kommt es zu Kombinationen dieser Kriterien untereinander. Man wird also (s. u.) von *algor speciei, calor speciei, inanitas speciei, repletio speciei, inanitas intimae* usw. sprechen. Ja, nicht selten wird man am gleichen Patienten z. B. *repletio speciei* bei gleichzeitiger *inanitas intimae* konstatieren können und dgl. Verbindungen mehr. Ähnliche Elastizität beobachten wir bei den Grundqualitäten Yin und Yang: außer zur näheren Qualifikation von *inanitas / repletio* und *species / intima*, können sie mit sich selbst abgestuft kombiniert werden (Yang im Yang, Yang im Yin usw.).

(1) Yin und Yang

Nicht trotz, sondern wegen ihrer überbauenden Gültigkeit kommt Yin und Yang innerhalb der Leitkriterien eine hervorragende Bedeutung zu. So wird man, ist eine Krankheit in ein kritisches Stadium getreten, das eklatante Symptome hervorbringt und sofortige Hilfe erfordert, sich zunächst nur auf die genaue Bestimmung von Yin und Yang beschränken. Auch Formeln wie „das *yang merum* ist nicht ausreichend", „das *yin merum* ist verloren gegangen" deuten auf solche grundsätzlichen Befunde.

Die Qualifikation der übrigen Leitkriterien nach Yin und Yang sei hier nochmals ins Gedächtnis gerufen (vgl. oben S. 23 ff.).

Yin	Yang
intima	species
algor	calor
inanitas	repletio

Die Anwendung der Leitkriterien Yin und Yang führt zu folgender Unterscheidung der Krankheitszeichen:

Diagnoseverfahren	Yin	Yang
inspectio	Gesicht: schmutzig blaß bis grünlich-weiß *Verhalten:* spannungslose, gebückte, müde Haltung, müdes Aussehen, Kraftlosigkeit, Bewegungsunlust, liegender Patient. Zungenkörper: blaß, gedunsen, weich; Zungenbelag: feucht, glatt, schlüpfrig.	Gesicht: hochrot oder intermittierend gerötet. *Verhalten:* unruhig, fortgesetzter Bewegungsdrang; Lippen trocken, gesprungen. Zungenkörper: tiefrot bis scharlachrot; Zungenbelag: gelb bis lehmfarben, im Extremfall trocken und rissig oder gar schwarz mit vorspringenden Erhebungen.
olfactio et auscultatio	Stimme leise, schwach; Wortkargheit; schwacher, mühsamer Atem, Kurzatmigkeit.	laute, kräftige, schrille Stimme; Geschwätzigkeit, geräuschvolles Benehmen; lauter Atem, Keuchen, Schleimrasseln, Irrereden, Schreien und Fluchen.
interrogatio (Anamnese)	Appetit und Durst vermindert, Abneigung gegen Speisen, mitunter Verlangen nach heißen Getränken; Urin: klar und reichlich oder vermindert. Stuhl: nach Fisch oder Fleisch riechend.	Hitzegefühl, Verlangen nach Kühlung; Abneigung gegen Speisen und Speisengeruch, trockener Mund, heftiger Durst; Urin: vermindert, rötlich gefärbt. Stuhl: hart oder verstopft, mitunter sehr übelriechend.
palpatio	Schmerzen im Unterleib, durch Druck gebessert; Körper und Extremitäten kalt; Pulse: *mersi, evanescentes, minuti, asperi, tardi, invalidi,* stets kraftlos.	Schmerzen im Unterleib werden durch Druck verschlimmert; Körper und Extremitäten heiß oder warm; Pulse: *superficiales, exundantes (magni), celeri, lubrici, repleti,* stets kraftvoll.

Beispiele für die kombinierte Anwendung des Yin/Yang: „Herrscht *inanitas yang,* so empfindet der Patient Kälte von außen; herrscht *inanitas yin,* dann hat der Patient innere Hitze. Ist das Yang (die aktiven Energien) üppig entfaltet *(vigens, sheng),* dann empfindet der Patient äußere Hitze (er fühlt sich äußerlich heiß); sind die struktiven Energien (das Yin) üppig entfaltet, dann empfindet er innere Kälte“ [4]).

„Ist die aktive Energie *(yang-ch'i)* redundant, dann zeigt der Körper Hitze ohne Schweiß; ist die struktive Energie redundant, dann ist der Körper bei viel Schweiß kalt“ [5]).

[4]) Vgl. *Nei-ching Su-wen* 62/547.
[5]) Vgl. *Nei-ching Su-wen* 17/178.

„Hitze (= Fieber) mit Schüttelfrost rührt aus [einer Entgleisung] der aktiven Energie; fieberloser Schüttelfrost rührt aus [einer Entgleisung] der struktiven Energie“ [6]).

Yin und Yang, Struktion und Aktion, sind komplementäre Begriffe. Mithin scheinen in der Regel auch einer in Fülle auftretenden, exundanten Yang-Energie eine geschwächte, defiziente Yin-Energie gegenüberzustehen — und umgekehrt. In solchen Fällen zielt die Therapie auf eine Wiederherstellung ausgeglichener Proportionen. Zeigt sich bei der Diagnose ein exundanter Puls, ein roter Zungenkörper, ein trockener Zungenbelag, klagt der Patient über Durst, große Hitze, so ist klar, daß das Yang *vigens*, das Yin hingegen *dilabens* ist, daß man ersteres zurückdrängen, dämpfen, letzteres fördern muß. Erbringt die Diagnose umgekehrt das Bild eines *pulsus mersus* oder *tardus*, eines blassen Zungenkörpers und feuchten Zungenbelags, klagt der Patient über Unterleibsschmerzen und Diarrhöe, so ist zu schließen, daß das Yin *vigens*, das Yang *dilabens* ist, daß man mithin die aktive Energie durch Wärme vermehren, die struktive hingegen sammeln muß.

Dennoch gibt es Krankheitsbilder, bei denen Erschöpfung *(inanitas)* der struktiven Energie ohne gleichzeitige Fülle *(repletio)* der aktiven zu konstatieren ist — und umgekehrt. In diesen Fällen wird die anzustrebende Ausgeglichenheit dadurch erzielt, daß man nur den einen unregelmäßigen Energieaspekt allein behandelt, also lediglich eine *inanitas yin* oder einen *vigor yang*. Diagnostiziert man bei einem Patienten mit periodisch wiederkehrendem leichtem Fieber einen kraftlosen *pulsus minutus* und *celer*, einen roten, wenig feuchten Zungenkörper ohne Belag, beobachtet man rote Wangen und tiefrote Lippen, Fieber mit großer Unruhe, Husten, Schweiße nach dem Einschlafen, so kann man schließen, daß die Fieberschübe durch Erschöpfung der struktiven Energie bedingt sind. Stützt man durch die Therapie diese struktive Energie, so wird damit zugleich auch die aktive in ihre Schranken gewiesen.

Oder man konstatiert bei einem Patienten einen kraftvollen *pulsus mersus*, einen gelben, trockenen, stacheligen Zungenbelag, starke Unruhe und Keuchen mit Atemnot, Stuhlverstopfung, Irrereden, so muß man auf Überfülle der aktiven Energie schließen, die, wird sie reduziert, zwangsläufig zur Konservierung des Yin führt.

a) Defizienz des yin merum, Defizienz des yang merum

Das *ch'i nativum*, also die angeborene, konstitutionsbedingte Energiereserve, hat ihren Sitz im *orbis renalis* [7]). Bedingt betrachtet man deshalb jede Schmälerung oder Stärkung der Energie im *orbis renalis* als konstitutionswirksames Geschehen. Ja, man geht so weit, die Energien des *orbis renalis* als *mera*, „echte“ *(chen)*, eben als authentisch persönlichkeitskonstitutierend zu qualifizieren. Daraus erhellt die kritische Bedeutung ihrer Defizienz.

Defizienz des *yin merum* bedeutet eine Defizienz der struktiven Energien des *orbis renalis*. Die Symptome sind: Intermittierendes Aufflackern des

[6]) Vgl. *Shang-han-lun*, 1. Abschnitt, S. 10.
[7]) Vgl. Falttafel, S. 32, ferner PORKERT: T. G., S. 122 et al.

Erschöpfung (z. B. an den hier kritischen Pedalespulsen, die *inanes, concitati, agitati* sind). Ist die aktive Energie völlig versiegt, könnte man geneigt sein, auf eine Überfülle des Yin zu schließen (Abkühlung des Patienten, Bleichheit des Gesichts, der Lippen, der Zunge usw.). Aber die kraftlosen Pollicarespulse, die zunächst *superficiales* sein können, schließlich *minuti* oder gar *evanescentes* werden, weist uns auf die richtige Diagnose hin.

(2) Species und Intima

Die Leitkriterien *species* und *intima* dienen der Präzisierung der Aussagen darüber, ob eine Krankheit innen oder außen, oberflächlich oder tief sich entfaltet. Die chinesischen Begriffe *piao* (= *species)* und *li (intima)* bedeuten zunächst die Außenseite (= Oberfläche) bzw. Innenseite (= das Futter) eines Kleidungsstücks. Die technisch metaphorische Bedeutung in der chinesischen Medizin ist von Anfang an in den Klassikern gegeben. Doch ist schon früh [18]) eine Bedeutungsaufspaltung eingetreten, die beachtet werden muß, nämlich

1. ist *species* Synonym von Außenorbis = *orbis aulicus (fu), intima* Synonym von Innenorbis = *orbis horrealis (tsang),* oder
2., *species* bezeichnet den funktionalen Außenbereich, zu dem zählen Haut, Haare und Leitbahnen *(sinarteriae), intima* bezeichnet den Innenbereich, zu dem man rechnet sowohl die *orbes horreales* als die *orbes aulici,* ferner die Paraorbes der Knochen und des Marks.

Die erstgenannte Bedeutung der Begriffe ist die ältere, etwas theoretischere, im Innern Klassiker und *Shang-han-lun* allein unterstellte; die zweite Bedeutung ist die mehr pragmatische der Pathologen. Doch sind bis heute im wichtigen Bereich der *algor laedens (shang-han)*-Erkrankungen [19]) konsequent die ursprünglichen Bedeutungen beibehalten worden.

Unabhängig von diesen Unterschieden impliziert das Kriterium *species* in der Regel eine oberflächliche, mithin leichte, rezente oder abklingende Erkrankung, das Kriterium *intima* hingegen eine tiefsitzende, langwierige, chronische. Selbstverständlich sind Übergänge zwischen beiden zu beobachten und ausdrücklich festzustellen.

a) Species- und Intima-Symptome

Im Sinne der Inneren Medizin und Pathologie werden Krankheiten vornehmlich durch die Heteropathien der Sechs klimatischen Exzesse [20]) bedingt, wobei man *Species-* und *Intima*-Symptome unterscheidet.

Diese tabellarischen Unterscheidungen sind durch zwei Zitate aus klinischen Abhandlungen abzurunden.

---

[18]) Seit der Entwicklung der Lehre von dem *morbi varii (tsa-ping),* also der der Inneren Medizin zugrundeliegenden Pathologie. Vgl. auch unten S. 59.
[19]) Siehe unten S. 88 ff.
[20]) Vgl. unten S. 54 ff.

Species-Symptome	*Intima*-Symptome
Fieber mit Frostschaudern, Kopfschmerzen, diffuse Schmerzen an Rumpf und Extremitäten; verstopfte Nase; *Pulsus superficiales;* Zungenbelag: dünn, weißlich.	Hohes Fieber, verminderte Präsenz (Weggetretensein), Unruhe, Durst, Schmerzen in Brust oder Unterleib, Stuhlverstopfung oder Durchfall; Urin: wenig, rötlich gefärbt; *Pulsus mersi;* Zungenbelag: gelb, grau bis schwarz.

„Die Unterscheidung von *species-* und *intima*-Erkrankungen ist durchaus danach zu treffen, ob Fieber intermittierend und leicht oder anhaltend und hoch auftritt, ob der Patient über Frostschauder oder quälende Hitze, über Kopfschmerzen oder Leibschmerzen klagt, ob der Zungenbelag fehlt oder vorhanden ist, ob die Nase verstopft oder der Mund trocken ist, ob die Pulse oberflächlich *(superficiales)* oder tief *(mersi)* sind. Wenn Fieber von Frostschaudern begleitet ist, wenn der Kopf schmerzt und die Nase verstopft ist, wenn der Zungenbelag fehlt [oder dünn ist] und *pulsus superficales* [beobachtet werden], so ist dies eine *species* [-Erkrankung]. Wenn das Fieber periodisch steigt und fällt, wenn der [Patient] über Schmerzen im Unterleib und über einen trockenen Mund [klagt], wenn der Zungenbelag gelb bis schwarz ist und die Pulse tiefliegend *(mersi)*, dann ist dies eine *intima*-Erkrankung [21])."

„Ein *intima*-Symptom bedeutet, daß die Krankheit im Innern, in den *orbes* herrscht. Krankheiten, die innen entstehen, sei es durch eine der sieben *emotiones*, sei es durch Übermüdung, Diätfehler, durch Exzesse in *vino et venere*, führen zu *intima*-Symptomen [22]). Insofern ist ihre Qualität leicht zu bestimmen. Schwieriger ist es bei Krankheiten, die teils durch innere Schädigungen, teils durch äußere Einflüsse bedingt, eine unbestimmte Symptomatik zeigen, bei welcher es nicht klar ist, ob man sie der *intima* oder der *species* zuordnen muß — wodurch schwere Therapiepannen eintreten können. Dazu muß man sehr sorgfältig unterscheiden. Hat ein Patient z. B. nur eine leicht erhöhte Temperatur und schwitzt dennoch fortgesetzt, so ist dieses Fieber auch dann *kein species*-Symptom, wenn im übrigen noch keine Leibschmerzen und Krämpfe und keine *pulsus intenti aut celeri* aufgetreten sind.

Oder [in einem anderen Fall] erweckt die allgemeine Symptomatik den Eindruck, daß es sich nur um eine außeninduzierte Krankheit handelt. Da aber der Schüttelfrost fehlt, und der Patient stattdessen nach Kühlung verlangt [23]), handelt es sich sicher nicht um eine *species*-Symptomatik, sondern die Hitze hat sich (schon) in der *intima* mächtig entfaltet.

[Man kann sagen], daß bei allen Krankheiten mit *species*-Symptomen die Krankheit so lange nicht nach innen gedrungen ist, als heller und reichlicher Urin vorhanden ist. Erfolgen bei *species*-Symptomen Essen und Trinken wie

[21]) *Ch'eng Chung-ling*, op. cit. Kap. „Über die Unterscheidung von *algor et calor, inanitas et repletio*, Yin und Yang.

[22]) Dieser in der Ming-Zeit (16. Jh.) von einem der berühmtesten Mediziner vertretene Standpunkt begründet eine erweiterte, wenngleich durchgängig akzeptierte Ätiologie der *intima*-Symptome.

[23]) Wörtlich „*wu-joh*", „die Hitze verabscheut".

gewohnt, gehen die Ausscheidungen unbehindert ab, so ist die *intima* nicht affiziert. Treten aber Brechreiz, übler Mundgeschmack oder Völlegefühl mit Appetitverlust auf, so dringt die ursprüngliche *species*-Erkrankung allmählich in die *intima*. Zeichen dafür, daß die *intima* tatsächlich erfaßt wurde, sind Unruhe, Schlaflosigkeit, trockener Mund, Durst, wirres Reden, Schmerzen im Unterleib, Durchfall usw. [24])."

b) Species- und Intima-Symptome in Verbindung mit algor und calor, inanitas und repletio

In der Praxis erweist es sich als zweckmäßig, die Diagnose nach *species* und *intima* sogleich durch Einbeziehung der Leitkriterien *algor/calor* und *inanitas/repletio* schärfer zu präzisieren. Die typische Symptomatik ist für

algor speciei
Fieber mit Frostschaudern, Kopfschmerzen ohne Schweiß; steifer Nacken, ischiatische Schmerzen, Gelenkschmerzen;
Pulse: *superficiales* oder *intenti;*
Zungenbelag: dünn, weiß.

calor speciei
Schüttelfrost [25]), Kopfschmerz, Schweiß kann vorhanden sein oder fehlen, desgleichen Durst;
Pulse *superficiales* oder *celeri;*
Zungenbelag: weiß, an der Spitze fehlend.

inanitas speciei
große Erkältlichkeit; Schweiße anfallsweise oder dauernd;
Pulse: kraftlos, *superficiales* oder *languidi;*
Zungenkörper: blaß.

repletio speciei
Fieber mit Frostschaudern; Schmerzen im ganzen Körper, kein Schweiß;
Pulse: *superficiales* und *repleti* oder *superficiales* und *intenti;*
Zungenbelag: dünn, weiß.

algor intimae
kalte Extremitäten, Kälteverschlechterung, Leibschmerzen mit Durchfall, Übelkeit, Erbrechen, Durstlosigkeit;
Pulse: *mersi* oder *tardi;*
Zungenbelag: weiß, schlüpfrig.

calor intimae
kein Frostschauder, aber quälende Hitze, Schweiß, Durst; Skleren injiziert, Lippen tiefrot;

---

[24]) *Ching-yüeh Ch'üan-shu*, „Vollständige Schriften des *Chang Chieh-pin*, Kap. 1/28.
[25]) Frösteln, *wu-feng*, vgl. S. 151 unten.

Pulse: *celeri;*
Zungenkörper: hellrot;
Zungenbelag: gelb.

inanitas intimae
allgemeine Schwäche, leise Stimme, Wortkargheit, geringer Appetit, Schwindel, kalte Glieder, Durchfall, Urininkontinenz, unwillkürlicher Samenverlust, ja sogar nicht zu beherrschender Urin- oder Stuhlabgang;
Zungenkörper: zartrosa;
Zungenbelag: farblos bis weißlich, mitunter in der Zungenmitte fehlend.

repletio intimae
Fieber mit Unruhe, keuchender Atem, Stuhlverstopfung, Unterleib gebläht, fest; im Extremfall wirre Reden, Tobsuchtsanfälle;
Pulse: *mersi* et *repleti;*
Zungenbelag: gelb und trocken.

c) Halb-species, halb-intima-Symptome

Wir erwähnen diese diagnostische Unterscheidung hier der Vollständigkeit halber. Sie spielt im wesentlichen nur bei den *algor-laedens*-Krankheiten eine Rolle, wo wir darauf zurückkommen werden [26]). Ihre Symptomatik ist: Alternanz von Fieber und Frieren, Völlegefühl auf der Brust und unter den Rippenbögen; Unruhe, Übelkeit, Brechreiz, Anorexie; bitterer Mundgeschmack, trockener Mund; Trübsichtigkeit, *pulsus chordales.*

d) Kombination und Interferenz von species- und intima-Symptomen

In der Praxis sind solche Fälle, bei welchen die energetischen Qualitäten innen und außen verschieden sind, die weitaus häufigsten, sei es, daß eine äußere Störung allmählich nach innen dringt oder eine innere allmählich an die Oberfläche kommt, sei es, daß äußere und innere Agentien in verschiedener Stärke gleichzeitig die Orthopathie angreifen. Diagnostisch wichtig sind wiederum die Kombinationen der Kriterien *species/intima* mit den Kriterien *algor/calor* und *inanitas/repletio,* also

1. *calor intimae et speciei:* [Zu einer fiebrigen Krankheit aus innerem Anlaß [27]) kommt eine äußere Infektion *(morbus temperatum* [28])], mithin zunächst rotes Gesicht, Kopfschmerzen, quälende Hitze, Durst, trockener Hals und trockene Zunge, später Unruhe und wirres Reden.

2. *algor intimae et speciei:* [Zu einer äußeren Kälteheteropathie kommt eine struktive Stauung.] Zunächst plötzliche Leibschmerzen mit Erbrechen und Durchfall, kalten Gliedern, dann Frostschauder ohne Schweiß, Schmerzen im Kopf und im ganzen Körper.

---

[26]) Vgl. unten S. 94.
[27]) Vgl. unten S. 53.
[28]) Vgl. S. 99 ff.

3. *calor speciei mit algor intimae:* [Ein zunächst die *orbes lienalis et stomachi* befallender *algor inanitatis* unterliegt zusätzlich der fieberauslösenden Wirkung einer *ventus*-Heteropathie.] Fieber ohne Schweiß, Kopfschmerz, Husten; Durchfall, Urin hell bis farblos; Zungenkörper geschwollen, Zungenbelag gelblich, feucht, verwaschen [29]).

4. *algor speciei mit calor intimae:* Frostschauder, Fieber, kein Schweiß; Schmerzen im Kopf und im ganzen Körper; Keuchen, Unruhe, Durst; *pulsus superficiales* oder *intenti.*

5. *repletio speciei et intimae:* Fieber mit Frostschauder, kein Schweiß; Schmerzen in Kopf und Körper; Unterleib schmerzhaft, dabei druckempfindlich; stokkender Urin und Stuhl; *pulsus repleti.*

6. *inanitas speciei et intimae:* Erkältung durch *ventus;* spontane Schweiße, Schwindel; Sehstörungen, pectanginöse Zustände; Durchfall, *pulsus invalidi.*

7. *inanitas speciei mit repletio intimae:* Erkältung durch *ventus,* spontane Schweiße; Stuhlverstopfung, Unterleib hart und schmerzhaft, druckempfindlich; Zungenbelag: dick, verwaschen.

8. *repletio speciei mit inanitas intimae:* Frostschauder, kein Schweiß; Kopfschmerzen und diffuse Schmerzen im Körper; Brechreiz; Unterleib hart, Wechsel von Bauchschmerzen und Durchfall; Durstlosigkeit.

Der Übergang von *species-* und *intima*-Erkrankungen ist besonders im Zusammenhang mit den *morbi algoris laedentis (shang-han)* eingehend erforscht worden und wird uns dort noch beschäftigen [30]). Hier zwei typische Beispiele.

1. Die Krankheit entwickelt sich von der *species* zur *intima:* Zunächst Urin klar und reichlich (reines *species*-Symptom); dann Übelkeit, bitterer Geschmack, Druck auf der Brust, Appetitverlust (Übergangssymptome); endlich Unruhe, Schlaflosigkeit, Durst bei klebrigem Gaumen, wirre Reden; Stuhlverstopfung oder Bauchschmerzen mit Durchfall *(intima*-Zeichen).
2. Die Krankheit entwickelt sich von der *intima* zur *species:* Zunächst innere Hitze, Unruhe, Hustenreiz, Druck auf der Brust; dann Fieber mit Schweißausbruch, auch Exantheme.

(3) Algor et calor

Die diagnostische Klärung, ob *algor-* oder *calor*-Symptome („Kälte"- oder „Hitze"-Zeichen) vorliegen, ist nicht nur eine Aussage über die thermische Natur der Krankheit, sondern in der Regel bereits eine direkte Grundlage der Therapie. Im Innern Klassiker [31]) heißt es: „Kaltes erhitzt man, Heißes erkalte man." Mit anderen Worten, im allgemeinen ist bei *algor*-Symptomen die Anwendung einer Hitzerezeptur, bei *calor*-Symptomen die Anwendung einer kalten Rezeptur angezeigt. Allerdings lassen sich wie bei den anderen Leitkri-

---

[29]) *Chuo,* wörtlich „trüb".
[30]) Vgl. unten S. 89 und 94 f.
[31]) Kap. 74/802.

terien die *algor* und *calor* entsprechenden nicht nur rein, sondern häufiger noch vermischt feststellen. Zu beachten sind hier auch die unechten Symptome, *calor falsus* in Verbindung mit *algor merus, algor falsus* in Verbindung mit *calor merus.*

Betrachten wir zunächst

a) Die reinen Symptome

Es zeigen sich bei der	als *algor*-Symptome	*calor*-Symptome
inspectio	Der Patient liegt zusammengekrümmt, mit angezogenen Beinen, zeigt starkes Ruhebedürfnis, hat eine blasse bis grünliche Gesichtsfarbe, klare oder feuchte Augen, das Verlangen, diese zu schließen, entweder bleiche oder bläulich-violett verfärbte Lippen, ebensolche Nagelfelder; Zungenbelag fehlt oder ist weiß, schlüpfrig, auf jeden Fall feucht; der Zungenkörper ist blaß bis zartrosa; Auswurf: reichlich, dünnflüssig, klar bis weiß.	Der Patient liegt mit ausgestreckten Beinen auf dem Rücken, bewegt sich leicht und gern, zeigt Unruhe; sein Gesicht ist gerötet, die Skleren sind injiziert, die Augen sind weit geöffnet, blicken neugierig umher. Die Lippen sind trocken und rissig oder rot und gedunsen, die Nagelfelder sind rot bis violett; Zungenbelag: dick, gelb bis schwarz, mitunter stachelig, stets trocken; der Zungenkörper wirkt geschrumpft, hart, lederartig; reichlicher Auswurf, gelblich und dickflüssig.
auscultatio	Der Patient ist still und wortkarg.	Der Patient ist laut und geschwätzig.
interrogatio	Durstlosigkeit, evtl. Verlangen nach warmen Speisen; viel Speichel, Urin klar und reichlich, durchfällige Stühle.	Durst, Verlangen nach kalten Getränken, wenig Speichel, Urin spärlich, dunkelgelb bis rötlich; Stuhlverstopfung.
palpatio	Pulse: *mersi, minuti, tardi,* auch *languidi,* stets kraftlos. Die Glieder sind kalt.	Pulse: *superficiales, exundantes, celeri, concitati,* stets kraftvoll; Die Glieder sind warm.

b) Vermischtes Auftreten von algor- und calor-Symptomen

Zwar ist, wie die vorstehende Gegenüberstellung gezeigt hat, der Unterschied in der Symptomatik von Kälte *(algor)* und Hitze *(calor)* eklatant; nur ist zu bedenken, daß in der Praxis die Symptome fast immer vermischt auftreten, d. h. in dieser Weise nicht nur gleichzeitig am selben Patienten, sondern modifiziert auch durch die übrigen Leitkriterien. Nicht selten kommt es vor, daß man oberhalb des Diaphragmas *calor*-Symptome (z. B. Druckgefühl, Beklemmung, Keuchen), unterhalb des Zwerchfells *algor*-Symptome (z. B. Schmerz mit Brechreiz, Würgen oder Rumpeln, Diarrhöe) feststellt und entsprechend differenziert zu behandeln hat [32]).

[32]) Die chinesischen Rezepte findet man in den §§ 157 und 173 des *Shang-han lun.*

Diese differenzierte Behandlung wird nicht nur berücksichtigen, ob die unterschiedlichen Temperaturqualitäten im oberen oder unteren Bereich[33]) in *species* oder *intima* auftreten, sondern auch, ob und wie die Symptome eines bestimmten Leitkriteriums gegenüber denen des anderen überwiegen.

c) Algor falsus, calor falsus

Die bei leichten bis mittelschweren Krankheiten zu beobachtenden Zeichen für *algor* und *calor* bieten diagnostisch keine allzu großen Schwierigkeiten. Sobald allerdings eine Krankheit in ein kritisches Stadium tritt und dabei *calor* oder *algor* auf die Spitze getrieben werden, können sogenannte unechte Symptome auftreten. Irrt man sich gerade in der Beurteilung dieser unechten Symptome, so sind Therapiefehler unvermeidlich, die das Leben des Patienten gefährden.

Der Kliniker CHANG CHIEH PIN schreibt darüber: „Bei Symptomen unechter Hitze *(calor falsus)* ist die Wirkung des Wassers[34]) auf ihren Höhepunkt gelangt und hat dabei die äußeren Merkmale der [Wandlungsphase] Feuer angenommen. Dies kann bei [Erkrankungen infolge] *algor laedens* oder überhaupt bei *morbi varii,* eintreten, wenn ein Patient konstitutionell zu *inanitas* oder *algor* tendiert, und auf diese [konstitutionelle Prädisposition] nun eine Heteropathie stößt; [die unechten Symptome] können aber auch [durch jedes der übrigen pathogenen Faktoren wie] Überanstrengung, Exzesse in *vino et venere,* durch extreme Entfaltung der Sieben Emotionen, ja sogar bei jemandem, der ursprünglich gar keine Hitzesymptome zeigte, durch falsche Verabreichung kalter oder kühlender Arznei herbeigeführt werden. Was nun verwirrt ist, daß bei *calor merus* (echter Hitze) Fieber auftritt, bei *calor falsus* (unechter Hitze) aber auch, ja, daß in beiden Fällen auch die übrigen Symptome wie rotes Gesicht, Unruhe, Stuhlverstopfung, rötlicher, spärlicher Urin, Keuchen, schmerzhafter oder geschwollener Hals, *pulsus celeri aut intenti* gleichermaßen zu beobachten sind. Wenn der Unerfahrene hier nur *calor* diagnostiziert und irrtümlich eine kalte oder kühle Rezeptur verordnet, so kommt der Patient, kaum daß er sie geschluckt hat, zu Tode. Was er nämlich übersieht ist, daß zwar der Körper Fieber zeigt, daß aber innere Kälte *(algor intimae)* die Aktivität steuert [d. h. nach außen drängt] oder daß ein erschöpftes Yang nicht mehr zusammengehalten werden kann. Was entscheidend ist, ist, daß trotz *[calor-]*-Symptomen wie trockenem Mund und Durst der Patient absolut keine kalte [Flüssigkeit] genießen möchte, und falls doch, dann nur in kleinster Menge; auch, daß die Stuhlverstopfung fehlt, ja, daß sogar Urinverhaltung mit Durchfall [= *algor*-Symptomatik] zu beobachten ist; oder, daß häufige Miktionen klaren Urins vorkommen, wechselnd mit spärlichem gelbem oder rötlichem; daß der Patient kurzatmig ist und wortkarg, mit schwärzlichem Teint und großer Müdigkeit; oder, daß er sich zwar wie irrsinnig umherwirft, jedoch,

[33]) D. h. oberhalb oder unterhalb des Zwerchfells, das die Scheidelinie zwischen Versorgung durch Hand- bzw. Fußleitbahnen bildet.

[34]) Gemeint ist die Qualität der Wandlungsphase Wasser, im Funktionskonzert vertreten durch den *o. renalis.*

sobald man ihn einmal daran hindert, ruhig bleibt: sein Fall ist also mit dem Drang zu mächtiger Bewegung, zu Schimpfen und zu Fluchen [der echten Hitze] nicht vergleichbar; hier liegt eine Erschöpfungstobsucht vor. Ähnliches gilt von roten Flecken so klein wie Insektenbisse, nur blaß in der Farbe, weit verstreut. Auch sie unterscheiden sich von der purpurn bis scharlachroten Färbung der Haut bei höchstem Fieber ganz deutlich — auch sie ein Zeichen für unechte Hitze *(calor falsus)*. Und nun die Pulse unechter Hitze: Sie sind auf jeden Fall *mersi, minuti, tardi, invalidi;* und wenn tatsächlich *pp. superficales, exundantes, intenti, celeri* beobachtet werden, dann sind sie kraftlos, ohne konstellierende Kraft *(shen):* denn die Hitze ist eben nur in der Haut, die Kälte innen in den Orbes. Wie man sagt ‚Abneigung gegen Hitze ist keine Hitze', sondern tatsächlich vielmehr ein *yin*-Symptom. Immer wenn solche Zeichen des Zusammenbruchs oder der Bedrängnis des Innern [in der *intima*] vorliegen und einem nichts besseres einfällt, als die Heteropathie zu attackieren, so wird man stets den Patienten töten. Stattdessen muß man eilends ... *yang merum* [35]) stützen und ergänzen, und damit den *ardor* an seinen Ursprung zurückzuführen. Denn wenn man die allmähliche Rückkehr des *ch'i primum* [36]) bewirkt, muß sich die Hitze zwangsläufig zurückziehen und die Krankheit ohne weiteres heilen ... Kurzum, fühlt man bei einem fiebernden Patienten einen *pulsus celer,* der jedoch ohne Spannung und Kraft [37]) ist, so bedeutet dies, daß ein *yin vigens* (in üppiger Fülle vorhandene struktive Energie) das Yang nach außen drängt, und kein *calor* vorliegt [38])."

„Unechte Kälte *(algor falsus)* liegt vor, wenn die Wirkung des Feuers auf ihren Höhepunkt gelangt, die äußeren Merkmale der [Wandlungsphase] Wasser annimmt. Wenn z. B. im Fall einer Erkrankung an *algor laedens* hohes Fieber aufgetreten war und man mit Schwitzen und Purgieren sich vergriffen hatte [d. h. zu weit gegangen war], so bewirkt man, daß die Hitze-Heteropathie nach heftigem Wüten sich im Innern sammelt und dort über die *yang*-Leitbahnen schließlich in den struktiven Bereich *(yin)* vordringt. Deshalb kommt es dahin, daß trotz Fieber die Extremitäten abkühlen, der Patient teilnahmslos wird, Kälte fürchtet — alles *yin*-Symptome. Nun ist es zwar so, daß *algor merus et falsus* (echte wie unechte Kälte) gleichermaßen die Furcht vor Kälte auslösen, und daß ein Flexus [39]) proportional dem Fieber zu- und abnimmt; aber hier ist eben eine extreme Hitze in ihr Gegenteil umgeschlagen. Was uns hier den Unterschied erkennen läßt ist, daß im allgemeinen bei der unechten Kälte die Stimme kräftig, der Atem laut vernehmbar bleibt und daß der Körper kraftvoll wirkt; auch, daß die Lippen gesprungen sind, die Zunge schwarz ist, daß Durst und Verlangen nach kalten Getränken vorhanden ist, daß der Urin spärlich und rötlich fließt, der Stuhl verstopft ist. Denn selbst, wenn die Einnahme von Arznei zu Hydrantenstühlen geführt hat, enthalten

---

35) Vgl. S. 36 oben.

36) Gemeint ist der struktive Aspekt des *ch'i nativum,* also der struktive Aspekt des mit der Geburt gegebenen Energiepotentials.

37) Wörtlich: unter Druck nicht kräftig dagegenschlägt.

38) *Ching-yüeh ch'üan shu,* 1. Kap., Abschn. 8 *„De algore et calore meris et falsis"*. Über echte und unechte Kälte und Hitze, S. 27 f.

39) Inversion des Energieflusses, die zu kalten Extremitäten führt.

diese noch trockene Klumpen und sind äußerst übelriechend. Bei den Pulsen findet man gewiß durchwegs stets kraftvolle *pp. mersi, lubrici.* Dies [40]) sind also *yang*-Symptome ...

Nicht anders verhält es sich bei dem in Verbindung mit *morbi varii* [41]) auftretenden *algor falsus.* Auch bei ihm zeigt sich entweder Furcht vor Kälte oder gar Schüttelfrost — bedingt durch die innen kulminierende Hitze, bei der die Kälte die Außenseite befällt; die heißen und kalten Energien finden nicht zueinander, daher eben der Schüttelfrost. In all diesen Fällen ist der *algor* in der Haut, der *calor* in Knochen und Mark, weshalb es heißt: Ein [Abscheu der Kälte anzeigender] Schüttelfrost ist eben kein *algor* [42]); ganz klar, wir haben hier *calor*-Symptome. Denn prüft man die inneren Krankheitszeichen, dann konstatiert man entweder Verlangen nach kalten Getränken oder Stuhlverstopfung oder spärlichen, dunklen Urin, oder Mundgeruch oder Unruhe — und gewiß kraftvolle *pp. lubrici aut repleti* ... Aufgrund eines solchen Befunds muß man also arzneilich das Yin stützen und den *ardor* abkühlen; hat man die innere Hitze eliminiert, so wird sich die äußere Kälte von selbst legen ..." [43]).

„Wenn ein Kranker trotz *calor*-Symptomen heiße Getränke genießt, so kann man das als ‚Gleiches zieht sich an' beschreiben; wenn jedoch ein Kranker mit *algor*-Symptomen kalte Getränke zu genießen versucht, ihm dies aber nicht gelingt, so ist dies eine Erscheinung von unechtem Durst. Wenn *calor*-Symptome bestehen, doch der Stuhl durchfällig und dünn ist, so spricht man von einer durch innere und äußere Einwirkungen bedingten Hitzediarrhöe. Konstatiert man *calor*-Symptome, zeigen die Glieder jedoch Flexuskälte, so ist daran zu denken, daß eine direkte Beziehung zwischem dem Grad des Flexus und dem Grad der Hitze besteht. Konstatiert man *algor*-Symptome, doch ist der Patient dabei unruhig, möchte in Lehm sitzen oder liegen, so nennt man dies „struktive Unruhe". Hat man den Fall, daß trotz Schweiß *repletio*-Symptome zu konstatieren sind, so muß man schließen, daß die Hitzeheteropathie in die *intima* gedrungen ist. Fehlt der Schweiß und konstatiert man *inanitas*-Symptome, so ist zu schließen, daß die Säfte [= *yin* Energien] defizient sind. Zeigt ein Patient bei intima-Symptomatik Schüttelfrost, so deutet dies auf Befall durch eine *algor*-Heteropathie. Empfindet er quälende Hitze, Durst bei *species*-Symptomatik, so ist dies ein Zeichen dafür, daß ein *morbus temperatus sive febrilis* von innen nach außen kommt [44])."

„Um festzustellen, ob man bei *algor falsus* durch Verabreichung heißer Arznei oder bei *calor falsus* durch Verabreichung kalter Arznei Schaden anrichten würde, lasse man den Patienten eine kleine Menge kalten Wassers probieren. Bei *calor falsus* wird er es überhaupt nicht genießen oder aber nach dem Genuß erbrechen — folglich muß man ihn mit warmen und heißen Arzneien bessern.

---

[40]) Dieses „dies" kann nicht pauschal für die *pp. mersi* gelten. Vgl. S. 172 unten.
[41]) Vgl. hierzu unten S. 53 f.
[42]) Es liegt hier ein Wortspiel vor, bedingt durch die zweifache Lesung der chinesischen Zeichen, nämlich *oh-han* oder *wu-han,* wobei im ersten Fall „schlimme Kälte = Frostschauder", im zweiten Fall „Kälte verabscheuend" zu verstehen ist.
[43]) *Op. et loc. cit.*, S. 28.
[44]) *Op. et loc. cit.*

Bei *algor falsus* hingegen wird er das Wasser entweder begierig verlangen oder sich nach dessen Genuß gebessert fühlen und nichts erbrechen. In einem solchen Fall muß man ihn mit kalten und kühlen Arzneien behandeln [45]).“

(4) Inanitas und repletio

Die Leitkriterien *inanitas (hsü,* „Erschöpfung“) und *repletio (shih,* „Fülle“) sind nicht nur begrifflich komplementär, sie beziehen sich — was zu beachten ist — auch wiederum auf komplementäre Faktoren. So bedeutet *inanitas* eine energetische Defizienz der Orthopathie, d. h. der Fähigkeit des Individuums zur Aufrechterhaltung seiner funktionellen Integrität, *repletio* hingegen eine Redundanz, ein energetisches Übermaß der Heteropathie(n), d. h. der die Orthopathie störenden Faktoren. „Ist die heteropathische Energie in üppiger Fülle, dann herrscht *repletio,* ist das Struktivpotential [in einem bestimmten Bereich] geschwunden, dann herrscht *inanitas* [46]).“ Therapeutisch fordern *repletio*-Symptome eine Ableitung *(hsiao, hsieh)* oder Zerteilung *(san)* von Energie, *inanitas*-Symptome hingegen eine Zuführung oder Ergänzung *(pu)* [47]). Wie wir bereits sahen, werden auch diese Leitkriterien mit den übrigen kombiniert. Auch können sie bei ein und demselben Patienten gleichzeitig in Betracht kommen.

a) Die Symptomatik von inanitas und repletio

Aus praktischen Gründen gliedert man die Symptomatik von *inanitas* und *repletio* nach den Bereichen der aktiven und struktiven individualspezifischen Energien *(ch'i* und *hsüeh)* sowie nach den Orbes. Dabei begegnet uns erstmals [48]) eine Unterscheidung zwischen der frei, in und außerhalb der Leitbahnen sich entfaltenden Energie *eines bestimmten Orbis* — also von Energie, die durch den Orbis qualitativ determiniert und mittelbar von ihm abhängig ist — und der direkt und unlösbar an den Orbis gebundenen, ihn konstituierenden Energie.

1. Erschöpfung der aktiven individualspezifischen Energie (inanitas ch'i):

a) *inanitas ch'i pulmonalis:* Asthma, Kurzatmigkeit, spontane Schweiße, kraftlose Stimme;
b) *inanitas ch'i medii = ch'i lienalis et stomachi:* mangelnde Lebenswärme in den Extremitäten, intermittierende Gedunsenheit des Bauches, Bauchschmer-

---

[45]) Op. cit., Kap. 1, S. 28.
[46]) *Nei-ching Su-wen* 28/278.
[47]) Ersteres wird durch Arzneiverordnungen und Akupunktur bewirkt, letzteres durch Arzneiverordnungen und Moxibustion. *Die Akupunktur ermöglicht keine echte Ergänzung eines Energiedefizits.*
[48]) Wir finden sie in gewandelter Form bei der Pulsdiagnose wieder, wo die Qualitäten eines Orbis a. sich in einer bestimmten Pulsqualität widerspiegeln, unabhängig von ihrer Lokalisation, b. unabhängig auch von der Qualität eines oder mehrerer Pulssitus. Vgl. unten S. 185 f.

zen, durch Druck gebessert; Appetitlosigkeit, Darniederliegen der Verdauung; Stühle: durchfällig oder flüssig; Kraftlosigkeit und Taubheitsgefühl in Händen und Füßen.

c) *inanitas ch'i primi* ≈ *ch'i renalis:* Emporwallen der erschöpften aktiven Energie, mithin rote Flecken auf den Wangen; belegte Stimme; Halsschmerzen; Ohrensausen, temporäre Taubheit aufgrund von Erschöpfung, Schwindel, Herzklopfen, träges, schwerfälliges Sprechen, Speichelfluß aus dem Mund; abwechselnd Verengung und Weitung der Pupillen, Lidzucken, Zucken der Glieder, der Hände; unregelmäßiger Atemrhythmus.

2. Fülle im Bereich der aktiven individualspezifischen Energie (repletio ch'i)

a) *repletio ch'i pulmonalis:* Verspannte, harte Brust; Schwindelgefühl, viel Schleim, Atembeschwerden bis zur Unerträglichkeit einer horizontalen Lage; der Patient atmet durch den Mund, zieht die Schultern hoch;

b) *repletio ch'i stomachi:* Mitte gestaut, Geräusche und Kollern im Magen, fauliges oder saures Aufstoßen; im Extremfall Unmöglichkeit jeder Nahrungsaufnahme, Würgen und Erbrechen;

c) *repletio ch'i intestinorum:* schleppende Funktionen im Bauch; Bauch gedunsen, angefüllt; Nabelgegend schmerzhaft; Stuhl entweder trocken und hart oder durchfällig, dabei rot oder weiß gefärbt; im Extremfall ringt der Patient nach Atem, kann nicht liegen, redet irre, hat periodisch steigendes und sinkendes Fieber;

d) *repletio ch'i hepatici:* Kopfschmerz, Schwindel.

3. Erschöpfung der struktiven individualspezifischen Energie (inanitas hsüeh)

Blasse Lippen, bleiches Gesicht, nervöse Unruhe, Schlaflosigkeit, geistige Erschöpfung; Defizienz der Säfte, daher trockene Zunge, rissige Lippen, nächtliches Fieber mit Schweißen im Schlaf; Muskelzuckungen; im Extremfall Krämpfe und *tics convulsifs.*

4. Fülle im Bereich der struktiven individualspezifischen Energie (repletio hsüeh)

Hämatome; schmerzhafte, verspannte Muskulatur, lanzinierende Schmerzen in Brust, Mediastinum, Schultern, Arm; vom Herzen ausgehende Hitzesensationen; Schmerzen und Schwellungen in der Magengegend; lanzinierende Schmerzen in der Nabelgegend, im Unterbauch; Zungenkörper purpurn oder dunkelrot oder mit purpurnen Flecken am Rand; Stühle schwarz; Pulse: *asperi aut fixi.*

5. Erschöpfung der Energie der Orbes (inanitas orbium)

a) *inanitas orbis cardialis:* Verzagtheit, Traurigkeit; Spannung in Brust und Abdomen, Schmerzen am Rippenbogen, Erschöpftheit.
b) *inanitas orbis hepatici:* verschwommenes Sehen, Schrumpfung des Skrotums, Krämpfe; Ängstlichkeit.
c) *inanitas orbis lienalis:* Paretische Extremitäten; darniederliegende Verdauung, harter, gespannter Unterleib; kummervolle Stimmung.
d) *inanitas orbis pulmonalis:* Atemnot, flacher Atem; trockene Haut.
e) *inanitas orbis renalis:* Schwindelgefühl, Vergeßlichkeit, steifer Rücken, Glieder schmerzhaft und bewegungsunfähig; Morgendurchfälle oder vergeblicher Stuhldrang, Urinverhaltung oder unwillkürlicher Urinabgang; unwillkürlicher Samenverlust.

6. Fülle der Energie der Orbes (repletio orbium)

a) *repletio orbis cardialis:* Launenhaftigkeit, seltsame Anwandlungen; Lachkrämpfe.
b) *repletio orbis hepatici:* Schmerzen in der Flankengegend und im Mittelbauch; cholerische Stimmung.
c) *repletio orbis lienalis:* gespannter, harter Leib, Völlegefühl; Stuhlverstopfung; Gedunsenheit des Körpers.
d) *repletio orbis pulmonalis:* Contravectio der Energie, Atemnot, Keuchen, Hustenreiz.
e) *repletio orbis renalis:* Stauung im Bereich des Unterbauchs, dabei Schmerzen und Schwellung.

Erinnern wir uns an dieser Stelle, daß die Außenorbes (= *orbes aulici)* indirekt an der Symptomatik und an den Störungen der hier allein behandelten *orbes horreales* partizipieren [49]).

b) Vermischtes Auftreten von inanitas- und repletio-Symptomen

Von vermischtem Auftreten von *inanitas-* und *repletio-*Symptomen spricht man, wenn am gleichen Patienten zur gleichen Zeit in einigen Bereichen *inanitas-*, in anderen Bereichen *repletio-*Symptome festgestellt werden. Dieses vermischte Auftreten von *inanitas* und *repletio* erfordert, daß therapeutische Maßnahmen der Ergänzung und der Ableitung von Energie gleichzeitig getroffen werden. Besondere Aufmerksamkeit erfordert in einem solchen Fall die relative Dosierung dieser Einwirkungen, insbesondere dann, wenn sie durch Drogen erzielt werden sollen.

---

[49]) Vgl. oben S. 32 f.

Der Kliniker YÜ KEN-CH'U meint dazu: „Unter lauter *inanitas*-Symptomen tauchen plötzlich Zeichen von *repletio* auf. Wenn bisher auch im ganzen Körper nur *inanitas*-Symptome vorhanden waren und jetzt sich *repletio* nur an einer oder zwei Stellen manifestiert, so erfordern gerade letztere die dringlichste Aufmerksamkeit. Tauchen unter lauter *repletio*-Symptomen plötzlich Zeichen von *inanitas* auf, so erfordern diese, auch wenn bisher nur *repletio*-Symptome vorhanden waren und die *inanitas* nur an ein oder zwei Stellen auftritt, jetzt die dringendste Aufmerksamkeit. Es gilt hier, wie CHANG CHING-YÜEH es formulierte: „Der Einzelgänger führt Verrat im Schilde" [50]).

Nennen wir als konkreten Fall zunächst den einer Frau, bei der alle Zeichen der „trockenen Ausmergelung des *hsüeh* [51])" gegeben sind: ihr Gesicht ist welk und schmal, ihr Körper abgemagert, ihr Fleisch geschrumpft, ihre Haut trocken; sie ist unruhig und voll innerer Hitze, ihr Appetit ist vermindert — all dies durchweg eklatante *inanitas*-Symptome. Kommt aber zu diesen plötzlich ein purpurn gefärbter oder dunkler Zungenkörper oder ein Zungenkörper, der am Rande Stauungspunkte zeigt, stockt der Monatsfluß bei ihr über längere Zeit, wird der Puls kraftlos doch *asper*, so bedeutet dies, daß sich in der *inanitas* eine *repletio* bildet, und daß das erste Augenmerk des Behandlers der Behebung der Stauung gelten muß.

Oder man hat den Fall eines abgemagerten Patienten, dessen Leib sogleich nach Aufnahme von Nahrung und Getränken anschwillt. Sein Gesicht hat einen grünlichen, gelblichen oder schwärzlichen Stich, Körper und Gesicht sind abgemagert, die Extremitäten aber gedunsen, die Ausscheidungen erfolgen stockend, der Zungenkörper ist tief- bis scharlachrot, der Zungenbelag trocken und rauh oder gelb und klebrig; bei den Pulsen beobachtet man *pulsus lenes, languidi* oder *mersi, minuti chordales, celeri.* Daraus ist zu schließen, daß inmitten von *repletio inanitas* sich bemerkbar macht, weshalb in der Therapie neben vorsichtiger *purgatio* reichliche *suppletio* (Ergänzung von Energie) angezeigt ist.

Zu erinnern ist noch an die beiden entgegengesetzten Fälle — einmal, daß ein schwächlicher, labiler (der Konstitution nach zu *inanitas* disponierter) Patient von einer *repletio*-Symptome hervorrufenden Krankheit befallen wird (etwa von *algor laedens,* oder durch Genuß unbekömmlicher Nahrung), das andere Mal, daß ein kräftiger und robuster Patient von einer zu *inanitas*-Symptomen führenden Krankheit erfaßt wird (etwa als Folge starken Blutverlustes oder körperlicher Überanstrengung).

c) Inanitas falsa, repletio falsa

Bedingt dadurch, daß bei Erreichung eines qualitativen Extrems wiederum die Zeichen der komplementären Qualität auftauchen, ist ähnlich wie bei der Beurteilung von *calor* und *algor* bei der Diagnose von *inanitas* und *repletio* das Problem von echten und unechten Symptomen zu beachten. Im einzelnen deutet auf

1. *repletio falsa* („unechte Fülle") „wenn die Krankheit durch eine Emotion *(emotio),* durch Unregelmäßigkeiten der Nahrungsaufnahme, durch Exzesse in *vino et venere* ausgelöst wurde, oder wenn eine konstitutionelle Schwäche besteht, dabei aber ein heißer Körper, Stuhlverstopfung, roter Kopf, Tympanie, Fieberwahn [Hitzeexanthem] auftreten; diese Zeichen scheinen zunächst auf energetische Redundanz zu deuten, gehen aber tatsächlich auf eine Defizienz zurück" [52]); ferner

„wenn man in der Magengrube Schmerzen wie von einem Klumpen [53]) verspürt, die sich auf Druck bessern, wenn das Gesicht eingefallen, die Stimme verhalten, die Pulse kraftlos sind, so bedeutet dies *inanitas;* doch im Extremfall gesellen sich zu diesen Symptomen Tympanie, Anorexie, Atembeklemmung,

---

[50]) Zitiert nach S. 112 des *Chung-i chen-tuan-hsüeh chiang-i,* vgl. Bibliographie.

[51]) Vgl. hierzu S. 101 unten.

[52]) *Ching-yüeh ch'üan shu,* Kapitel über *inanitas* und *repletio,* S. 25 ff.

[53]) Chinesischer Terminus *p'i;* „unter dem Herzen" *hsin-hsia* bedeutet die Körpermitte.

Stuhlverstopfung, weil äußerste Erschöpfung in ihrer Symptomatik wieder die Zeichen von üppiger Energie hat" [54]).

Sichere Zeichen für die unechte Fülle sind, daß ein vorhandenes Völlegefühl nicht unwandelbar anhält, sondern bald schwindet, bald wiederkehrt; daß Druck auf die Schwellung vorhandene Schmerzen lindert oder ganz beseitigt, daß *pulsus chordales* neben *pp. mersi oder tardi* beobachtet werden.

2. *Inanitas falsa,* wenn „außeninduzierte Heteropathien noch nicht eliminiert sind, sondern in den Leitbahnen lauern; wenn Speisen und Getränke nicht verdaut werden, sondern sich in den *orbes intestinorum et stomachi* ansammelnd den Patienten belasten; wenn kontravehente gestaute Energien noch nicht zerteilt werden konnten (man vergleiche die Pulsikonographie), folglich hartnäkkiger Schleim und gestautes *hsüeh* in den *orbes* zurückgeblieben ist. Haben solche Belastungen chronisch angedauert, entsteht der Anschein einer energetischen Defizienz . . ." [55]).

„Wenn eine struktive, druckempfindliche Konkretion im Innern vorhanden ist, wenn der Patient ein gerötetes Gesicht, einen rauhen Atem zeigt sowie kraftvolle Pulse, dann deuten diese Zeichen auf *repletio.* Ist die *repletio* extrem gesteigert, so beobachten wir, daß der Patient sich stumm oder wortkarg zeigt und, wenn er doch spricht, er dies mit lauter Stimme und hörbarem Atem tut; auch, daß er bewegungsunlustig wird, Schwindelanfälle hat und Flimmern vor den Augen, Durchfall . . . — alles Erschöpfungssymptome bei extremer Fülle der Energie" [56]).

Mit Sicherheit kann man auf unechte Erschöpfung *(inanitas falsa)* schließen, wenn der Patient zwar wortkarg ist, doch wenn er spricht, seine Stimme auffallend laut, sein Atem vernehmbar klingen; daß der Patient zwar Diarrhöe hat, doch diese ihm Erleichterung verschafft; daß er zwar nicht ißt, daß er aber dennoch mitunter Appetit verspürt und Nahrung aufnehmen kann; daß er sich müde und abgeschlagen fühlt, leichte Bewegungen sein Befinden aber bessern; daß sein Leib gedunsen und gestaut wirkt, wobei ihm der geringste Druck großen Schmerz bereitet; daß Leibschmerzen nicht die Stelle wechseln und ununterbrochen anhalten.

Ob die Echtheit von Symptomen von *inanitas repletio* aufgrund der Zungendiagnose, Anamnese oder Pulsdiagnose entschieden wird, wird sich letztlich von Fall zu Fall ergeben. Stets ermittle man jedoch,

1. ob der Puls kraftvoll oder kraftlos ist, ob er konstellierende Kraft [57]) zeigt oder nicht, ob er an der Oberfläche liegt oder in der Tiefe;
2. ob der Zungenkörper zartgefärbt und füllig oder dunkelfarben und lederartig erscheint;
3. ob die Stimme des Patienten laut und klar oder leise und undeutlich klingt;
4. ob der Körper des Patienten füllig oder abgemagert ist;
5. seit wie langer Zeit die Krankheit andauert, endlich
6. welche therapeutischen Maßnahmen bisher getroffen worden sind.

---

[54]) *Ku-shih i-ching,* zitiert nach *Chung-ichen-tuan-hsüeh chiang-i,* S. 112.
[55]) *Ching-yüeh ch'üan shu, loc. cit.*
[56]) wie Anm. 54.
[57]) Vgl. unten S. 195 f.

2. DIE AGENTIEN DER KRANKHEIT (ping-yin)

Als Krankheitsagentien *(ping-yin)* bezeichnet man umfassend all jene Faktoren, die in einer Person eine abnormale Funktion, eine „Heteropathie" *(hsieh)* induzieren, hervorrufen. Die Heteropathien werden deshalb nach den diagnostisch festgestellten Agentien benannt, qualifiziert, ja, die Bezeichnungen der Agentien können kurz für die so qualifizierten Heteropathien stehen.

Man spricht also von einer *ventus*-Heteropathie, oder kurz von *ventus,* von *ardor*-Heteropathie oder kurz von *ardor* usw.

Den grundsätzlichen Unterschied zwischen Agens und Ursache *(causa)* hatten wir oben [58]) bereits erwähnt. Er ist zwar für die Praxis von untergeordneter Bedeutung, erhellt aber immerhin das chinesische Postulat, daß die Agentien bis zu ihrer völligen Beseitigung oder Kompensation wirksam bleiben; er macht auch verständlich, weshalb die Bezeichnungen eines Störfaktors von seiner ersten Feststellung bis zur Eliminierung die gleichen bleiben, bzw. daß Störfaktor und Störung mit den gleichen Begriffen bezeichnet werden.

Zum Beispiel bezeichnet *ventus* („Wind") einen klimatischen Exzeß *(yin* [59]), zugleich die durch diesen Exzeß im Mikrokosmos induzierte Heteropathie, die zeitlich über die aktuelle Wirksamkeit des äußeren Geschehens hinausgehen kann. *Ventus* bezeichnet dann überdies jede Heteropathie, die diagnostisch die spezifischen Zeichen einer Heteropathie aufweist, welche durch einen klimatischen Exzeß, genannt *ventus,* induziert wird — *ohne daß momentan oder anamnestisch ein solches meteorologisches Ereignis unbedingt registriert werden müßte.* Ähnliches gilt für alle übrigen, nachfolgend zu charakterisierenden Agentien.

Die Agentien der Krankheit werden nach übergeordneten Gesichtspunkten in drei Kategorien eingeordnet, nämlich innere Agentien, äußere Agentien und (weder innere noch äußere also) neutrale Agentien. Und zwar stehen bei dieser Einordnung struktiver und aktiver Aspekt in Konkurrenz. Nach der älteren Theorie [60]) versteht man unter inneren Agentien solche, die Heteropathien in Leitbahnen und Orbes induzieren, unter äußeren Agentien solche, die Heteropathien der äußeren (aktiven) Energieverteilung, also Affektionen der Körperoberfläche und der Extremitäten (aber auch der *orbes aulici)* bedingen; in die 3. Kategorie fallen dann die Folgen geschlechtlicher Exzesse sowie alle äußerlichen Verletzungen. Hingegen steht bei der jüngeren Theorie [61]) der spekulativ schärfer umschriebene aktive Aspekt der Störfaktoren im Vordergrund, weshalb man als innere Agentien die sieben Emotionen — nämlich *voluptas, ira, sollicitudo, maeror, timor, cogitatio, pavor* —, als äußere Agentien die (sechs) klimatischen Exzesse *(liu-yin)* — nämlich *ventus, algor, aestus, humor, ariditas* und *ardor* —, endlich als neutrale Agentien diätetische und sexuelle Unregelmäßigkeiten sowie alle äußeren Verletzungen klassifiziert. Diese neuere Sicht ist bis heute die maßgebende geblieben, ohne daß die ältere völlig verdrängt worden wäre. Auch wir legen sie der nachfolgenden Übersicht allein zugrunde.

---

[58]) S. 33.

[59]) Vgl. die Anm. 2 auf S. 33 oben.

[60]) Die von *Chang Chung-ching* im 2. Jh. in seinem *Chin-k'uei Yao-lü* entwickelt wurde und sich eng an die klinisch empirischen Daten hält.

[61]) Die von *Ch'en Wu-tsê* in seinem 1171 erschienenen Werk „Wie die drei Agentien zur Erklärung der Entstehung aller Krankheiten führen *(San-yin chi i ping yüan lun)* formuliert wurde.

a) Die Sechs klimatischen Exzesse (liu-yin) und die durch sie bedingte Symptomatik

1. *Ventus (feng*, „Wind") ist durch die Wandlungsphase Holz qualifiziert, hat also eine besonders enge Affinität zum Frühling, zu den *oo. hepaticus et felleus*[62]). Davon abgesehen kommt diesem Exzeß dadurch eine hervorgehobene Bedeutung zu, daß er als einziger mit jedem der fünf anderen Exzesse eine Verbindung eingehen kann, also *algor venti, aestus venti, calor venti, ariditas venti, ardor venti.* Die Symptome einer oberflächlichen *ventus*-Heteropathie sind: Fieber mit Frostschaudern (Schüttelfrost), Benommenheit und Schmerzen des Kopfes, verstopfte Nase, belegte Stimme, Tränenfluß, Schmerzen im Hals, Hüsteln, *pulsus superficiales* oder *languidi*, dünner, weißer Zungenbelag.

Ist die *ventus*-Heteropathie in einzelne Orbes vorgedrungen, so trifft man Symptome wie: wandernde plötzliche Schmerzen in allen Gelenken, lokale, überaus schmerzhafte Beulen oder Höcker unter der Haut; Fieber begleitet von Pickelexanthem *(rubella*, Röteln) bei „exanthema venti" *(feng-chen)* und *ventus internus: flexus* mit Drehschwindel und Ohnmacht, Paresen, Sensibilitätsverlust in einzelnen Gesichtspartien, partielle Lähmung der Lid- und/oder Gesichtsmuskulatur; Tetanus.

2. *Algor* („Kälte") ist durch die Wandlungsphase Wasser qualifiziert, hat also eine besondere Affinität zum Winter und zu den *Oo. renalis et vesicalis*[63]), kann aber selbstverständlich auch in jeder anderen Jahreszeit und in allen anderen Orbes auftreten. Als ein Exzeß, der extremer Struktivität entspricht, führt *algor* vor allem zu Schädigungen der aktiven Energien (des *yang-ch'i).*

Die Symptome einer oberflächlichen *algor*-Heteropathie sind: schweißloses Fieber mit Schüttelfrost und Gänsehaut, Schmerzen in Nacken, Kopf, Rücken, Lendengegend, auch diffus im ganzen Körper; *pulsus superficiales aut intenti;* weißlicher, feuchter Zungenbelag. Ist die *algor*-Heteropathie bis in die Leitbahnen vorgedrungen, so beobachtet man Krämpfe, schmerzhaftes Ziehen und Beugung der Extremitäten, purpurne Verfärbung der Haut, ja sogar *flexus algoris* (Kälteflexus) der Hände und Füße, *pulsus evanescentes.*

Wirkt die *algor*-Heteropathie in den Orbes, so treten Bauchschmerzen, Rumpeln in den Eingeweiden, Durchfall, Erbrechen auf sowie ein blasser Zungenkörper mit weißem Belag, *pulsus mersi atque tardi* oder *mersi atque intenti.*

3. *Aestus* („drückende Hitze [des Sommers]") ist durch die Wandlungsphase Feuer qualifiziert und hat eine Affinität zu den *Oo. cardialis, pericardialis, intestini tenuis, tricalorii.* Zwar stehen im Vordergrund der durch diesen Exzeß bedingten Symptomatik fiebrige Zustände mit ihren Begleiterscheinungen wie Benommenheit, Atemnot, extreme Müdigkeit, Schweißausbrüche, fahles, schmutzig aussehendes Gesicht, Durst, spärlicher, rotgefärbter Urin, *pulsus inanes*, roter Zungenkörper, dünner, gelber Zungenbelag; im Extremfall *(per-*

---

[62]) Vgl. deren Ikonogramme auf der Falttafel.
[63]) Vgl. die Ikonogramme dieser Orbes.

cussio aestus = Hitzschlag) zeigen sich plötzliche Ohnmacht, beschleunigter Atem, profuser Schweiß.

Nicht selten induziert *aestus* in Verbindung mit anderen Exzessen komplexe Heteropathien wie etwa

a) wenn der Patient sich zu heftig abgekühlt hat, entsteht ein Krankheitsbild, das man *percussio algoris mensum aestus (shu-yüeh chung-han)* oder auch *aestus structivus* nennt, mit schweißnasser Haut, Schüttelfrost, Kopfschmerz, Benommenheit, evtl. auch mit Bauchschmerz, Erbrechen und Durchfall: denn die aktive Energie wurde durch die struktive Kälte in ihrer Entfaltung behindert.

b) Das Zusammentreffen von *aestus und humor* wirkt sich vor allem auf die *Oo. intestinorum* aus und führt zu Dysenterie mit roten und weißen *faeces;* selbst Cholera, die mit Erbrechen und Durchfall, Bauchschmerzen und Krämpfen einhergeht.

c) Ein *aestus subreptus (fu-shu)* genanntes Symptomenbild, das auf eine während der Hundstage *(fu-t'ien)* zugezogene Infektion zurückgeht, die nach langer Inkubation gegen Ende des Herbstes zu malariaähnlichen Krankheitszeichen führt: Druck in der Magengrube, träge Verdauung, Durst, am Nachmittag zunehmend, am Abend am heftigsten; Erleichterung nach einem in der Morgendämmerung einsetzenden Schweißausbruch.

d) Malaria (Wechselfieber).

4. *Humor* („Feuchtigkeit") ist durch die Wandlungsphase Erde qualifiziert und hat eine Affinität zu den *Oo. lienalis et stomachi.* Die Induktion von *humor* durch Heteropathien wird begünstigt, wenn man eingeschwitzte oder durchnäßte Kleidung nicht wechselt, durch Aufenthalt in feuchten Räumen, durch übermäßigen Genuß von wasserreichen Früchten (wie z. B. Melonen) und Süßigkeiten, welch letztere die aktive Energie des *orbis lienalis* übermäßig beanspruchen. Man unterscheidet nach Bereich und Richtung ihres Auftretens vier Arten von *humor*-Heteropathien mit folgender Symptomatik:

a) *humor superior:* Benommenheit, verstopfte Nase, gelber Teint, schwer gehender Atem;

b) *humor inferior:* Schwellung der Nase, Frauenleiden mit trübem Ausfluß;

c) *humor externus:* Schweiß ohne Rücksicht auf Umgebungstemperatur, Abgeschlagenheit, Gelenkschmerz, Schwellungen;

d) *humor internus:* Druckgefühl auf der Brust, Schwellung in der Magengrube, Appetitlosigkeit, Brechreiz; Ikterus; Durchfälle.

5. *Ariditas* („große Trockenheit") ist durch die Wandlungsphase Metall qualifiziert und hat damit eine besondere Affinität zum Herbst und zu den *Oo. pulmonalis et intestini crassi.* Bei den aus diesem Exzeß resultierenden Heteropathien unterscheidet man

a) *ariditas frigidula (liang-tsao)* mit den Symptomen: leichter Kopfschmerz, Schüttelfrost, Schweißlosigkeit, Husten, Halsschmerzen, verstopfte Nase, trockener, weißlicher Zungenbelag;

b) *ariditas temperata (wen-tsao)* mit den Symptomen: Fieber mit Schweiß, Halsschmerz und Durst, heftiger Hustenreiz mit Brustschmerzen; im Extremfall blutiger, schleimiger Auswurf, Trockenheit der Nase, *pulsus superficiales aut exundantes;* gelblicher, trockener Zungenbelag.

6. *Ardor* („Glut") ist gleichfalls durch die Wandlungsphase Feuer qualifiziert, kann sich jedoch als Mutation aus jedem der anderen klimatischen Exzesse bilden. Die resultierende Heteropathie führt zu sehr heftigem und gefährlichem Krankheitsgeschehen, in dessen Verlauf die Säfte und damit die struktive Energie allgemein gefährdet sind. Symptome: Heftiges Fieber mit großer Unruhe, Durst, Halsschmerz, gerötetes Gesicht, gerötete Skleren, *pulsus celeri,* trockener, gelber Zungenbelag mit spitzen Vorsprüngen, roter bis tiefroter Zungenkörper.

b) Die Sieben Emotionen (ch'i-ch'ing) und die durch sie bedingte Symptomatik

1. *Voluptas* („Lust") als normale Äußerung des *orbis cardialis* deutet auf die gesunde Entfaltung der Phantasie und der Bau- und Wehrenergie. Im Übermaß ausgelebt, führt sie zur Erschöpfung *(inanitas)* der Energie des *orbis cardialis,* mithin insbesondere zu einer Zerstreuung der konstellierenden Kraft [64]), und zur Überlagerung der Energie des *orbis cardialis* durch die des *orbis renalis* [65]) — und mithin zu folgenden Symptomen: Bewußtseinstrübung, zusammenhanglose, wirre Reden, erratische Bewegungen und erratisches Gesamtverhalten.

2. *Ira* („Zorn") beruht in besonderer Weise auf der individualspezifisch struktiven Energie *(hsüeh),* deren Speicher der *orbis hepaticus* ist. Im weiteren Zusammenhang resultiert daraus eine besondere Abhängigkeit heftigen Benehmens von der Energiefülle der Oo. *hepatici et fellei,* mittelbar der Oo. *cardialis et renalis* [66]). Repletio in den genannten Orbes begünstigt Zornesausbrüche, die wiederum auf diese Orbes, insbesondere auf den *orbis hepaticus,* zurückwirken, mit Symptomen wie Contravectio des *chi'i hepaticum,* roter Kopf, im Extremfall Ohnmacht und Schlaganfall.

3. *Sollicitudo* („Sorgen") ist zuvorderst von den Funktionen *orbium pulmonalis et intestini crassi* abhängig. Hängt man fortgesetzt sorgenvollen Gedanken nach, so wird der *orbis pulmonalis* und mit dessen Funktionen die rhythmische Energieverteilung in allen Orbes beeinträchtigt, retrograd auch die harmonisierende Funktion des *orbis lienalis* — was zu Funktionen führt wie: allgemeiner Tonusverlust, flacher Atem, Husten, Kurzatmigkeit, viel Schleim, Kraftlosigkeit in den Extremitäten, Schwellung des Bauchs, verminderter Appetit, Durchfälle.

4. *Cogitatio* (das „Nachdenken", die „Überlegung") als normale Äußerung des zentral ausgleichenden [67]) *orbis lienalis,* deutet auf einen harmonischen

---

[64]) Vgl. die Falttafel sowie S. 66 unten.
[65]) Vgl. die Falttafel.
[66]) „Kind" und „Mutter" nach Sequenz I der Wandlungsphasen.
[67]) Vgl. die Falttafel sowie PORKERT: T. G., S. 106.

Funktionsablauf im gesamten Individuum hin. Übersteigertes Nachdenken (ausgelöst durch vermehrte aktive Impulse [man beachte die Oo. *cardialis et hepaticus]*), Aktivität schlechthin führt zu einer Schädigung des *orbis lienalis*, die sich in Symptomen wie Müdigkeit, Appetitverlust, Vergeßlichkeit, Herzklopfen, starkes Ruhebedürfnis, Schweiße im Schlaf und Abmagerung äußern.

5. *Maeror* („Trauer") wirkt ähnlich wie *sollicitudo* vor allem auf den *orbis pulmonalis* zurück, mittelbar auf den *orbis cardialis*, und führt bei langer Dauer zu blassem, eingefallenem Gesicht, zu Teilnahmslosigkeit, verminderter Präsenz.

6. *Timor* („Furcht"), das Spannungsgefühl gegenüber einer vermuteten oder erwarteten Gefahr, ist primär durch eine energetische Defizienz des *orbis renalis*, mitunter mittelbar durch eine solche des *orbis cardialis* [und eine dort vorhandene Schädigung der konstellierenden Kraft] bedingt. Umgekehrt führt andauernde Furcht zu eben diesen Störungen, die sich äußern durch: Verzagtheit, Entschlußlosigkeit, Unruhe, Verfolgungswahn und den Drang, sich abzuschließen.

7. *Pavor* („Schreck") ist die durch eine unerwartete (echte oder vermeintliche) Gefahr ausgelöste Spannung. Die Schreckbereitschaft rührt primär aus einer energetischen Defizienz des *orbis cardialis*, wie umgekehrt Schreckerlebnisse den *orbis cardialis* in erster Linie affizieren. Symptome: unregelmäßiger, hastiger Atem, Unruhe, zusammenhanglose, widersprüchliche Handlungen, wirres Reden und Verhalten.

c) Neutrale Agentien und ihre Symptomatik

1. *Diätfehler.* Symptome: Klumpengefühl in der Magengrube, Schwellung und Schmerzen; saures oder fauliges Aufstoßen, Erbrechen von Unverdautem; im Extremfall (durch Einbeziehung des *orbis lienalis*) Wechsel von Verstopfung und Durchfall.
2. *Körperliche Überanstrengung* kann zu einer Schädigung des *ch'i primum*, also des Struktivpotentials und/oder der konstitutionell vorhandenen Energiereserven führen, mit Symptomen wie extreme Erschöpfung und Kraftlosigkeit; im Extremfall: Atemnot, Tachykardie, innere Hitze, spontanes Schwitzen, Unruhe.
3. *Sexuelle Exzesse.* Symptome: Husten, blutiger Auswurf, täglich zu den gleichen Stunden auftretendes leichtes Fieber, Tachykardie; Schweiße im Schlaf; bei *inanitas* der aktiven Energie des *orbis renalis:* Atrophie des Glieds, *ejaculatio praecox*, klamme Hände und Füße; Schwäche der Hüften und Beine, Samenerguß im Schlaf.

Anhang 1: Epidemische Infektionen (Seuchen)

Obzwar die moderne westliche Medizin bei der Diagnose und Bekämpfung der Seuchen Ausgezeichnetes leistet, soll die chinesische Ansicht zu diesen Erscheinungen nicht völlig unterschlagen werden. Die infektiöse Natur der Seuchen, also die Tatsache, daß sie durch Kontakt mit Erkrankten übertragen werden können, wird bereits im Innern Klassiker des Gelben

Fürsten [68]) ausdrücklich erörtert. Die Möglichkeit einer Prophylaxe durch Impfung des resistenten Gesunden war zumindest für die echten Pocken in China seit dem 12. Jahrhundert bekannt [69]). Im übrigen führt man den Ausbruch von Seuchen vor allem auf zwei Faktoren zurück:

1. Das Auftreten „perverser“ meteorologischer Situationen (plötzliche Kälte im Sommer, heiße Tage im Spätherbst usw.), die ganze Landstriche gleichzeitig betreffen und bei einer überdurchschnittlichen Zahl von Individuen die Orthopathie überbeanspruchen. (Wegen dieser Abhängigkeit von einer perniziösen Zeitkonstellation nennt man die Seuchen deshalb auch chronodemische, d. h. zeitverbreitete Krankheiten *[shih-ch'i-ping].)*

2. Schlechte hygienische Verhältnisse bei einer dicht zusammenlebenden Bevölkerung. (Aus letzterer Überlegung waren in China bereits im 2. Jahrhundert unserer Zeitrechnung Erlasse über die Sauberhaltung der Straßen und die Errichtung öffentlicher Bedürfnisanstalten in den Städten ergangen). Die Diagnose und Therapie der Infektionskrankheiten folgt den üblichen Regeln.

Anhang 2: Erkrankungen nach einer Latenzzeit (ch'i subreptum, fu-ch'i, d. h. verborgene Krankheitskonstellationen)

Wenn bei sich schleichend einstellenden Erkrankungen die Diagnose in Gegenwart und jüngster Vergangenheit keine die Krankheit bedingenden Faktoren aufweist, so ist daran zu denken, daß vor längerer Zeit (vor Wochen oder Monaten) bei einem Individuum mit schwacher Orthopathie ein schwacher Störreiz zur Ausbildung einer Heteropathie geführt hat, die infolge ihrer Geringfügigkeit zunächst nicht subjektiv wahrgenommen wurde. Erst wenn zu einer bestimmten Jahreszeit der latent affizierte Funktionsbereich (Orbis) besonders sensibel und labil wird [70]), bricht die Heteropathie hervor.

III. Pathologie

Die Pathologie ist in jeder Medizin jener Teilbereich, bei dessen Gliederung und Begriffsbildung Gewohnheit und Konvention gegenüber streng logischer Argumentation deutlich überwiegen — aus guten Gründen, geht es doch einfach darum, Krankheiten, deren kausale oder induktive Bedingungen von Grundlagendisziplinen wie Biochemie, Physiologie, Bakteriologie oder in China Orbisikonographie bereits aufgezeigt wurden, durch praxisnahe und möglichst vielen praktischen Ärzten bekannte und verständliche Begriffe und Modellvorstellungen „griffig“ zu machen. Und es bleibt letztlich Ermessenssache, ob man bei einem Patienten von einer Anzahl Symptome oder einem bestimmten Syndrom spricht, ob man ein peripheres Krankheitszeichen bei komplexem Geschehen diesem oder jenem Krankheitsbild zuweist u. a. m. All dies wird man sich gegenwärtig halten, wenn man erfährt, daß die chinesische Pathologie, trotz eines fast 2 000 Jahre währenden Klärungsprozesses ihrer Postulate, auch heute noch mindestens drei miteinander überlappende Gliederungen von Krankheitsbildern anwendet, nämlich:

---

[68]) 3. Jh. vor der Zeitwende. — Kap. 72.

[69]) Man lese z. B. die medizinhistorische Betrachtung Willi HARTNERs: „Heilkunde im alten China“, erschienen in der Zeitschrift *Sinica*, Heft 16, 1941, S. 214—265 bzw. Heft 17/ 1942, S. 27—89.

[70]) Vgl. S. 31 oben.

1. die Beschreibung von *morbi varii (tsa-ping)* in engster Anlehnung an die Orbisikonographie;
2. die Beschreibung von sogenannten *algor-laedens*-Erkrankungen *(shang-han)* in enger Anlehnung an die Lehre von den Leitbahnen;
3. die Beschreibung der sogenannten *morbi temperati (wen-ping)* in enger Anlehnung an die medizinische Energetik.

Nach welchem der drei Schlüssel man im konkreten Fall die Symptome einordnet, hängt heute vornehmlich von geographischen und persönlichen Gewohnheiten ab und führt allenfalls zu Unterschieden in den therapeutischen Präferenzen, nicht zu Diskrepanzen in Prognose und therapeutischer Leistung.

1. DIE PATHOLOGIE DER ORBES: morbi varii (tsa-ping)

Die Beschreibung von Krankheitsbildern in enger Anlehnung an die Orbisikonographie ist der umfassendste und verbreitetste pathologische Rahmen der chinesischen Medizin; der umfassendste, weil ausnahmslos alle „inneren" Krankheiten nach dieser Formel rational beschrieben werden können, der verbreitetste, weil in China die Innere Medizin *(nei-k'o)* insgesamt sich seit dem 2. Jahrhundert unserer Zeit in erster Linie dieser Formel bedient.

Die Orbisikonographie wurde historisch im Innern Klassiker des Gelben Fürsten *(Huang-ti Nei-ching)* begründet (3. Jahrhundert vor der Zeitwende). Die klinisch-pathologische Anwendung dieser Erkenntnisse wurde erstmals von CHANG CHUNG-CHING (dieser wirkte in der 2. Hälfte des 2. Jahrhunderts unserer Zeitrechnung) in seiner „Abhandlung über *algor laedens* („schädigende Kälte") und verschiedene Krankheiten *(morbi varii) Shang-han tsa-ping lun* beschrieben. Aus den bei der Beschreibung der „verschiedenen Krankheiten" *(morbi varii, tsa-ping)* angewandten Kriterien hat sich dann bis zum 17. Jahrhundert die Innere Medizin entwickelt.

(1) Krankheiten in den Oo. hepaticus und felleus

a) Orbisikonographisches

Das funktionelle Gespann *orbium hepatici et fellei* hat seine *perfectio* in den *nervus* (d. h. in den Muskeln und Sehnen als Antriebsorganen des Bewegungsapparates); seine Sinnesorgane sind die Augen; seine Sinarterien berühren den Okularplexus und das Schädeldach. Daher ist der *orbis hepaticus* einerseits zuständig für die Beweglichkeit des Körpers, für die Bereitstellung und den Einsatz der Antriebskräfte, für die aktive Projektion der Persönlichkeit ganz allgemein, andererseits für die Speicherung und Dosierung der individualspezifisch struktiven Energie *(hsüeh)*. Geistesgegenwart, Entscheidungsfähigkeit, Aufmerksamkeit und Mut beruhen auf der Tüchtigkeit der *Oo. hepatici et fellei* [1]).

---

[1]) Ausführliche Angaben hierüber in der Falttafel, S. 32 bzw. in PORKERT: T. G., Orbisikonogramme.

b) Pathologisches

Störungen der genannten Orbes können auf *inanitas* oder *repletio* beruhen, wobei *repletio*-Symptome häufiger beobachtet werden.

So z. B. läßt sich der Krankheitsmechanismus des *ventus internus* folgendermaßen rekonstruieren: Schädigungen des *orbis hepaticus* durch Emotionen [2]) bewirken, daß in ihm die Energie nicht abfließt, sondern eingestaut zu *ardor (orbis hepatici)* führt. Durch diesen *ardor* wird die Speicherung (und Bändigung) der aktiven Energiekomponenten beeinträchtigt, was dann zur Symptomatik des *ventus internus (nei-feng)* führt. Dabei sind je nach Schwere des Falls Zeichen von *calor repletionis* wie Stauung der Energie des *orbis hepatici*, Emporlodern des *orbis hepatici* oder erratische Bewegung [3]) des Yang *orbis hepatici* zu beobachten.

Eine häufig feststellbare Störung ist auch jene *repletio*, die durch *algor externus* bedingt ist, welche sich in den Leitbahnen des *orbis hepaticus* festgesetzt hat.

Ein Wirkzusammenhang ganz anderer Art resultiert, wenn infolge von Defizienz der struktiven Energie des *orbis renalis* das Struktivpotential nicht hinreichend in *hsüeh* (d. h. in individualspezifisch struktive Energie) umgesetzt wird und deshalb die Funktionen des *orbis hepaticus* unzulänglich unterhalten werden. Es kommt dann zu einer Defizienz des Yin *orbis hepatici* und als Folge davon zu *inanitas*-Zeichen infolge von Interferenzwirkungen des nach oben dringenden Yang *hepatici*.

Krankheitsmechanismen des ***orbis hepaticus***

Agens	Differentialdiagnostische Befunde		Symptome	
emotio →	Stauung des *orbis hepaticus* →	*ardor* →	*ardor hepaticus* lodert nach oben	*repletio*-Symptome
			erratische Bewegung des Yang des *orbis hepaticus*	*repletio*-Symptome
algor-Heteropathie →	Eindringen einer *algor*-Heteropathie → *algor* stockt in den Leitbahnen des *orbis hepaticus* →		ungenügende Entfaltung der Energie in den Leitbahnen der *Oo. hepaticus* und *felleus*	*repletio*-Symptome
Defizienz des Yin des *orbis renalis* →	unzulängliche Erhaltung der Funktionen des *orbis hepaticus* →		Defizienz der struktiven Energie des *orbis hepaticus*	*inanitas*-Symptome
			Interferenz durch das ungezügelte Yang *hepatici*.	*inanitas*-Symptome

[2]) Gedacht ist in erster Linie an die dem *orbis hepaticus* entsprechende *emotio*, nämlich *ira*, Zorn; desweiteren an jede eruptive Gefühlswallung.

[3]) Chinesisch *wang-tung*, erratische Bewegung, unberechenbare Bewegung.

c) Klinische Symptomatik bei Störungen der Oo. hepaticus et felleus

Vento percussio [Schlaganfall], *vertigo oculorum* [Drehschwindel], Kopfschmerzen, spastische Paresen, Epilepsie, *flexus occaecans* [Ohnmacht mit kalten Extremitäten], *concretio aut congelatio* [Geschwülste und Verspannungen], Ohrenklingen, Taubheit, lanzinierende Schmerzen im Unterleib [Hernien und ähnliches], Nasenbluten, Blutspucken, Schreckhaftigkeit, Schlaflosigkeit, Empfindungsverlust und Atrophie, Tremor.

d) Differentialdiagnose

α. *Repletio*-Symptome

1. Stauung der aktiven Energie *(ch'i)* **des** *orbis hepaticus*

a) Krankheitsmechanismus: Angestauter Zorn (oder verwandte Gefühle) haben die Gesamtfunktion des *orbis hepaticus* gestört. Mithin kann sich die der Wandlungsphase Holz entsprechende energetische Qualität (als Phantasie, Vorstellungsgabe, Initiative, Entschlußkraft) nicht harmonisch durchsetzen. Stattdessen kommt es zu „Übergriffen" und Kontravektionen des *ch'i hepaticum* (d. h. der aktiven Energie des *orbis hepaticus)* zu allgemeiner Kraft- und Antriebslosigkeit, zu Schmerzen und *congelationes;* mittelbar schließlich zu Hämatomen und Stauungen, zu Verspannung, Tympanie, Verstopfung, endlich zu *concretiones.*

b) Besondere Symptomatik: schmerzhafte Flanken, Aufstoßen, Bauchschmerz mit Durchfall, wobei Stuhlgang keine Erleichterung bringt; *concretiones aut congelationes* [tastbare Verhärtungen in der Abdominal- und Plexusgegend]; dünner Zungenbelag; *pulsus chordales.* Der Patient klagt über Schmerz in den Flanken, der ihn daran hindert, sich auf die Seite zu legen. Dieser Schmerz ist durch eine gestaute Energie, also eine *repletio* bedingt. Die Verdauungskontravektion äußert sich durch das Erbrechen von Gallensaft.

Das ungewöhnliche Symptom Bauchschmerz + Durchfall, der keine Erleichterung bringt, ist durch eine unterdrückte und/oder fehlgeleitete *emotio* bedingt.

Die tastbaren Verhärtungen *(concretiones)* treten beidseitig unter den Rippenbögen auf, die *congelationes* hingegen intermittierend, und beide sind bisweilen von einem Schwellungsschmerz, auch von stechenden Schmerzen begleitet. Außerdem werden eine leichte Erregbarkeit und Anorexie beobachtet.

c) Therapie: Lösung *(solutio)* der [Stauung] des *orbis hepaticus,* Normalisierung des Energieflusses, Aufbrechen der *concretio,* Verteilung der *congelatio.*

2. *Ardor* des *orbis hepaticus* lodert empor

a) Krankheitsmechanismus: Der Energieabfluß aus den *orbes hepaticus et felleus* ist drastisch vermindert, so daß infolge der eingestauten Energie *ardor* („Glut") auftritt. Dieser *ardor* gelangt mit dem *ch'i* (= der aktiven Energie) an die verschiedensten Körperstellen, womöglich bis zum Schädeldach.

b) Besondere Symptomatik: Schmerzen unterhalb der Rippenbögen infolge des *ardor.* Bitteres oder galliges Erbrechen. Drehschwindel; heißer Kopf, dabei lanzinierender, selten dumpfer Kopfschmerz; unwillkürliche Muskelzuckungen, Pulsieren in verschiedenen Körperteilen. Heftiges Ohrensausen und Taubheit, abebbend und wiederkehrend, durch Druck auf die Ohrpunkte nicht zu bessern. Augenlidränder stark gerötet, heftig schmerzend, auch geschwollen. Heftige, profuse, plötzlich einsetzende Blutungen aus Nase und Mund. Erschwerte Miktion, gelber bis rötlicher Urin; heißes, rotes Gesicht; trockener Mund, bitterer Mundgeschmack ..., heftige Wutanfälle; Zungenspitze und Zungenrand stark gerötet, im übrigen gelber oder trockener bis klebriger Zungenbelag. *Pulsus chordales et celeri.*

c) Therapie: Ableitung aus den *orbes hepaticus et felleus, refrigeratio caloris.*

3. Erratische Bewegung des *yang orbis hepatici*

a) Krankheitsmechanismus: Wenn aus dem *ch'i hepaticum* (d. h. aus der aktiven Energie des *orbis hepaticus)* Glut *(ardor)* entsteht, führt dies zu einer heftigen Expansion des Yang, d. h. der aktiven Energie. Die Glut *(ardor)* breitet sich mit dem Yang in alle Körperbereiche aus und tobt in unkontrollierter Weise durch die Leitbahnen. Dadurch wird schließlich auch das *hsüeh* (die struktive, individualspezifische Energie) nach oben in Bewegung gesetzt, bis sie sich am Schädeldach bricht. Man bezeichnet diesen Vorgang als *„ventus hepaticus,* der sich im Innern erhebt".

b) Besondere Symptomatik: flexus occaecans [plötzliche Ohnmacht mit kalten Extremitäten, krampfartigen Zuckungen, Schleimfluß aus dem Mund]; Spasmen mit Nackensteife und gekrümmten Extremitäten; Paresen, Gefühlsverlust, eventuell Ameisenlaufen an Händen, Füßen, Gesicht und Lippen; Drehschwindel im Gefolge der reißenden Kopfschmerzen. Nach Ohnmacht bleibt mitunter eine halbseitige Lähmung der Extremitäten und des Facialis zurück; zitternde Zunge, undeutliche Sprache. Zungenkörper rot, Zungenbelag gelb, *pulsus chordales.*

c) Therapie: Besänftigung des O. *hepaticus* (sc. der aktiven Energie), Beilegung des *ventus hepaticus.*

4. *Algor sinarteriae hepaticae obstruit* (Kälte blockiert die Leitbahnen des *orbis hepaticus)*

a) Krankheitsmechanismus: Eine außeninduzierte Kälteheteropathie ist in die *sinarteriae yin flectentis [pedis]* eingedrungen, so daß in ihnen der Energiefluß gebremst oder gar unterbunden wird.

b) Besondere Symptomatik. Spannungsgefühl und Schmerz im Unterbauch, die in Skrotum und Hoden ausstrahlen können; Schwellung der Hoden, Schrumpfung des Skrotums. Weißer Zungenbelag, Zunge glänzend, schlüpfrig; *pulsus mersi atque chordales aut tardi.*

c) Therapie: Tepefactio orbis cardinaliumque hepaticae (Erwärmung des O. *hepaticus* und seiner Leitbahnen).

β. *Inanitas*-Symptome

1. Defizienz des *yin hepaticum*

a) Krankheitsmechanismus: Der O. *hepaticus* ist infolge seiner Qualifikation durch die Wandlungsphase Holz sekundär yang [4]), bedarf daher in struktiver Hinsicht der Erhaltung durch das *aqua renalis.* Eine Defizienz des *yin renale* beeinträchtigt darum die Umwandlung von *ching* (Struktivpotential) in *hsüeh* (struktive, individualspezifische Energie), welche letztere für die struktive Erhaltung des O. *hepaticus* unerläßlich ist. Es kommt also zu einer Defizienz des *yin hepaticum* und als dessen Folge zu Übergriffen des *yang hepaticum.*

b) Besondere Symptomatik: Kopfschmerz mit *vertigo oculorum;* Ohrensausen, allmählich auftretend, verhältnismäßig leise, durch Bedecken der Ohren nicht zu beeinflussen, Taubheit; Paresen, Parästhesien der Extremitäten, Zucken in der Gliedermuskulatur subjektiv und objektiv durch Massage gebessert; Nachtblindheit bei verminderter Tränenflüssigkeit; auch hitzig rotes Gesicht und rote Wangenflecken nachmittags; trockener Mund und Hals; wenig Schlaf, viele Träume. Zungenkörper rot, trocken oder fast trocken; verminderter Zungenbelag; *pulsus minuti, chordales, celeri.*

c) Therapie: Mollificatio [5]) des *orbis hepaticus* (d. h. Kompensation seiner *yang*-Qualität [= Härte]), *rigatio* (Befeuchtung, mithin auch Ergänzung der struktiven Energie) des O. *renalis,* Nutrition des Yin (der struktiven Energien), *latefactio* („Zum-Untertauchen-Bringen") des Yang.

γ. Komplexe Symptome

1. Die Energie des *orbis hepaticus* affiziert den *orbis stomachi*

a) Symptomatik: Schmerzen bzw. Gefühl eines Klumpens in der Magengrube, ausstrahlende Schmerzen unterhalb der Rippenbögen; Verdauungsstillstand, übelriechendes oder saures Aufstoßen. Zungenbelag dünn und gelb; *pulsus chordales.*

---

[4]) Vgl. die allgemeinen Ausführungen in PORKERT: T. G., S. 92 ff. sowie das entsprechende Orbisikonogramm.

[5]) Chinesisch *jou, terminus technicus,* der die Kompensation seiner Yang-Qualität (= Härte) impliziert.

b) Therapie: Ableitung der redundanten Energie aus den Oo. *hepaticus et stomachi.*

2. Dysharmonie zwischen den *orbes hepaticus et lienalis*

a) Symptomatik: Eßunlust, Durstlosigkeit; Bauch gedunsen, Kollern in den Eingeweiden, Durchfall. Zungenbelag weiß und klebrig; *pulsus chordales sive languidi.*

b) Therapie: Regulierung der Energie der Oo. *hepaticus et lienalis.*

3. Unruhe der *orbes hepaticus et felleus*

a) Symptomatik: Erschöpfungsunruhe, Schlaflosigkeit, auch Alpträume mit schreckhaftem Erwachen; große Ängstlichkeit und Schreckhaftigkeit; Kurzatmigkeit; leichte Erschöpfbarkeit; Sehstörungen; bitterer Mundgeschmack. Zungenbelag dünn und weiß. Pulse: *chordales, minuti.*

b) Therapie: Erhaltung (Konservierung) der Energien des *orbis hepaticus, refrigeratio* (Erfrischung) des *orbis felleus;* Beruhigung des *shen* (der konstellierenden Kraft).

4. *Inanitas* der struktiven Energie in den Oo. *hepaticus et renalis*

a) Symptomatik: Erschöpfte, eingefallene Gesichtszüge, Wangen zart gerötet; Schwindel, schmerzhafte Augen durch vermindertes Sekret; Rücken und Knie schmerzhaft und kraftlos; Kehle trocken und schmerzhaft. Zungenkörper: tiefrot, ohne Belag. Puls: *minutus.*

b) Therapie: Rigatio (Befeuchtung) des Yin, Dämpfung des *ardor.*

5. *Ardor orbis hepatici* affiziert den *orbis pulmonalis* [6])

a) Symptomatik: stechende Schmerzen in Brust und Flanken, anfallweiser Husten; Aufhusten hellroten Blutes; erhöhte Erregbarkeit und Zornesbereitschaft; Gefühl drückender Hitze; bitterer Mundgeschmack; Drehschwindel und rotgeränderte Augen. Zungenkörper tiefrot, Zungenbelag dünn. *Pulsus chordales et celeri.*

b) Therapie: Erfrischung des *orbis hepaticus,* Ableitung aus dem *orbis pulmonalis.*

---

[6]) Entsprechend der Überwältigungsreihenfolge der Wandlungsphasen. Vgl. PORKERT: T. G., S. 47.

Tabellarische Übersicht über die Symptomatik des *orbis hepaticus*

Befund	Allgemeine Symptomatik	Zungenkörper und Zungenbelag	Pulse	Beziehungen zu anderen *orbes*
Ardor im *orbis hepaticus*	*gerötete, geschwollene u. schmerzhafte Augenlider, Hitzegefühl in der Brust und Herzklopfen, große Reizbarkeit;* unruhiger Schlaf, bitterer Mundgeschmack, trockener Mund, Urin gelb oder rötlich	*Zungenrand und Zungenspitze tiefrot*	*chordales, celeri;*	Gefahr der Induktion eines *ardor* im *orbis cardialis*
Das Yang des *orbis hepaticus* schlägt nach oben	*Drehschwindel, gerötetes Gesicht, große Zornbereitschaft, schwerer Kopf und leichte Füße;* auch Taubheitsgefühl in Fingern und Händen, Spannung in Rippen und Rippenbögen, Schläfenkopfschmerz.	*roter bis karminroter Zungenkörper*	*chordales, intenti*	Diese Symptomatik kann bedingt sein durch eine Defizienz *aquae renalis*
Ventus hepaticus	*Sehstörungen und flackernde Sicht, Taubheitsgefühl oder Muskelzuckungen in verschiedenen Körperteilen; auch krampfhafte Verzerrungen der Hände oder Füße;* tetanische Verspannungen.	*Zunge zitternd oder nach der einen Seite gezerrt;* weißer Zungenbelag.	*chordales, inanes*	Bedingende Faktoren sind eine Defizienz *aquae renalis* oder eine *inanitas hsüeh* (der individualspezifisch struktiven Energie), wobei durch auf die Spitze getriebene Hitze *(calor) ventus* sich bildet.
Energetische Stauung im *orbis hepaticus*	*Kopfschmerz und Drehschwindel, Spannungsgefühl oder Schmerzen in den Flanken;* auch Schwellung des Unterbauchs und Menstruationsstörungen	*Zungenkörper leicht gerötet, Zungenbelag verdickt.*	*chordales, celeri,* auch *mersi et chordales*	
Algor im *orbis hepaticus*	*lanzinierende Schmerzen im Unterbauch, verspannte, verkrampfte* nervos *und Sinarterien; ausstrahlende Schmerzen in das Skrotum;* auch Schmerzen am Schädeldach und Erbrechen von klarem Schleim.	*Zungenkörper bläulich bis purpurn, Zungenbelag feucht und schlüpfrig.*	*mersi et chordales aut tardi*	

(2) **Krankheiten in den** Oo. cardialis et intestini tenuis

a) Orbisikonographisches[7])

Das funktionelle Gespann *orbium cardialis et intestini tenuis* hat seine *perfectio* in den Sinarterien (= Leitbahnen)[8]), genauer in den die individualspezifische, struktive Energie *(hsüeh)* leitenden Leitbahnen *(hsüeh-mo);* das ihm zugehörende Sinnesorgan ist die Zunge.

Der *orbis cardialis* ist Sitz und Speicher der konstellierenden Kraft *(shen),* mithin jenes Einflusses, der der Persönlichkeit ihr Gepräge und ihren Zusammenhalt verleiht; vergleichbar dem „Fürsten“ unter den *orbes* gehen vom *orbis cardialis* klare Einsicht und richtungsweisender Einfluß aus.

Die Funktionen der *orbes cardialis et intestini tenuis* stehen überdies in engster Beziehung zu jenen der Oo. *pericardialis et tricalorii*[9]).

b) Pathologisches

Entsprechend den orbisikonographischen Daten betreffen Störungen der genannten *orbes* in erster Linie den Fluß der struktiven Energie und die emotionale Beeinflussung der Persönlichkeitsdarstellung. Bei dem kontravektiven Vordringen von Heteropathien der *morbi temperati*[10]) wird gewöhnlich zunächst der *orbis pericardialis als* „äußere Wehr“[11]) affiziert. Erkrankungen des *orbis cardialis* sind hingegen meist durch innere Schädigungen *(laesiones interni, nei-shang)*[12]), durch konstitutionelle Schwächen bedingt; ferner treten sie auf als Folgen schwerer Allgemeinerkrankungen oder übertriebener *cogitatio*[13]). Gleichgültig, ob dabei mehr die struktive oder mehr die aktive Komponente der *cardialis*-Energie geschmälert wurde, stets ergibt sich eine Beeinträchtigung der konstellierenden Kraft *(shen),* mithin der Kohäsion der Persönlichkeit, ihres Selbstbehauptungswillens, ihres Orientierungsvermögens.

Bei emotionalen Stauungen, die auf den *orbis cardialis* wirken, bilden sich als Folge auftretenden *ardors* (Hitze) zäher Schleim *(t'an),* der nach oben dringt; es kommt zu Stauungen und Blockaden des Energieflusses in den Haupt- und Netzbahnen und zu *repletio*-Symptomen aller Art.

---

7) Vgl. ebenda die S. 102 ff.
8) Ebenda S. 104.
9) Ebenda S. 122 und S. 133 ff.
10) *Wen-hsieh,* vgl. unten die S. 99 ff.
11) *Wai-wei,* vgl. auch PORKERT: *op. cit.,* S. 122.
12) Unter *laesiones (shang)* sind jede Art von Insulten, nicht etwa nur oder gar vorwiegend mechanische zu verstehen.
13) Die zwar primär auf den *o. lienalis* wirkt, mittelbar aber auch dem *o. cardialis* übermäßig Energie entzieht.

Die Krankheitsmechanismen des *orbis cardialis*

Agens	Differentialdiagnostischer Befund	Symptomatik	
konstitutionelle Schwäche; energetische Defizienz des Orbis; Fehlregulation als Krankheitsfolge →	Defizienz des *ch'i cardiale*; Defizienz des *hsüeh cardiale* →	Defizienz des *shen*	*inanitas*
übermäßige *cogitatio* (intellektuelle Überbeanspruchung) ↓	Schleimheteropathie	Blockade des *yang cardiale*	*repletio*
Zusammenballung Stauung → ↓	*ardor* → zäher Schleim dringt nach oben, hemmt den O. *pericardialis*		
obstructio ch'i →		gestauter Energiefluß → Hämatome u. ä.	

c) Klinische Symptomatik bei Störungen der orbes cardialis et intestini tenuis

Palpitationen, Herzschmerzen; Vergeßlichkeit; Schlaflosigkeit; Samenverlust; Irrsinn, geistige Umnachtung; Atemnot, Asthma; Hämoptöe, Epistaxis; Zungengeschwüre und Aphthen; Hämaturie u. ä.

d) Differentialdiagnose

α. *Inanitas*-Symptome

1. *Inanitas yang cardialis*

a) Krankheitsmechanismus: Defizienz, herbeigeführt durch übermäßiges Nachdenken und dem damit einhergehenden überproportionalen Energieverbrauch in den Oo. *lienalis et cardialis.*

b) Besondere Symptomatik: Palpitationen; asthmatische Zustände; akute Herzschmerzen. Zungenbelag: farblos bis weißlich; *pulsus minuti et invalidi* oder *magni et inanes.*

Die Palpitationen sind von Präkordialangst und der Sensation des unmittelbar drohenden Herzversagens begleitet, werden durch Bewegung verschlimmert. Asthma anfallsweise, ebenfalls durch Bewegung verschlimmert. Heftige Herzattacken mit kalten Extremitäten, *pulsus concitati, celeri* oder gar *diffundentes* und unregelmäßig; im Extremfall zunehmende Zyanose der Extremitäten, der Nase und Lippen oder wächsernes Gesicht, spontane Schweiße, kalte Haut.

c) Therapie: Tepefactio (sanfte Erwärmung) *yang cardialis, augmentatio* (Ergänzung) *ch'i cardialis.*

2. *Inanitas yin cardialis*

a) Krankheitsmechanismus: Das gleiche Verhalten wie unter 1. hat zu einer Defizienz aller Formen struktiver Energie, also von *hsüeh* (struktive individualspezifische Energie) nahezu identisch mit *ying (ch'i constructivum,* Bauenergie) und endlich von *ching* (Struktivpotential) geführt, so daß die aktiven Energien des *orbis cardialis* unzureichend fixiert und kontrolliert nach außen diffundieren.

b) Besondere Symptomatik: Palpitationen, von Angst und Nervosität begleitet; schlechter, kurzer Schlaf, durch Alpträume gestört; Übelkeit von Brenn- und Hungerschmerz begleitet; außerdem Vergeßlichkeit, Samenverlust und Schweiße im Schlaf; oft mißtrauische und dabei leicht zu täuschende Natur.

c) Therapie: Rigatio des Yin, Erhaltung des *orbis cardialis,* Beruhigung des *shen* (der konstellierenden Kraft).

β. Repletio-Symptome

1. Reizung durch glutbedingten zähen Schleim

a) Krankheitsmechanismus: Gewaltsam unterdrückte *emotiones* bedingen eine innere Glut *(ardor),* durch welche sich zäher Schleim *(t'an)* bildet, der die Funktionen des *orbis pericardialis* und *orbis cardialis* affiziert, so daß die konstellierende Kraft *(shen)* aus ihrem normalen Bereich — dem *orbis cardialis* — herausgedrängt wird.

b) Besondere Symptomatik: Fortgesetzte Palpitationen, von Herzstichen und Hitzewallungen begleitet; Geistesstörung mit irren Reden, im Extremfall Weinen und Lachen ohne Regel; Schlaflosigkeit durch Erregtheit und Alpträume verursacht; ferner können auftreten ein rotes Gesicht, Durst und Verlangen nach kalten Getränken, Hämoptöe, Epistaxis, rötlicher Urin, auch Hämaturie mit Miktionsstörungen. Zungenkörper: tiefrot bis scharlachrot, mitunter trokken und zerklüftet, wenig Belag; Pulse: *lubrici et celeri.*

c) Therapie: Refrigeratio (Abkühlung) des *orbis cardialis,* Ableitung des Schleims, Rückführung der Glut.

2. Eine Schleimheteropathie hemmt und behindert die Entfaltung des *yang cardiale*

a) Krankheitsmechanismus: Stockender bzw. subrepter Schleim hat sich im Brustbereich gebildet und behindert die Entfaltung und Verteilung der aktiven Energien des *orbis cardialis.*

b) Besondere Symptomatik: Palpitationen, von Druck auf der Brust und Atemnot begleitet; Drehschwindel, oft mit Übelkeit und Brechreiz, Erbrechen von Schleim und Speichel; mitunter auch Frösteln, Klumpengefühl in der Magengrube, Rumpeln in den Eingeweiden. Zungenbelag: weiß und klebrig; Pulse: *lubrici* oder *mersi et intenti.*

c) Therapie: Verwandlung des dünnen, Ausscheidung des zähen Schleims.

3. Das *hsüeh cardiale* (d. h. die struktive individualspezifische Energie des *orbis cardialis* stagniert

a) Krankheitsmechanismus: Durch Überanstrengung ist der *orbis cardialis* geschädigt worden, so daß seine (aktive) Energie sich nicht im erforderlichen Maße entfaltet, sondern in den Leitbahnen stockt. Infolgedessen kommt es auch zu einer Stagnation des *hsüeh,* wobei das harmonische Zusammenspiel aller Haupt- und Netzbahnen verlorengeht.

b) Besondere Symptomatik: Palpitationen mit innerer Unruhe, stechende Schmerzen in Brust, Flanken, Rücken, Schultern. Zungenkörper: tiefrot, bisweilen mit blau-roten Streifen oder Flecken; Zungenbelag vermindert. *Pulsus asperi.*

c) Therapie: Belebung, d. h. Aktivierung des *hsüeh,* Durchgängigmachen der Netzbahnen, Bewegung der Stagnation.

γ. Komplexe Symptome

1. Gleichzeitige inanitas der Oo. *cardialis et lienalis*

a) Symptomatik: Eingefallenes, gelbliches Gesicht, geringer Appetit, große Müdigkeit, Kurzatmigkeit, Nervosität und Schreckhaftigkeit; Vergeßlichkeit, Herzklopfen, schlechter Schlaf; unregelmäßige Menses, Zungenkörper: blaß; Zungenbelag: weiß. Pulse: *minuti, lenes, invalidi,* stets kraftlos.

b) Therapie: Ergänzung und Mehrung der Energie der *orbes cardialis et lienalis*

2. Fehlendes Zusammenspiel zwischen *orbis cardialis und orbis renalis* [14]).

a) Symptomatik: Schlaflosigkeit infolge von *inanitas*-Nervosität; Samenverlust im Schlaf; täglich zur gleichen Zeit wiederkehrendes Fieber; Schweiße im Schlaf; trockener Hals, Schwindel bei geöffneten Augen; Ohrensausen, Beine und Lenden kraftlos, auch schmerzhaft; Polyurie während der Nacht. Zungenkörper: tiefrot, ohne Belag; *pulsus celeri et inanes.*

---

[14]) Entsprechend der Bändigungsreihenfolge (Sequenz II) der Wandlungsphasen bildet der *orbis renalis* die physiologische Gegensteuerung des *orbis cardialis.*

b) Therapie: Wiederherstellung der Verbindungen zwischen den Oo. *cardialis et renalis.*

δ. Besondere Symptomatik des *orbis intestini tenuis*

Der *orbis intestini tenuis* hat im Gesamtorganismus die Aufgabe, die Nahrungsfülle aufzunehmen und zu verwandeln und dabei klare und trübe Komponenten zu scheiden und weiterzuverteilen — erstere an alle *orbes,* letztere nur an die Oo. *intestini crassi et vesicalis.* Als Außenorbis des *orbis cardialis* partizipiert er an dessen Affektionen, insbesondere bei Krankheiten, die von Hitze (Fieber) begleitet sind.

1. *Algor inanitatis intestini tenuis*

a) Symptome: Dumpfer Schmerz im Unterbauch, durch Druck gebessert; Kollern in den Eingeweiden, Durchfall; Urin wiederholt in kleinen Mengen. Zungenkörper: blaß; Zungenbelag: weiß und dünn. *Pulsus minuti atque languidi.*

b) Therapie: Erwärmung und Durchgängigmachen des *orbis intestini tenuis.*

2. *Calor repletionis intestini tenuis*

a) Symptome: nervöse Unruhe, Herzklopfen; Aphthen; Halsschmerz; Schwerhörigkeit; Urin rot und spärlich, Glied schmerzhaft; Abdominalschwellung und Spannung, nach Stuhlgang leicht gebessert. Zungenkörper: tiefrot; Zungenbelag: gelb; *pulsus lubrici et celeri.*

b) Therapie: Refrigeratio et laxatio caloris repletionis.

3. Schmerzen infolge blockiertem *ch'i* im *orbis intestini tenuis*

a) Symptome: Heftiger Bauchschmerz, der bis in die Lenden und den Rükken sowie die Hoden ausstrahlt. Weißer Zungenbelag; Puls: *mersus atque chordalis* oder *chordalis atque lubricus.*

b) Therapie: Bewegung des *ch'i,* Zerstreuung der Zusammenballung.

Tabellarische Zusammenfassung der Symptomatik des *orbis cardialis* und *orbis intestini tenuis.*

Befunde	Symptomatik	Zungenkörper und Zungenbelag	Pulsikonographie	Beziehungen zu anderen *orbes* Sonstiges
Inanitas orbis cardialis	*Palpitationen und Präkordialangst;* Schlaflosigkeit, spontane Schweiße, verminderte Konzentrations- und Erinnerungsfähigkeit.	*Zungenkörper blaß; Zungenbelag vermindert.*	*minuti et invalidi*	Die Symptomatik wird oft durch *inanitas orbis lienalis* und Schwäche der Verdauungsfunktionen induziert.

Befunde	Symptomatik	Zungenkörper und Zungenbelag	Pulsikonographie	Beziehungen zu anderen *orbes* Sonstiges
Calor orbis cardialis	*Beklemmungsgefühl und Hitze in der Brust, Durst, verminderter, rötlicher Urin*	*Zungenkörper hochrot,* Zungenspitze karmin- bis scharlachrot; auch rote Tupfen auf der Zunge.	*celeri*	Bedingt durch Redundanz der Energie im *orbis hepaticus*
Calor überträgt sich auf den *orbis pericardialis*	*Unruhe im Gefolge hohen Fiebers, gedämpfte Wahrnehmung, wirres Reden*	*Zungenkörper hochrot*	*exundantes et celeri*	Häufig induziert durch außeninduzierte Heteropathien, die zu *calor* (Hitze) führen.
Zäher Schleim beeinträchtigt konstellierende Kraft und Sensorium	Empfindungen und *emotiones* sind gestört.	*Zungenbelag sehr dick und schmutzigfarben*	*exundantes et repleti* oder *mersi et lubrici*	1. Bedingt durch innere Läsionen pathologisch entgleister Emotionen; 2. Bedingt durch fiebrige Krankheiten oder *ventus internus.*
Algor inanitatis orbis intestini tenuis	*Schmerz im Abdomen, Durchfall;* Stuhl mit Beimengungen unverdauter Speisen; häufige Miktionen, doch wenig Urin.	*Zungenkörper blaß bis rot; Zungenbelag dünn oder weiß*	*minutus* nach *invalidus,* was besonders am linken *pedalis*-Puls deutlich ist.	
Calor repletionis orbis intestini tenuis	*Nervöse Unruhe; Urin rötlich, spärlich,* Schmerzen im Glied; Schwellung oder Spannungsgefühl in der Nabelgegend, durch Stuhlgang gebessert.	*Zungenkörper karminrot; Zungenbelag gelb*	*lubrici et celeri,* am linken *pedalis*-Puls besonders betont.	Kann durch *calor* in der *cardinalis cardialis* bedingt sein, der auf den *orbis intestini tenuis* übertragen wird.
Durch Andrang aktiver Energie im *orbis intestini tenuis* bedingte Schmerzen	*Spannungsgefühl und Schmerzen im Abdomen, die einerseits in die Lenden- und Hüftengegend, andererseits in das Skrotum und die Hoden ausstrahlen.*	weißer Zungenbelag	*mersi et chordales oder chordales et lubrici*	

(3) **Krankheiten in den** Oo. lienalis et stomachi

a) Orbisikonographisches

Das funktionale Gespann der *Oo. lienalis et stomachi* hat seine *perfectio* im Fleisch, d. h. in jenen die äußere Gestalt (Fülle oder Magerkeit) bedingenden Geweben, seine spezifische Körperöffnung im Mund. Die *Oo. lienalis et stomachi* sind zunächst für die Assimilation, Umsetzung, Zuteilung der mit der Nahrung dem Körper zugeführten Energien zuständig (die in diesen *orbes* auch kurzfristig „zwischengespeichert“ werden können); im weiteren aber —

wie dies auch durch ihre Qualifikation durch die Wandlungsphase Erde zum Ausdruck kommt, für jede Art energetischer Harmonisierung, jeden Ausgleich von Energien innerhalb des Funktionsgefüges der Persönlichkeit. Deshalb gilt der *orbis lienalis* schließlich als Sitz der Bauenergie *(ch'i constructivum, ying)*, als die Grundlage der Speicherung und Zuteilung und mithin als die „Wurzel der erworbenen Konstitution“ [15]).

b) Pathologisches

Die Funktionen des *orbis lienalis (et stomachi)* werden einmal durch Fehlernährung (zu viel oder zu wenig), sodann durch übermäßige *cogitatio* (Nachdenken), endlich durch äußere Noxen (etwa den klimatischen Exzeß zu großer Feuchtigkeit) geschädigt. Wie bei anderen *orbes* auch, kann überdies eine konstitutionelle Schwäche oder die aus einem anderen *orbis* übergreifende Krankheit zu einer Störung der *lienalis*-Funktionen führen. Die erstgenannten Faktoren führen vorwiegend zu *repletio*-Symptomen, die letztgenannten fast immer zu *inanitas*-Zeichen.

Tafel III

Agentien	Differentialdiagnostische Befunde	
Ernährungsfehler, äußere Noxen; übertriebene *cogitatio*	Ansammlung von *calor humidus* im Innern; Bedrängnis des O. *lienalis* durch *humor algidus*	*repletio*
konstitutionelle Schwäche; Folgen der Erkrankungen anderer *orbes*	Defizienz des *ch'i medium* [16]); Das *yang lienale* ist *inanis et dilabens*	*inanitas*

c) Klinische Symptomatik bei Störungen der Oo. lienalis et stomachi

Durchfall und Diarrhöe; Cholera; Ikterus; Schmerzen des Magens; Erbrechen, Aufstoßen; Aszites, Tympanie; Schleim; Hämoptöe; Abortus.

d) Differentialdiagnose

α. *Inanitas*-Symptome

1. Das *yang lienale* ist *inanis et dilabens* (erschöpft und hinfällig)

a) Krankheitsmechanismus: Durch Genuß ungekochter (roher), kalter, süßer oder fetter Nahrung, auch durch zu starke Anwendung kalter oder kühler

[15]) Vgl. PORKERT: T. G., S. 110 ff.

[16]) *„Medium“* steht hier für die den *o. lienalis* qualifizierende zentrale Wandlungsphase Erde — vgl. PORKERT: T. G., S. 44 sowie S. 27 oben.

Arzneien [17]), endlich dadurch, daß bei langwierigen Krankheiten das *yang* (die aktive Energie) nicht hinlänglich unterhalten wurde, sind nun die aktiven Energien im *orbis lienalis* verfallen, damit die Assimilations- und Verteilungsfunktionen ohne Kraft.

b) Besondere Symptomatik: Bleiches, blutleeres Gesicht; Kältegefühl oder schwappende Flüssigkeit im Magen; Tympanie; Verdauungsschwäche, Verlangen nach heißen Getränken; Durchfall, reichlicher heller Urin; mitunter auch allgemeine Abmagerung, stets kalte Extremitäten; Atemnot; Wortkargheit; Zungenkörper blaß; Zungenbelag weiß; Pulse *lenes aut invalidi.*

c) Therapie: Erwärmung und Bewegung des *yang medium.*

2. Defizienz des *ch'i medium* [18])

a) Krankheitsmechanismus: Entweder als Folge einer konstitutionellen *inanitas* oder einer langwierigen Krankheit, die das *ch'i* der *orbes lienalis et stomachi* geschmälert hat, erfolgt die Trennung von Klarem und Trüben kraftlos.

b) Besondere Symptomatik: Appetit und Verdauung äußerst schwach; abgehackte, karge Rede; allgemeiner Kräfteverfall; Rumpeln in den Eingeweiden, gedunsener Unterleib, häufiger Stuhldrang, Durchfall; mitunter auch allgemeine Abmagerung, rasche Erschöpfbarkeit; Aftervorfall. Zungenkörper blaß; Zungenbelag: weiß; *pulsus languidi* oder *lenes et minuti.*

c) Therapie: Das *yang* emporheben, das *ch'i* ergänzen.

β. Repletio-Symptome

1. Der *orbis lienalis* wird durch *humor algidus* bedrängt

a) Krankheitsmechanismus: Durch unzuträglich langen Kontakt mit Wasser, etwa beim Durchwaten eines Gewässers oder nachdem man vom Regen völlig durchnäßt wurde, oder indem man sich auch nur lange an feuchten Orten aufgehalten hat, ist die aktive Energie der mittleren *orbes* (d. h. der Oo. *lienalis et stomachi)* durch die Übermacht der (struktiven) Feuchtigkeit so in Bedrängnis geraten, daß die Funktionen der Oo. *lienalis et stomachi* deutlich beeinträchtigt erscheinen.

b) Besondere Symptome: Essensgeruch erregt Widerwillen; Gefühl eines vollen Magens; süßlicher Mundgeschmack, klebrige Zunge; Benommenheit des Kopfes, Abgeschlagenheit; lockerer oder durchfälliger Stuhl. Zungenbelag weiß und klebrig; *pulsus lenes et subtiles.*

c) Therapie: Es gilt, die Energie der *orbes* wieder in Umlauf zu bringen und die Feuchtigkeit *(humor)* zu transformieren, umzuwandeln.

---

[17]) D. h. von Arzneien, die aufgrund ihrer Pharmakodynamik Hitze (calor) senken.

[18]) Mit anderen Worten, Defizienz der aktiven Energie in den Orbes, welche der Wandlungsphase Erde entsprechen: Defizienz der aktiven Energie in den Oo. *lienalis et stomachi.*

2. *Calor humidus* **sammelt sich im Innern**

a) Krankheitsmechanismus: Die Funktionen der Oo. *lienalis et stomachi* wurden entweder durch eine äußere Heteropathie oder durch übermäßigen Genuß von Alkohol geschädigt, so daß in ihnen der Energieumlauf beeinträchtigt ist und Feuchtigkeit im Verein mit Hitze *(humor + calor)* zu einer Hemmung des Flusses (struktiver!) Energien, insbesondere der Säfte führen. So kann auch die struktive Energie des *orbis felleus* nicht ihren normalen Weg nehmen, sondern sie imprägniert das Fleisch (d. h. die *perfectio* des *orbis lienalis).*

b) Besondere Symptomatik: Anorexie mit Schwellung und Druck in Magengegend und Flanken; große Abgeschlagenheit; Gelbfärbung der Skleren, des Gesichts, des Körpers; juckende Haut; Urin spärlich und rötlich gefärbt. Zungenbelag gelb und klebrig; *pulsus lenes et celeri.* — Mitunter werden noch beobachtet: Durst, bitterer Mundgeschmack, Durchfall, Fieber.

c) Therapie: Refrigeratio caloris, laxatio humoris.

γ. **Komplexe Symptome**

1. **Verlorene Harmonie zwischen** Oo. *lienalis et stomachi*

a) Symptome: Klumpengefühl im Magen, anhaltender, ziehender leichter Schmerz; schlechte Verdauung; Schluckauf, Aufstoßen, im Extremfall Erbrechen. Zungenbelag weiß, dünn; *pulsus minuti.*

b) Therapie: Mehrung des *ch'i,* Wiederherstellung des Energieumlaufs in den mittleren Orbes, Einstimmung dieser Orbes.

2. *Inanitas yang orbium lienalis et renalis*

a) Symptome: Atembeklemmung; Wortkargheit; Frostigkeit mit kalten Händen und Füßen; große Neigung zu Schweißen; Durchfall und Diarrhöe, auch Magendurchfälle. Zungenkörper blaßrot; Zungenbelag weißlich, dünn; *pulsus mersi et minuti.*

b) Therapie: Kräftigung des *orbis lienalis, tepefactio* (sanfte Erwärmung) des *orbis renalis.*

3. *Humor lienalis* **affiziert den** *orbis pulmonalis*

a) Symptome: Husten mit schleimigem oder klarem Auswurf, Druck auf der Brust, Kurzatmigkeit; verminderter Appetit. Zungenbelag weiß, etwas klebrig; *pulsus lubrici.*

b) Therapie: Trocknung der Feuchtigkeit, Umsetzung des Schleims.

4. *Inanitas orbium cardialis et lienalis*

Vgl. oben Seite 69.

δ. **Besondere Symptomatik des *orbis stomachi***

Der *orbis stomachi* ist das Ausgleichsreservoir *(mare, hai)* der als Nahrung (= Speise und Trank) aufgenommenen Energien. Als *yang*-Komplement *(= orbis aulicus)* zum *orbis lienalis* wird er als *humus aridus* („trockene Wandlungsphase Erde") qualifiziert — womit auch angedeutet ist, daß er anders als der *orbis lienalis* nach Feuchtigkeit verlangt und Trockenheit scheut. Symptome gestauter oder trockener Hitze deuten daher nicht selten auf eine Störung des *orbis stomachi*.

1. *Algor stomachi*

a) Symptome: Völlegefühl, Spannung, andauernder Schmerz in der Magengegend, durch Wärmeanwendung und Druck gebessert, Aufstoßen klarer Flüssigkeit, Schluckauf. Zungenbelag weiß und schlüpfrig; *pulsus tardi.*

b) Therapie: Tepefactio (behutsame Erwärmung) des *orbis stomachi,* Dispersion der Kälte *(algoris).*

2. *Calor stomachi*

a) Symptome: Durst mit Verlangen nach kalten Getränken, gute Verdauung, gesteigerter Appetit; geräuschvolles Erbrechen, auch unverzügliches Erbrechen soeben eingenommener Speisen; übler Mundgeruch; Zahnschmerz, Zahnfleisch schmerzhaft, geschwollen, geschwürig, blutend; verminderte Speichelsekretion. Zungenkörper scharlachrot; Zungenbelag gelb; *pulsus lubrici et celeri.*

b) Therapie: Refrigeratio (Erfrischung) des *orbis stomachi,* Ableitung der Hitze *(ardoris).*

3. *Inanitas stomachi*

a) Symptome: Völle- und Klumpengefühl im Magen, Darniederliegen der Verdauung, mitunter Aufstoßen; lockere Stühle. Zungenbelag vermindert; *pulsus lenes.*

b) Therapie: Mehrung des *ch'i,* Stärkung der Mitte [d. h. der *orbes lienalis et stomachi].*

4. *Repletio stomachi*

a) Symptome: Sattheit, Eßunlust, Völlegefühl; Stuhlverstopfung; übler Mundgeruch und fauliges Aufstoßen; auch Erbrechen. Zungenbelag gelb; *pulsus lubrici.*

b) Therapie: Ableitung der gestauten Energie.

Tabellarische Übersicht über die Symptomatik der Krankheiten in den Oo. *lienalis et stomachi*

Befund	Allgemeine Symptomatik	Zungenkörper und Zungenbelag	Pulse	Beziehungen zu anderen Orbes
Das *ch'i lienale* ist *inanis* und *invalidus*	*Verminderter Appetit, gedunsenes Abdomen, Durchfall; Kraftlosigkeit der Gliedmaßen.* Auch Abmagerung, Gedunsenheit, Hämaturie, gynäkologische Blutungen.	*Zungenkörper blaß, Zungenbelag dünn und schlüpfrig.*	*inanis oder languidus*	
Das Yang des *orbis lienalis* entfaltet sich nicht	*Anhaltender, ziehender Schmerz im Unterleib, Durchfall mit wäßrigen Stühlen, kalte Extremitäten;* Urinverhaltung.	*Zungenkörper blaß, gedunsen, weiß, empfindlich*	*mersi et tardi*	Häufig bedingt durch Defizienz des *yang renale* bzw. durch ein *ignis dilabens* in der *porta fortunae.*
Feuchtigkeit bedrängt den *humus lienalis*	*Schwerer, benommener Kopf, Abgeschlagenheit, große Müdigkeit des Körpers und der Glieder, gedrückte Atemfunktionen und verminderter Appetit;* ferner deutlicher Ikterus, Zunge und Mund verschleimt, klebrig.	*klebriger Zungenbelag*	*lenes aut languidi*	
Algor orbis stomachi	*Schmerzen im Magen, Auswurf klaren Schleims, durch Wärme und Druck gebessert.* Während heftiger Schmerzanfälle erkaltende Extremitäten.	*Zungenbelag weiß und schlüpfrig*	*mersi et tardi; es wird auch beobachtet, daß der clusalis-Puls der rechten Hand nur mersus und tardus* ist und während heftiger Schmerzanfälle *subreptus* wird.	
Calor orbis stomachi	*Durst mit Aufnahme großer Mengen von Flüssigkeit; Hunger häufig, dabei Kollern im Bauch.* Auch Mundgeruch, geschwollenes, schmerzhaftes, blutendes Zahnfleisch.	*Zungenkörper scharlachrot, Speichelsekretion vermindert.*	*lubrici et celeri*	

Befund	Allgemeine Symptomatik	Zungenkörper und Zungenbelag	Pulse	Beziehungen zu anderen Orbes
Inanitas orbis stomachi	*Gefühl eines Klumpens in der Magengegend, bisweilen lautes Aufstoßen, Appetitlosigkeit.* Auch gestörte Verdauung und lockere, durchfällige Stühle.	*Zungenkörper blaß, Zungenbelag vermindert;* auch fehlender Zungenbelag in der Mitte der Zunge	*invalidi*, auch weicher *invalidus*-Puls beschränkt auf den *pulsus clusalis manus dextrae*	Diese Symptomatik steht im Zusammenhang mit der Schwäche oder Erschöpfung des *ch'i lienale.*
Repletio orbis stomachi	*Völle- und Spannungsgefühl in der Magengegend, Schmerzen im Magen, durch Druck verschlechtert.* Auch saures oder fauliges Aufstoßen, Erbrechen von saurer Nahrung, auch Stuhlverstopfung	*Zungenbelag gelb und dick*	*lubrici, magni* oder auch *mersi* und *repleti*	Diese Symptomatik steht im Zusammenhang mit der *calor repletionis intestini crassi.*

(4) Krankheiten in den Oo. pulmonalis et intestini crassi

a) Orbisikonographisches

Der *orbis pulmonalis* und der *orbis intest. crassi* bilden als Innen- und Außenorbis ein funktionelles Gespann. Das ihnen zugeordnete Sinnesorgan, zugleich die entsprechende Körperöffnung, ist die Nase. Haut und Körperhaar sind die *perfectio* des *orbis pulmonalis (et intest. crassi).* Insofern die Wehrenergie [19]) vornehmlich in der Haut sitzt und Wirksamkeit hat, erhellt daraus die bevorzugte Beziehung des *orbis pulmonalis* zu der körpereigenen Noxenabwehr. Im Funktionsgefüge der Persönlichkeit ist der *orbis pulmonalis* für die Regulierung des Rhythmus (aller Orbes) zuständig.

b) Pathologisches

Die Natur der Schädigungen des *orbis pulmonalis* ergeben sich zum Großteil aus den orbisikonographischen Daten. Starke Unregelmäßigkeiten der Lebensweise, des Tag- und Nachtrhythmus, Extreme von Kälte oder Hitze, schroffe Temperaturwechsel, auf die Atmungswege wirkende chemische oder mechanische Noxen und nicht zuletzt starke Energiegefälle zu oder zwischen anderen

[19]) *Wei-ch'i = ch'i defensivum;* vgl. PORKERT, op. cit., S. 146 f.

Orbes belasten den *orbis pulmonalis* und können zu Schädigungen führen. Diese Schädigungen manifestieren sich als energetische Erschöpfungen, Überlagerungen, Stauungen infolge von Kälte oder Schleim.

Tafel IV

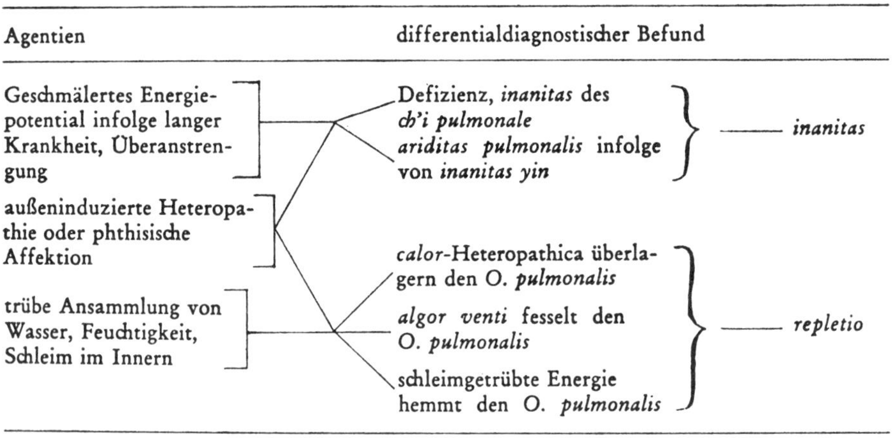

c) Klinische Symptomatik bei Störungen des orbis pulmonalis (et intest. crassi)

Grippöse Affektionen, Husten, Keuchen, Atemnot [Phthisis, phthisische Affektionen]; Bronchitiden, Bronchopyelitis, Lungengeschwür; Stimmverlust, Blutspucken; Epistaxis. Stiche und Schmerzen in der Brust usw.

d) Differentialdiagnose

α. Inanitas-**Symptome**

1. Durch *inanitas yin* **bedingte** *ariditas pulmonalis*

a) Krankheitsmechanismus: Durch eine äußere *ariditas*-Heteropathie, durch Phthise-Noxen oder durch chronischen Husten sind alle Energien des *orbis pulmonalis* geschmälert worden, so daß sich schließlich eine Defizienz des *yin pulmonale* einstellt, als deren Folge wiederum innen *calor inanitatis* auftritt, welcher das *metallum pulmonale*, mit anderen Worten die potentielle Struktivität des *O. pulmonalis* angreift.

b) Besondere Symptomatik: Räuspern, Hustenreiz, wobei nur wenig sehr klebriger Schleim ausgeworfen wird; Husten mit Auswurf, der blutige Tupfen, Streifen oder Klumpen enthält; periodisches Fieber mit Schweißen im Schlaf; nachmittags gerötete Wangen; Ruhe- und Schlaflosigkeit; trockener Mund und Schlund; Heiserkeit oder Stimmverlust. Zungenkörper: tiefrot, mit vermindertem Belag; *pulsus minuti et celeri.*

c) Therapie: Rigatio des Yin, *madefactio des O. pulmonalis.*

2. Das *ch'i pulmonale* ist geschmälert oder erschöpft

a) Krankheitsmechanismus: Entweder weil infolge starker Überanstrengung oder langer Krankheit sich das *ch'i primum* [20]) nicht regenerieren konnte oder weil durch chronischen Husten das *ch'i* (d. h. die aktive Energie des O. *pulmonalis)* beeinträchtigt wurde, ist die Energie des O. *pulmonalis* geschmälert oder erscheint erschöpft; der Orbis wird nicht hinreichend durchwärmt.

b) Besondere Symptomatik: Husten und Kurzatmigkeit; dünner, klarer Auswurf; leise Stimme, Sprechunlust; große Müdigkeit; weißes, wächsernes Gesicht; Frostigkeit, auch spontane Schweiße. Zungenkörper: blaß, Zungenbelag weißlich und dünn; *pulsus invalidi et inanes.*

c) Therapie: Ergänzung, Mehrung der Energie des O. *pulmonalis.*

β. Repletio-Symptome

1. Behinderung des O. *pulmonalis* durch trübe Schleimenergie

a) Krankheitsmechanismus: Durch Abkühlung des Körpers oder Genuß kalten Getränks hat sich innen (also zunächst in den Oo. *lienalis et stomachi)* Schleim zusammengezogen, der nun auch den O. *pulmonalis* blockiert und verhindert, daß die Atemenergie richtig ein- und ausgeht.

b) Besondere Symptomatik: Husten, Keuchen, Schleimrasseln, Auswurf dikken klebrigen Schleims, Schmerzen in Brust und Flanken; akute Atemnot im Liegen. Zungenbelag klebrig und gelb; *pulsus lubricus.*

c) Therapie: Ableitung der *repletio orbis pulmonalis,* Absenkung der aktiven Energie, Drainierung des dünnen Schleims, Aufhebung der Verstopfung.

2. *Algor venti* fesselt den *orbis pulmonalis*

a) Krankheitsmechanismus: Entweder hemmt *algor venti* den O. *pulmonalis* von außen (d. h. über die Haut [21]), so daß sich seine Energie nicht frei ausbreiten kann; oder ein Kälte-Schleim bildet ein inneres Hindernis, das bewirkt, daß die Kondensationsfunktion des O. *pulmonalis* ausfällt.

b) Besondere Symptomatik: Falls der *algor venti* die *species* erfaßt hat: Fieber mit Schüttelfrost, kein Schweiß; Schmerzen in Kopf und Körper; verstopfte Nase und Sekretfluß, Husten, der einen dünnen Schleim herausfördert. Zungenbelag: dünn, weißlich; *pulsus superficiales et intenti.*

Falls dünner Kälte-Schleim im Innern ein Hindernis bildet: fortgesetzter Hustenreiz, Auswurf viel weißen klebrigen Schleims, Atemnot; Abgeschlagenheit; Fieber mit Schüttelfrost. Zungenbelag weiß und *schlüpfrig; pulsus superficiales et intenti.*

c) Therapie: Ableitung, Zerteilung der *algor venti* bzw. *tepefactio* und *transformatio* (behutsame Erwärmung und Umsetzung) des Kälte-Schleims.

---

[20]) Vgl. die Anmerkung 36 auf Seite 46 oben.
[21]) Vgl. die Falttafel bzw. in PORKERT: T. G., das Orbisikonogramm.

3. *Calor heteropathicus* überlagert den O. *pulmonalis*

a) Krankheitsmechanismus: Der O. pulmonalis verliert seine Fähigkeit, die Energien der übrigen Orbes zu erfrischen und zu kompensieren, wenn sich in ihm eine Hitzeheteropathie ausgebildet hat, sei es daß sie durch Wind, durch Kälte oder durch Schleim ausgelöst worden ist.
b) Besondere Symptomatik: Schallender Husten, lautes Keuchen; Auswurf von dickem, gelbem Schleim oder stinkendem Eiter; Schmerzen auf der Brust, die während des Hustens in den Rücken ausstrahlen; Trockenheit der Nase oder Blut oder Eiter aus der Nase fließend; Nasenflügelatmung; Patient empfindet Atem als heiß; Haut heiß, fiebrig; starker Durst; Hals geschwollen, schmerzhaft; Stuhl trocken und fest, Urin rot, spärlich oder überhaupt verhalten. Zungenkörper tiefrot, Zungenbelag gelb und trocken; *pulsus celeri.*
c) Therapie: Erfrischung *(refrigeratio)* des O. *pulmonalis,* Ableitung der Hitze.

γ. Komplexe Symptome

1. *Inanitas lienalis* affiziert den O. *pulmonalis*

a) Symptome: Benommenheit und Teilnahmslosigkeit, Abgeschlagenheit, kraftlose Glieder; Durchfall; Husten mit viel Auswurf; im Extremfall Schwellung des Gesichts und der Hände und Füße. Zungenbelag weiß; *pulsus lenes aut invalidi.*
b) Therapie: „Die Erdphase (Qualifikativ des O. *lienalis)* fördern, damit sie das Metall (Qualifikativ des O. *pulmonalis)* hervorbringt."

2. Die Energie ist gleichermaßen in den *Oo. pulmonalis et renalis* geschmälert

a) Symptome: Husten in der Nacht verschlimmert; jede Bewegung führt zu beschleunigtem Atem; Lenden und Beine schmerzhaft und kraftlos; Nachtschweiße; Samenverlust. Zungenkörper tiefrot, Zungenbelag vermindert; *pulsus minuti et celeri.*
b) Therapie: Rigatio des Yin, Erhaltung des O. *pulmonalis.*

δ. Besondere Symptomatik des O. *intestini crassi*

Die wichtigste Funktion des O. *intest. crassi* ist die Weiterleitung und Verwandlung der Nahrung. In seiner Pathologie steht daher die Stuhlverstopfung obenan, bedingt durch unzureichende Bereitstellung von Säften im Gefolge von Hitze-*(calor)*Heteropathien. Diese Hitze-Heteropathien können verhindern, daß der kühlende Einfluß des O. *pulmonalis* den O. *intest. crassi* erreicht oder aber zu einer Defizienz des *aqua renalis* [22]) führen, was mittelbar auf alle Orbes, insbesondere aber auf die *Oo. intestinorum et vesicalis* Auswirkun-

[22]) Der *o. renalis* ist durch die Wandlungsphase Wasser qualifiziert; seine *struktive* Energie bezeichnet man mitunter elliptisch als *aqua renalis.*

gen hat. Endlich kann Stuhlverstopfung auch infolge einer Schwäche der *Oo. lienalis et stomachi* auftreten, von denen der *O. intest. crassi* systematisch direkt abhängt [23]).

1. *Algor intestini crassi*

a) Symptome: Bauchschmerz, Geräusche in den Eingeweiden, Durchfall; klarer Urin. Zungenbelag: weiß und schlüpfrig; *pulsus languidi.*
b) Therapie: Dispersion der Kälte, Sistierung der Diarrhöe.

2. *Calor intestini crassi*

a) Symptome: Trockener Mund, rissige Lippen; Stuhlverstopfung; sehr übelriechende Stühle; Anus entzündet, geschwollen, schmerzhaft; Urin spärlich, rötlich gefärbt; Zungenbelag gelb und trocken, *pulsus celeri.*
b) Therapie: Refrigeratio caloris, diffusio der Zusammenballung. Tritt *calor intest. crassi* im Zuge einer Dysenterie auf, mit blutigen oder eitrigen Stühlen, zunächst dünn, dann kompakter, Fieber, Abgeschlagenheit, *gelbem und klebrigem* Zungenbelag, *pulsus lubrici et celeri,* so spricht man von *calor humidus* Dysenterie, die durch *refrigeratio et laxatio* zu therapieren ist.

3. *Inanitas intestini crassi*

a) Symptome: Anhaltende Dysenterie, Aftervorfall, kalte Extremitäten. Zungenkörper blaß, Zungenbelag dünn; *pulsus minuti aut evanescentes.*
b) Therapie: Konsolidierung und Zusammenfassung der Energien des *O. intest. crassi.*

4. *Repletio intestini crassi*

a) Symptome: Bauchschmerzen, durch Druck verschlechtert; Fieber, Erbrechen, Stuhlverstopfung; Stuhlgang bringt keine Erleichterung des subjektiven Befindens. Zungenbelag gelb, *pulsus mersi et repleti.*
b) Therapie: Refrigeratio caloris, Rückführung der Blockade *(obstructio).*

---

[23]) Die Wandlungsphase Metall (entsprechend dem *o. intestini crassi)* ist das „Kind", mithin das Produkt der Wandlungsphase „Erde" (entsprechend dem *o. lienalis et stomachi)* nach der Sequenz I der Wandlungsphasen.

Tabellarische Übersicht über die Symptomatik von Krankheiten in den Oo. *pulmonalis et intestini crassi*

Befund	Allgemeine Symptomatik	Zungenkörper und Zungenbelag	Pulse	Beziehungen zu anderen Orbes
Inanitas des *ch'i pulmonale*	*Kurzatmigkeit und asthmatische Zustände, kraftlose Stimme, wächsernes Gesicht, spontane Schweiße.*	*Stets blasser Zungenkörper.*	*minuti, invalidi*	Diese Symptome können durch Defizienz des *ch'i medium* in den Oo. *lienalis et stomachi* ausgelöst worden sein.
Ariditas orbis pulmonalis	*Trockener Husten ohne Auswurf, schmerzhafter Pharynx und Hals, trockener Mund und Nase;* auch Hämoptöe und Stimmverlust.	*Zunge trocken und rauh, auf jeden Fall verminderter Speichel.*	*superficiales, minuti et asperi*	Diese Symptome können durch eine Defizienz des *yin renale* bedingt sein.
Calor orbis pulmonalis	*Husten mit Auswurf dicken gelben, mitunter blutgestreiften Schleims, beschleunigter Atem, Nasenflügelatmung;* Hals gerötet, geschwollen; Stühle trocken und knollig.	*Zungenkörper tiefrot, Zungenbelag gelb und trocken.*	*exundantes et celeri* oder *inanes et celeri*	Diese Symptome können entweder 1. durch üppigen *ardor* in den *Oo. cardialis et hepaticus* oder 2. Schädigung und Defizienz des *yin renale* bedingt sein.
Algor orbis pulmonalis	*Husten mit Auswurf dünnen hellen Schleims, Frösteln an Brust und Rücken;* im Extremfall Atemnot, besonders im Liegen.	*Zungenkörper gedunsen, zart und blaß, Zungenbelag weiß, dünn und schlüpfrig.*	*tardi,* stellenweise *chordales*	Die Symptome sind in der Regel durch eine äußere Kälteheteropathie bedingt, die dünnen Schleim im Innern fixiert.
Das *ch'i pulmonale* entfaltet sich nicht	*Behinderte Atemfunktion, mühsames Atmen mit hochgezogenen Schultern, wenig Schweiß oder kein Schweiß;* im Extremfall Urinverhaltung.	*Weißer Zungenbelag*	*superficiales et intenti aut superficiales et languidi*	
Algor inanitatis orbis intest. crassi	*Bauchschmerzen, Kollern und Glucksen in den Eingeweiden, Durchfall, auch plötzliche Hydrantenstühle, nach lang anhaltender Dysenterie Schleimabsonderung durch den After;* Aftervorfall, kalte Extremitäten; Symptome durch Druck und Wärmeanwendung gebessert	*Zungenkörper blaß, Zungenbelag weiß und schlüpfrig;* auch schlüpfriger, zarter, sehr dünner Zungenbelag.	*mersi et tardi* oder *minuti et asperi*	Diese Symptome können durch *algor inanitatis orbium lienalis et stomachi* bedingt sein.

Befund	Allgemeine Symptomatik	Zungenkörper und Zungenbelag	Pulse	Beziehungen zu anderen Orbes
Calor repletionis orbis intest. crassi	*Stuhlverstopfung, Bauchschmerzen durch Druck verschlechtert; auch Durchfälle, die außergewöhnlich übelriechend sind;* auch Ausscheidung von eitrigem oder blutigem Stuhl.	*Zungenkörper überwiegend tief- oder karminrot, Zungenbelag in der Regel gelb und dick, dabei trocken*	*lubrici et celeri* oder *mersi et repleti*	Die Symptomatik tritt sehr häufig infolge einer Übertragung von *calor et repletio* aus dem *orbis stomachi* auf.

(5) Krankheiten in den Oo. renalis et vesicalis

a) Orbisikonographisches

Orbis renalis und *orbis vesicalis* bilden ein funktionelles Gespann. Es hat seine *perfectio* in den Knochen; seine Öffnungen sind die Öffnungen für Urin und Kot; das ihm entsprechende Sinnesorgan sind die Ohren.

Der *orbis renalis* ist zuständig „für die Potenzierung von Kraft"; er gewährleistet die technischen Fähigkeiten, die Entfaltung gerichteter Emotionen. Er speichert das Struktivpotential und erscheint damit als Fundament der angeborenen Konstitution, ja als Wurzel des Lebens schlechthin [24]).

Wie auch mit seiner Qualifikation durch die Wandlungsphase Wasser unterstrichen wird, ist der *orbis renalis* der Regulator des Säfte- und Wasserhaushalts, der einen wesentlichen Teil des struktiven Energiekreislaufs darstellt. Endlich gehören in den Bereich der *Oo. renalis* und *vesicalis* nicht nur alle Sexual- und Fortpflanzungsfunktionen, sondern vor allem die Gesamtheit von dem, was die westliche Medizin als nervöse bzw. neurologische Funktionen registriert [25]).

b) Pathologisches

Störungen des *orbis renalis* ergeben sich in erster Linie im Zusammenhang mit seiner Speicherfunktion der konstitutionellen Energien, des *yin merum* und des *yang merum* [26]), die eigentlich nicht abfließen dürfen, und deren Schmälerung zu einer konstitutionellen Defizienz führt — herbeigeführt durch lange, schwere Krankheiten, durch abnormen Streß oder durch sexuelle Ausschweifungen.

[24]) Vgl. PORKERT: T. G., S. 120 f.
[25]) Zur rationalen Begründung dieser Zuordnung, vgl. PORKERT: T. G., S. 135.
[26]) Vgl. oben S. 36 f.

Tafel V

Agentien — differentialdiagnostischer Befund

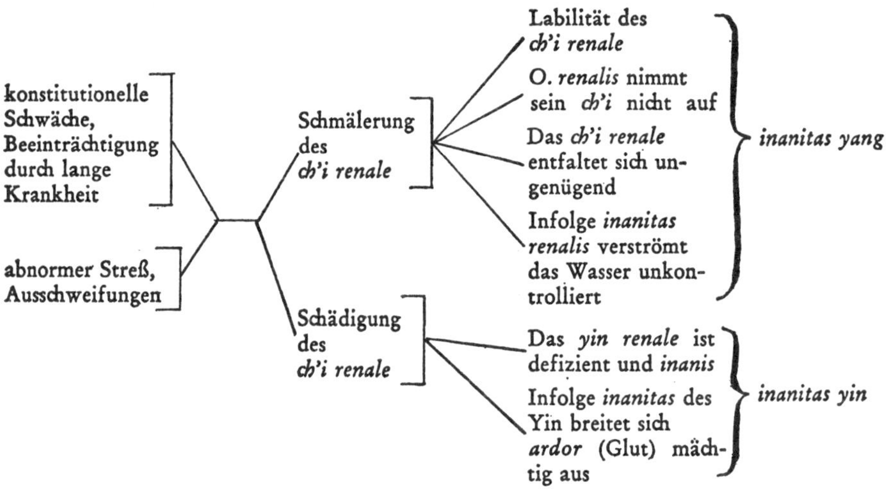

c) Klinische Symptomatik bei Störungen des orbis renalis (et vesicalis)

Sitis diffundens, var. inferior [diabetes mellitus]; Paralysen, Paresen; Aszites; Asthma; Hämaturie; Harngries; Harnverhaltung; Enuresis; Samenverlust, Impotenz; Schmerzen in der Lendengegend etc.

d) Differentialdiagnose

α. *Inanitas-yang*-**Symptome**

1. Labilität des *ch'i renale*

a) Krankheitsmechanismus: Infolge kongenitaler Schwäche des *yang renale,* abnormer Belastung, langwährender Krankheit u. ä. ist das *ch'i renale* geschmälert worden und hat — mehr oder weniger — seine Kraft der Sammlung und Gegensteuerung verloren.

b) Besondere Symptomatik: fahles, bleiches Gesicht; Kraftlosigkeit und Schmerzhaftigkeit der Lenden und des Rückens; verminderte Gehörkraft; fortgesetzter Harndrang bei klarem Urin; im Extremfall Urininkontinenz, nach Miktion Harnträufeln; *ejaculatio praecox;* Zungenkörper blaß, Zungenbelag dünn, weißlich; *pulsus minuti aut invalidi.*

c) Therapie: Konsolidierung und Beherrschung des *ch'i renale.*

2. Der *orbis renalis* nimmt sein *ch'i* nicht auf

a) Krankheitsmechanismus: Ist das *ch'i renale* durch abnormen Streß geschädigt, oder im Verlauf langer Krankheit (relativ) erschöpft worden, dann ist damit auch der Rückfluß in das im *orbis renalis* unterhaltene Potential des *ch'i primum* (des Struktivpotentials) beeinträchtigt. Damit büßt der *orbis renalis* seine Kraft zu sammeln und zu regulieren ein.

b) Besondere Symptomatik: Kurzatmigkeit, Atemnot, durch Bewegung exazerbiert; Reflexhusten mit Schweißausbruch und Enuresis; im Extrem Schleimrasseln, Gesicht diaphan weiß. Zungenbelag dünn, weißlich; *pulsus inanes aut invalidi.*

c) Therapie: Rückführung des *ch'i* in den *orbis renalis.*

3. Das *yang renale* entfaltet sich ungenügend

a) Krankheitsmechanismus: Konstitutionelle Schwäche, Belastung durch chronische Krankheit, unter Umständen auch sexuelle Exzesse führen zu einer Schädigung des *orbis renalis,* so daß die Lebensglut kümmert.

b) Besondere Symptomatik: Gesicht bleich, Schmerzen in den Lenden, Kraftlosigkeit der Beine; Impotenz; Benommenheit, Ohrensausen; kalte Haut; fortgesetzter Urindrang. Zungenkörper: blaß; *pulsus mersi et invalidi.*

c) Therapie: Erwärmung und Ergänzung *(tepefactio et suppletio) yang renalis.*

4. Das Wasser verströmt unkontrolliert infolge von *inanitas renalis*

a) Krankheitsmechanismus: Infolge schwächlicher Anlage und langer Krankheit ist das *yang renale* reduziert und unzureichend, um die Säfte *(= yin)* zu durchwärmen und umzusetzen. So kommt es, daß sie sich als Heteropathien der Wandlungsphase Wasser kontravehent nach oben bewegen oder auch nach außen in das Fleisch überfließen.

b) Besondere Symptomatik: Wässrige Infiltrationen im ganzen Körper, Gedunsenheit, Aszites, besonders in den Beinen; Gewebe nachgiebig wie Schlamm, Bauch gedunsen; Urin spärlich; auch Husten mit Auswurf viel dünnen wäßrigen Schleims; bei Bewegung keuchender Atem; Zungenkörper weißlich; *pulsus mersi et lubrici.*

c) Therapie: Tepefactio (behutsame Erwärmung) des Yang, Umsetzung des Wassers.

β. Inanitas-yin-Symptome

1. Das *yin renale* ist defizient und *inanis*

a) Krankheitsmechanismus: Durch Exzesse in *vino et venere,* durch übermäßige *cogitatio* [nervöser Streß] oder nach schwerer Krankheit ist das *yin merum* geschmälert.

b) Besondere Symptomatik: Körper allgemein geschwächt, Schwindelanfälle, Ohrensausen; schlechter Schlaf, Vergeßlichkeit; Lenden schmerzhaft, Beine schwach; auch Samenverlust; trockener Mund. Zungenkörper tiefrot, Zungenbelag vermindert; *pulsus minuti.*

c) Therapie: Rigatio und Erhaltung des *yin renale.*

2. Infolge von Erschöpfung des Yin *(renale)* breitet sich Glut mächtig aus

a) Krankheitsmechanismus: Zügellosigkeit der Begierden oder eine fiebrige Erkrankung haben die struktive Energie des *orbis renalis* geschmälert und geschädigt, so daß infolge der fehlenden Gegensteuerung die innere Hitze als Glut nach außen dringen kann.

b) Besondere Symptomatik: Hochrote Wangen, scharlachrote Lippen, Hitzewallungen, Schweiße im Schlaf; Schmerzen in Rücken und Lenden; Erschöpfung, Erregung und Schlaflosigkeit; wollüstige Erregungen und Samenverlust im Schlaf; Hals trocken, schmerzhaft; auch Hustenreiz; Urin gelb, Stuhl verstopft. Zungenkörper tiefrot, mit wenig Belag; *pulsus minuti et celeri.*

c) Therapie: Rigatio des Yin, Absenkung der Glut.

γ. Komplexe Symptome

1. *Inanitas renalis cum humo dilabente* [27])

a) Symptome: Diarrhöe mit unverdauten Einschlüssen, kaum zu beherrschender Stuhldrang; gedunsener Bauch, wenig Appetit; Müdigkeit und Frostigkeit; Kraftlosigkeit der Glieder. Zungenkörper blaß, Zungenbelag dünn; *pulsus mersi sive tardi.*

b) Therapie: Ergänzung des Feuers, damit Erde entsteht (mit anderen Worten Energiezufuhr in den O. *cardialis* zur Stützung der Energie des von ihm hervorgebrachten O. *lienalis.)*

2. Das *aqua renalis* schreckt den O. *cardialis* ab

a) Symptome: Palpitationen und Unruhe, Aszites; Völlegefühl in Brust und Unterleib; Husten mit Kurzatmigkeit; horizontale Lage wird nicht ertragen; Zyanose der Lippen und Nägel; Flexuskälte der Extremitäten. Zungenbelag dünn, farblos; *pulsus inanes et celeri.*

b) Therapie: Erwärmung und Umwälzung der wäßrigen Konstellation.

δ. Besondere Symptomatik des *orbis vesicalis*

Als *species* zum *orbis renalis* funktioniert der *orbis vesicalis* in engster Abhängigkeit von diesem, insbesondere bei der Speicherung und Umsetzung der Säfte. Die speziellen Störungen des *orbis vesicalis* bestehen denn im wesentli-

---

[27]) Die Wandlungsphase (*„humus“*) weist auf die Oo. *lienalis et stomachi.*

chen in Unregelmäßigkeiten der Urinausscheidung wie auch in Erschwernis, Verhinderung oder im Gegenteil erhöhter Frequenz, Unbeherrschbarkeit dieser Ausscheidungen.

1. *Algor inanitatis orbis vesicalis*

a) Symptome: Harndrang fortgesetzt oder unbeherrschbar. Enuresis. Zungenkörper blaß, Zungenbelag feucht-glänzend; *pulsus mersi, minuti.*

b) Therapie: Konsolidierung und Sammlung des *ch'i renale.*

2. *Calor repletionis orbis vesicalis*

a) Symptome: Urin spärlich, rötlich, selten abgehend; auch gelber oder trüber Urin; Miktion von Hitzegefühl und Schmerzen im Glied begleitet; im Extremfall Urinverhaltung, eitrige blutige Beimengungen, Harngries. Zungenkörper tiefrot, Zungenbelag gelb; *pulsus celeri.*

b) Therapie: Refrigeratio (Erfrischung, Abkühlung) und *laxatio caloris humidi.*

Tabellarische Übersicht über die Symptomatik der Krankheiten der *Oo. renalis et vesicalis*

Befund	Allgemeine Symptomatik	Zungenkörper und Zungenbelag	Pulse	Beziehungen zu anderen Orbes
Inanitas des *yin renale*	*Samenverlust, Schmerzen in der Lendengegend, Schwäche der Lenden und der Beine;* Potenzstörungen; Ohrenklingen und Taubheit; Drehschwindel und mouches volantes. *Ferner Schweiße während des Schlafs, Husten mit Hämoptöe.*	*Zungenkörper tief- bis karminrot, Belag vermindert.*	*inanes, minuti, dabei celer*	Es bestehen pathologische Abhängigkeiten von den Funktionen der Oo. *hepaticus, cardialis* und *pulmonalis.*
Inanitas des *yang renale*	*Samen kalt und flüssig; Atrophie des Gliedes; Kältegefühl in der Lendengegend und in den Beinen; Rückbildungstendenzen bei Gedunsenheit.* Auch *Morgendurchfälle,* ferner Spannungs- und Völlegefühl im Bauch; *kalte Füße;* Schluckauf und *schwergehender Atem.*	*Zungenkörper gedunsen und zart, Zungenbelag schwarz und feucht.*	*mersi et tardi stets inanes.*	Es besteht eine enge funktionelle Abhängigkeit von den Oo. *pulmonalis lienalis* und *tricalorii.*

Befund	Allgemeine Symptomatik	Zungenkörper und Zungenbelag	Pulse	Beziehungen zu anderen Orbes
Ardor ufert in der *porta fortunae* aus.	*Übersteigerter Tätigkeitsdrang, seichter Schlaf mit viel Träumen; Patient wacht in der Mitte der Nacht mit trockenem Mund auf;* Urin spärlich und rot.	*Zungenkörper tiefrot, Zungenbelag vermindert, Speichel ebenfalls vermindert.*	*mersi et celeri, bei den pedales-Pulsen besonders deutlich*	
Calor repletionis des *O. vesicalis*	*Urin stockend und spärlich, gelb bis rötlich;* auch trüber Urin, dabei *Schmerzen im Glied;* im Extremfall vollkommene Urinverhaltung oder eitrige oder blutige Beimengungen, Harngries.	*Zungenkörper tiefrot, Zungenbelag gelb.*	*In der Regel pulsus mersi et celeri oder pulsus mersi et chordales.*	Die Symptomatik kann durch Übertragung eines *calor humidus* aus dem O. *intest. tenuis* bedingt sein.
Algor inanitatis des O. *vesicalis*	*Häufiger Miktionsdrang, wenig klarer Urin, auch kalter Urin;* auch Urinverhaltung begleitet von Gedunsenheit, dunkler bis schwärzlicher Gesichtsfarbe oder im Gegenteil *Urininkontinenz, Enuresis.*	*In der Regel ist der Zungenkörper blaß, der Zungenbelag sehr feucht.*	*Die Regel sind pulsus mersi et minuti, wobei die Schwäche an den pedales-Pulsen besonders deutlich ist.*	Dieses Bild ist sehr häufig bedingt durch eine Defizienz des *yang renale* oder durch ein sich ungenügend entfaltendes *ch'i pulmonale* oder eine *inanitas pulmonalis.*

2. DIE PATHOLOGIE DER LEITBAHNEN: algor laedens-ERKRANKUNGEN (shang-han)

Krankheitsbilder unter Bezug auf das System der Leitbahnen (= Sinarterien, *ching-mo)* zu beschreiben, ist bei einer Vielzahl häufiger Krankheiten — eben den *algor-laedens*-Erkrankungen — das klinisch übersichtlichste und zweckmäßigste Verfahren — weshalb es sich in China stets neben der umfassenderen *morbi-varii*-Systematik behaupten konnte und in Japan gar bis heute als das dominante, oft einzig angewandte etablieren konnte.

Die Pathologie der Leitbahnen geht auf das *Shang-han Lun* („Die Abhandlungen über *algor laedens*") des CHANG CHUNG-CHING im 2. Jahrhundert unserer Zeitrechnung zurück und ist mithin gleichaltrig mit der *morbi-varii*-Systematik der „Inneren Medizin". CHUNG-CHING hatte, anknüpfend an das Kapitel 31 des Inneren Klassikers *(Tractatus de calore, joh-lun)*, dem dort vorgeschlagenen Schema zur systematischen Beschreibung des Verlaufs bestimmter *fiebriger* Erkrankungen eine erweiterte und grundsätzliche theoretische Bedeutung beigelegt, wobei seine Qualifikation der Normwerte *yang maior, splendor yang, yang minor, yin maior, yin flecteus, yin minor* deutlich von jenen abweichen, die anderenorts im Innern Klassiker — und in dessen Gefolge in der gesamten „klassischen" Medizintheorie die gültigen waren [28]). In Kenntnis der historischen und empirischen Daten braucht sich für uns aus solchen Abweichungen aber keinerlei praktische Schwierigkeit bei der Anwendung der einen oder anderen Konvention zu ergeben. Der Praktiker mag aus der Lage des Falls und seinen therapeutischen Gewohnheiten entscheiden, ob er der einen oder der anderen Qualifikation den Vorzug geben will, nicht viel anders als heute in angelsächsischen Ländern Hersteller technischer Produkte sich überlegen können, ob sie ihren Konstruktionszeichnungen eine Zollnorm oder die metrische Norm zugrundelegen wollen.

Die Pathologie der Leitbahnen hat nur Krankheiten zum Gegenstand, von denen man annehmen kann, daß sie primär über die Leitbahnen, also von außen auf das Individuum einwirken; kurzum, sie beschränkt sich auf außeninduzierte Heteropathien, auf Störungen bedingt durch einen oder mehrere klimatische Exzesse [29]). Und unter diesen klimatischen Exzessen wird den Kälteheteropathien („schädigender Kälte, *shang-han, algor laedens*") eine hervorgehobene Bedeutung beigemessen.

Die Anwendung der Leitbahnen-Konvention führt zusätzlich zum orbisikonographischen Schema zu weiteren Möglichkeiten der abgestuften Qualifikation von Befunden. Und zwar kann man zunächst — und unabhängig von der klassischen Formel [30]) — unterscheiden zwischen „in der Leitbahn" und „im Orbis", um eine Zunahme oder Abnahme der Heteropathie zu konstatieren; sodann steht für das gleiche Ziel die Skala der sechs aus der Sinarteriologie geläufigen [31]) Konventionalwerte zur Verfügung, die in einer einzigen, eindeutig festgelegten zyklischen Abfolge direkt oder konvers angeordnet werden.

Eine Bewegung der Symptomatik gegen den Uhrzeigersinn läßt auf ein Vordringen der Heteropathie, mithin auf eine Verschlimmerung der Krankheit, eine Bewegung der Symptomatik im Uhrzeigersinn auf ein Weichen der Heteropathie, mithin auf eine Genesungstendenz schließen (Abb. 5).

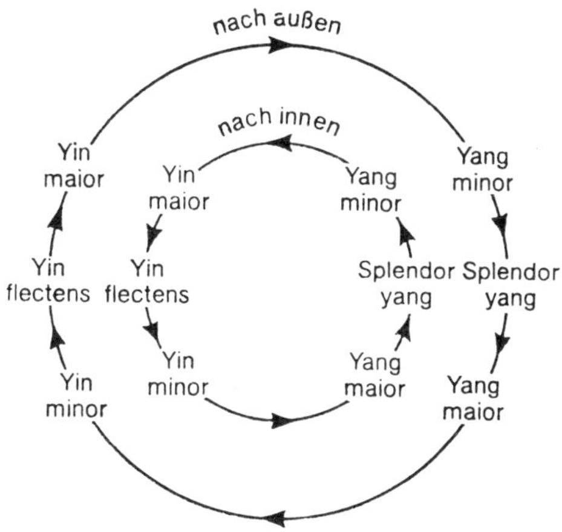

Abb. 5

[28]) Vgl. PORKERT: T. G., S. 31—39 sowie oben die Seiten *species et intima* betreffend.
[29]) Vgl. oben S. 54 f.
[30]) Vgl. Seite 39 oben.
[31]) Vgl. PORKERT: T. G., S. 31—39 und S. 150 ff.

Nachdem jeder der sechs hier aufgeführten Konventionalwerte stets zwei Orbes abdecken muß, bedeutet die folgende sinarteriologische Zuordnung ein drittes, von den Qualitäten der Wandlungsphasen und der Orbisikonographie unabhängiges Qualifikationsschema, mit dem weitere empirische Daten abgedeckt werden können, also:

Sinarterien			
Yang maioris	*intestini tenuis*	*vesicalis*	Oo. *aulici*
Splendoris yang	*intestini crassi*	*stomachi*	
Yang minoris	*tricalorii*	*felleus*	
Yin maioris	*pulmonalis*	*lienalis*	Oo. *horreales*
Yin minoris	*cardialis*	*renalis*	
Yin flectentis	*pericardialis*	*hepaticus*	

Zur vergleichenden Qualifikation der sechs Yin/Yang-Qualitäten durch die (acht) Leitkriterien[32]) wäre noch allgemein anzumerken, daß die Krankheiten der 3 Yang überwiegend mit *repletio*- und *calor*-Symptomen einhergehen, die Erkrankungen der 3 Yin überwiegend mit *inanitas* und *algor*. Folglich wird bei der Therapie der Yang-Krankheiten der Hauptakzent auf der Beseitigung der Heteropathie, bei der Therapie der Yin-Krankheiten hingegen auf der Stützung der Orthopathie zu liegen haben.

(1) Krankheiten des yang maior (t'ai-yang)

1. Pathologie, Krankheitsmechanismus

Die *cardinales yang maioris* binden direkt an die Oo. *intest. tenuis* und *vesicalis,* indirekt an deren *intimae,* die Oo. *cardialis et renalis* an. Daraus ergeben sich aufgrund der orbisikonographischen Daten ausdrückliche Beziehungen zur Regulation des Säftehaushalts, der Scheidung von klaren und trüben (flüssigen und festen) Energien (und Ausscheidungen), der Erzeugung *(orbis cardialis)* und Dämpfung *(orbis renalis)* von Hitze[33]).

Die *cardinales yang maioris* laufen über Stirn und Scheitel, berühren den Nacken und die Schultern. Im System der *algor-laedens-Pathologie* gelten sie als äußerste *species* und als determinierend für das harmonische Zusammenspiel aller Bau- und Wehrenergien *(ying* und *wei, ch'i constructivum et ch'i defensivum)* des Individuums; dies aus der Überlegung, daß jeder von außen kommende Insult durch eine Heteropathie zuerst auf die Wehrenergie an der Körperoberfläche, sodann auf die in den Hauptleitbahnen *(cardinales, ching)* und Netzbahnen *(reticulares, luo)* zirkulierende Bauenergie trifft, wodurch das Wechselspiel dieser Energien mehr oder minder stark beeinträchtigt wird. Bei

[32]) Vgl. oben S. 34 ff.
[33]) Vgl. die Falttafel, S. 32 bzw. das Ikonogramm des *o. renalis* in PORKERT: T. G.

einer *vento percussio (chung-feng)* z. B. werden daher zunächst die oben genannten Körperteile äußerlich betroffen — als Affektion der Leitbahnen. Findet in dieser Phase keine wirksame Behandlung statt, so dringt die Heteropathie auch in die Oo. *aulici,* mithin die Oo. *intest. tenuis et vesicalis* (: Miktionsstörungen, Härte, Spannungsgefühl im Abdomen). Findet noch immer keine wirksame (oder im Gegenteil eine falsche) Behandlung statt, so dringt die Heteropathie schließlich in die Oo. *horreales,* also die Oo. *cardialis et renalis.* (Symptome: siehe unten).

2. Klinische Manifestation

Treffen *ventus-* oder *algor-*Heteropathien auf die für die gesamte Außenseite *(= species)* in besonders direkter Weise zuständigen *yang-maior-*Leitbahnen, so sind Fieber, Schüttelfrost, Kopfschmerz, Nackensteife, *pulsus superficiales* die charakteristischen Zeichen einer *„yang-maior-*Erkrankung".

a) Cardinalis-Symptome (weitere)

Je nach Konstitution des Patienten resultieren aus den *ventus-* und *algor-*Exzessen zwei deutlich unterscheidbare Symptomenbilder, nämlich *vento percussio (chung-feng) (cardinalis yang maioris)* oder *algor laedens (shang-han) (cardinalem yang maioris).*

1. *Vento percussio cardinalis yang maioris*

Schmerzen in Kopf und Nacken, Nackensteife; Fieber; Empfindlichkeit gegen Luftzug; spontane Schweißausbrüche [34]); geräuschvolles Atmen durch die Nase; leeres Aufstoßen und Würgen. *Pulsus superficiales aut languidi.* (Der spontanen Schweiße und der *Pp. superficiales et languidi* wegen spricht man von *inanitas speciei.* Es ist jedoch zu vermerken, daß diese Bezeichnung nicht der klassischen — oben auf Seite 39 f. beschriebenen Konvention entspricht.)

2. *Algor laedens cardinalem yang maioris*

Starke Schmerzen in Kopf und Nacken; Fieber, Schüttelfrost, Schweißlosigkeit; Keuchen, Würgen, Brechreiz; diffuse Schmerzen im ganzen Körper, insbes. in den Gelenken. *Pp. superficiales et intenti.* (Der Schweißlosigkeit [35]) und der *Pp. superficiales et intenti* wegen spricht man von *repletio speciei.)*

---

[34]) *Ventus* (Wind) ist eine Yang-Heteropathie, die ihrer Natur nach öffnet, zerteilt, ableitet — also auch Schweiß provoziert.

[35]) *Algor,* Kälte, ist eine Yin-Heteropathie, die eine kontraktive, verschließende Tendenz bedingt und mithin auch die Absonderung von Schweiß hemmt oder verhindert.

b) Orbis aulicus-Symptome

Je nachdem, ob die Heteropathie sich mehr im Bereich der aktiven *(ch'i-fen)* oder struktiven *(hsüeh-fen)* Energie ausbreitet, sind zwei deutlich verschiedene Gruppen von Symptomen zu beobachten, nämlich

1. *Retentio aquae*

Die sich im Bereich der aktiven Energie auswirkende Heteropathie bedingt Fieber, Schweiß, heftigen Durst mit Verlangen nach Wasser, das sogleich erbrochen wird, spärlichen Urin, gespanntes Abdomen, *Pp. superficiales et celeri;*

2. *Retentio hsüeh*

Die sich im Bereich der struktiven Energie *(hsüeh)* auswirkende Heteropathie bedingt heftiges Reißen im Unterleib, harten Unterleib, Irrsinn, häufige Miktionen mit reichlichem Urin, schwarze, klebrige, lackartige Stühle.

c) Komplexe Symptome

Solche treten in der Regel infolge konstitutioneller Belastungen oder nach Fehlbehandlungen auf. Z. B. kann eine asthmatische Disposition bei *vento percussio cardinalis yang maioris* wieder aufflammen; ähnliches gilt für die Neigung zu Hitzewallungen bzw. innerer Hitze, die durch einen *algor laedens* mit aktiviert wird.

3. Therapie

Bei Affektionen *cardinalium yang maioris:* Öffnung der *species, sudatio* unter Verwendung einer scharfen, behutsam wärmenden Rezeptur; bei *retentio aquae* in *orbe aulico:* Umwandlung des *ch'i,* Bewegung des Wassers; bei *retentio hsüeh:* Zerschlagung der Stauung.

(2) Krankheiten des splendor yang (yang-ming)

1. Pathologie, Krankheitsmechanismus

Die *cardinales splendoris yang* binden direkt an die Oo. *stomachi et intest. crassi,* indirekt an deren *intimae,* die Oo. *lienalis et pulmonalis* an. Daraus ergeben sich aufgrund der orbisikonographischen Daten deutliche Beziehungen zur Assimilation der Nahrung, zur Harmonisierung des Energieaustauschs zwischen allen Orbes, zur Rhythmisierung aller Orbesfunktionen.

Kennzeichnend für eine Affektion des *splendor yang* ist daher, daß die zur Wandlungsphase Erde essentiell gehörende Feuchtigkeit bedroht oder vernichtet wird: *Fieber mit Schweißen, Durst, pulsus exundantes* sind daher für eine in den Leitbahnen wirkende Heteropathie, Stuhlverstopfung infolge Eintrocknen des Stuhls, Hitzewallungen, spärlicher Urin, wirre Reden, *pulsus mersi et repleti,* für in den Orbes wirkende Heteropathien typisch.

2. Klinische Manifestationen

a) *Cardinalis*-Symptome

Hohes Fieber, kein Schüttelfrost, sondern Hitzebeklemmung, Verlangen nach Kühlung, profuse Schweiße, großer Durst; Zungenbelag gelb und trocken, *pulsus exundantes.*

b) *Orbis aulicus*-**Symptome**

Periodisch steigendes und fallendes Fieber, wirre Reden, Stuhlverstopfung, Abdomen gespannt und schmerzhaft; Schwitzen bringt subjektive Besserung; *pulsus mersi et repleti;* im Extremfall ziellos umhertastende Hände, flaches keuchendes Atmen, starrer Blick.

c) **Komplexe Symptome**

Wenn zur ungelinderten Hitzestauung einer *splendor-yang*-Erkrankung eine feuchte Hitzeheteropathie kommt, so kann die Harmonie des Energieflusses in solchem Maß gestört werden, daß der Gallensaft in das Fleisch (= die *perfectio* des *orbis lienalis)* diffundiert und ein Ikterus auftritt (= Übergang in das *yang-minor*-Stadium). Bei zunehmendem Verfall der Orthopathie ist schließlich auch ein direkter Übergang in das *yin-maior*-Stadium möglich, wobei die *calor-* und *repletio*-Symptome *algor-* und *inanitas*-Symptomen weichen.

3. Therapie

Zur Heilung der *cardinalis*-Symptome: *refrigeratio* durch scharfe und kalte oder bittere und kalte, die innere Hitze lösende Rezeptur;
zur Heilung der *orbis*-Symptome: Purgieren mit bitteren, kalten, abführenden Mitteln; bei spezieller Anschoppung des *orbis lienalis:* befeuchtende, abführende, sanft öffnende Mittel; bei Ikterus: *Refrigeratio caloris,* Laxation des *orbis felleus,* Kanalisierung der Feuchtigkeit.

(3) Krankheiten des y a n g m i n o r (s h a o - y a n g)

1. Pathologie, Krankheitsmechanismus

Die *cardinales yang minoris* binden direkt an die Oo. *felleus und tricalorii* an und stehen über *reticulares* mit deren *intimae,* den Oo. *hepaticus* und *pericardialis* in Verbindung; sie haben also unmittelbare Bedeutung für die aktive Steuerung und den Antrieb des Säftekreislaufs, die Bereitstellung von (struktiven) Energien, die Kommunikation zwischen Unten und Oben. Pathologisch zeigen die Störungen des *yang minor* eine Ambivalenz und Zweideutigkeit: die Symptome erscheinen als Zeichen teils von *species*-, teils von *intima*-Störungen, halten sich aber genaugenommen in der Mitte: sie sind weder *species*- noch *intima*-Symptome. Sie treten als Folge einer in den *yang-minor*-Leitbahnen sich ausbildenden oder in sie aus anderen Leitbahnen übertragenen Heteropathie auf. Man erkennt daher dem *yang minor* eine „Angelfunktion" [36]) zu, denn die hier beobachteten Störungen können sich gleichermaßen leicht nach außen oder nach innen fortsetzen. Sie treten auf, entweder im Gefolge einer Fehltherapie irgendeiner *yang*-Krankheit, oder aber wenn eine *algor-venti*-Heteropathie direkt bis in den *yang-minor*-Bereich vorstoßen konnte.

2. Klinische Manifestationen

a) Reine *yang-minor*-Symptome

Bitterer Mundgeschmack, trockener Hals, Schwindel, Wechsel von Hitze und Frösteln, Beklemmung, Spannung in Brust und Rippen; lust- und appetitlos, unruhig, durch Aufstoßen werden die Symptome gebessert; *pulsus chordales aut minuti.*

b) Kombinierte Symptome

1. *Yang minor* mit *yang maior*

Fieber, leichte Frostschauder, Schmerzen und Spannung in den Gelenken, leises Aufstoßen, Verkrampfung in der Herzgegend.

2. *Yang minor* mit *splendor yang*

Quälendes Völlegefühl in Brust- und Rippengegend, Würgen; periodisches Fieber in der Abenddämmerung; auch Stuhlverstopfung.

3. *Yang minor* mit *yang maior* und *splendor yang*

Heißer Körper, fürchtet Zugluft; steifer Nacken und Hals, Völlegefühl in den Rippenbögen; warme Extremitäten, Durst.

3. Therapie

Bei Erkrankungen des *yang minor* muß der therapeutische Akzent stets auf der Herstellung eines harmonischen Energieflusses zwischen *species* und *intima* liegen, und die Verwendung schweißtreibender, abführender Rezepturen und Brechmittel ist zu unterlassen. Denn nachdem die Heteropathie einer *yang*-

---

[36]) *Wei-shu*, vgl. PORKERT: T. G., S. 33.

minor-Erkrankung nicht in der *species* sitzt, werden durch Schwitzen die orthopathischen Säfte vermindert, und die Heteropathie kann nach innen dringen. Aber die Heteropathie ist auch nicht in der *intima,* so daß durch irrtümliches Purgieren die struktive Energie geschädigt wird. Als Folge einer solchen Schädigung kommt die Glut in Bewegung und die Gefahr eines Terrorsyndroms entsteht. Die Verabreichung eines Emeticums schließlich ist kontraindiziert, weil in Brustraum und Magen keine heteropathische *repletio* vorhanden ist, weshalb mit solchen Mitteln nur das orthopathische *yang* vermindert würde und Palpitationen und ähnliche Störungen die Folge sein könnten. Soweit — wie dargelegt — die *yang-minor*-Erkrankung mit anderen Symptomen einhergeht, wird man auf der Basis der Harmonisierung des Energieflusses je nach Diagnose die *species* öffnende oder die *intima* angreifende Mittel verabreichen.

(4) Krankheiten des yin maior (t'ai-yin)

1. Pathologie, Krankheitsmechanismus

Die *cardinales yin maioris* binden direkt an die Oo. *pulmonalis* und *lienalis* an und stehen indirekt über die entsprechenden *Reticulares* mit den Oo. *intest. crassi* und *stomachi* in Beziehung. Unter den Oo. *horreales* ist der *orbis lienalis* (Wandlungsphase Erde) für die Dynamisierung der aus der Nahrung gewonnenen Energien (er läßt sie „emporsteigen"), der *orbis pulmonalis* für die rhythmische Dämpfung, Moderation aller Energien (der bewirkt, daß „sie sich niederschlagen") zuständig. Die beiden Orbes spielen also bei allen Prozessen der Energieumsetzung die entscheidende Rolle. Bei Störungen des *yin maior* kann eine im Innern wirkende *humor-algidus*-Heteropathie ebenso zu einer Schädigung des *yang lienale* führen, wie eine nur die *cardinales lienales* affizierende *algor*-Heteropathie Regulationsstörungen hervorruft, von denen schließlich auch die Oo. *stomachi et intest. crassi* erfaßt werden — und damit die gesamte Verdauung.

2. Klinische Manifestationen

Ist der *orbis lienalis inanis* und eine *humor*-Heteropathie mächtig, so beobachtet man: auffallend warme Hände und Füße bei normaler Körpertemperatur; Völlegefühl mit Erbrechen, Verdauungsstillstand, Durchfall; Durstlosigkeit; *pulsus languidi et lenes.*
[Man beachte den Unterschied dieser Verdauungsstörungen gegenüber jenen des *splendor yang:* hier *inanitas (lienalis),* dort *repletio (stomachi)* usw.[37]).]

3. Therapie

Zur Kompensation der *inanitas* und Kälte müssen behutsam wärmende und ergänzende Anwendungen im Vordergrund stehen. Sofern neben der *yin*-

[37]) Vgl. S. 93 oben.

maior-Affektion gleichzeitig andere Heteropathien diagnostiziert werden, ist je nach Diagnose zusätzlich entweder eine die *species* öffnende oder die *intima* ordnende Rezeptur angezeigt.

(5) Krankheiten des yin flectens (chüeh-yin)

1. Pathologie, Krankheitsmechanismus

Die *cardinales yin flectentis* binden direkt an die *Oo. hepaticus* und *pericardialis* an und haben über die *reticulares* zu den *Oo. felleus et tricalorii* Kontakt. Damit ist ihre hervorgehobene Rolle bei der Regulierung der quantitativen Energieverteilung, insbesondere bei der Steuerung der struktiven Energien angedeutet. Störungen der *cardinales yin flectentis* äußern sich denn auch in erster Linie als Regulationsstörungen von Hitze und Kälte, von aktiver und struktiver Energie, als *flexus* oder *contravectiones.*

Wenn beim Gesunden das *ignis ministri orbis pericardialis* nach unten wirkt, vermag die struktive Energie des *orbis renalis* („die *aqua renalis*") das Energiepotential des *orbis hepaticus* („*lignum hepaticum*") gefüllt zu erhalten, so daß die Ausgleichsfunktion [38]) des *orbis hepaticus* gewährleistet ist. In diesem Fall herrscht ein ausgewogenes Verhältnis zwischen *ignis* und *aqua,* also aktiven und struktiven Energien.

Indem unter pathologischen Bedingungen eine Heteropathie in die *cardinales* oder gar in die *orbes yin flectentis* vordringt, wird diese Regulation des *orbis hepaticus* gestört und das *ignis ministri* des *orbis pericardialis* lodert empor, dabei oben *calor,* d. h. Fieberhitze erzeugend, unten *algor,* d. h. Kälte zurücklassend. Wenn bei solchem Antagonismus Yang gegenüber dem Yin obsiegt, *(vincit)* bzw. das Yang *vigens,* das Yin *dilabens* ist, dann scheinen sich *flexus* [39]) und *calor* die Waage zu halten oder man konstatiert mehr *calor*- als *algor*-Zeichen. Ist hingegen das Yang *dilabens,* das Yin *vigens* oder führt die *reversio* [40]) das Yang zu Redundanz, dann konstatiert man entweder viel *calor*- und wenig *algor*-Zeichen oder eine Rückkehr *(reversio)* der Kälte, ohne daß die Hitze eliminiert wäre: man nennt dies eine *victoria/reversio*-Situation bei *flexus* und *calor.*

Ist die Heteropathie in die Orbes gedrungen, so ist die Harmonie von *ch'i* und *hsüeh* (also von individualspezifisch aktiver und struktiver Energie) bereits gestört, und es treten alle Arten von Flexus und Kontravektionen auf. Etwa bei *yin vigens* und *yang evanescens* ein sogenannter *flexus algidus;* bei tiefeingedrungener Hitzeheteropathie ein *flexus calidus;* bei *algor inanitatis* im *orbis stomachi* und daraus resultierendem Spulwurmbefall ein *flexus ascaridis;* bei *vigor algoris yin in orbe* und korrespondierendem *yang dilabens* ein *flexus orbis.* Als Varianten eines Flexus gelten auch noch die Stauung von

---

[38]) Der *o. hepaticus* = *mare hsüeh,* vgl. PORKERT: T. G., S. 101.
[39]) Also die durch das Zurückweichen des Yin bedingten *algor*-Symptome.
[40]) Dieser in PORKERT: T. G., S. 85 f. erklärte Terminus wird hier auf das mikrokosmische Geschehen bezogen.

Wasser in der Leibesmitte, eine sich nicht (genügend weit) ausbreitende aktive Energie, oder auch die Ansammlung von Schleim oberhalb des Zwerchfells. Als Zeichen energetischer Kontravektion versteht man hingegen Erbrechen, Durchfall u. ä., die durch *algor inanitatis* in den Oo. *lienalis et stomachi* bedingt sind.

2. Klinische Manifestationen

a) Symptome von *calor* oben, *algor* unten
(Diese Symptome sind oft die Folge einer Fehltherapie)

Sitis diffundens [Diabetes], Herzattacken, Hitze und Schmerzen der Herzgegend; Hunger bei Appetitlosigkeit, Speisen werden sofort erbrochen; fortgesetzte Diarrhöe.

b) Symptome von *victoria* und *reversio* von *flexus* und *calor*

Die Extremitäten sind bald kalt, bald fiebrig heiß; (aus der relativen Dauer jeder Phase sind Rückschlüsse auf die Tendenz der Krankheit möglich).

c) Symptome von Flexus und Kontravektion

Kalte, auch schmerzhafte Extremitäten; Schweiß; anhaltendes Fieber, innere Spannung; Diarrhöe mit Schüttelfrost; Erbrechen soeben genossener Speisen, auch Erbrechen von Würmern; Palpitationen; im Fall von Schleim-Flexus: *pulsus intenti.*

d) Symptomatik bei Diarrhöe und Erbrechen

1. *Calor-humidus*-**Diarrhöe**

Heftige Diarrhöe.

2. *Calor-repletionis*-**Diarrhöe**

Unverdaute Speisen stocken in den Eingeweiden und verhindern die Diarrhöe lange Zeit; statt dessen wirre Reden des Kranken.

3. *Algor-inanitatis*-**Diarrhöe**

Die die Nahrung umsetzende aktive Energie ist zu schwach; es geht unverdaute Nahrung mit der Diarrhöe ab.

3. Therapie

Wegen der Vielfalt der *yin-flectens*-Krankheitsbilder ist die Differentialdiagnose besonders wichtig. An allgemeinen Empfehlungen läßt sich nur die geben, daß *calor* durch Erfrischung *(refrigeratio)* und Purgieren, *algor* durch vorsichtige Erwärmung *(tepefactio)* und Ergänzung *(suppletio)* anzugehen sind.

(6) Krankheiten des yin minor (shao-yin)

1. Pathologie, Krankheitsmechanismus

Die *cardinalis yin minoris* bindet direkt an die Oo. *cardialis* und *renalis* und stehen über die *reticulares* mit deren *intimae*, den Oo. *intest. tenuis et vescialis* in Beziehung. Die *cardinales yin minoris* bilden somit als Beherrscher der Achse der Aktualität von aktiver und struktiver Energie [41]) den Angelpunkt *(cardo, shu* [42]) der drei Yin(-Leitbahnen). Mithin hängt von ihnen die aktive wie struktive Gesamtdarstellung und Entfaltung der Persönlichkeit — das subjektive Wohlbefinden, Zufriedenheit ebenso wie die objektive Präsenz, Geistesgegenwart, Einsatzfreudigkeit, Willenskraft ab.

Wenn unter dem Einfluß einer Heteropathie die Energie der *Oo. cardialis* und *renalis inanis* und *dilabens* wird, so daß der Einfluß der beiden nicht mehr die ganze Individualität harmonisch durchdringt, kommt es allgemein zu Defizienzen der aktiven und struktiven individualspezifischen Energien, ersteres durch einen *evanescens*-Puls, letzteres durch einen *minutus*-Puls angezeigt. Die gleiche Defizienz ist für das große Schlafbedürfnis und die allgemeine Müdigkeit verantwortlich. Es kann auch vorkommen, daß eine Heteropathie im Kontakt mit der *aqua renalis* [43]) in den klimatischen Exzeß von *algor* umschlägt und daß dieser *algor* die verfügbare aktive Energie (Yang) nach außen drängt, so daß unechte *calor*-Symptome [44]) wie Hitzewallungen mit rotem Gesicht, Unruhe etc. beobachtet werden können. (Man nennt dieses Syndrom das Yang-Mützen-Syndrom *(tai-yang)*, weil gewissermaßen nur die äußerste und oberste Bedeckung des Individuums davon berührt ist.)

Das Gegenstück zur vorgenannten Entwicklung ist die Heteropathie, die im Kontakt mit dem *ignis cardialis* sich in einen *calor*-Exzeß wandelt und die struktiven Energien angreift und schmälert; Nervosität, Schlaflosigkeit, Halsschmerzen, tiefrote Zunge, *pp. minuti* zeigen dies an.

2. Klinische Manifestationen

Die Erkrankungen des *yin minor* bilden die letzte Stufe in dem Zyklus der sechs Leitbahn-Pathologien; ihnen entsprechen die schwersten, bedrohlichsten Krankheitssymptome und Stadien überhaupt. Stets ist hier die Orthopathie, mithin die körpereigene Abwehr- und Regulationsfähigkeit deutlich vermindert. Oft ist der Patient somnolent oder komatös, mit *pp. evanescentes* oder *minuti*, bei Übergang in eine Kälteheteropathie mit Frösteln ohne Fieber, Unruhe, Herzklopfen; Erbrechen, bei Durst Verlangen nach kleinen Mengen hei-

---

[41]) Der *o. cardialis*, entsprechend der Wandlungsphase Feuer, entspricht der aktuellen Aktivität, der *o. renalis*, entsprechend der Wandlungsphase Wasser, entspricht der aktuellen Struktivität.

[42]) Vgl. PORKERT: T. G., S. 32—35.

[43]) D. h. der dem *o. renalis* zugeordneten Energieformen, insbes. des Struktivpotentials.

[44]) Vgl. oben S. 45 f.

ßer Getränke; mit hellem, reichlichem Urin, kalten Händen und Füßen; er nimmt eine zusammengekrümmte Lage ein; bei Übergang in eine Hitzeheteropathie zeigt er Fieber, ein rotes Gesicht, er wirft sich unruhig umher, hat Durchfall und Durst.

Die *yin-minor*-Krankheiten können — wegen ihrer Angelpunkt-Qualität — praktisch in jedes der anderen Krankheitsbilder übergehen oder mit ihm gemeinsam auftreten.

3. Therapie

Im Vordergrund steht die Stützung des Yang und die Nutrition des Yin, ersteres im Fall einer *algor*-Heteropathie, letzteres im Fall einer *calor*-Heteropathie. Die Stützung des Yang erfolgt durch behutsame Erwärmung und Zuführung von Energie *(tepefactio et suppletio),* die Nutrition des Yin erfolgt durch *refrigeratio* (d. h. durch Erfrischung, Abkühlung) *caloris.* Im Fall des Yang-Mützen-Syndroms sind zusätzlich Mittel, die den Energieaustausch zwischen oben und unten fördern, notwendig.

Wenn eine *yin-minor*-Erkrankung in die *species* (= Leitbahnen) übergreift, können Mittel zur behutsamen Erwärmung der Leitbahnen sowie schweißtreibende Mittel mit Vorsicht eingesetzt werden; ebenso können bei *calor repletionis* in der *intima* Purgativa, die die struktive Energie erhalten, angezeigt sein. Stets halte man sich aber gegenwärtig, daß die größte Gefahr bei *yinminoris*-Erkrankungen in der Schädigung, ja dem Totalverlust des Yang (der aktiven Energien der *Oo. renalis et cardialis)* besteht — mit unvermeidlich infaustem Ausgang. Mithin muß hier diagnostisch wie therapeutisch stets die größte Aufmerksamkeit der Stützung und Erhaltung des Yang gelten.

3. DIE PATHOLOGIE DER ENERGIEFORMEN: morbi temperati (wen-ping)

Die Lehre von den *morbi temperati (wen-ping,* „Wärmekrankheiten") hat im Unterschied zu den *algor-laedens*-Erkrankungen, bei denen man annimmt, daß sie durch eine Kälteheteropathie induziert werden, die über Haut und Leitbahnen in den Körper dringt, Krankheitsbilder zum Gegenstand, bei welchen man unterstellt, daß sie durch eine Wärmeheteropathie ausgelöst werden, die in der Regel auf dem Weg der Atmungs- und Verdauungskanäle in den Körper gelangt ist. *Morbi-temperati*-Heteropathien sind also gewöhnlich infektiöse Gifte, die dann, wenn klimatische Exzesse die Orthopathie schwächen, zunächst im Bereich der Energien krankhafte Veränderungen bewirken.

Zur richtigen Würdigung dieser Theorie sei daran erinnert, daß die in der chinesischen Medizin gebräuchlichen energetischen Begriffe weder das Produkt vorwiegend theoretisch abstrakter Spekulationen, noch eine mit ständiger Referenz auf physisches Substrat gebildete Terminologie darstellen, sondern vielmehr eine durch technische Konvention fixierte Palette von Bezeichnungen, die überwiegend in medizinisch-praktischer Absicht aus der direkten Beobachtung funktionalen Geschehens abgeleitet wurden [45]).

Die Lehre von den *morbi temperati* ist verhältnismäßig jungen Datums; sie hat erst durch den Arzt YEH T'IEN-SHIH (1666—1745) ihre gültige Formulierung erhalten.

Ihr zufolge affizieren *morbi temperati* als erstes den O. *pulmonalis*, von wo sie kontravehent an den O. *pericardialis* weitergegeben werden. Der O. *pulmonalis* regelt (die Bewegung) des *ch'i* (d. h. der aktiven individualspezifischen Energie) und hängt zusammen mit der Wehrenergie *(wei, ch'i defensivum)*; der *orbis cardialis* — in engem Kontakt mit dem *orbis pericardialis* — regelt die Bewegung des *hsüeh* (d. h. der individualspezifisch struktiven Energie einschl. des Bluts) und hängt zusammen mit der Bauenergie *(ying, ch'i constructivum)* [46]). *Wei* (Wehrenergie) und *ch'i* (individualspezifisch aktive Energie) sind aktive (Yang Energien, *ying* (Bauenergie) und *hsüeh* (individualspezifisch struktive Energie) sind struktive (Yin) Energien; *wei* und *ying* werden der *species*, d. h. der Körperoberfläche und den Leitbahnen, *ch'i* und *hsüeh* der *intima*, d. h. den *Orbes (aulici et) horreales* zugeordnet.

Des weiteren wird in der *morbi-temperati*-Theorie das Postulat des *tricaloriums* [47]) *(san-chiao)* im starken Sinne von drei deutlich unterschiedenen „Wärmebereichen" *(caloria)* neu interpretiert.

(1) Die Wehrenergie (w e i, c h ' i d e f e n s i v u m)

Als Wehrenergie bezeichnet man jene aktive Energie, die sich frei außerhalb der Leitbahnen bewegt, dem Fleisch seine Wärme, der Haut ihren Funktionstonus gibt und die mithin für das Öffnen und Schließen der Poren und alle anderen Reaktionen zuständig ist, mit denen dieses Tegment äußeren Reizen und Einflüssen zu begegnen sucht. (Die Haut entspricht zugleich der *perfectio* des *orbis pulmonalis)*. Kurzum, die Wehrenergie kann energetisch als äußerste Verteidigungslinie der Individualität verstanden werden.

Trifft die Noxe eines *morbus temperatus* auf die Wehrenergie, so werden beobachtet: Fieber, leichte Frostschauder, Kopfschmerz, Husten, etwas Durst, wenig oder kein Schweiß, dünner weißlicher Zungenbelag auf tiefrotem Zungenkörper; *pulsus superficiales et celeri.*

(2) Die individualspezifische aktive Energie (c h ' i)

Das *ch'i* entspricht dem aktiven Aspekt *aller* Energien, die die Lebensfunktionen eines bestimmten Individuums ausmachen, konstituieren [48]). Eine Affektion des *ch'i* impliziert also eine tiefere und weiterreichende Störung als die

---

[45]) Eine ausführliche Darstellung der medizinischen Energetik findet sich in PORKERT: T. G., S. 138 ff. und noch etwas ausführlicher in der englischen Fassung dieses Werkes (The Theoretical Foundations of Chinese Medicine, MIT Press, pp. 166—196).

[46]) Wie in PORKERT: T. G., S. 146 dargelegt, besteht kein essentieller, sondern nur ein durch technischen Aspekt bedingter Unterschied zwischen *hsüeh* und *ying.*

[47]) Vgl. PORKERT: T. G., S. 131—134.

[48]) Ausführliches über *ch'i* in PORKERT: T. G., S. 139—144.

der Wehrenergie. Die Beteiligung des *ch'i* am Krankheitsgeschehen wird allgemein angezeigt durch:
Fieber, statt Frostschaudern das Gefühl drückender Hitze; Schweiß, Durst, ein an Stärke zunehmender, von weiß zu gelb wechselnder Zungenbelag; *pulsus celeri.*
Je nach Anlage des Patienten und nach Art der Noxe können einzelne Bereiche speziell befallen werden. Man beobachtet dann zusätzlich bei Befall des *orbis pulmonalis:* keuchenden Atem, gelben Zungenbelag;
des *mediastinums* und der Brust allgemein: Atembeklemmung, Herzklopfen, Verdrießlichkeit;
des *splendor yang:* heftiges Fieber, Schweiß, keuchender Atem; gelben bis rötlichen Urin; gelben und trockenen Zungenbelag, *pulsus exundantes;*
der *Oo. intestinorum:* periodisch schwankendes Fieber, Stuhlverstopfung, gespanntes, hartes, schmerzhaftes Abdomen; gelben, dicken, trockenen oder ausgedörrten und schwarzen Zungenbelag, mitunter mit spitzen Vorsprüngen; *pulsus mersi et repleti;*
des *yang minor:* malariaartige Wechselfieber, wobei die Hitze gegenüber der Kälte überwiegt; bitteren Mundgeschmack; Schmerz an den Rippenbögen, Klumpen- und Druckgefühl im Magen mit Übelkeit; gelben, leicht klebrigen Zungenbelag; *pulsus chordales et celeri;* — bei andauernder Affektion auch verminderte Urinausscheidung;
des *orbis lienalis:* adynamisches Fieber, Klumpengefühl im Magen mit Brechreiz; große Abgeschlagenheit; klebrigen Zungenbelag; *pulsus lenes aut languidi.*

(3) Die Bauenergie (y i n g, c h ' i c o n s t r u c t i v u m)

Die Bauenergie ist der technische Aspekt jener struktiven Energie, die innerhalb der Leitbahnen fließt und den gesamten Energiekreislauf zwischen den Orbes bestreitet, dabei den materiellen Aufbau und Bestand des Körpers gewährleistet.

Eine Affektion der Bauenergie äußert sich in Symptomen wie: schlechter Blutverteilung, Unruhe und Ängstlichkeit, hohes Fieber während der Nachtstunden, Schlaflosigkeit, mäßigem Durst; auch getrübtem Bewußtsein, wirren Reden; Exanthemen; tiefrotem bis scharlachrotem Zungenkörper.

(4) Die individualspezifische struktive Energie (h s ü e h)

Bauenergie und *hsüeh* sind im Grunde verschiedene technische Aspekte der gleichen struktiven Energieform. *Hsüeh* ist nicht nur, was als „Blut" aus Wunden austritt, sondern auch die Grund- und Ausgangsform aller Säfte und Sekrete. Affektionen des *hsüeh* entsprechen einem schweren und kritischen Krankheitsstadium. Auffallende Zeichen hierfür sind der leuchtend- bis scharlachrote oder purpurn gefärbte Zungenkörper, der schließlich auch grau und trocken werden kann [49]), das hohe Fieber während der Nachtstunden, die Blutbeimengungen im Sputum, Nasensekret, Urin und Stuhl, die Exantheme; auch die schwarzen, leicht abgehenden Stühle; und im Extremfall Irrsinn und Tobsucht, Krämpfe und Koma.

(5) Das Tricalorium (san-chiao)

Nach allgemeiner und klassischer Auffassung betrachtet man das Tricalorium als *einen* Orbis, ohne genau spezifizierbares somatisches Substrat [50]). Allerdings läßt der Name — „Drei Wärmebereiche" — durchaus zu, daß topographische Vorstellungen mit ihm assoziiert werden. Nach der Theorie der *morbi temperati — und nur nach dieser —* ordnet man dem *calorium superius* die *cardinales yin maioris manus* und *yin flectentis manus (= Cc. pulmonalis* und *pericardialis),* dem *calorium medium* die *Cc. splendor yang pedis* und *yin maioris pedis (= Cc. stomachi et lienalis),* endlich dem *calorium inferius* die *Cc. yin minoris pedis* und *yin flectendis pedis (= Cc. renalis et hepaticus)* zu.

a) Symptome des calorium superius

1. Störungen der *cardinalis pulmonalis yin maioris manus*

Pulse weder *languidi* noch *intenti,* sondern *mobiles et celeri;* es kommen auch beidseitig exundante *pollicares*-Pulse vor; auffallend ist die Hitze an den *pedalis*-Pulsstellen, wie überhaupt des *pel pedalis,* also der Haut am Unterarm; ferner Kopfschmerz, leichtes Schaudern bei Kälte oder Zugluft; Fieber mit Schweiß, Durst oder Durstlosigkeit mit Husten; nachmittags starker Fieberanstieg.

2. Störungen der *cardinalis pericardialis yin flectentis manus*

Zungenkörper scharlachrot; Fieber während der Nacht am höchsten; große Unruhe und Schlaflosigkeit; Bewußtseinstrübung, wirre Reden.

b) Symptome des calorium medium

1. Störungen der *cardinalis stomachi splendoris yang pedis*

Gesicht und Lidränder gerötet; laute, rauhe Stimme, Atem laut; Stuhlverstopfung, spärlicher, stockender Urin; Zungenbelag lederartig, gelb, im Extremfall schwärzlich mit spitzen Vorsprüngen; Hitze wird quälend empfunden; in der Abenddämmerung Verschlimmerung aller Symptome.

---

[49]) Orbisikonographisch hat die Zunge eine besondere Affinität zum *o. cardialis* und dieser wiederum zum *hsüeh.*
[50]) Vgl. PORKERT: T. G., loc. cit., wie auch S. 131—134.

2. Störungen der ***cardinalis lienalis yin maioris pedis***

Blasses bis gelbliches Gesicht, Kopf benommen, Körper abgeschlagen; Brust gestaut; Appetitlosigkeit; am Nachmittag Fieber; Urinabgang gestört; Stuhl verstopft oder aber durchfällig; Zungenbelag gelb und klebrig; *pulsus chordales aut minuti et lenes.*

c) Symptome des *calorium inferius*

1. Störungen der ***cardinalis renalis yin minoris pedis***

Fieber, gerötetes Gesicht; Mund und Zunge trocken; im Extremfall schwarze Zähne und gesprungene Lippen; nervöse Unruhe und Schlaflosigkeit; unruhige, volle Pulse deuten auf *vigor caloris* und ein *yin deficiens; pulsus exundantes et inanes,* Fußsohlen und Handteller wärmer als Fuß- bzw. Handrücken; Interesselosigkeit, Schwerhörigkeit; Diarrhöe; Halsschmerzen, schmerzhafte Hüften und Unterschenkel deuten auf Schmälerung des Struktivpotentials, mithin mäßigen *calor heteropathicus,* viel *calor inanitatis.*

2. Störungen der ***cardinalis hepatica yin flectentis pedis***

Starkes Fieber, zugleich starker Flexus; Zungenkörper scharlachrot, Belag vermindert; *sitis diffundens* [Diabetes]; Schock, Irresein; gelber Urin; Brechreiz, Erbrechen von Spulwürmern; *pulsus minuti aut turbulentes;* kribbelige Finger und Zehen; im Extremfall Flexus-Spasmen, Herzflattern.

Tabellarische Übersicht über die Affektionen der Energien

	Krankheitsmechanismus	Symptome
Wehrenergie	Eine Wärmeheteropathie setzt sich in der *species* fest, die Wehrenergie des O. *pulmonalis* büßt ihre Entfaltungskraft ein.	Fieber, leichtes Frösteln, leichter Schüttelfrost, leichter Durst, Husten; *pulsus superficiales et celeri,* dünner weißer Zungenbelag, Zungenspitze und Zungenrand rot.
ch'i (aktive Energie)	O. *pulmonalis:* Hitzeblockade, Energiestauung.	Keuchen, Fieber, Hitze, gelber Zungenbelag, Durst etc.
	Mediastinum: Hitzestauung, ungenügende Entfaltung des *ch'i*	Hitze, dünner gelber Zungenbelag, Palpitationen, Unruhe, Nervosität etc.
	O. *stomachi: vigor caloris,* Konflikt zwischen Ortho- und Heteropathie.	Heftiges Fieber, Durst, Schweiß, schwergehender, lauter Atem, Urin gelb bis rötlich, Zungenbelag gelb, trocken; *pulsus exundantes.*
	Oo. *intest.:* Hitzeblockade der Energie	Intermittierendes Fieber, Urinverhaltung, Stuhlverstopfung, Schweiß, harter, schmerzhafter, druckempfindlicher Bauch, dicker, gelber, trockener Zungenbelag, *pulsus mersi et repleti.*

	Krankheitsmechanismus	Symptome
ch'i (aktive Energie)	O. *felleus: Ardor fellei* affiziert den O. *stomachi,* Blockade und Stauung durch Schleim und übermäßige Feuchtigkeit.	Wechsel von Kälte und Hitze wie bei Malaria, dabei Überwiegen der Hitze; trockener Mund, Schmerzen unter den Rippenbögen, Klumpengefühl in der Magengrube, Übelkeit; gelber, leicht klebriger Zungenbelag; *pulsus chordales et celeri.*
	O. *lienalis:* Die Feuchtigkeit wird nicht umgesetzt, Ansammlung einer Feuchteheteropathie.	Hitzestauung, Klumpengefühl mit anfallsweiser Übelkeit, Abgeschlagenheit, Müdigkeit; klebriger Zungenbelag, *pulsus lenes* etc.
Bauenergie	Hitze affiziert die struktiven Energien, Störung der konstellierenden Kraft des O. *cardialis*	Karmin- bis scharlachroter Zungenkörper, große Unruhe und Schlaflosigkeit, heißer Körper, in der Nacht verschlimmert; nur schwacher Durst, Exantheme; mitunter wirre Reden; *pulsus minuti et celeri* etc.
hsüeh (struktive Energie)	Das *hsüeh* wird durch *vigor caloris* bedrängt, die konstellierende Kraft des O. *cardialis* verwirrt.	Intensiv scharlachrote Färbung der Zunge, Blut in Nasenschleim, Speichel, Urin und Stuhl, allgemeine Exantheme, Unruhe, im Extremfall Irrsinn und Tobsucht.
Yin maior manus (pulmonalis)	Eine Heteropathie affiziert die Wehr des O. *pulmonalis,* dadurch büßt der O. *pulmonalis* seine kühlende, dämpfende Fähigkeit ein.	Hitze, Schüttelfrost, Kopfschmerz, Durst, Husten, *pulsus superficiales,* weißer Zungenbelag.
	Eine Hitzeheteropathie drängt in den O. *pulmonalis.* Die Entfaltung der Energie des O. *pulmonalis* wird blockiert.	Hitze, Fieber ohne Schüttelfrost, Schweiß, Durst, Husten, Keuchen, gelber Zungenbelag, *pulsus celeri.*
Yin flectens manus (pericardialis)	Durch Hitze wird die Bauenergie des O. *cardialis* vernichtet und der O. *pericardialis* blockiert.	Karmin- bis scharlachroter Zungenkörper, gedämpftes Sensorium, wirre Reden, auch Bewußtlosigkeit, lallende Stimme, kalte Extremitäten ...
Splendor yang pedis (stomachi)	*Vigor caloris* im O. *stomachi;* Konflikt zwischen Orthopathie und Heteropathie.	Fieber und Schüttelfrost, drückend empfundene Hitze, rotes Gesicht, injizierte Skleren, Schweiß, Durst, schwergehender Atem, gelber oder trockener Zungenbelag, *pulsus exundantes et celeri.*
Splendor yang manus (intest. crassi)	Die Energiebahnen im O. *intest. crassi* sind durch Hitze verengt, so daß die Energie nicht frei fließen kann.	Intermittierendes Fieber, Stuhlverstopfung; verminderte Urinmenge, wirre Reden, auch schwerfälliges Reden; gelber bis schwarzer, wie verbrannt wirkender und trockener Zungenbelag.

	Krankheitsmechanismus	Symptome
Yin maior pedis (lienalis)	Der *humor lienalis* wird nicht umgesetzt; eine Feuchtigkeitsheteropathie sammelt sich an.	Hitzestauung, Klumpengefühl in Brust und Magengegend, anfallsweise Übelkeit mit Brechreiz, Müdigkeit und Abgeschlagenheit.
Yin minor pedis (renalis)	*Calor* beschädigt das *yin merum,* das Struktivpotential droht zu versiegen.	Fiebriger Körper, gerötetes Gesicht, Fußsohle und Handteller heißer als Fußrücken und Handrükken, trockener Mund und Hals, *pulsus inanes,* Müdigkeit, Teilnahmslosigkeit.
Yin flectens pedis (hepatica)	Das Wasser benetzt das Holz nicht; *ventus inanitatis* regt sich im Innern.	Flexus in den Extremitäten, Herzflattern, zitternde Hände und Füße, im Extremfall Spasmen und Paresen.

Zweiter Teil: Praxis der Diagnostik

Im Prinzip lassen sich aus der Untersuchung jedes beliebigen Situs am Körper eines Menschen, wie auch jeder beliebigen Lebensäußerung — historische Entwicklungsfrist, adäquate Methode und Hilfsmittel vorausgesetzt — weiterreichende diagnostische Aussagen gewinnen.

Was die Diagnoseverfahren der chinesischen Medizin vor allen vergleichbaren in alter und neuer Zeit auszeichnet, ist die optimale Berücksichtigung folgender Kriterien:

1. Funktionsorientiertheit,
2. größte Einfachheit (und damit sichere Erlernbarkeit, leichte Objektivierbarkeit, Billigkeit),
3. Unabhängigkeit von ungewöhnlichen Begabungen des Diagnostikers,
4. Übersichtlichkeit und Durchsichtigkeit,
5. völlige Stör- und Rückwirkungsfreiheit und nicht zuletzt
6. die im Durchschnitt 2 000jährige Erprobungs- und Bewährungszeit der heute angewandten Methoden.

Zum ersten Gesichtspunkt — der Funktionsorientiertheit — wurde bereits in der Einführung das Nötigste gesagt [1]). Dort hatten wir auch die Argumente 2 — methodische Einfachheit, leichte Objektivierbarkeit — und damit auch 4 — rationale Übersichtlichkeit und Durchsichtigkeit — als wesentliche Faktoren zur Erzielung einer hohen Präzision, Sicherheit und Objektivierbarkeit diagnostischer Befunde kurz aufgegriffen.

Hinzuweisen bleibt auf die Tatsache, daß alle chinesischen Diagnoseverfahren seitens des Diagnostikers nur die normale und gesunde Funktion all seiner Sinnesorgane, nicht aber geniale oder gar paranormale Sensibilität oder Begabung voraussetzen. (Damit wird nicht die Notwendigkeit einer Schulung und Einübung verneint, die hier, wie bei jeder anderen Fertigkeit auch, selbstverständlich zu absolvieren ist.)

Daß eine Funktionsdiagnose, durch die die aktuelle, augenblickliche Situation festgestellt werden soll, nicht spürbare oder gar bleibende Rückwirkungen gerade auf die zu ermittelnden Daten haben darf, ist zwar logisch einsichtig, und muß dennoch gegenüber Ärzten, die in der substratorientierten westlichen Medizin geschult sind, die mithin gewohnt sind, diesen Gesichtspunkt, weil außerhalb ihres Einflusses liegend, als sekundär zu betrachten, ausdrücklich betont werden. Funktionsdiagnose begreift die gesamte Persönlichkeit, also außer den physikalischen, biologischen gleichermaßen die psychischen und sozialen Faktoren. Dabei ist es für die Chinesen bis heute unzweifelhaft, daß auch die Kleidung als Medium der Abschirmung und Selbstdarstellung Bestandteil der menschlichen Persönlichkeit ist. Deshalb, und nicht aus Prüderie oder Bequemlichkeit, verzichtet die chinesische Diagnostik und Medizin außer in klaren Notfällen darauf, den Patienten zu entkleiden. Eine richtig geführte Anamnese und die übrigen Diagnoseverfahren geben in der Regel vollkommen auch

---

[1]) Vgl. oben Seite 15 ff.

über jene pathologischen Veränderungen genau Aufschluß, die wir der Intimsphäre zuordnen.

Die chinesische Diagnostik gewinnt ihre fallspezifischen Daten durch die *kombinierte* Anwendung der sogenannten vier diagnostischen Verfahren, nämlich:

1. *inspectio (wang),* 2. *auscultatio/olfactio (wén),* 3. *interrogatio (wèn),* 4. *palpatio (ch'ieh).*

I. Kapitel: Inspectio, Diagnose durch den Augenschein (wang-chen)

Die *inspectio,* das ist die Diagnose durch den Augenschein, gilt allgemein der Feststellung von Form, Farbe und charakteristischer Motorik des Körpers, im besonderen der Inaugenscheinnahme des Gesichts und der Zunge, ferner auch der Feststellung von Form und Farbe der Ausscheidungen. Entsprechend muß eine richtig durchgeführte *inspectio* positive Aufschlüsse erbringen über:

1. die konstellierende Kraft *(shen),* die sich manifestiert in Gewebsturgor, Muskeltonus, Körperhaltung, Glanz von Augen und Haut, Feuchtigkeit der Schleimhäute usw.;
2. die Farbe *(sêh, color)* insbesondere der einzelnen Gesichtspartien, des Zungenkörpers, des Zungenbelags, ferner anderer von Fall zu Fall signifikanter Körperteile;
3. die Gestalt („das Struktivsubstrat, *hsing*") als Ganzes und in ihren Details; endlich
4. das Verhalten *(t'ai),* d. h. die umfassende und die spezielle Charakteristik der Bewegungen.

(1) Die inspectio im allgemeinen

1. Inspectio des shen (die „Inaugenscheinnahme der konstellierenden Kraft", wang-shen)

Als *shen,* „konstellierende Kraft", bezeichnet man in der chinesischen Medizin jenen Aspekt aktiver Energie, welcher die spezifische Existenz und Qualität eines Individuums hervorruft und aufrechterhält: *shen* konstituiert die Persönlichkeit [2]). Allerdings ist *shen,* konstellierende Kraft, als aktiver Aspekt

[2]) PORKERT: T. G., S. 144 f.

definitionsgemäß [3]) nicht direkt wahrnehmbar, sondern nur indirekt, indem es sich in den Veränderungen und Lebensäußerungen des Körpers wiederspiegelt. Mithin bekundet sich die Stärke der konstellierenden Kraft im klaren, festen Ausdruck der Augen, der deutlichen Artikulation der Sprache, in der Ausdauer und Schlüssigkeit der Denkfunktionen, in der Festigkeit des Fleisches, der Gleichmäßigkeit des Atems, in der Regelmäßigkeit der Ausscheidungen. Sind alle diese Zeichen einer starken und intakten konstellierenden Kraft vorhanden, so wird sich auch dann, wenn andere Diagnoseverfahren kritische Zeichen erbringen sollten, eine im ganzen günstige Prognose stellen lassen. Erscheint hingegen umgekehrt der Blick matt, unstet und müde, der Körper verfallen und welk, der Atem beschleunigt, unregelmäßig, keuchend oder röchelnd, können die Ausscheidungen nicht beherrscht werden, bewegt sich der Patient unablässig und ziellos, ist seine Rede undeutlich oder verwirrt, ist er geistesabwesend oder bewußtlos, sind seine Augen halb geschlossen, sein Mund geöffnet..., so ist auch bei unkritischen anderen Zeichen eine infauste Prognose naheliegend: die konstellierende Kraft ist stark vermindert, geschwächt.

	Zeichen für die Intaktheit, den Vollbesitz der konstellierenden Kraft *(têh-shen)*	Verlust, Beeinträchtigung der konstellierenden Kraft *(shih-shen)*
Gestalt und Gesicht	Gesunde Gesichtsfarbe, festes Gewebe, weder zu trockene noch zu feuchte Haut.	Abmagerung, Eingefallenheit, welke, schmutzigfarbene sehr trockene oder sehr feuchte Haut.
Augen	Lebendiger, steter, klarer Blick	Stumpfer, teilnahmsloser, müder oder flackernder Blick
Gefühle und Willensregungen *(emotiones)*	Klares Denken, klare Sprache, Wachheit	Zusammenhangloses Denken, Apathie, Torpor oder fortgesetzte ziellose Bewegung, Unruhe auf dem Lager
Atmung	Regelmäßig	Arrhythmisch, beschleunigt oder verlangsamt.

Anmerkung:

Zeichen unechter konstellierender Kraft

In der klinischen Praxis tritt prämortal mitunter eine kurze Phase intakter konstelliierender Kraft auf, die von der echten Intaktheit dadurch zu unterscheiden ist, daß sie sich nur auf einzelne Lebensäußerungen beschränkt (etwa den Blick, die Sprache, das Denken), während der Körper verfallen ist, die Pulse kritisch gestört bleiben. Die chinesischen Ärzte nennen dies das „nochmalige Aufflackern einer erschöpften Leuchte“ analog der in der westlichen Medizin bekannten prämortalen Euphorie.

2. Inspectio coloris („**Inaugenscheinnahme der Farbe**“, wang-sêh)

Die Farbe diagnostisch bedeutsamer Hautpartien (des Gesichts als Ganzem, der Zunge, der Schleimhäute...) zeigt deutliche Veränderungen in Abhängigkeit

[3]) opus cit., S. 15 ff.

von der Funktionslage des Organismus. Dabei ist allerdings zu unterscheiden zwischen der rassisch oder topologisch bedingten Grundpigmentierung einer Hautpartie — im Chinesischen heißt es der dominanten Farbe — und ihrer funktionsabhängigen variablen Färbung — im Chinesischen der deversanten [4]) Farbe. Die dominante Farbe bleibt diagnostisch in aller Regel außer Ansatz. Hinsichtlich der diagnostischen Bewertung der deversanten Farbe hingegen ist zunächst auf folgende allgemeine Entsprechungen hinzuweisen:

Farbe	Wandlungsphase	Jahreszeit	*Orbis horrealis*	*Orbis aulicus*
Grün (blaugrün)	Holz	Frühling	O. *hepaticus*	O. *felleus*
Rot (scharlach- oder karminrot)	Feuer	Sommer	O. *cardialis*	O. *intest. tenuis*
Weiß	Metall	Herbst	O. *pulmonalis*	O. *intest. crassi*
Schwarz	Wasser	Winter	O. *renalis*	O. *vesicalis*
Gelb	Erde	ganzjährig	O. *lienalis*	O. *stomachi*

Für die Gesichtsfarbe *(color vultus)* gilt, daß ihr rassisch bedingter (weißer, gelber, brauner ...) Grundteint beim gesunden Individuum den typischen rosarot matten Schimmer und zugleich eine charakteristische Spannung zeigt. Überlagert wird diese Hautfarbe des Gesunden nun stets in Abhängigkeit von Jahreszeit und momentaner Funktionslage von einer deversanten Farbe.

Diese Farbüberlagerung kann so schwach sein, daß sie auch vom Geübten nicht ohne weiteres wahrgenommen wird, oder so ausgeprägt, daß sie auch dem Ungeübten sofort auffällt — je nach Stärke der Dissonanz im Konzert der Orbes. Schließlich wird bei allen Farbdeversanten unterschieden zwischen einer fausten und einer infausten Farbvariante (chinesisch: *shan-sêh* und *êh-sêh).* Hierbei deutet die fauste Variante an, daß trotz energetischen Ungleichgewichts in den Funktionskreisen die konstellierte Energie, d. h. das *ch'i* ankommt, mit anderen Worten durchgängig fließt, die infauste Variante hingegen, daß sie nicht ankommt, d. h. stockt.

Im *Su-wen,* Kapitel 10 werden die Unterschiede zwischen fausten und infausten Farbvarianten folgendermaßen beschrieben: „Grün wie eine Grasmatte ist infaust, grün wie die Federn des Eisvogels ist faust. Gelb wie eine Zitrone ist infaust, gelb wie die Unterseite einer Krabbe ist faust. Rot wie geronnenes Blut ist infaust, rot wie ein Hahnenkamm ist faust. Weiß wie trockene Knochen ist infaust, weiß wie Schweineschmalz ist faust. Schwarz wie Ruß ist infaust, schwarz wie Rabenfedern ist faust.“

Ganz allgemein läßt sich sagen, daß jede Farbvariante, bei welcher die Haut einen matten Glanz und rosa Schimmer zeigt, als faust, jede, bei der die Haut welk und glanzlos ist und deren Färbung hart und unvermischt wirkt, als infaust zu deuten ist. Die Welkheit der Haut läßt auf ein Versagen der ausgleichenden Energie, auf einen Ausfall des *ch'i stomachi* schließen, oder auch auf den Ausfall eines ganzen Orbis. (Das welke, glanzlose Aussehen der Haut bezeichneten die Chinesen früher als „Farbe eines frühen Todes“.)

---

[4]) *deversari,* „zu Gast sein“, analog zu *dominari,* „Herr sein“.

Die bei der *inspectio coloris* resultierenden Ergebnisse können mit den übrigen diagnostischen Befunden übereinstimmen oder davon abweichen. Im letzteren Fall sind die als Wandlungsphasen-Sequenzen definierten Beziehungen möglich, und von diesen wiederum besonders interessant die Sequenzen I und II (Hervorbringungsreihenfolge, Bezwingungsreihenfolge). Die Hervorbringungsreihenfolge entspricht einer Sekundovektion, die Bezwingungsreihenfolge einer Kontravektion.

Beispiele: Treten bei einer Erkrankung im *orbis hepaticus* eine grünliche Farbnuance des Gesichts, ein saitenförmiger *chordalis*-Puls, Schmerz unter den freien Rippen, bitterer Mundgeschmack und Drehschwindel auf, so bedeutet dies eine Übereinstimmung von *color*, Pulsikonographie und Symptomen — und damit eine große Erleichterung der Diagnose. In dieser Weise entspricht bei Erkrankungen im *orbis hepaticus* wie *ventus*-Heteropathien mit Schwindel, Schmerzen und Spannungsgefühl in der Gegend der kleinen Rippen, bei Kindern mit epileptieformen Erscheinungen und Krämpfen, eine in Richtung auf blaugrün verfärbte *color vultus* der Übereinstimmung (und Sekundovektion), hingegen eine rein weiße Gesichtsfarbe der Bezwingung, mithin Kontravektion; im Falle von Raserei, ängstlichen Palpitationen und Schreckhaftigkeit, d. h. Störungen des *orbis cardialis,* deutet ein auffallend roter Teint auf Übereinstimmung (und Sekundovektion), ein dunkler bis schwärzlicher auf Bezwingung, mithin auf Kontravektion usw.

3. Inspectio somatis (die „Inaugenscheinnahme der körperlichen Gestalt", wang-hsing)

Orbes (Funktionskreise) und körperliche Gestalt entsprechen sich in präziser Weise. So gibt die Inaugenscheinnahme insbesondere der *perfectiones* (der funktionellen Darstellungen, *ch'ung)* und *flores* („äußeren Entfaltungen" *hua* bzw. *jung)* [5]) wichtige Aufschlüsse sowohl über die konstitutionelle Disposition als auch über die momentane Funktionslage der zugehörigen Orbes.

Kräftiger Knochenbau, mächtiger Brustkorb, festes Fleisch, mattglänzende, leicht gerötete Haut deuten ebenso deutlich auf eine kräftige Konstitution wie zierlicher Knochenbau, schmale Brust, schmächtige Formen und glanzlose, blasse Haut auf eine schwache Körperverfassung.

Insbesondere sind Rückschlüsse möglich aus der Glattheit der Formen über den Säftehaushalt, aus der Weite der Poren über die Stärke von Bau- und Wehrenergie, aus der Elastizität des Fleisches über das Energieniveau *(inanitas/ repletio)* des *ch'i stomachi* [6]), aus der Stärke der *nervus* [7]) auf die Menge des im *orbis hepaticus* gespeicherten *hsüeh* (individualspezifisch struktiven Energie), aus der Mächtigkeit des Knochenbaus auf die Stärke der angeborenen Energiereserven.

Ein kräftiger Körper bei gutem Appetit läßt auf starke *Oo. lienalis et stomachi* schließen; ein fetter Körper bei geringem Appetit auf zähen Schleim und *inanitas orbis lienalis.* Ein magerer Körper bei starkem Appetit deutet auf *ardor* im *calorium medium* (d. h. in den *Oo. lienalis et stomachi);* scheint ein

---

[5]) Zu diesen orbisikonographischen *termini technici.* Vgl. PORKERT: T. G., S. 94 ff. sowie die Falttafel.

[6]) D. h. des ausgleichenden harmonisierenden Kräftepotentials. Vgl. insbes. S. 195 unten.

[7]) D. h. die Antriebselemente des Bewegungsapparats. Vgl. auch PORKERT: T. G., Register sowie die Falttafel.

Körper nur aus Haut und Knochen zu bestehen, so muß man schließen, daß aktive wie struktive Energien aufs äußerste verausgabt sind.

4. Inspectio motus („Inaugenscheinnahme der Bewegungen", wang-tung)

Fortgesetztes Zucken der Augenlider, des Mundes, der Finger und Zehen, deutet bei fiebrigen Erkrankungen auf eine unmittelbar bevorstehende spastische Parese, bei Erschöpfungskrankheiten auf eine Erschöpfung der struktiven Energien.

Zuckungen in allen Gliedern, ja am ganzen Körper, werden bei *ventus-internus*-Affektionen, insonderheit bei Epilepsie, *ventus laedens pernitiosus* [Tetanus], bei Krämpfen im Kindesalter usw. beobachtet. Heftiges Zittern tritt außer bei Malariaanfällen auf, wenn eine heftige Auseinandersetzung zwischen Heteropathica und dem *ch'i orthopathicum* stattfindet; bei Erste-Hilfe-Fällen wird man bei heftigem Zittern zu prüfen haben, ob ein Tetanus oder eine allgemeine Sepsis vorliegt.

Das ruhelose Umhertasten mit den Händen ist ein infaustes Zeichen.

Gesenkter Kopf und die Unfähigkeit ihn zu erheben sowie ein starrer Blick deuten auf Verfall der konstellierenden Kraft *(laesio* der *Oo. cardialis et renalis).*

Ein Thoraxleiden wird durch gekrümmten Rücken und herabhängende Arme angezeigt, ein Hüft- bzw. Rückenleiden durch die Unfähigkeit, sich in der Hüfte zu beugen. Vorgebeugte Haltung und Gang deuten auf Erkrankung der *nervus* (d. h. der Muskeln und Sehnen), die Unfähigkeit zu langem Stehen, beständiges Beben des Körpers, auf eine Erkrankung der „Knochen" (als *perfectio* des *O. renalis).*

Liegt ein Kranker gewöhnlich mit dem Gesicht nach außen, der Umgebung zugewandt, ist er leicht in der Lage, sich auf die Seite zu drehen, so zeigt er in der Regel Yang-Symptome, *calor*-Symptome, *repletio*-Symptome. Liegt ein Patient gern mit dem Gesicht nach innen, der Umgebung abgewandt, fühlt er sich schwer und unfähig, sich auf die Seite zu drehen, so zeigt er in der Regel Symptome von Yin, *algor, inanitas.*

Liegt der Patient zusammengekrümmt, handelt es sich bei ihm in der Regel um *inanitas yang,* um Schüttelfrost oder einen akuten Schmerzanfall.

Liegt der Patient mit ausgestreckten Beinen auf dem Rücken, so deutet dies auf Yang-Symptome, auf *calor vigens* (Hitze im Übermaß). Das Verlangen des Patienten nach reichlichen Decken deutet auf innere oder äußere Kälte, das Bestreben, sich abzudecken, auf innere oder äußere Hitze.

Zurückgelehntes Sitzen deutet auf *repletio orbis pulmonalis,* vorgebeugtes Sitzen auf *inanitas orbis pulmonalis.* Atemnot in horizontaler Lage, mithin die Unfähigkeit zu liegen, das Bedürfnis aufzusitzen, auch *contravectio ch'i* beim Liegen, deutet auf *distensio orbis pulmonalis* im Gefolge chronischen Hustens [Emphysem]. Schwindelgefühl beim Aufsetzen, das Bedürfnis zu liegen, deutet auf *inanitas* der aktiven wie auch der struktiven Energien.

Ein Patient, der bald liegen, bald sich aufsetzen muß, ist hochgradig erregt.

(2) Inspectio linguae, **die „Zungendiagnose"** (shê-chen)

1. Theoretischer Hintergrund

Unter den diagnostischen Verfahren durch den Augenschein *(inspectiones)* nimmt die *inspectio linguae*, die sogenannte *Zungendiagnose*, hinsichtlich ihrer methodischen Differenziertheit und präzisen Aussage eine hervorgehobene, eine Sonderstellung ein.

Medizintheoretisch sind es vor allem drei Gründe, die diese Sonderstellung bedingen. Erstens ist die Zunge das Sinnesorgan *(kuan)* des *orbis cardialis*. Der *orbis cardialis* ist der Fürst unter den Orbes, also jener Orbis, vom dem richtungweisender Einfluß und klare Einsicht ausgehen; er ist der Speicher des *shen* (der konstellierenden Kraft), der Orbis, der der Persönlichkeit ihr Gepräge und ihren Zusammenhalt verleiht [8]).

Zweitens hat die Zunge als Sitz des Geschmackssinns und Sinnesorgan innerhalb des Mundes, der Öffnung des *orbis lienalis*, eine besondere Affinität zu diesem Orbis und seiner *species*, d. h. dem *orbis stomachi* [9]). Diese beiden Orbes — qualifiziert durch die Wandlungsphase Erde — sind die zentralen Instanzen für die Assimilation sowie für die Energieverteilung und den Energieausgleich zwischen allen übrigen Orbes.
Endlich berühren, drittens, folgende Leitbahnen die Zunge bzw. die Zungenwurzel:

1. die *reticularis cardialis yin minoris manus* [10]),
2. die *cardinalis renalis yin minoris pedis* [11]),
3. die *cardinalis hepatica yin flectentis pedis* [12]),
4. die *cardinalis lienalis yin maioris pedis* [13]).

Aus diesen Zuordnungen erhellt, daß und wie die Zunge direkt die wichtigsten Steuer- und Regulationsmechanismen des Individuums reflektiert, mithin indirekt auch über die Funktionslage aller übrigen Orbes Aufschluß geben kann.

Die Zungendiagnose der chinesischen Medizin rangiert hinsichtlich der Fülle und Präzision der durch sie zu gewinnenden diagnostischen Informationen unmittelbar hinter der Pulsdiagnose. Anders als letztere kann sie aber auch am eigenen Körper ausgeübt und im Verlauf eines Praxistags bei einer beliebig großen Zahl von Patienten angewandt werden. Mithin kann jeder aufmerksame Praktiker in ihr verhältnismäßig bald zur Routine gelangen und sollte die *inspectio linguae* bei ausnahmslos jeder Diagnosestellung durchführen.

Die *inspectio linguae* stützt sich grundsätzlich auf die gesonderte Beurteilung der komplementären Daten von Zungenkörper *(shê-chih)* und Zungenbelag *(shê-t'ai)*. Form, Farbe und Beschaffenheit (Feuchtigkeitsgrad) des *Zungenkör-*

---

[8]) Vgl. PORKERT: T. G., S. 104 f.
[9]) Vgl. ebenda, S. 109.
[10]) Ebenda, S. 212.
[11]) Ebenda, S. 186.
[12]) Ebenda, S. 198.
[13]) Ebenda, S. 175.

pers geben in erster Linie Aufschluß über den Energiehaushalt der Orbes (*inanitas* der Orthopathie bzw. *repletio* durch eine Heteropathie); Farbe, Stärke und Struktur des *Zungenbelags* informieren zuvorderst über die Eindringtiefe einer Heteropathie (in *species* oder *intima),* über *algor* und *calor* sowie über die Verfassung des *ch'i stomachi* [14]), d. h. über die Ausgleichsfunktionen.

Sinnvoll ist es auch, die Beschaffenheit des rasch wandelbaren Zungenbelags als Indikator für die Verfassung der aktiven Energien, die Beschaffenheit des Zungenkörpers als Indikator für die Verfassung der struktiven Energien zu deuten.

Bei einer Entscheidung, ob vorwiegend die aktive oder vorwiegend die struktive Energie von einer Heteropathie betroffen ist, hat die Zungendiagnose kritische Bedeutung. Im ersten Fall zeigt der Belag eklatante, der Zungenkörper kaum signifikante Veränderungen, im zweiten Fall ist es umgekehrt.

Das Aussehen des Zungen*körpers* als Indikator für die Verfassung der struktiven Energien allgemein und des *ch'i stomachi* im besonderen zu nehmen, bedeutet, daß er prognostisch den Ausschlag gibt: Erscheint auf einem offenkundig (fast) normalen Zungenkörper ein auffallender Belag, so ist eine flüchtige, oberflächige, momentane Entgleisung der Energieregulation zu diagnostizieren. Erscheint hingegen der Zungenkörper ohne jede Spur einer Rötung, schmal und ausgedörrt, so wird sich kaum eine fauste Prognose stellen lassen.

2. Topologie und Zuordnung

Wie auch bei anderen diagnostisch bevorzugten Situs — wir denken vor allem an das *ostium pollicare* der Pulsdiagnose [15]) — werden der Zunge auf mehreren Ebenen die übrigen Körperregionen und Orbes zugeordnet.

Gewissermaßen als Brücke zwischen der substratbezogenen Sicht der westlichen Medizin und der funktionsorientierten chinesischen Medizin seien die eklatanten und hochspezifischen Veränderungen von Zungenbelag und Zungenkörper bei allen pathologischen Prozessen in Maxilla, Nase und allen Nebenhöhlen der Aufmerksamkeit, nicht nur der HNO-Ärzte, empfohlen. Die Aktivität von Herden in der Maxilla führt zu klar abgegrenzten, u. U. von Tag zu Tag sich vergrößernden oder verkleinernden Ausfräsungen im Zungenbelag. Schwere septische Prozesse im *sinus maxillaris* wirken sich darüberhinaus auf den Zungenkörper aus und können zu längerwährenden, einseitigen Verschmälerungen an der betreffenden Zungenseite führen. Alle Belastungen der Nase und ihrer Nebenhöhlen führen darüberhinaus zu einer permanenten Verdickung des Zungenbelags von der Zungenwurzel her. Die Ausdehnung dieses Belags in Richtung auf die Zungenspitze schwankt fortgesetzt in Abhängigkeit von der Stärke der Orthopathie. Allerdings ist — wie überhaupt jede auf einen einzigen *situs* beschränkte Störung — ein reiner HNO-Befund für die chinesische Medizin nicht vorstellbar: jede, auch die banalste Veränderung, affiziert die ganze Persönlichkeit. Und das Kopfgebiet von Pharynx bis zur Nasenspitze und zum *plexus ocularis* ist das Ziel bzw. Durchzugsgebiet fast aller Leitbahnen. So stehen mit diesem Gebiet in Verbindung:

---

[14]) Vgl. Anmerkung 6 auf S. 111 oben.
[15]) Vgl. unten S. 169 ff.

der Orbis	durch seine
pulmonalis	*paracardinalis*
intest. crassi	*cardinalis, reticularis, nervocardinalis,*
stomachi	*cardinalis, paracardinalis, reticularis, nervocardinalis*
lienalis	*cardinalis*
cardialis	*cardinalis, paracardinalis, reticularis*
intest. tenuis	*cardinalis, nervocardinalis,*
vesicalis	*cardinalis, paracardinalis, nervocardinalis*
renalis	*cardinalis, paracardinalis*
pericardialis	*paracardinalis*
tricalorii	*cardinalis, nervocardinalis*
felleus	*cardinalis, paracardinalis, nervocardinalis,*
hepaticus	*cardinalis, paracardinalis*

Mit anderen Worten, allein aufgrund der sinarteriologischen Postulate stehen absolut alle Orbes durch Leitbahnen verschiedener Art — die meisten sogar durch mehrfache Verbindungen — mit dem Bereich des Kopfsensoriums und dem Nasen-, Mund-, Rachenraum in funktionaler Beziehung, so daß sich alle Veränderungen, welcher Art auch immer, dort widerspiegeln müssen.

Die zweite (chinesisch erste) Möglichkeit der diagnostischen Zuordnung der Zunge ist die zum *orbis stomachi* — mit dem ihr Gebiet, wie wir soeben sahen, durch alle vier Arten von Leitbahnen direkt und indirekt verbunden ist. In diesem Fall kann man
die Zungenspitze dem „Mageneingang" *(shang-kuan)*,
die Zungenmitte der „Magenmitte" *(chung-kuan)*,
die Zungenwurzel dem „Magenausgang" *(hsia-kuan)*
zuordnen — wobei niemals die hier gebrauchten Entsprechungen chinesischer *termini technici* etwa durch gängige anatomische [16]) ersetzt werden dürfen. Es handelt sich hier wie anderswo in der chinesischen Medizin [17]) um ein Funktionsmodell, wobei *„Mageneingang"* die aufnehmende, *„Magenmitte"* die assimilierende, zwischenspeichernde [18]), *„Magenausgang"* die weiterleitende Funktion des *orbis stomachi* veranschaulichen soll.

Die letzte, darum nicht minder wichtige Möglichkeit der diagnostischen Zuordnung der Zunge ist die zu *allen* Orbes — in folgender Weise:

die Zungenwurzel	entspricht dem *orbis renalis* (ferner den Oo. *intestinorum et vesicalis);*
die Zungenspitze	entspricht dem *orbis cardialis* (ferner den Oo. *pulmonalis, pericardialis);*
die Zungenränder	entsprechen den Oo. *hepaticus et felleus;*
die Zungenmitte	entspricht den Oo. *lienalis et stomachi*

[16]) Etwa *pars kardiaca* oder *pars pylorica* . . .
[17]) Vgl. PORKERT: T. G., S. 88 f.
[18]) Vgl. das Ikonogramm des O. *lienalis* in PORKERT: T. G., S. 110.

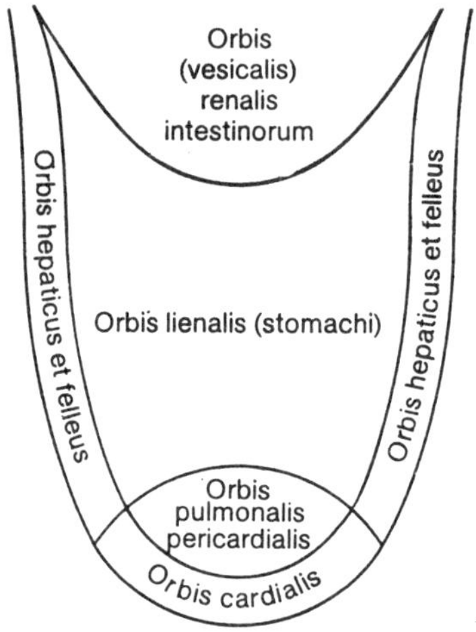

Abb. 6

Die Entscheidung, nach welchem der drei aufgeführten Möglichkeiten der Zungenbefund zu interpretieren ist, ergibt sich nicht nach Willkür oder Zufall, sondern aus dem diagnostischen Kontext (und der klinischen Erfahrung).

Zunächst sei hier darauf hingewiesen, daß für jeden, der tiefer in die chinesische Medizintheorie eingedrungen ist, die drei aufgezeigten Varianten der topologischen Zuordnung sich nicht als absolute gegenseitig ausschließende Alternativen darstellen, sondern als nahtlos ineinander übergehende Aspekte des gleichen Befunds. In der Praxis gilt: Liegt noch kein klar akzentuiertes Krankheitsbild vor, so wird man bei der Variante III. beginnen und bei dieser bleiben. Deutet hingegen alles darauf hin, daß die Primärerkrankung in einer Störung der zentralen [19]) Regulation vermutet werden kann, so wird man der mittleren Variante den Vorzug geben.

3. Praktische Maßnahmen und Kautelen bei der Zungendiagnose

1) Beleuchtung

Die *inspectio linguae* sollte grundsätzlich bei Tageslicht oder bei tageslichtähnlicher Beleuchtung vorgenommen werden (also bei Farbtemperaturen > ca. 5000° K.) Bei Kunstlicht mit seiner Farbtemperatur unter 3200° K ist es kaum möglich, eine wichtige Unterscheidung, wie etwa die zwischen weißen und gelben Farbnuancen des Zungenbelags, zu treffen.

2) Die Anamnese der konstitutionellen Faktoren

Außer von jahreszeitlichen Einflüssen kann die Stärke des für ein Individuum charakteristischen Zungenbelags auch von konstitutionellen Faktoren abhängen. Ein Individuum mit höherer Feuchtigkeit oder höherem Energieniveau

[19]) In der chinesischen Medizin heißt das: die durch die zentrale Wandlungsphase Erde qualifizierten Orbes, also die Oo. *lienalis et stomachi.* Vgl. PORKERT, op. et. loc. cit.

in den mittleren Orbes (d. h. den Oo. *lienalis es stomachi)* wird durch die Jahre bei vollem subjektivem Wohlbefinden einen stärkeren Zungenbelag aufweisen als normal. Bei einem solchen Individuum wird dann ein „dünner" Zungenbelag eine stärkere Störung anzeigen, als dies in der Regel der Fall ist. Im Zweifelsfall ist der Patient eingehend zu befragen.

3) Spuren genossener Speisen und Getränke

Selbstverständlich wird man bei jeder Abweichung von der Norm alle unmittelbar vor der Diagnose genossenen Speisen und Getränke (Gewürze, Fruchtsäfte, Alkoholika) erfragen.

4) Reinigung der Zunge

Wenn der Zungenbelag sehr stark ist und/oder die Farbe des Zungenkörpers schlecht zu erkennen ist sollte man versuchen, den Belag durch Wischen zu entfernen (Diagnostische Bedeutung von „echtem" und „falschem" Zungenbelag s. u.!). Dies geschieht am zweckmäßigsten durch ein mit einer Pinzette geführtes Mullkissen, welches in ein *ganz mildes* Desinfiziens wie etwa Chrysanthemen- oder Kamillentee getaucht wurde.

4. Die Diagnose des Zungenkörpers

Wie bei der Inaugenscheinnahme im allgemeinen sind auch bei der speziellen Inspectio des Zungenkörpers dessen *shen*, Farbe, Gestalt und Verhalten (= Bewegungscharakteristik) zu registrieren.

1) Inspectio shen corporis linguae

Ob am Zungenkörper konstellierende Kraft vorhanden ist, ist an seinem Glanz zu erkennen. Zeigt der Zungenkörper Glanz und helle, leuchtende Farbe, so hat er belebende Energie und konstellierende Kraft. Beim Kranken berechtigt ein solches Zeichen zu einer fausten Prognose. Erscheint die Zunge im Gegenteil ausgedörrt, vertrocknet, d. h. ohne Glanz und Schimmer, so deutet dies auf Mangel an Säften und legt eine infauste Prognose nahe.

2) Inspectio coloris corporis linguae

Der Zungenkörper des Gesunden ist von neutralroter, frischer Farbe. Im Krankheitsfall sind folgende Abweichungen zu beobachten:
a) Tief-Karminroter Zungenkörper [etwas dunkleres Rot als normal]: Zeigt der Zungenkörper nur ein tieferes Rot, sonst aber keine Veränderungen, so ist dies ein Symptom von *calor* oder *repletio.* Ist er überdies trocken, so ist die Erzeugung der *yang*-Säfte im *orbis stomachi* bereits beeinträchtigt. Ist er nicht

nur trocken, sondern zudem ohne Belag, so ist diese Schädigung schon weit fortgeschritten. (Trinker starken Alkohols zeigen im allgemeinen einen tiefroten Zungenkörper.)

b) Blaßroter Zungenkörper: Symptom von *algor* oder *inanitas*. Ist überdies Zungenbelag nicht wahrzunehmen, so herrscht Defizienz sowohl im Bereich der aktiven wie auch der struktiven Energien.

c) Blutroter Zungenkörper: Bei fiebrigen Erkrankungen ist dies ein Symptom für *calor*, bei Auszehrung ein Symptom für *inanitas* der struktiven Energien. Ist der Zungenkörper überdies ohne Belag, muß man auf *ardor inanitatis yin* schließen; bilden sich auf einem blutroten Zungenkörper spitze Erhebungen, so deutet dies auf *vigor caloris ch'i constructivi;* zeigt der blutrote Zungenkörper purpurne Streifen, so steht der Ausbruch eines Exanthems bevor.

d) Scharlachroter Zungenkörper: Wenn die Hitze *(calor)* einer fiebrigen Erkrankung auf das *ch'i constructivum* übergegriffen hat, ist der Zungenkörper scharlachrot, wenn sie auf das *hsüeh*, d. h. die individualspezifisch struktive Energie übergegriffen hat, ist er tief scharlachrot. Wird die Scharlachrotfärbung des Zungenkörpers mit einer Gelb- bzw. Weißfärbung des Belags eingeleitet, so ist dies ein Zeichen, daß die Heteropathie erst im *ch'i* deversiert und noch nicht die Bauenergie erfaßt hat.

Ist der gesamte Zungenkörper leuchtend scharlachrot, so ist an die Störung des *orbis pericardialis* zu denken.

Ist die Mitte eines scharlachroten Zungenkörpers trocken, deutet dies darauf hin, daß durch *ardor* im *orbis stomachi* die Produktion von Yang-Säften beeinträchtigt ist.

Ist die scharlachrote Färbung auf die Zungenspitze beschränkt, ist auf *ardor* im *orbis cardialis* zu schließen.

Ein scharlachroter Zungenkörper mit blutroten Tupfen deutet darauf hin, daß eine *calor*-Noxe den *orbis cardialis* überlagert.

Ein scharlachroter, wie lackiert erscheinender Zungenkörper ist ein Zeichen dafür, daß die struktive Energie des *orbis stomachi* verlorengegangen ist. Ist die scharlachrote Zunge hingegen glanzlos, ja trocken, so deutet dies auf ein Versiegen der struktiven Energie im *orbis renalis*.

Ist ein scharlachroter Zungenkörper dem Augenschein nach trocken, erweist er sich aber bei Berührung noch als feucht, so steigt *calor humidus* infolge Mangels an Yang-Säften nach oben, oder es handelt sich um eine Blockade durch trüben Schleim.

Hat ein scharlachroter Zungenkörper einen klebrigen Überzug, so daß man den Belag nicht recht wahrnehmen kann, so deutet dies auf eine Trübung der Energie im *calorium medium*.

e) Purpurfarbener Zungenkörper: Ist ein purpurfarbener Zungenkörper trocken oder ausgedörrt, so deutet dies auf *calor-;* ist er feucht und nur blaß purpurfarben, schließt man hingegen auf eine *algor*-Heteropathie. Erstreckt sich die intensive Purpurfärbung auf den ganzen Zungenkörper, so läßt dies auf eine hochgradige Hitze in allen Orbes schließen. Beschränkt sich die purpurne Färbung auf eine bestimmte Partie der Zunge, so deutet dies auf übersteigerte Hitze in dem der Partie entsprechenden Orbis und seiner Leitbahn.

Hat ein blaß purpurn gefärbter Zungenkörper eine besonders schlüpfrige Oberfläche, so ist dies ein *algor*-Symptom.

Ist die Zunge feucht und zeigt die purpurne Färbung einen dunklen Ton, so deutet dies auf Stasis, Stauung der individualspezifisch struktiven Energie.

f) **Blauer Zungenkörper:** Die Blaufärbung des Zungenkörpers ist ein kritisches Zeichen für gleichzeitigen Mangel an aktiver und struktiver Energie. Ist auf dem ganz blaufarbenen Zungenkörper immer noch Belag erkennbar, so bedeutet dies, daß trotz schwerer Schädigung der Orbesfunktionen noch Genesungschancen bestehen; fehlt dieser Belag, so ist dies ein äußerst infaustes Zeichen, das auf unheilbare, totale Erschöpfung von aktiven und struktiven Energien hinweist.

Tritt die Blaufärbung nur schwach und partiell auf, so deutet sie in der Regel auf eine akute infektiöse Erkrankung, mitunter auch auf eine nicht ausgeheilte Hitzeheteropathie, ausgelöst durch feuchte Wärme.

Zeigt ein schlüpfriger oder klebriger Zungenkörper nur in der Mitte eine Blaufärbung, so kann man auf feuchten Schleim oder auf Schleim verschiedener Reifung schließen.

Zwar ist jede Blaufärbung der Zunge ein ernstes Krankheitszeichen. Doch müssen ergänzend für die Beurteilung hier stets auch die Zeichen für Hitze und Kälte, *repletio* und *inanitas* sowie das Alter und die allgemeine Verfassung des Patienten nach allen diagnostischen Verfahren berücksichtigt werden.

g) **Schwarzer Zungenkörper:** Ist der ganze Zungenkörper schwarz, so galt dies bei den Alten als sicheres Vorzeichen des Todes, denn es bedeutet, daß die individualspezifisch struktive Energie völlig verdorben ist, sei es durch extreme Hitze oder extreme Kälte. Um zu entscheiden, ob die Schwärzung des Zungenkörpers durch Hitze oder durch Kälte bedingt ist, ist zu untersuchen, ob die Zunge weich und feucht oder unelastisch und vertrocknet aussieht. Ersteres deutet auf *algor inanitatis,* letzteres auf glühende Hitze. Deshalb ist bei präziser und rascher Diagnose und Therapie auch eine schwarze Zunge heute nicht in allen Fällen Anlaß zu einer infausten Prognose.

3) Inspectio formae corporis linguae

Bei der Beurteilung der Gestalt der Zunge ist darauf zu achten, ob sie zart oder derb ist, ob sie feine Stacheln hat oder Risse und Furchen aufweist, ob sie gedunsen oder im Gegenteil zusammengeschrumpft aussieht.

a) **Zartheit der Zunge:** Derb, wörtlich „altersverhärtet", lederartig nennt man einen Zungenkörper, der unbeschadet seiner besonderen Farbtönung — weißlich, gelblich, aschenfarben oder schwärzlich — verfestigt und verhärtet wirkt, ein Bild, das stets auf *repletio* hindeutet. Umgekehrt deutet Zartheit, d. h. ein jugendlich geschwellter, weicher Zungenkörper (mitunter mit Zahneindrücken) ohne Rücksicht auf die Färbung des Belags stets auf *inanitas.*

b) **Stacheln und Risse:** Eine feine Rauheit der Zungenoberfläche zeigt nach Ansicht der Alten an, daß die Energie des *orbis pulmonalis* sich im Verein mit dem *ignis merus portae fortunae* entfaltet [20]), ist mithin ein Indiz für eine normale Funktion des Organismus. Ist diese stachelige Rauhheit nur gering ausgeprägt, fehlt sie ganz, so deutet dies auf Erschöpfung des *ch'i orthopathicum*. Stark hervorspringende, spitze Erhebungen der Zunge sind ein Zeichen dafür, daß sich eine *calor*-Heteropathie im Organismus zusammenballt — wobei der Grad der Hitze an der Größe und Zahl der Erhebungen zu erkennen ist. Überdies gibt ihre Lokalisation auf der Zungenoberfläche einen Hinweis auf die am stärksten von der Heteropathie betroffenen Orbes.

Spitze Erhebungen der genannten Art sind zudem im Zusammenhang mit der Farbe von Zungenkörper und Zungenbelag zu beurteilen. Treten z. B. die spitzen Erhebungen bei schwarzem Zungenbelag auf, so deutet dies auf einen kritischeren Grad der Hitzeheteropathie als wenn sie unter fahlgelbem Zungenbelag auftreten. Ist andererseits der Zungenkörper beim Auftreten der Erhebungen von scharlachroter Farbe, so deutet dies darauf hin, daß durch die mächtige Hitzeheteropathie bereits Schäden im Bereich der struktiven Energien gesetzt worden sind.

Risse und Furchen sind Indizien für *calor vigens* bzw. *vigor caloris,* sei es weil die individualspezifisch struktive Energie erschöpft ist, sei es weil ganz allgemein die struktiven Energien nicht ausreichen.

Ist die Zunge von glänzend scharlachroter Farbe und weist sie dabei deutliche Furchen auf, so zeigt dies an, daß die Yin-Säfte schwer geschädigt sind; auf Erschöpfung der struktiven Energien vor allem des *orbis renalis* deutet hingegen eine blaßfarbene, weiche gefurchte Zunge.

c) Gedunsener Zungenkörper: Eine Gedunsenheit oder Aufschwellung des Zungenkörpers deutet im allgemeinen auf Krankheiten des *hsüeh,* d. h. der individualspezifisch struktiven Energien, sei es weil sich Schleim gebildet hat, sei es weil sich *calor humidus* im Innern ansammelt.

Eine feuerrote, nahezu den ganzen Mund füllende Zunge deutet auf Hitze in den *orbes et cardinales lienalis et cardialis.* Behindert die Schwellung einer solchen Zunge gar das Atmen, so deutet dies auf extreme Hitze in den Leitbahnen und im Gefolge davon auf Stockung des Energieflusses.

Eine Schwellung eines blaugrünen, purpurnen oder schwärzlichen Zungenkörpers deutet auf Vergiftung z. B. durch Alkohol.

d) Geschrumpfter Zungenkörper: Als geschrumpft bezeichnet man einen Zungenkörper, der extrem schmal oder besonders dünn ist. Ist ein solcher Zungenkörper von zarter Oberfläche und blasser bis zartroter Farbe, so deutet dies auf Erschöpfung der Energie in den Oo. *cardialis et lienalis* bzw. auf allgemeine Defizienz sowohl der aktiven wie der struktiven Energien ...

Zeigt der geschrumpfte Zungenkörper eine scharlachrote bis karminrote Färbung, so schließt man daraus auf Erschöpfung des Yin und auf *calor vigens* auf eine schwere Schädigung der aktiven und struktiven Säfte, kurzum auf ein kritisches Krankheitsbild.

Ist die geschrumpfte Zunge trocken und dunkel bis schwärzlich gefärbt, besteht Aphasie, so ist dies ein Anlaß zu einer infausten Prognose.

---

[20]) D. h. im Zusammenwirken mit der aktiven Energie des im O. *renalis* gespeicherten, angeborenen Energiepotentials.

4) Inspectio positionis motusque corporis linguae

Bei der Beurteilung der Lage und Bewegung der Zunge unterscheidet man diagnostisch zwischen 1. weicher, 2. harter, 3. bebender, 4. paretischer, 5. zur Seite fallender, 6. herausgestreckter, 7. zurückgezogener, 8. zwischen den Lippen spielender Zunge.

a) **Der weiche Zungenkörper** ist die physiologische Regel, zeigt mithin im ganzen normale Körperfunktionen an. Beim Kranken ist eine weiche, normal bewegliche, feuchte, mittelrote Zunge ein Zeichen für den richtigen Fluß der Energie des *orbis stomachi*, läßt also darauf schließen, daß die Krankheit nur leicht oder zumindest nicht lebensgefährlich ist.

b) **Der harte bzw. steife Zungenkörper**, bei dem das Sprechen erschwert ist, kommt sowohl bei exogenen, d. h. durch klimatische Exzesse bedingten Störungen der Orbisfunktionen als auch bei den *morbi varii*, d. h. durch endogene Anlässe sich entfaltenden Krankheiten vor. Exogen bedingte Steifheit der Zunge tritt auf, wenn eine in den *orbis pericardialis* eingedrungene Noxe dort die konstellierende Kraft beeinträchtigt hat, so daß auch die Bewegungsfähigkeit der Zunge darunter leidet; oder wenn bei hohem Fieber die aktiven Säfte geschädigt wurden und die *nervocardinales* der Zunge ungenügend mit Energie versorgt werden. In beiden Fällen zeigt die Zunge eine tiefrote Färbung.

Von den *morbi varii* bedingen eine steife Zunge vor allem *ventus internus* [d. h. schock- und schlagartige Zustände, u. U. mit halbseitiger Lähmung, Koordinationsstörung von Augen, Mund- und Gesichtsmuskulatur], plötzliche Ohnmachten. Mitunter ist die Steifheit der Zunge Vorbote eines solchen Anfalls von *vento percussio* [Apoplexie]. Auch kann die Steifheit auf einer Schleimverstopfung der Zungenleitbahnen beruhen, was durch eine gleichzeitig vorhandene Schwellung und schmutzigfarbenen Zungenbelag unterstrichen wird.

c) **Die bebende Zunge** tritt bei *inanitas* und bei *ventus orbis hepatici* auf. Ist die Zunge dabei rot, das Sprechen erschwert, so sind die *Oo. cardialis et lienalis* energetisch erschöpft; oder aber durch (den zum Symptomenbild des *ventus hepaticus* gehörenden) starken Schweißausbruch sind die struktiven Energien geschmälert.

Ragt die bebende Zunge aus dem Mund hervor, deutet dies auf Alkoholvergiftung. Ist die bebende Zunge blaßrot, so kann man auf Fehlen von individualspezifisch struktiver Energie und auf ein Aufwallen des *ventus hepaticus* schließen. Ist ein bebender Zungenkörper purpurn gefärbt, so hat sich eine *calor*-Noxe im *orbis hepaticus* voll entfaltet.

d) **Paretische Zunge** nennt man eine zwar weiche, doch zu keiner willkürlichen Bewegung fähige Zunge — bedingt durch Ausfall des Energieflusses in den *nervocardinales.* Eine nach langer Krankheit weiße paretische Zunge weist auf Erschöpfung sowohl der aktiven als auch der struktiven Energien. Die Parese einer nach frischer Krankheit noch roten Zunge deutet demgegenüber darauf hin, daß das Yin durch Hitze geschädigt wurde. Ist die paretische Zunge noch nach langer Krankheit scharlachrot, so deutet dies auf höchsten Mangel an struktiver Energie.

e) **Eine deutlich zur Seite fallende Zunge** tritt bei Apoplektikern auf.

f) **Eine hervorgestreckte Zunge** hat im wesentlichen eine von zwei Bedingungen:

(a) der Patient empfindet das Bedürfnis die heiße, gedunsene Zunge herauszustrecken — ein *repletio*-Symptom und Zeichen für Schleimhitze im *orbis cardialis;* (b) eine weit hervorgestreckte gefühllose Zunge ist ein Symptom für die Erschöpfung der aktiven Energie.

Kann die hervorgestreckte Zunge nicht willkürlich eingezogen werden, ist sie trocken und ohne Belag, so sind dies Todeszeichen; die gegenteiligen Begleitmerkmale geben noch Raum für therapeutische Maßnahmen.

g) **Eine zurückgezogene Zunge,** die nicht willkürlich vorgestreckt werden kann, ist im allgemeinen ein kritisches Krankheitszeichen. Ist die zurückgezogene Zunge weiß und feucht, so deutet dies auf Kälte, die den Energiefluß in den *nervocardinales* zum Erliegen gebracht hat. Ist die zurückgezogene Zunge rot und trocken, so ist auf eine Schädigung der aktiven Säfte durch eine fiebrige Erkrankung zu schließen.

Ist die zurückgezogene Zunge mit einem klebrigen Überzug behaftet, so blockiert Schleimfeuchtigkeit den Energiefluß.

Ist die zurückgezogene Zunge überdies steif, ist der Patient benommen und redet er irre oder litt er anfänglich an einer Schleimkrankheit und ist seine schließlich zurückgezogene Zunge steif, wirkt er benommen und spricht er nicht, so sind dies ernste Krankheitszeichen.

h) **Die zwischen den Lippen spielende Zunge** ist definiert als eine nur eben kurz mit der Spitze zwischen den Lippen hervorlugende Zunge, die sogleich wieder zurückgezogen wird, oder die rasch über die Lippen streicht und dann verschwindet. Beide Bewegungsarten deuten auf ein ernstes Stadium von *calor* in den Oo. *cardialis et lienalis.*

Werden die Lippen unablässig mit der Zunge befeuchtet (geleckt), so deutet dies auf Trockenheit des *orbis lienalis.* Ist die hervortretende Zunge purpurn verfärbt und schmerzhaft, so schließt man auf Hitzeangriffe auf die Orbes, insbesondere auf den *orbis cardialis.*

5. Die Diagnose des Zungenbelags

Die Entstehung des Zungenbelags *(shêh-t'ai)* kann durch einen oder mehrere von folgenden drei Faktoren bedingt sein:

1. die Ausstrahlung der (aktiven) Energien des *orbis stomachi,*
2. die Projektion einer Heteropathie *(ch'i heteropathicum)* auf die Zungenoberfläche,
3. Spuren genossener Speisen und Getränke.

Der Zungenbelag des Gesunden wird durch das *ch'i stomachi* hervorgerufen und ist eine weißliche, mitunter schwach gelbliche, durchschimmernde und fleckenlose Schicht, weder trocken, noch auffallend feucht, weder schlüpfrig noch verdorrt. Im Sommer kann der Zungenbelag etwas stärker sein, deckt

aber auch dann niemals den ganzen Zungenkörper völlig zu, noch bildet er eine feste brüchige Schicht.
Bei der Diagnose des Zungenbelags unterscheidet man wieder zwischen Gestalt und Farbe.

1) Die Gestalt des Zungenbelags und seine Beziehung zu den Krankheiten

Folgende Unterscheidungen sind diagnostisch vorab relevant: *α.* ob ein Zungenbelag vorhanden ist oder fehlt; *β.* ob er haftend („echt“) oder locker (wörtlich: „falsch“) ist; *γ.* ob er den Zungenkörper partiell oder total bedeckt; *δ.* ob er dick oder dünn, trocken oder feucht, schlammig oder klebrig ist.

a'. Haftender Zungenbelag („echter Zungenbelag“)

Zungenbelag, der fest mit der Zungenoberfläche verbunden ist, gewissermaßen aus ihr herauswächst und sich durch Reiben und Schaben nicht entfernen oder im Aussehen deutlich verändern läßt, nennt man haftenden oder echten Zungenbelag.

Haftender Zungenbelag entsteht als Folge eines sich zusammenziehenden *ch'i heteropathicum.* Im Anfangs- und Mittelstadium einer Erkrankung deutet ein haftender Zungenbelag auf einen leichteren, ein lockerer (wurzelloser) auf einen tiefergreifenden, schwereren Krankheitsverlauf; im Schlußstadium einer Krankheit ist ein dicker, doch lockerer Zungenbelag als kritischer zu bewerten, als ein haftender. Dabei ist allerdings zu beachten, daß bisweilen unter einem dicken, scheinbar wurzellosen Zungenbelag ein andersfarbiger haftender sich gebildet hat, ein Zeichen der Rekonvaleszenz.

a". Lockerer Zungenbelag („falscher Zungenbelag“)

Zungenbelag, der nicht haftet, gewissermaßen nur aufgestrichen erscheint, ohne Wurzeln ist, nennt man lockeren oder chinesisch wörtlich „falschen“ Zungenbelag.

Eine Form des falschen, lockeren Zungenbelags ist eine dicke Belagschicht, die sich nur auf die Zungenmitte beschränkt, ringsherum aber wie abgeschnitten erscheint. In jedem Fall ist lockerer Belag ohne Rücksicht auf seine Färbung (gelb, weiß, aschgrau) durch Wischen oder Kratzen zu entfernen, so daß darunter der blaßrote Zungenkörper zum Vorschein kommt. — Mitunter ist am Morgen die Zunge mit einem dicken aber lockeren Belag bedeckt, der aber nach dem Essen verschwunden ist — gleichfalls ein Beispiel für lockeren oder falschen Zungenbelag. Dem lockeren Belag entsprechen dreierlei Befunde.

α. Ein nach dem Essen verschwundener lockerer Zungenbelag hatte angezeigt, daß die Energie einiger *orbes horreales* (momentan) erschöpft war, daß im übrigen aber keine Störung vorliegt.

β. Ein lockerer, farbiger Belag, der nach dem Abschaben der Zunge verschwindet, deutet auf eine leichte, ein solcher lockerer Zungenbelag, der schon an den Zähnen abzureiben ist, auf eine ganz oberflächliche Erkrankung hin.

γ. Ganz anders verhält es sich mit der dritten Art von lockerem Zungenbelag, der nach langer Krankheitsdauer beobachtet werden kann: infolge der Erschöpfung des *ch'i stomachi* kann sich kein haftender Belag bilden — ein Zustand, der durch langen Gebrauch kühlender Drogen, die das Yang geschädigt haben oder, im Gegenteil, durch Gebrauch heißer Drogen, die das Yin geschädigt haben, bedingt sein kann.

b. Vorhandensein oder Fehlen von Zungenbelag

Fehlt bei einem Kranken zunächst der Zungenbelag und tritt dann plötzlich auf, so bedeutet dies entweder, daß die trübe Energie des *orbis stomachi* nach oben überfließt, oder aber daß eine Hitzeheteropathie sich allmählich steigert. Umgekehrt, hat der Kranke zunächst einen Zungenbelag, der nun verschwindet, so bedeutet dieses Verschwinden, daß die struktiven Energien des *orbis stomachi* versiegen oder, ganz allgemein, daß es dem *orbis stomachi* an verfügbaren Energien gebricht.

c. Partieller oder totaler Zungenbelag

Partieller Zungenbelag kann auf eine Seite der Zunge, auf die Zungenmitte oder den gesamten Zungenrand beschränkt sein.

Zeigt die Zunge eines Kranken einen totalen Zungenbelag, so bedeutet dies zunächst, daß die Heteropathie und Krankheit sich auf den ganzen Organismus erstreckt. Zeigt die Zungenmitte keinen, der Zungenrand aber einen deutlichen Zungenbelag, so ist zu schließen, daß die Heteropathie noch nicht tief eingedrungen ist, daß aber zunächst nur das *ch'i stomachi* geschädigt ist.

Zeigt die Zungenmitte einen Belag, der Zungenrand jedoch keinen Belag, so deutet dies darauf hin, daß die oberflächliche Heteropathie zwar abnimmt, daß die Stockung im *orbis stomachi* jedoch fortbesteht, ebenso die Stauung in den *Oo. intestinorum;* oder aber es findet eine pathologische Schleimbildung statt.

Tritt Zungenbelag nur halbseitig auf, so ist zu schließen, daß die Heteropathie halb innen, halb außen sitzt — wobei noch die Zungenfarbe von Bedeutung ist.

Ist die Zungenmitte ohne Belag, so ist das Yin erschöpft, die struktive individualspezifische Energie erschöpft oder das *ch'i stomachi* geschädigt.

— **Veränderungen des Zungenbelags** spiegeln Wandlungen in der Funktionslage des Organismus. So beobachtet man nach Ausbruch einer fiebrigen infektiösen Erkrankung *(morbus temperatus)*, daß der Zungenbelag sehr häufig sich von Weiß nach Gelb verfärbt und daß im Laufe der Rekonvaleszenz das Gelb wieder in Weiß umschlägt — das Zeichen der Besserung. Aber es kann im Verlauf dieser Erkrankung auch vorkommen, daß etwa infolge einer Fehlbehandlung, die Farbe des Belags von Weiß nach Gelb, dann nach Schmutziggelb oder gar nach Schwarz wechselt. Wenn der Belag rasch völlig verschwindet, ist dies ein Zeichen dafür, daß die Heteropathie in die Tiefe gesunken ist, daß das *ch'i orthopathicum* sich gegenüber dem *ch'i heteropathicum* nicht durchsetzen konnte. —

Beim **Schwinden** oder **sich Normalisieren** eines pathologischen Zungenbelags ist die echte von der falschen Normalisierung und Ablösung zu unterscheiden.

Ein echtes Zurückgehen (im Sinn einer Besserung) des Zungenbelags besteht etwa in der allmählichen Verdünnung, allmählichen Durchbrechung (Sprenkelung), dem allmählichen Schwinden des Belags, das an der Zungenwurzel beginnen kann um schließlich die Zungenspitze zu erreichen. Diese Zeichen deuten auf ein Nachlassen der inneren Stockung [Obstruktion]. Wenn nun gar (nach dem Schwinden des pathologischen Zungenbelags) der physiologische, weißlicher Zungenbelag sich neu bildet, so ist dies ein günstiges Zeichen dafür, daß das *ch'i stomachi* allmählich (in seiner Stärke und in seinen Orbis) zurückkehrt, und das *ch'i frumentarium* (d. h. die aus der Nahrung verfügbare und aufgenommene Energie) allmählich wieder normal verteilt wird. Wenn hingegen der Zungenbelag plötzlich schwindet, ohne daß sich ein neuer bildet, wenn er stellenweise abblättert, so daß Flecken auf der Zunge erscheinen, oder wenn eine käsige Schmiere an einzelnen, unregelmäßigen Stellen zurückbleibt, so ist dies ein kontravektives Symptom. Letzteres wird häufig bedingt durch Fehlanwendung purgierender oder ableitender und schweißtreibender Arznei oder von der Oberfläche her öffnender Drogen — durch welche Energie und Säfte im *orbis stomachi* geschmälert und geschädigt wurden.

Wenn eine ganz mit einem dicken Zungenbelag bedeckte Zunge diesen plötzlich verliert und der Zungenkörper mit einem unappetitlichen klebrigen Schleim überzogen zurückbleibt, oder aber, wenn auf der Zunge zinnoberrote Punkte oder Linien erscheinen, so handelt es sich um ein unechtes Schwinden des Belags; es sollte sich dann nach 1—2 Tagen wiederum ein dicker Belag bilden. Bleibt die Zunge hingegen trocken zurück, so ist dies ein Zeichen, daß das *ch'i stomachi* allmählich zur Neige geht — ein infaustes Zeichen. Nicht im gleichen Maße, aber in der gleichen Richtung kritisch ist das Ablösen einzelner Klumpen aus einem überdicken Zungenbelag, so daß tiefe Gruben mit trockenem Grund entstehen. In diesem Fall muß dem Verlust von Yin-Säften entgegengewirkt werden.

d. Stärke, Feuchtigkeitsgrad, faulige oder klebrige Beschaffenheit des Zungenbelags

α. Ein *dünner* Zungenbelag zeigt an entweder, daß die Krankheit erst im Anfangsstadium ist, daß es sich nur um eine *species*-Heteropathie im Anfangsstadium handelt oder daß die Krankheit von sehr leichter Art ist.

β. Ein *dicker* Zungenbelag zeigt an, daß die Heteropathie bereits ins Innere gedrungen ist, daß es sich um eine schwere Krankheit handelt, daß im Innern (in den *orbes horreales)* eine Stockung herrscht. (Ein dünner Belag nimmt oft entsprechend dem Krankheitsverlauf an Stärke zu.)

γ. Ist der Zungenbelag *feucht,* so sind die Säfte noch nicht geschädigt, ist er *trocken,* trifft das Gegenteil zu.

Überdies sind bei feuchten Krankheitsbildern die Zungenbeläge feucht, bei heißen Krankheitsbildern die Zungenbeläge trocken. Es kann jedoch vorkommen, daß eine feuchte Heteropathie sich auf die aktive, individualspezifische Energie schlägt, so daß sich das *ch'i* nicht in aktiven Saft verwandeln kann — in welchem Fall der Zungenbelag trocken ist. Umgekehrt kann eine Hitzeheteropathie sich auf die individualspezifisch struktive Energie *(hsüeh)* schlagen

und die struktive Energie so zum „Verdampfen" bringen, daß der Zungenbelag feucht wird.
δ. Ein *fauliger* (verfaulter), *schlammiger* Zungenbelag, der sich durch Wischen leicht entfernen läßt, ist ein Zeichen für Überfluß an aktiver Energie, der bewirkt, daß die trüben, fauligen *ch'i* des *orbis stomachi* nach oben steigen. Ein *klebriger* (kleisterartiger) Zungenbelag, der auf der Zungenmitte etwas dicker ist und der sich weder durch Reiben noch Wischen entfernen läßt, zeigt an, daß die Yang-Energie durch eine Yin-Heteropathie niedergehalten wird — wie dies bei feuchtigkeitsbedingtem Schleim oder bei hartnäckigem, durch eine Fehldiät bedingtem Schleim der Fall ist. Kurzum, die Dicke des Zungenbelags ist ein Indiz für die Schwere der Krankheit; der Feuchtigkeitsgrad steht in Relation zur Menge der verfügbaren Yin- und Yang-Säfte; Schlammigkeit oder Klebrigkeit geben über Feuchtigkeit und Klarheitsgrad des *ch'i* in den *Oo. stomachi et intestinorum* Auskunft.

2) Die Farbe des Zungenbelags

Die Farbe des Zungenbelags — weiß, gelb, aschgrau, schwarz ... — steht mit dem Krankheitsbild und seinen Wandlungen in engem Zusammenhang, weshalb ihrer Beurteilung große diagnostische Bedeutung zukommt. Im einzelnen gelten folgende Entsprechungen:

a. Weißer Zungenbelag: Weiß ist die am häufigsten zu beobachtende Farbe des Zungenbelags. Der übliche weiße Zungenbelag ist in der Zungenmitte und an der Zungenwurzel weißlich und relativ dünn, während Zungenränder und Zungenspitze blaßrot erscheinen. Er ist feuchtglänzend. Weißer Zungenbelag deutet grundsätzlich auf Wind-, Kälte-, Feuchtigkeitsheteropathien *(ventus, algor, humor)* sowie auf eine *species*-Symptomatik. Doch je nach Feuchtigkeitsgrad des Belags und Rötung des Zungenkörpers und infolge der sich aus Überschneidungen der Symptome ergebenden Unterschiede sind sowohl *algor* wie *calor, repletio* wie *inanitas* bei weißem Zungenbelag möglich.

a1. Dünner, weißer, schlüpfriger Zungenbelag: Bei normalem Zungenkörper kann dieser von erhöhter Temperatur, Schüttelfrost, *pulsus superficiales,* Kopfschmerz, geräuschvoller Nasenatmung, Husten, fadem Geschmack im Mund, klarem Urin begleitet sein und deutet auf exogenen *algor venti.* Ist bei diesem Zungenbelag der Zungenkörper feuerrot, herrscht erhöhte Temperatur und Schüttelfrost, Husten und trockener Mund bis zu einem solchen Grad, daß der Patient in der Nacht keinen Schlaf findet, so hat sich zu dem exogenen *algor venti* ein *calor internus* gesellt.

a2. Dicker, weißer, schlüpfriger Zungenbelag zusammen mit erhöhter Temperatur, Schüttelfrost, Gelenk- und Gliederschmerzen ist ein durch *algor externus* ausgelöstes Symptom von *humor internus,* d. h. endogener Feuchtigkeit. Der gleiche Zungenbelag kann auch auftreten, wenn dünnflüssiger kalter Schleim das Diaphragma blockiert, bei Stauungen aller Art, Plethora, Atemnot, Druckgefühl in der Brust, Husten.

a3. Weißer, schlüpfriger bis klebriger Zungenbelag begleitet von Schmerzen und Druckgefühl auf der Brust und in der Magengrube, Herzbeklemmung und Unruhe, Brechreiz, Würgen, fortgesetzt auftretendem Durst, wobei jedoch getrunkenes Wasser sofort erbrochen wird, läßt auf *calor* im Gefolge einer Ansammlung dünnflüssigen Schleims schließen. Der gleiche Zungenbelag tritt auch auf, wenn Unterleibsplethora bei Zurückweisung jedes Getränks, Abgeschlagenheit, Bewegungsunlust, kalter oder nur mäßig warmer Körper aber auch Durchfall bestehen — was als Hinweis darauf zu werten ist, daß die aktive Energie des *orbis lienalis* durch übermäßige Feuchtigkeit bedrängt ist und nicht nach außen dringen kann.

a4. Weißer, kleisterartig klebriger Zungenbelag im Verein mit erhöhter Temperatur, Schmerzen in Kopf und Körper, Durstlosigkeit deutet auf eine Feuchtigkeitsheteropathie im Bereich der aktiven Energien; wirft der Patient dikken, trüben Schleim aus, so spricht man von „lienaler Prostration“, ein Krankheitsbild, das durch die Zusammenballung von *calor humidus,* der zu dem *ch'i frumentarium* in Antagonismus tritt, bedingt wird, wobei trübe Energie nach oben überfließt.

a5. Schlüpfrig, glasig weißer Zungenbelag im Verein mit leichtem Schüttelfrost, *pp. superficiales atque inanes,* leichtem Völlegefühl in der Brust, Oligurie, klebrigem Gefühl im Mund, viel trübem Auswurf, weiß glänzender Gesichtsfarbe deutet auf innere Erschöpfung und mangelnde Verarbeitung der trüben Energien durch das *ch'i orthopathicum.*

a6. Dünner, trockener, weißer Belag deutet auf eine eingetretene Schädigung der Yang-Säfte des *O. pulmonalis.* Ist das Zungenbild von Schüttelfrost begleitet, so kann man auf ein noch gleichzeitiges Vorhandensein einer oberflächlichen Heteropathie schließen; besteht nur Fieber und Schüttelfrost, so ist die Heteropathie bereits geklärt und die Hitze aus dem *orbis pulmonalis* schädigt die Entstehung von Yang-Säften.

a7. Dicker, trockener weißer Zungenbelag deutet auf eine trübe Heteropathie, wobei die Trockenheit auf eine *laesio* der Säfte durch *calor* und eine Nichtassimilation der trüben Energien schließen läßt.

a8. Weißer, wie gepudert aussehender Zungenbelag zeigt sich zu Beginn von Infektionskrankheiten, wenn die Heteropathie in die Plexusgegend gedrungen ist. Noch häufiger tritt er auf, wenn eine durch Hitze im *orbis pulmonalis* induzierte *humor*-Heteropathie vorliegt.

b. Gelber Zungenbelag deutet in der Regel auf eine *intima*-Erkrankung, auf eine *calor*-Heteropathie in den *sinarteriae splendoris yang* [21]), auf *calor* im Bereich der aktiven Energien.

b1. Dünner, gelber, schlüpfriger Zungenbelag zeigt eine *ventus*-Heteropathie an, die zwar schon in *calor* umgeschlagen ist, die aktiven Säfte aber noch nicht

---

[21]) D. h. in den zu den *Oo. stomachi et intestini crassi* gehörenden Leitbahnen.

geschmälert hat. [Sie ist noch durch *refrigeratio caloris* und *penetratio speciei* auf dem Wege einer *sudatio* (Schwitzenlassen) zu kupieren.] Bei schweißlosem Fieber, Kopfschmerz und Schüttelfrost verharrt die Heteropathie noch in der *species yang maioris* [22]); fehlen Kopfschmerz und Schüttelfrost, so ist sie bereits in die *sinarteriae splendoris yang* vorgedrungen.

b2. Dicker, gelber, schlüpfriger Zungenbelag zeigt *calor humidus* im *orbis stomachi* an.

b3. Klebriger, gelber Zungenbelag: Ist der Zungenbelag nur schwachgelb und kleisterartig, besteht Durstlosigkeit, so schließt man auf eine *humor*-Heteropathie im Bereich der aktiven Energien. Ist der kleisterartige Belag deutlich gelb, klagt der Patient über Klumpengefühl in der Magengrube, Übelkeit und Brechreiz, Stuhlverstopfung und Urinverhaltung, so hat sich ein *calor humidus* im *calorium medium* [23]) festgesetzt.

Schließlich können durch feuchten Schleim oder durch eine Überladung des Magens bedingte Verdauungsstockungen zu einem klebrigen gelben Zungenbelag führen.

b4. Dünner, gelber, trockener Zungenbelag läßt auf eine Schädigung der Säfte des *orbis renalis* schließen. (Trotz der Dünnheit des Zungenbelags, der auf eine nur leichte Gesundheitsstörung hinzuweisen scheint, ist diese gewöhnlich von Verstopfung begleitet.)

b5. Dicker, gelber, ausgetrockneter Zungenbelag weist auf *calor* im *orbis stomachi* hin, wodurch dessen aktive Säfte geschädigt wurden. (Zur Therapie genügt *refrigeratio caloris.* Erscheint der Belag allerdings wie altes Leder und rissig, so muß auch die damit angezeigte extreme Hitze durch unverzügliches Purgieren angegangen werden.)

b6. Beinahe farbloser, schwach gelber Zungenbelag auf dickem zartem Zungenkörper, der zudem feucht und kühl ist, zeigt überhandnehmende Feuchtigkeit *(humor)* infolge einer *inanitas orbis lienalis* an.

c. Aschfarbene bzw. aschgraue Zungenbeläge weisen auf *algor*- oder auch auf *calor*-Affektionen der Yin-Leitbahnen [24]). Im einzelnen finden wir

c1. Schlüpfriger, aschfarbener Zungenbelag deutet auf *violatio* [25]) der Wandlungsphase Erde [26]) durch die *aqua algida* [27]), mit anderen Worten auf *algor* in den *sinarteriae yin maioris* [28]). (Mit diesem Zungenbelagsbild treten stets Bauchschmerzen, Erbrechen, Durchfälle, kalte Finger und Zehen, *pp. mersi et minuti* auf.)

---

[22]) Vgl. oben die Pathologie S. 90 f.
[23]) Entsprechend den Oo. *lienalis et stomachi.*
[24]) Vgl. oben S. 95 ff.
[25]) Vgl. oben S. 29.
[26]) Entsprechend den Oo. *lienalis et stomachi.*
[27]) D. h. durch die Energien der Oo. *renalis et vesicalis,* welche durch die Wandlungsphase Wasser qualifiziert sind.
[28]) Das sind die *sinarteriae cardialis* und *lienalis.*

c2. Trockener, aschfarbener Zungenbelag auf gewöhnlich tiefrotem Zungenkörper weist auf *calor*, durch welchen die aktiven Säfte geschädigt wurden.

d. Schwarzer Zungenbelag ist ein Zeichen für schwere und kritische Krankheitsphasen und kann gleichermaßen bei *inanitas* und *repletio, algor und calor* auftreten. Bei *inanitas* geht klares Sensorium mit körperlicher Abgeschlagenheit, bei *repletio* Bewußtseinstrübung mit lauter Stimme einher. Durst läßt auf *calor*, Durstlosigkeit auf *algor* schließen.

d1. Feuchtschlüpfriger, schwarzer Zungenbelag bedeutet
α. wenn er auf einem nicht zu tiefroten Zungenkörper auftritt, *algor* bei *inanitas yang;*
β. wenn er wie ein Überguß aus verdünnter Tusche aussieht und mit kalten Extremitäten und *pp. evanescentes* einhergeht, in jedem Fall *inanitas;*
γ. wenn er gleich zu Beginn einer Krankheit zwar zusammen mit Atembeklemmung doch sonst ohne äußere kritische Symptome auftritt und den ganzen Zungenkörper bedeckt, es war ein in Brust und Körpermitte lauernder Schleim vorhanden, der nun pathologisch wirksam wird;
δ. wenn auf ihm zusätzlich spitze Vorsprünge auftreten, wenn er deshalb auf den ersten Blick wie trocken aussieht, obwohl der Patient keinen Durst verspürt, wenn der Zungenrand einen weißen Belag hat und der Zungenkörper blaß ist: *calor falsus.*

d2. Trockener bis ausgedörrter schwarzer Zungenbelag deutet
α. wenn er dünn über einem leuchtend roten Zungenkörper auftritt, auf Defizienz im Bereich der struktiven Energien;
β. wenn er völlig ausgetrocknet erscheint, auf *ardor,* der die Säfte zum Versiegen gebracht hat;
γ. wenn er zudem Risse, spitze Erhebungen aufweist, auf Glut *(ardor),* die die Säfte hat sich völlig verflüchtigen lassen, so daß nun auch die *aqua mera yin minoris,* d. h. das konstitutionelle Potential struktiver Energie im *orbis renalis* von totaler Erschöpfung bedroht ist — ein sehr infaustes Zeichen.

Es kann allerdings vorkommen, daß diese Art von Zungenbelag (schwarz, trocken, mit Spitzen) entsteht infolge einer Übermacht des *algor merus yin minoris,* so daß das *yang merum* [29]) die Säftesekretion nicht in Gang bringen kann. Da es sich hier um *algor,* nicht um *calor* handelt (kritische Unterscheidungsmerkmale: kein Durst, viel Urin!), muß man unverzüglich die Kälte verdrängen um das Yang zur Rückkehr zu veranlassen.

d3. Schwarzer, ausgetrockneter Zungenbelag auf die Zungenmitte beschränkt deutet
α. bei gleichzeitiger Schwärzung des Zahnfleischs und der Lippen auf unmittelbar bevorstehenden Zusammenbruch der Funktionen des *orbis stomachi;* ansonsten
β. auf eingetrocknete Faeces in den Eingeweiden (falls gleichzeitig hartes, schmerzhaftes Abdomen gegeben ist).

---

[29]) Vgl. S. 37 oben.

d4. Ausgetrockneter, schwarzer Zungenbelag nur an der Zungenwurzel vorhanden läßt auf *calor* im *calorium inferius,* d. h. in den Oo. *renalis, vesicalis et intestinorum* schließen.

d5. Ausgetrockneter, schwarzer Zungenbelag nur an der Zungenspitze vorhanden deutet auf (endogenen) *ardor* im *orbis cardialis.*

Anmerkung: Die Farbveränderungen des Zungenbelags von Weiß über Gelb, Aschgrau nach Schwarz, endlich auch die Bildung spitzer Vorsprünge und schwarzer Punkte, zeigen sehr genau das Vordringen einer *calor*-Heteropathie von außen nach innen entsprechend der *algor-laedens*-Pathologie [30]) an.

e. Gleichzeitiges Auftreten von Zungenbelag verschiedener Farbe

e1. Weißer und gelber Zungenbelag: Grundsätzlich kann man in diesem Fall den weißen Zungenbelag der *species* und den leichten und oberflächlichen Erkrankungen, den gelben Zungenbelag der *intima* und den schwereren, tiefergreifenden Erkrankungen zuordnen und Übergänge in der einen oder anderen Richtung als entsprechende Verschiebungen des Krankheitsgeschehens verstehen. Im Einzelfall sind noch folgende Möglichkeiten in Betracht zu ziehen: Vollzieht sich allmählich eine Gelbfärbung eines weißen Zungenbelags, so deutet dies darauf hin, daß *algor venti* in *calor* bzw. *ardor* übergeht.

Zeigen sich in einem weißen Zungenbelag gelbe Stellen (oder tritt ein noch dünner gelber Zungenbelag in Erscheinung), so ist zu schließen, daß die Heteropathie gerade in die *sinarteriae splendoris yang* (entsprechend den Oo. *stomachi et intestini crassi)* vordringt; fröstelt der Patient bei dieser Symptomatik noch ein wenig, so ist dies ein Hinweis, daß die Heteropathie überwiegend noch in der *species* ist.

Zeigt der Zungenbelag gleichzeitig weiße und gelbe Partien, hat der Patient ein flaues Gefühl im Magen, so bedeutet dies, daß während noch eine äußere Heteropathie besteht, sich auch im Innern eine weitere zusammenzieht.

Ist ein normal feuchter Zungenbelag weiß und gelb (oder weiß und aschgrau) bei Durstlosigkeit des Patienten, so muß man schließen, daß sich *calor* zwar bereits zusammengezogen hat, aber noch nicht symptomatisch eklatant auswirkt; oder, daß seit langer Zeit eine große Schleimansammlung vorhanden war.

e2. Weißer und aschgrauer Zungenbelag, der zugleich schlüpfrig ist, deutet auf *humor algidus.*

Ist der Übergang von Weiß nach Aschgrau unscharf, verwaschen, wirkt der Belag schmutzig, so kommt zu dem *humor algidus* Schleim: die Zirkulation der aktiven Energien wird durch Yin-Heteropathien und Blockaden gehemmt.

Weißer Zungenbelag, bei dem die Hälfte der Zunge eine schmutzigweiße Farbe zeigt, deutet auf eine halb *species-* halb *intima*-Symptomatik.

e3. Weißer und schwarzer Zungenbelag: Treten auf einem weißen Zungenbelag schwarze Punkte oder Streifen auf und ist der Belag klebrig, so deutet dies

---

[30]) Vgl. oben S. 89 f.

auf eine *humor*-Heteropathie im Bereich der aktiven Energien der Leitbahnen *yin maioris.*

e4. Weißer, gelber und schwarzer Zungenbelag tritt auf, wobei oft die Zungenspitze trocken, die Zungenwurzel feucht oder die Zungenmitte ausgedörrt, der Zungenrand schlüpfrig ist; dies ist ein Zeichen für die gleichzeitige Wirksamkeit mehrerer getrennter pathogener Agentien oder des Widerstreits von *calor* und *algor.*

e5. Weißer, aschgrauer und schwarzer Zungenbelag, der zugleich klebrig oder oberflächlich schlüpfrig ist, weist auf eine *humor*-Heteropathie in den *sinarteriae yin maioris.*

e6. Gelber und aschgrauer, ausgedörrter Zungenbelag im Verein mit harten Stühlen deutet auf *calor,* der die struktiven Energien schmälert und der aus einer lang anhaltenden *humor*-Heteropathie hervorgegangen ist.

e7. Gelber und schwarzer Zungenbelag, klebrig oder schlüpfrig deutet auf eine *calor humidus*-Heteropathie, die sich in den *yin maior*-Leitbahnen festgesetzt hat. Ist der Belag am Zungenrand gelb, in der Zungenmitte aber schwarz mit spitzen Erhebungen, ist zugleich das Abdomen gespannt, hart und schmerzhaft, so handelt es sich um Zeichen einer *intima*-Affektion *splendoris yang.*

Sieht die Zunge wie versengt und lederartig aus, so herrscht in der *intima* Hitze höchsten Grades. Zieht sich bei einem ausgedörrten gelben Zungenbelag von der Mitte bis zur Spitze der Zunge eine schwarze Zone, gehen übelriechende Hydrantenstühle ab, so sind die Funktionen *orbium stomachi et intestinorum* insgesamt zugrunde gerichtet.

6. Zusammenfassung der kritischen Zeichen der Zungendiagnose

Die Zungendiagnose ist ein subtiles und präzises Verfahren, dessen Beherrschung allerdings der langen praktischen Einübung bedarf. Deshalb ist es sinnvoll, jene Zeichen besonders einzuprägen, die kritische Krankheitsstadien anzeigen, welche sofern nicht rasch, energisch und zielstrebig eingeschritten wird, zum Exitus des Patienten führen. Der drohende Tod wird durch das Versiegen — überwiegend der struktiven Energien — in einem oder allen Orbes angezeigt, was zu folgenden Zungenbildern führt:

1) Zungenbilder bei drohendem Versiegen des Yin (der struktiven Energien)

a) Zungenkörper ohne jeden Belag, blank wie eine Schweinsniere: *laesio* des Yin durch fiebrige Erkrankungen oder Versiegen des *ch'i stomachi.*
b) Zunge mit spitzen Erhebungen wie ein Stachelfisch, auch ausgedörrt mit tiefen Rissen: Versiegen der Säfte.

c) Zunge in der Breite drastisch geschrumpft, wie vertrocknet, aussehend wie eine getrocknete *lichih*-Frucht: Extreme Hitze läßt die Säfte versiegen.
d) Zungenkörper trocken und dunkel wie eine Schweinsleber: Zersetzung der individualspezifischen Energien.
e) Zungenkörper auffallend in der Länge verkürzt (bei gleichzeitig geschrumpftem Skrotum): drohendes Versiegen des *yin hepaticum.*
f) Zungenkörper wie rote Erde, mit einer Tendenz ins Schwärzliche: drohendes Ende des *yin renale.*

2) Zungenbild bei drohendem Versiegen des Yang (der aktiven Energien)

a) Zungenkörper weiß wie Schneeflocken: drohendes Ende des *yang lienale.*

(3) Inspectio topologica partium, die regionale Inaugenscheinnahme des Körpers

Nach Bedarf und Möglichkeit sind alle Körperteile, ganz sicher aber das Gesicht des Patienten genau diagnostisch in Augenschein zu nehmen. Dabei kommt es, wie schon in der Einführung dargetan, *nicht* auf die möglichst subtile Wahrnehmung [31]) vieler Details an, sondern das Ziel ist die synthetische Zusammenschau von Veränderungen, *die isoliert betrachtet insignifikant sind,* die in ihrem Zusammentreffen aber auffallen müssen.

1. Inspectio capitis, die Inaugenscheinnahme des Kopfes

Der Kopf ist der *conventus omnium yang,* d. h. der Bereich, in dem alle Yang-Leitbahnen zusammentreffen. Er ist die *aula cerebri et medullae,* d. h. der somatische Sitz für das Substrat der dem *orbis renalis* angeschlossenen *paraorbes cerebri et medullae;* er trägt auch die äußere Entfaltung des *orbis renalis,* nämlich das Haupthaar, das wiederum ein Indikator für die orthopathische Stärke des *hsüeh,* der individualspezifisch struktiven Energie ist.

1) Inspectio motus somatisque capitis, die Inaugenscheinnahme von Gestalt und Bewegungscharakteristik des Kopfes

Bei Kleinkindern läßt eine eingesunkene Fontanelle auf eine Defizienz der *paraorbes cerebri et medullae* schließen; umgekehrt deutet eine vorgewölbte Fontanelle eine krankhafte Veränderung der gleichen Paraorbes an.

Sich nicht schließende Schädelnähte ebenso wie ein infolge von Nackenschwäche kraftlos zur Seite fallender Kopf zeigen eine kongenitale Defizienz der Energie des *orbis renalis* an.

---

[31]) Etwa mit Hilfe von Spiegeln, Vergrößerungsgläsern oder Mikroskopen.

Fortgesetztes, unwillkürliches Schütteln oder Werfen des Kopfes deutet bei Kindern und Erwachsenen gleichermaßen auf *ventus internus* [32]).

2) I n s p e c t i o c r i n i s, die Inaugenscheinnahme des Kopfhaares

Volles, reinfarbenes [33]), also nicht mit Grautönen oder der Grundfarbe des Haares fremden Farbeinsprengseln vermischtes Haar deutet auf *vigor ch'i renalis.*

Vergilbendes Haar zeigt eine Defizienz des *hsüeh,* d. h. der individualspezifisch struktiven Energie an.

Haarausfall ist ein Zeichen für ein *ch'i renale dilabens* (der Zeitpunkt für das allmähliche Ergrauen des Haars — gleichgültig ob er bereits in jungen Jahren oder im hohen Alter liegt — ist anlagebedingt und von geringem diagnostischem Wert!)

Oft deutet Haarausfall auf Hitzeschädigung des *hsüeh,* also auf Eintrocknung der Säfte hin; Haarausfall nach längerer Krankheit ist ein Zeichen von *inanitas* des Struktivpotentials *(ching).*

Steifes, trockenes, brüchiges Haar weist auf eine Schmälerung oder ein Versiegen der aktiven Energien.

Unreines, sich verfilzendes Haar der Kleinkinder ist das Zeichen einer Störung der *Oo. intestinorum* infolge zu früher oder falscher Entwöhnung.

2. Inspectio vultus, **die Inaugenscheinnahme des Gesichts**

Die diagnostische Inaugenscheinnahme des Gesichts sollte wegen der verhältnismäßig differenzierten Aufschlüsse die sie liefert und zugleich wegen der Einfachheit des Verfahrens bei keiner Untersuchung versäumt werden. (Für die Beleuchtung gilt das bei der Zungendiagnose Gesagte [34]).)

1) Topologie und Zuordnungen

Die bedeutsamsten Zuordnungen zu den einzelnen Orten des Gesichts entnimmt man am zweckmäßigsten der Abb. 7. Auf ihr entsprechen nach allgemeiner Tradition

die Oberstirn	dem Gesicht im ganzen
die Mittelstirn	dem Pharynx und der Trachea
der Raum zwischen den Brauen	dem *orbis pulmonalis*
die Nasenwurzel	dem *orbis cardialis*
die Nasenmitte	dem *orbis hepaticus*
die Nasenspitze	dem *orbis lienalis*
die Nasenflügel (paarig)	dem *orbis stomachi;*

---

[32]) Zu diesem pathologischen Terminus vgl. S. 54, auch S. 53 oben.
[33]) in den chinesischen Texten heißt es stets „Schwarzes".
[34]) Vgl. S. 116 oben.

ferner sind dem *orbis vesicalis* und dem *paraorbis uteri* paarige Areale auf der Oberlippe zu beiden Seiten des Philtrums zugeordnet. Gleichfalls paarige Orte gehören zu den Oo. *renalis, intestini crassi et tenuis, felleus,* die alle auf zwei von der Wangenmitte ausgehenden, an der Nasenwurzel konvergierenden Linien in der Aufzählungsreihenfolge aufeinanderfolgen.

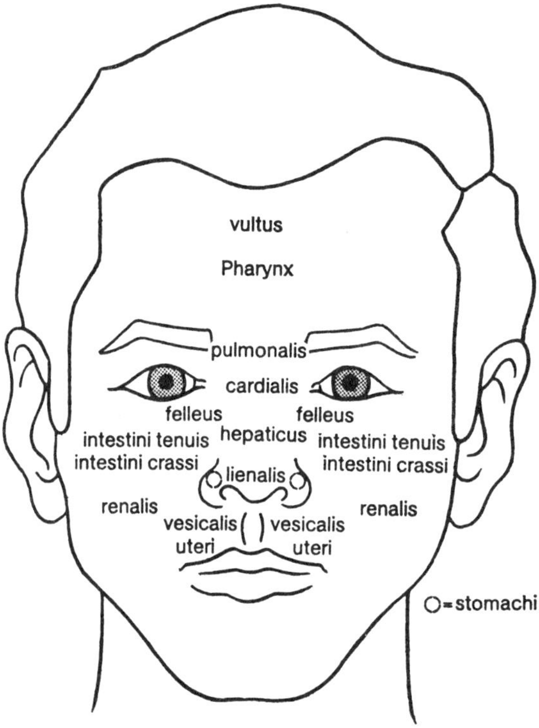

Abb. 7

Beiläufig sei hier eine zwar „klassische“ [35]), ansonsten aber sekundäre Zuordnung der Gesichtsregionen zu den Orbes genannt. Es entspricht

die linke Wange	dem *orbis hepaticus*
die rechte Wange	dem *orbis pulmonalis*
die Stirn	dem *orbis cardialis*
das Kinn	dem *orbis renalis*
die Nase	dem *orbis lienalis.*

Indirekt kann man die Oo. *aulici* den jeweiligen *intimae,* d. h. Innenorbes zuordnen. Man wird aus der Praxis heraus sich entscheiden, wann diese Entsprechungen den üblichen vorzuziehen sind.

[35]) Weil erstmals im Innern Klassiker des Gelben Fürsten, Kap. 32, erwähnt.

2) Inspectio coloris vultus, Inaugenscheinnahme der Gesichtsfarbe

a) **Eine grüne bis blaugrüne Farbnuance** des Gesichts deutet auf *ventus, algor, dolor, ventus pavoris* [Konvulsionen in der Rekonvaleszenz im Kindesalter]. Aufgrund der Wandlungsphasenqualifikation — *ch'ing*, blaugrün, ist die Farbe der Wandlungsphase Holz — ergibt sich zugleich ein direkter Hinweis auf den *orbis hepaticus* und die *sinarteriae yin flectentis* [36]) und deren Symptomenkreis. Daß eine grünliche Verfärbung des Gesichts bei Schmerz auftritt hängt damit zusammen, daß eine häufige Bedingung von Schmerz die Blockade energetischer Leitungsbahnen, somit die Stauung und Zusammenballung aktiver wie auch struktiver Energien ist.

Ventus pavoris wie überhaupt eine *pavor*-Symptomatik wird letztlich [37]) durch Schwäche des *orbis hepaticus (et felleus!)* begünstigt.

Eine grünliche und schwärzliche Gesichtsfarbe deutet auf *dolor algoris*. Ist die Gesichtsfarbe grünlich und weiß, ist dies ein Zeichen von *ventus inanitatis*.

Eine grünliche und rote Gesichtsfarbe deutet auf *ardor* im *orbis hepaticus;* wirkt die Verbindung von Grün und Rot schmutzig, muß man auf extrem gestaute Glut *(ardor)* schließen.

Ist nicht nur das Gesicht, sondern sind auch die Lippen von blaugrüner Farbe, so liegt eine extreme Präponderanz des Yin nahe.

Tritt ein grüner Teint bei Affektionen des *orbis lienalis* auf, ist auf Überlagerung jenes Orbis durch die Energie des *orbis hepaticus* zu schließen — eine schwer zu therapierende Störung.

b) **Eine rote (bis scharlachrote) Färbung** des Gesichts deutet auf *calor*. Entsprechend der Wandlungsphasenwertung steht die rote Farbe auch zum Sommer, zur Sommerhitze *(aestus)*, zum *orbis cardialis* und dessen Leitbahn *yin minor manus* in Beziehung.

Ist die Rötung mäßig, kann auf *calor inanitatis*, ist sie intensiv, auf *calor repletionis* geschlossen werden. Die erstgenannte Möglichkeit ist besonders nach langer Krankheit in Betracht zu ziehen: nach Mittag röten sich die Wangen des Patienten — ein Zeichen für *ardor structivus* aus den Oo. *hepaticus et renalis*. Wirkt das Gesicht wie rot geschminkt, d. h. zartrosa mit einem weißlichen Schimmer, ist diese Rötung schnellem Wechsel unterworfen, so entspricht dies dem Yang-Mützen-Syndrom [38]).

Rötung des Gesichts bei Affektionen des *orbis pulmonalis* (= Überlagerungssymptom) sind schwer zu behandeln.

c) **Eine Gelbfärbung** des Gesichts deutet auf *humor*. Entsprechend der Wandlungsphasenqualifikation weist die Gelbfärbung auf den *orbis lienalis* und dessen Leitbahn *yin maior pedis*.

Ein leuchtendes Zitronengelb im Teint deutet auf relativ wenig *humor*, viel *calor;* ein wie geräuchert wirkendes gebrochenes Gelb ist ein Zeichen von viel

---

[36]) Das sind die Leitbahnen des O. *hepaticus*.
[37]) Primär steht *pavor* zum O. *renalis* in Beziehung.
[38]) Vgl. S. 98 oben.

humor, wenig *calor.* Geht mit dem gelben Teint Abmagerung einher, so ist auf *calor* in den Oo. *lienalis et stomachi* zu schließen.

Ein blasses Gelb deutet auf *inanitas* in eben diesen Orbes. Ein schmutziges, mattes Gelb weist auf *humor algidus* in eben diesen Orbes.

Gelber Teint mit einem Anflug von Blaurot deutet auf Stasen des *hsüeh.* Blaßgelber Teint mit roten Flecken oder Streifen im Verein mit verspannter, gedunsener Leibesmitte weist auf *inanitas* im *orbis lienalis,* gleichzeitig auftretend mit gestauter individualspezifisch struktiver Energie *(hsüeh)* im *orbis hepaticus.* Ist die Nase, insbesondere deren Spitze, von einem frischen Gelb, so deutet dies auf Wiederherstellung der Energie des *orbis stomachi* und auf Rekonvaleszenz. Ist sie im Gegenteil stumpffarben, wie verdorrt, so muß man auf starken Verfall dieser Energie und auf eine schwer zu therapierende Krankheit schließen.

d) **Ein weißer Teint** deutet auf *inanitas, algor,* Defizienz der aktiven wie der struktiven Säfte oder der aktiven und struktiven Energien überhaupt.

Entsprechend der Wandlungsphasenqualifikation ist die weiße Farbe ein Hinweis auf den *orbis pulmonalis* und dessen Leitbahn *yin maior manus,* auf Trockenheit, auf herbstliche Einflüsse. Der *orbis pulmonalis* ist seinerseits zuständig für die Rhythmisierung aller Orbesfunktionen; deshalb weist die weiße Farbe auch auf alle Veränderungen im energetischen Bereich, die als Störung dieser rhythmischen Energieverteilung verstanden werden können.

Ein weißes Gesicht, in dem ein feiner Schimmer von Rot zu erkennen ist, zeigt an, daß die Energie in den Leitbahnen *splendoris yang* [39]) harmonisch fließt. Herrscht hingegen in diesen Leitbahnen eine Defizienz, schwindet dieser rosa Schimmer.

Ein weißer Teint bei Störungen des *orbis hepaticus* deutet auf energetische Überwältigung (des *orbis hepaticus* durch den *orbis pulmonalis),* die schwierig zu therapieren ist.

e) **Ein schwärzlicher Teint** zeigt *algor, dolor, aqua* an. — Aufgrund der Wandlungsphasenqualifikation weist das Schwarze auf den Winter, die Kälte, das Wasser, den *orbis renalis* und dessen Leitbahnen *yin minor pedis.* — Wenn infolge von *algor* der Energiefluß stockt, tritt Schmerz auf.

Hat die Haut des schwärzlichen Teints einen rosa Schimmer, gesunden Turgor und matten Glanz, so kann man auf Gesundheit [40]) schließen. Ist der schwärzliche Teint hingegen matt und fahl, deutet dies auf *calor* im *orbis renalis;* kommt Abmagerung und Zahnfäule hinzu, ist auf chronischen *calor* und entsprechende Schädigung der struktiven Energien zu schließen. Andernfalls ist jede Verdunkelung des Teints ein Zeichen der Vorherrschaft des Yin und einer sich ungenügend entfaltenden aktiven Energie und mithin einer ernsten Erkrankung.

Bei Affektionen des *orbis cardialis* ist eine auftretende Verdunkelung der Stirn ein kontravektives Zeichen *(aqua vincit ignis).*

---

[39]) Siehe S. 92 oben.

[40]) Bei einem Hervorklingen des O. *renalis.*

Eine Schwärzung der Umgebung des Mundes läßt auf völliges Versagen der Energie des *orbis renalis* schließen.

3) Inspectio modi coloris vultus, Inaugenscheinnahme der Modalitäten der Gesichtsfarbe

Diagnostisch sind nicht minder als die Farbnuancen des Gesichts die Modalitäten von Bedeutung, unter welchen diese Farbnuancen auftreten. Man beschreibt von diesen fünf Paare, also insgesamt zehn Modalitäten, nämlich

a) **oberflächliche und tiefe Färbung:** Eine Färbung, die gewissermaßen nur als Schimmer über der Gesichtshaut liegt, nennt man oberflächlich; sie deutet auf die Affektion der *species* oder der *oo. aulici.*

Eine Färbung, die die Gesichtshaut durch und durch zu imprägnieren scheint, nennt man tief; sie deutet auf eine Störung der *intima*, der *oo. horreales.* — Verlagerungen der Heteropathie von außen nach innen und umgekehrt, äußern sich auch im entsprechenden Wandel dieser Modalitäten.

b) **Klare und trübe (verwaschene Färbung):** Die klare Färbung weist auf Vorherrschen der Störung im Yang, die trübe Färbung auf vorherrschende Störung des Yin.

c) **Schwache und intensive Färbung:** Die schwache Färbung läßt auf *inanitas* der Orthopathie, die intensive Färbung auf *repletio* der Heteropathie schließen.

d) **Diffuse und konzentrierte Färbung:** Die diffuse Färbung ist das Zeichen einer leichten oder rezenten Erkrankung, die konzentrierte das Zeichen einer langen oder schweren.

e) **Schimmernder oder stumpfer (glanzloser) Teint:** Der schimmernde Teint deutet auf eine fauste Tendenz, der stumpfe, völlig glanzlose Teint auf eine infauste Tendenz der Krankheit.

4) Inspectio formae vultus, die Inaugenscheinnahme der Gestalt des Gesichts

a) **Gedunsenheit** des Gesichts tritt häufig im Verlauf von Wassersucht auf. Zu unterscheiden ist aktive und struktive Wassersucht. Bei aktiver (Yang) Wassersucht tritt die Gedunsenheit verhältnismäßig schnell ein, und zwar im Gesicht und oberen Extremitäten rascher und früher als am Bauch und in den unteren Extremitäten; bei struktiver Wassersucht stellt sich die Gedunsenheit langsam ein und dabei in den unteren Extremitäten und im Bauch früher und stärker als in den oberen Extremitäten und im Gesicht.

b) **Plötzliche Schwellung der Seiten des Halses [Parotitis]:** im Verein mit Schwellung des Pharynx, rotem Gesicht, mit oder ohne Halsschmerzen, mitunter mit Schwerhörigkeit, weist auf eine *venenum-temperatum*-Noxe [infektiöse Krankheit].

c) **Asymmetrische Bewegung bzw. Paralyse des Gesichts, der Lider, des Mundes** ist ein Zeichen von *vento percussio* [Apoplexie].

3. Inspectio oculi, **die Inaugenscheinnahme des (äußeren) Auges**

Die Augendiagnose der klassischen chinesischen Medizin besteht ausschließlich in der makroskopischen, d. h. ohne Hilfsmittel durchgeführten Betrachtung der von außen unterscheidbaren Teile des Auges, einschließlich der Lider. Es bestehen weder methodische noch praktische Parallelen zur modernen Irisdiagnostik oder zur Spiegelung des Augenhintergrunds.

1) Topologie und Zuordnungen

Zwischen dem diagnostischen Areal des Auges [41]) und den wichtigsten *Oo. horreales* bestehen folgende Beziehungen (Abb. 8).

(1) Die von deutlich sichtbaren feinen Äderchen durchzogenen Teile der Skleren, mithin deren canthale Bereiche, entsprechen dem O. *cardialis* und seiner *perfectio*, den Leitbahnen.

(2) Die an die Pupille grenzenden Teile der Skleren entsprechen dem O. *pulmonalis* und seiner *perfectio*, der Haut.

(3) Die Wülste von Ober- und Unterlid entsprechen dem *orbis lienalis* und seiner *perfectio*, dem Fleisch.

(4) Die Iris entspricht dem O. *hepaticus* und seiner *perfectio*, den *nervus*, d. h. den Antriebselementen des Bewegungsapparats.

(5) Die Pupille entspricht dem O. *renalis* und seiner *perfectio*, den „Knochen".

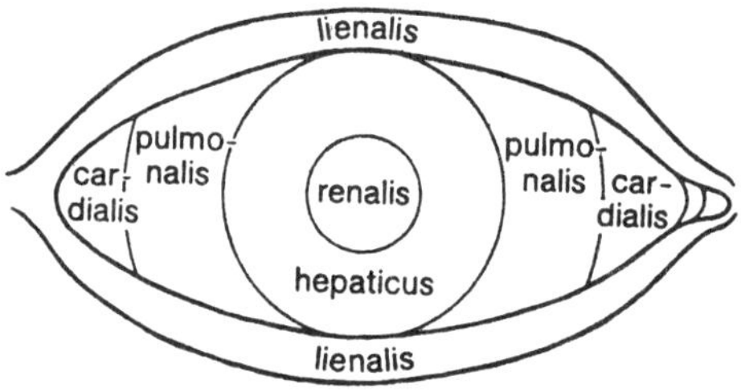

Abb. 8

2) Shên oculi, die konstellierende Kraft im Auge

Beim Gesunden ist das Auge klar und glänzend, sind die Skleren und Pupillen rein gezeichnet, ist der Blick stet. Wird bei einem solchen Befund über gesundheitliche Beschwerden geklagt, so sind diese leichter Natur.

Sind die Pupillen getrübt, die Skleren verschattet oder injiziert, ist der Blick matt oder erscheinen die Augen ungewöhnlich glänzend, so ist die konstellierende Kraft durch ernste Krankheit beeinträchtigt oder verlorengegangen.

3) Symptomatik der Veränderungen am Auge

a) **Rötung der** *canthus* läßt auf *ardor* im O. *cardialis*, **Rötung der Skleren** auf *ardor* O. *pulmonalis* schließen.

b) **Eine gelbe Sklera** ist ein Zeichen für *vigor caloris humidi* in der *intima*.

c) **Eine sich vorwölbende Iris** deutet auf *ardor orbis hepatici*.

d) **Entzündete, geschwürige Lider** sind ein Zeichen von *ardor orbis lienalis*.

---

[41]) Orbisikonographisch ist das Auge Öffnung und Sinnesorgan des O. *hepaticus*.

e) **Ein im ganzen gerötetes und geschwollenes Auge** weist auf *calor venti* in den *sinarteriae hepaticae.*

f) **Auffallend klare und weiße Skleren** deuten auf *algor,* **trübe Skleren und eine schattige Iris** auf *calor.*

g) **Bleiche** *canthus* deuten auf Defizienz des *hsüeh.*

h) **Auffallend glänzende Lider** zeigen Schleim verschiedener Konsistenz an.

i) **Dunkelfärbung der Lider** sind in der Regel ein Zeichen für *inanitas orbis renalis.*

j) **Eine leichte Schwellung der** *orbita* **mit kaum merklichem Hervortreten des Auges bei glänzendem Gesicht** deutet auf die Anfänge einer Wassersucht.

j1. Lidschwellung, mit Röte, plötzlich einsetzend, ist ein Zeichen von *calor* im *orbis lienalis.*

j2. Lidschwellung, langsam sich entwickelnd bei Kraftlosigkeit, weist auf *inanitas orbis lienalis.*

j3. Schwellung des Unterlids im senium deutet auf *ch'i renale dilabens.*

k) **Einsinkende** *orbita* ist ein Zeichen des Verfalls des Struktivpotentials in allen Orbes. Falls das Symptom nur leicht auftritt, kann eine gute Prognose gestellt werden. Tritt es extrem auf, und ist es begleitet von völliger Geistesabwesenheit, *pulsus sine ch'i stomachi,* deutet es auf drohenden *exitus.*

l) **Schlummern mit halbgeöffneten Lidern** ist ein Zeichen extremer *inanitas orbium lienalis et stomachi.*

m) **Stark geweitete Pupillen bei unscharfer Sicht** weisen auf Defizienz der Energie des *orbis renalis.*

n) **Exophtalmus begleitet von Schweratmigkeit** ist ein Symptom von *distensio orbis pulmonalis.*

o) **Koordinationsstörungen der Augenmuskulatur einschl. starrer Blick** deuten auf schwere Krankheitsbilder; Schielen, sofern nicht angeboren, ist meist ein Zeichen von endogenem *ventus hepaticus.*

p) **Geringfügig starrer Blick** kann ein Zeichen von Blockade der *intima* durch Hitzeschleim sein.

Anmerkung 1): Einer in die offiziellen Lehrbücher [42]) aufgenommenen Mitteilung über 1 000 einschlägige Fälle zufolge, ist auf der Sklera auch eine Schnelldiagnose innerer Verletzungen, insbes. bestehender Hämatome des Thorax möglich. Solche Schäden werden im Sklerafeld durch etwa stecknadelkopfgroße dunkelgraue, schwarze oder braune Punkte angezeigt, die sich am Ende von bläulichen, purpurnen oder rötlichen Äderchen ausbilden. (Punkte, die nicht mit diesen Äderchen zusammenhängen, sind ohne diagnostische Aussagekraft.) Dabei projizieren sich dem Rücken nahe Verletzungen oberhalb der Horizontallinie des Auges, der Brust nahe hingegen unterhalb dieser Linie (Abb. 9). Auch erscheinen Schäden der linken Seite im linken Auge, Schäden der rechten Seite im rechten Auge.

Graue, diffuse, wolkenartige Flecken weisen auf Störungen der aktiven Energien [also auf den funktionalen Bereich], schwarze, scharfumschriebene auf Schäden der struktiven Energien [also auf den somatischen Bereich]. Sind die schwarzen Punkte von einem grauen unregelmäßigen Hof umgeben, wirken sich die Störungen im aktiven wie im struktiven Bereich aus. Sind die zu den Punkten hinführenden Äderchen stark injiziert, so bestehen im Zusammenhang mit der Läsion noch Schmerzen.

Anmerkung 2: Der Befall mit Spulwürmern *(ascaris lumbricosus)* führt [43]) etwa in 80 % der Fälle gleichfalls zu ähnlichen Sklerasymptomen (blaue Streifen oder Punkte), ferner zu pellu-

---

[42]) *Fu-chien Chung-i-yao,* Jahrgang 60, Heft 8, p. 24, zitiert in *Chen-tuan-hsüeh Chiang-i,* pp. 34—35.

[43]) Nach dem in der gleichen Quelle p. 38 f. zitierten Text.

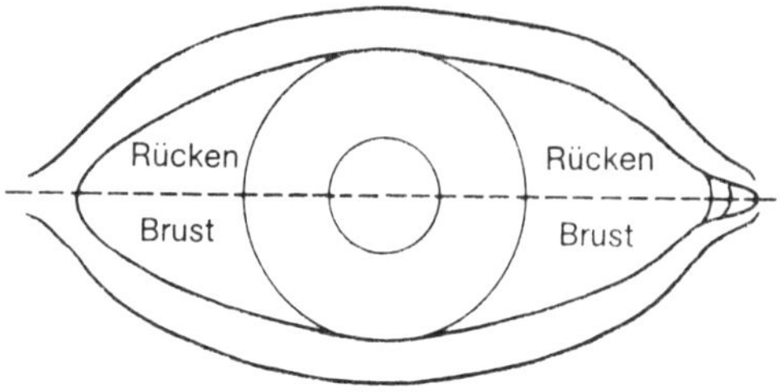

Abb. 9

ciden höckrigen Erhebungen auf der Unterlippe, zu roten Punkten an der Zungenspitze und entlang der Mittellinie der Zunge, endlich mitunter zu weißen fingernagelgroßen Hautflecken im Gesicht- und Wangenbereich. (Die letztgenannten Flecken sind bei auffallender Beleuchtung nicht sehr deutlich, lassen sich hingegen bei diffusem Licht sehr gut erkennen.)

4. Inspectio nasi, **die Inaugenscheinnahme der Nase**

Die Nase ist orbisikonographisch die Öffnung des *orbis pulmonalis* und steht sinarteriologisch mit dem *orbis stomachi* [44]) in Beziehung. Schwellung, Vergrößerung der Nase läßt auf die Macht einer Heteropathie; Einsinken, Verkleinerung der Nase auf eine Schwäche der Orthopathie allgemein und speziell in diesem Orbes schließen.

1) Farbnuancen der Nase

Zeigt die Nase eine grünliche bis blau-grünliche Farbnuance, ist zu schließen auf Schmerzen im Unterleib; zeigt sie eine gelbe Farbnuance, deutet dies auf *calor humidus;* zeigt sie eine weiße Farbnuance, ist dies ein Zeichen von Verlust von *hsüeh;* eine rote Farbnuance der Nase läßt auf *calor* in den *sinarteriae lienalis et pulmonalis* schließen; eine schwärzliche Farbnuance der Nase ist endlich ein Hinweis auf die Vorherrschaft des *ch'i renale.*

Ist die Nase hell und glänzend, kann man auf nur leichte Krankheit, Rekonvaleszenz oder Gesundheit schließen.

Trockene Nasenöffnungen gehören zur Symptomatik von *calor* in den *splendor yang*-Leitbahnen.

Ist überdies die Umgebung der Nasenöffnungen wie von Ruß geschwärzt, so ist auf extreme Hitze im Gefolge einer Yang-Heteropathie zu schließen. Die gleiche Schwärzung bei im Gegenteil kalten und schlüpfrigen Nasenöffnungen deutet auf extreme Kälte im Gefolge einer Yin-Noxe.

2) Nasenfluß, äußere Veränderungen

a) Trüber, dicker Nasenfluß deutet auf exogenen *calor venti,* dünner, klarer auf exogenen *algor venti.*

b) Nasenflügelatmung zu Beginn einer Krankheit weist darauf hin, daß *ardor venti* einer *calor*-Heteropathie den *orbis pulmonalis* blockiert; nach langer Krankheit und von Schweißen begleitet, weist er auf die drohende Erschöpfung der Energien des *orbis pulmonalis.*

---

[44]) Nämlich über seine *cardinalis* und *paracardinalis.*

5. Inspectio auris, **die Inaugenscheinnahme des Ohres**

Das Gehör ist die dem *orbis renalis* zugeordnete Sinnesfunktion; indirekt besteht auch eine Beziehung zum Außenohr. So schließt man vom Aussehen der Ohrmuschel auf die Verfassung des *ch'i nativum* im *orbis renalis.*

Eine mäßig fleischige und mattglänzende Ohrmuschel läßt auf ein ausreichendes *ch'i nativum* schließen, eine gedunsene, geschwollene hingegen auf Mächtigkeit einer Heteropathie, eine geschrumpfte, wie vertrocknet wirkende, auf die Schwäche der Orthopathie.

Blasse Ohrmuscheln sind ein Zeichen von *algor,* bläuliche bis schwärzliche ein Zeichen von *dolor.*

Zeigen sich auf der Rückseite von kalten Ohrmuscheln rote Adern, so ist dies ein erstes Zeichen von Masern.

Auch bei Pocken treten die Adern auf der Rückseite des Ohres hervor. Sind sie mittelrot, kann man auf einen leichten Fall, sind sie purpurn, auf einen mittelschweren, sind sie bläulich oder schwarz, auf einen sehr ernsten Pockenfall schließen.

6. Inspectio oris atque labium, **die Inaugenscheinnahme des Mundes und der Lippen**

Mund und Lippen sind orbisikonographisch den *oo. lienalis et stomachi* zugeordnet.

1) Farbe der Lippen

Mittelrote Lippen sind ein Zeichen von Gesundheit. Tiefrote (kirschrote) Lippen sind ein Zeichen von *repletio* oder von *calor;* blaßrote Lippen deuten auf *inanitas* oder *algor;* tiefrote, zugleich trockene Lippen weisen auf extremen *calor,* infolge dessen die Säfte geschädigt sind;
blaßrote Lippen mit einem schwärzlichen Schleier deuten auf extremen *algor,* bläuliche bis schwärzliche Lippen ebenso; grün-bläuliche Lippen deuten auf *dolor.*

2) Aussehen, Stellung des Mundes und der Lippen

a) Ein offenstehender Mund deutet allgemein auf *inanitas.* Tritt er mit nur ausgehendem Atem auf, ist er ein Zeichen für das drohende Ende der Energie im *orbis pulmonalis.*

Atmet der Patient mit offenem Mund wie ein Fisch, schließt man auf den drohenden Zusammenbruch der Energie des *orbis lienalis.*

Offener Mund bei bläulicher Verfärbung der Mundregion zeigt Überwältigung des *orbis lienalis* durch einen *ventus hepaticus* an.

b) Volles Philtrum und hochgezogene Lippen deuten auf Versiegen der aktiven Energie des *orbis lienalis;* eine geschrumpfte, hochgezogene Oberlippe ist ein Zeichen für das Versiegen der struktiven Energie des *orbis lienalis.*
c) Weiße Punkte bzw. weiße Pusteln an der Innenseite der Oberlippe zeigen Hämorrhoiden an [43]).

7. Inspectio dentium et gingivarum, **die Inaugenscheinnahme der Zähne und des Zahnfleischs**

Die Zähne gehören — wie die Knochen — zur *perfectio* des *orbis renalis.* Von den *cardinales* berühren vor allem die *cardinales splendoris yang pedis et manus* das Kiefergebiet, wodurch eine Beziehung zu den Oo. *intest. crassi et stomachi* besteht. All dies ist zu bedenken, wenn bei *morbi temperati calor* im Bereich der aktiven Energien des *splendor yang* sich entfaltet und dabei das *yin renale* bedroht.

Die Zähne und das Zahnfleisch des Gesunden erscheinen gut befeuchtet und glänzend. Erscheinen beide völlig trocken, ist auf Abwesenheit der aktiven und struktiven Säfte und mithin auf Schädigung der struktiven Energien zu schließen. Sehen die Zähne poliert und trocken wie Steine aus, deutet dies auf *calor vigens* in den Leitbahnen *splendor yang.* Erscheinen sie hingegen trocken und matt wie trockene Knochen, hat *calor vigens* im *orbis renalis* dort zur Erschöpfung der struktiven Energie und damit der Säfte geführt. Erscheint das Zahnfleisch so weiß wie die Zähne, ist dies ein Zeichen von Defizienz an *hsüeh,* an individualspezifisch struktiver Energie.

Blutendes und/oder geschwollenes Zahnfleisch deutet, falls es zugleich schmerzhaft ist, auf *ardor vigens* im O. *stomachi;* ist es schmerzlos, auf *ardor* im O. *renalis.*

Zähneknirschen weist in der Regel auf einen *endogenen ventus hepaticus.* Das Zusammenbeißen der Zähne im Schlaf, das bei Kindern auftritt, ist dort ein Zeichen von lokaler Stauung oder Blockade des Energieflusses.

8. Inspectio faucium, **Inaugenscheinnahme des Rachens**

Der Augenschein des Rachens gibt zusätzliche Befunde zu Störungen vor allem der Oo. *pulmonalis, stomachi* und *renalis.*

Dolor, rubor, turgor des Rachens deuten gewöhnlich auf eine Hitzeheteropathie in den Oo. *pulmonalis* oder *stomachi.*

Ein membranöser, fauliger, leicht zu entfernender und nicht wiederkehrender Belag weist gleichfalls auf *calor* im O. *stomachi.*

Läßt sich der weiße Belag nicht durch Wischen entfernen, führt stärkeres Wischen im Gegenteil zu Blutungen, oder bildet sich der Belag immer wieder neu, so handelt es sich um Diphtherie.

Eine nur schwache Rötung des Rachens bei mäßigem Schmerz läßt auf Defizienz der *aqua renalis,* d. h. der spezifischen Energie des *orbis renalis* schließen und ist ein Zeichen für nach oben schlagenden *ardor inanitatis.*

9. Inspectio membrorum, **die Inaugenscheinnahme der Gliedmaßen**

1) Das allgemeine Aussehen von Händen und Füßen

Bei den Extremitäten läßt Schwellung und Gedunsenheit in der Regel auf *repletio,* Verkümmerung, Schrumpfung in der Regel auf *inanitas* schließen.

Bei allen übrigen Symptomen, insbesondere bei gichtischen Schwellungen, Entzündungen, Schmerzen, Versteifungen, sind die angereihten Befunde maßgebend.

2) Handgelenke und Fesseln

Gute Farbe und guter Tonus des Fleisches und der Haut an Handgelenk und Fesseln läßt auf ausreichende Säfte, Trockenheit und Abmagerung auf Defizienz der Säfte schließen.

3) Finger- und Zehennägel

Die Nägel sind die äußere Entfaltung *(flos)* des O. *hepaticus.* Ihre mittlere Rötung und ihr matter Glanz ist das Zeichen ausreichender aktiver und struktiver Energien.

Tiefrote Nagelfelder weisen auf *calor,* blaßrote auf *algor* oder auf *inanitas;* bläuliche deuten *inanitas* des *hsüeh,* gelbe einen Ikterus, schwärzliche Hämatome und Stasen an.

10. Inspectio indicis infantum, **die Inaugenscheinnahme des Zeigefingers in der Pädiatrie**

Während in der Pädiatrie wichtige Verfahren der chinesischen Diagnostik wie die Zungen- und vor allem die Pulsdiagnose nur sehr beschränkt einzusetzen sind, bietet die praktisch nur bei Kindern bis zum 3. Lebensjahr ergiebige Diagnose der Finger, insbes. der Innenseite des Zeigefingers hier einen gewissen Ausgleich.

1) Topologie und Manipulation

Man unterscheidet an der Innenseite des Zeigefingers von der ersten Phalanx beginnend: *clusa fortunae, clusa ch'i und clusa venti* (Abb. 10) und man ordnet die *clusa venti (feng-kuan)* dem System der *reticulares* (Netzbahnen), mithin den ganz oberflächlichen Störungen,
die *clusa ch'i (ch'i-kuan)* den *cardinales* (Hauptleitbahnen), mithin den oberflächlichen Störungen,

die *clusa fortunae (ming-kuan)* den Orbes, mithin den tiefgreifenden und ernsten Störungen zu.

Um die Zeichnung und Farbveränderung gut sichtbar zu machen, streicht der Diagnostizierende mit dem Daumen kräftig mehrmals in proximaler Richtung über die Innenseite des passiv gestreckten Zeigefingers.

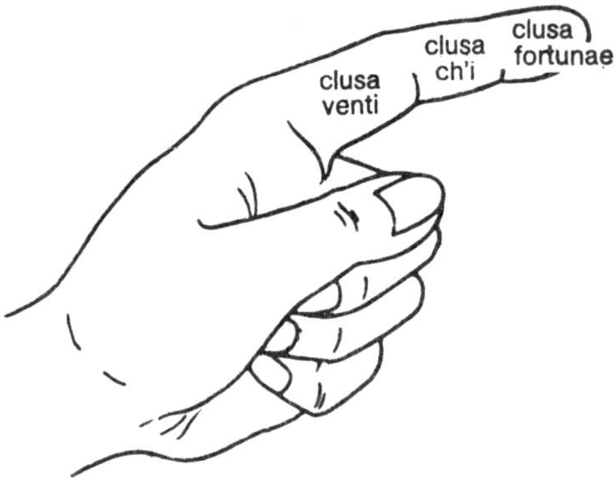

Abb. 10

2) Aussehen

Die Innenseite des Zeigefingers ist beim gesunden Kind rosig mit einer leichten gelblichen Nuance. Treten Beschwerden auf, so deutet ein Fortbestehen der Pastelltöne eine leichte, ein Auftreten kräftiger Farben auf eine schwere Erkrankung.

Ein frisches Rot weist auf eine exogene Heteropathie, eine Purpurfärbung auf *calor.*

Verblassen der Farbe deutet auf *inanitas,* Konzentration der Farbe auf *repletio.*

Eine blau-grüne Verfärbung ist ein Zeichen von *ventus* oder *dolor,* eine ebensolche mit Übergängen nach Purpur oder Schwarz ein Zeichen für Stauungen und Blockaden der Energie, beim Kind ein äußerst ernster Befund.

Verlängern und vertiefen sich die Linien auf den einzelnen *clusae,* ist auf eine Vertiefung, Verschlimmerung der Krankheit zu schließen; sind die Linien kürzer und leichter, ist die Krankheit an der Oberfläche oder es tritt Besserung ein.

11. Inspectio excrementorum, **die Inaugenscheinnahme der Ausscheidungen**

1) Salivae et muci

Bei Schleim und Speichel weist klarer oder blasiger oder schaumiger auf *mucus venti,* weißer, milchiger, schlüpfriger, leicht auszuwerfender auf *mucus humoris,* klarer und dünnflüssiger auf *mucus algoris,* fester klumpiger, gelber auf *mucus caloris.*

Das häufige Bedürfnis auszuspucken, deutet auf *algor orbis stomachi,* das Fließen eines dünnen Speichels auf Kälte, das Fließen eines zähen, klebrigen Speichels auf Hitze im *orbis lienalis.*

2) Vomitus

a) Wäßrig klarer, geruchloser *vomitus* (Ergänzungssymptom: Verlangen nach und Besserung durch heiße Getränke) weist auf *algor.*
b) Klumpiger, säuerlich riechender *vomitus* (Ergänzungssymptom: Verlangen nach und Besserung durch kalte Getränke) weist auf *calor.*
c) Schleimiger, fadenziehender *vomitus,* bei Durstlosigkeit trotz trockenen Mundes, deutet auf Schleimansammlung.
d) Unverdaute Speisereste einschließender, faulig und sauer riechender *vomitus,* weist auf ein „Nachtessen"-Erbrechen.
e) Eitriger, blutgestreifter, äußerst übelriechender *vomitus,* weist auf innere Geschwüre.
f) Intermittierendes Erbrechen kleiner Mengen unverdauter Speisen, leicht faulig oder säuerlich riechend, deutet auf Energiestauung im O. *stomachi.*

3) Faeces

Sind die Stühle	ist zu schließen auf
a) gelb, breiig, übelriechend	*calor* in den Oo. *intestinorum*
b) wässrig, mit unverdauten Speiseresten vermischt	*algor* in den Oo. *intestinorum*
c) dünnflüssig, klar, begleitet von Schüttelfrost, Fieber und Kopfschmerz	*ventus*-Heteropathie
d) wässrig, bei Abgeschlagenheit, Rumpeln im Unterleib	*humor*-Diarrhöe

Alle weiteren Symptome gehören in den Bereich der infektiösen bzw. somatischen Darmerkrankungen, für welche diagnostisch primär die westliche Medizin zuständig ist.

4) Urin

Heller, klarer, reichlicher Urin läßt auf *algor,* dunkler, trüber, spärlicher Urin auf *calor* schließen.

II. Kapitel: Auscultatio et olfactio, Diagnose durch Gehör und Geruch (wén-chen)

Der chinesische Terminus *wén* (= im 2. Ton) bezeichnet gleichermaßen die akustische wie die olfaktorische Wahrnehmung. Entsprechend wurde im Lauf der Zeit unter diesem Rubrum außer der akustischen Beurteilung der Stimme auch die der geruchsmäßigen der Ausscheidungen angeführt.

(1) Auscultatio vocis, die diagnostische Beurteilung der Stimme und Sprache

Die menschliche Stimme, die beim Gesunden unabhängig von individuellen Varianten klar, deutlich und in sich ausgewogen und getragen klingt, ist im Fall pathologischer Störungen den vielfältigsten Veränderungen unterworfen.

1. Vokation

a) **Stimmverlust** nach kurzer oder zu Beginn einer Erkrankung ist in der Regel auf außeninduzierten *algor venti* zurückzuführen, der die Entfaltung der Energie des *orbis pulmonalis* behindert. Stimmverlust nach langer Krankheit beruht auf einer Schädigung des *orbis pulmonalis.*

b) **Rauhheit oder Dröhnen** der Stimme ist in der Regel ein *repletio*-Symptom im Gefolge von exogenem *calor* oder einer mächtigen *calor*-Heteropathie.

c) **Eine piepsende Stimme** (= hell, klar und leise) ist gewöhnlich ein Zeichen von *inanitas,* bedingt z. B. durch *algor internus.*

2. Sermo (Redefluß)

Aus den Eigenheiten des Redeflusses sind Rückschlüsse auf *species* und *intima, algor* und *calor, inanitas* und *repletio* möglich.

a) **Exogene Heteropathien** äußern sich in einer lauten, kraftvollen, zunächst leichtflüssigen, später schwerfälligen Sprache.

b) **Endogene Läsionen** bedingen eine leise, ängstliche, zunächst schwerfällige, später flüssige Rede.

c) *Algor* bedingt Redeunlust, Wortkargheit.

d) *Calor* bedingt Geschwätzigkeit.

e) *Inanitas* führt zu einem schwachen, leisen, oft unterbrochenen Redefluß.

f) *Repletio* bedingt eine laute und polternde Stimme.

g) **„Wirres Reden"**, d. h. zusammenhangloses Reden im Verein mit gedämpften Sensorium, deutet auf *repletio*.

h) **„Repetitive Faselei"** bei großer nervöser Prostration weist ebenso auf *inanitas (orbium cardialis sive renalis)* wie die Tendenz zu Selbstgesprächen, zu sinnlosen Reden, von deren Inhalt man sich aber wieder distanziert.

3. Respiration

a) **Eine laute, geräuschvolle Atmung** ist im allgemeinen ein *repletio*-Symptom; sie kommt aber auch bei der nach langer Krankheit drohenden Erschöpfung der Energien der *Oo. pulmonalis et renalis* vor.

b) **Eine leise, kaum hörbare Atmung** ist im allgemeinen ein *inanitas*-Symptom; sie kommt aber auch bei *calor* im *orbis pericardialis* vor.
Zu den typischen Störungen des Atemgeräuschs gehören:

c) **das Keuchen** *(ch'uan):* die Atmung ist erschwert, erfolgt durch den Mund, mit hochgezogenen Schultern; der Patient erträgt das Liegen nicht. Diese Zeichen können sowohl durch *repletio* als auch durch *inanitas* induziert sein. *Repletio*-Keuchen ist äußerst geräuschvoll, beschleunigt, von repleten Pulsen begleitet und tritt auf der Grundlage einer kräftigen Konstitution bei *calor* im *O. pulmonalis* oder bei Schleimblockade auf. Das *inanitas*-Keuchen entspricht einem eher verlangsamten Atemrhythmus bei einem sich müde fühlenden, leise sprechenden, häufig seufzenden Patienten.

d) **die Rasselatmung** *(hsiao):* Ein vernehmbares Atemgeräusch tritt jeweils nur am Ende der Atembewegungen auf. Dieses intermittierend auftretende, oft längere Zeit schwindende, dabei chronische Symptom, ist entweder bedingt
α. durch subrepten Schleim, der durch eine exogene *algor*-Heteropathie in der *species* des Fleisches festgehalten wird und der sich ab und zu in Bewegung setzt;
β. durch eine ebensolche Heteropathie, die in den *sinarteriae pulmonalis* deversiert; endlich kann auch
γ. der fortwährende Aufenthalt in kalten, feuchten Orten oder
δ. der übermäßige Genuß saurer oder salziger Speisen für die Rasselatmung bedingend sein.

e) **das Schnauben oder Schnaufen** *(shang-ch'i):* Ein kontravektives Symptom mit angestrengtem Atmen, bedingt durch Schleim in den Atemwegen. Dies kann sein
α. ein Symptom von Schleim im Bereich des Thorax, wenn der Patient sich immer wieder räuspert, dabei opaquen Auswurf herausbefördert, nur Sitzen, nicht aber Liegen erträgt;
β. ein Symptom von kontravektivem *ardor* infolge von *inanitas* des Yin (des *O. renalis)*, wenn der Patient zugleich einen rauhen Hals hat;
endlich

γ. ein Hinweis darauf, daß durch eine in der Haut festgesetzte Heteropathie die Energie des O. *pulmonalis* gebunden und nach innen zurückgedrängt wird, wo sie mit den Säften zusammenstößt (was wiederum oft das Begleitsymptom der Gedunsenheit bedingt).

f) **Kurzatmigkeit** *(tuan-ch'i),* d. h. eine gegenüber der Norm flachere und daher beschleunigte, zugleich nervös-labile Atmung, die jedoch weder von besonderen Geräuschen noch von Schulterbewegungen begleitet ist, kann bedingt sein
α. durch Reste dünnen Schleims im Thorax, wenn gleichzeitig Durst, schmerzende Gelenke und *pp. mersi* beobachtet werden;
β. durch Erschöpfung der Energie des O. *pulmonalis,* wenn sie von reichlicher Urinausscheidung und allgemeiner Schwäche des Körpers begleitet ist;
γ. repletio der *intima* (insbes. der *Oo. cardialis et intestinorum),* wenn im Gefolge einer *algor-laedens*-Erkrankung ein gespanntes aufgetriebenes Abdomen beobachtet wird;
δ. inanitas der *intima,* wenn im Zuge der gleichen Erkrankung der Unterleib gedunsen, jedoch weich ist.

g) *respiratio minor* [Hypoventilation] *(shao-ch'i)* nennt man eine zwar verhältnismäßig regelmäßige, jedoch zu flache, zu langsame, zu schwache (daher geräuschlose) Atmung. Sie deutet auf *inanitas* und energetischen Verfall des gesamten Individuums.

4. Tussis, der Klang des Hustens

Der Husten ist in erster Linie Symptom einer Erkrankung des O. *pulmonalis,* die bestehen kann
a) in einem exogenen *algor venti,* wenn der Husten laut und rauh klingt, und gleichzeitig klarer, weißer Auswurf und eine Verstopfung der Nase beobachtet wird;
b) in *calor (O. pulmonalis),* wenn der Husten gedämpft, der Auswurf gelb und dick, dabei schwer löslich ist und Schmerzhaftigkeit des Halses und eine heiße, aber durchgängige Nase gegeben sind;
c) in *algor* oder *humor* und/oder einer großen Schleimansammlung, wenn der gedämpft klingende Husten leicht größere Mengen Auswurfs herausbefördert;
d) in *inanitas,* wenn zwar ein Hustenreiz verspürt wird, der Drang sich aber nur in einigen heftigen Atemzügen auswirkt;
e) in *repletio,* wenn der Husten anfallsweise oder paroxysmatisch auftritt und u. U. von Hämoptöe begleitet ist;
f) in *ardor,* wenn der Husten niemals Schleim, sondern allenfalls etwas klebrige Flüssigkeit herausbefördert.

5. Auscultatio vomitus, die Geräusche des Würgens und Erbrechens

Die traditionelle chinesische Medizin unterscheidet zwischen Erbrechen *(ou,* geräuschvoll und Substanz herausbefördernd), Speien *(t'u,* Substanz herausbefördernd, doch geräuschlos) und Würgen *(kan-ou)*, geräuschvoll, doch nichts herausbefördernd. Jede dieser Störungen kann durch energetische Kontravektion im O. *stomachi* bedingt sein.

a) Erbrechen, das durch *algor* oder *inanitas* bedingt ist, fördert nur langsam und mäßig geräuschvoll Substanz zutage.

b) Durch *calor* oder *repletio* bedingtes Erbrechen geht plötzlich und sehr geräuschvoll vonstatten und fördert rasch viel Substanz heraus.

6. Auscultatio singulti, **die Geräusche von Schluckauf** (êh-ni) **und Rülpsen** (ai-ch'i)

Schluckauf wie gleichfalls das Rülpsen sind Kontravektionen der Energie des O. *stomachi.* Schluckauf kann bei einem im ganzen gesund und kräftig wirkenden, sonst keine auffälligen Symptome zeigenden Individuum bedingt sein entweder

α. durch eine meteorologische Kontravektion oder

β. durch einen nach dem Essen zugezogenen *algor venti* oder einfach

γ. durch zu hastiges Essen. Es handelt sich in diesen Fällen um ganz leichte Störungen, die meist überhaupt keiner Behandlung bedürfen.

Schluckauf bei einem kachektischen Individuum und nach langer Krankheit ist hingegen ein sehr ernstes Symptom.

Der *singultus* weist auf

a) *algor,* wenn er mit kalten Extremitäten, weißem Zungenbelag, fadem Mundgeschmack, *pulsus tardi* einhergeht;

b) *calor,* wenn er laut und abgehackt klingt, von trockenem Mund, Durst, *pulsus celeri* begleitet ist;

c) *inanitas,* wenn er leise und langgezogen erfolgt, von *pulsus inanes* und weiteren Erschöpfungssymptomen begleitet ist;

d) *repletio,* wenn er deutlich vernehmbar ist und mit *pulsus repleti et lubrici* einhergeht.

Rülpsen kann das Zeichen

a) einer im *orbis stomachi* deversierenden *algor*-Heteropathie sein; oder es kann

b) im Gefolge zu starker ableitender Maßnahmen (wie Schwitzen und Brechen) auftreten und anzeigen, daß eine momentane Dysharmonie *im O. stomachi* gegeben ist;

c) das Zeichen einer unverdauten Mahlzeit („Nachtessen-Syndrom") sein, falls es faulig oder säuerlich riechende Luft nach oben fördert;

d) auf eine *inanitas* des Seniums hinweisen, falls es bei betagten Individuen auftritt und gleichfalls faulig riechende Luft nach außen fördert.

(2) Olfactio, **die Geruchsdiagnose**

Die Geruchsdiagnose bezieht sich auf die Ausdünstungen und Ausscheidungen des Körpers und den Geruch des Krankenzimmers. Nicht selten hat sie für die Beurteilung der relativen Schwere einer Krankheit kritische Bedeutung.

1. Mundgeruch

Außer klar umschriebenen somatischen Ursachen wie faule Zähne und Magengeschwüre (für deren Diagnose und Behandlung die westliche Medizin primär zuständig ist), kann ein äußerst übelriechender Mundgeruch durch *calor* im *orbis stomachi* bedingt sein.

2. Schweißgeruch

Der Umstand, daß der Schweiß einen deutlich wahrnehmbaren, oft penetranten Geruch hat, ist ein Zeichen, daß entweder eine *ventus-*, *calor-* oder *humor*-Heteropathie [45]) sich längere Zeit hindurch in der Haut d. h. in der *perfectio* des O. *pulmonalis)* angesammelt hatte und dabei die Säfte verändert hat.

3. Geruch der Ausscheidungen

Bei *faeces*, Urin und Menstrualblut deutet ein besonders penetranter Gestank auf *calor* (bei Urin u. U. auch auf *humor)*, ein verhaltener Geruch, etwa wie nach frischem Fleisch, auf *algor*.

4. Krankenzimmer

Unabhängig von der Reinlichkeit des Krankenzimmers weist ein fauliger oder leichenhafter Geruch auf schwerste Schäden der Orbes, ein Geruch nach Blut im allgemeinen auf Verlust an *hsüeh*.

III. Kapitel:
Interrogatio, die diagnostische Befragung

Die Befragung des Patienten oder seiner Angehörigen soll außer den allgemeinen Daten für das Krankenblatt Aufschluß über jene Faktoren bringen, die auf anderem diagnostischem Wege ungenügend oder überhaupt nicht erfaßbar sind, z. B. über subjektive Eindrücke, in der Vergangenheit liegende Krankheiten, Behandlungen, Unfälle, über die Lebensgewohnheiten usw. Wie bei der Anamneseerhebung der westlichen Medizin ergeben sich viele Fragen unmittelbar aus dem Gang der Untersuchung. Auf jeden Fall sollte bei jeder Erstdiagnose zumindest zu folgenden Punkten gefragt werden:

---

[45]) Zur Differentialdiagnose vgl. die Orbisikonographie, evtl. auch die Falttafel 1 oben.

1. Temperaturempfinden
2. Schweiße
3. Schmerz
4. Stuhlgang und Miktion
5. Appetit, Durst
6. Atem
7. Gesicht, Gehör
8. Müdigkeit und Schlaf
9. frühere Krankheiten und ihre Behandlung
10. [weibliche Regel]

1. Temperaturempfinden

Die Frage nach dem subjektiven Temperaturempfinden ist ein grundlegendes Element jeder Diagnose und steht deshalb in der Regel am Anfang der Befragung. Es können auftreten:

a1) Frieren („Schüttelfrost" „Kältescheu" *[wu-han])*, d. h. eine allgemeine subjektive Kälteempfindung, die unabhängig auftritt von, ja meist trotz gegebener Wärme der Kleidung, der Umgebung, des Körpers und der Extremitäten.

a2) Frösteln („Windabscheu", *wu-feng)*, d. h. eine subjektive Kälteempfindung *auf der Haut,* die eine „Gänsehaut" hervorruft, als ob man einem starken Luftzug ausgesetzt wäre — unabhängig von den objektiven Verhältnissen. Schüttelfrost, Frieren und Frösteln können bei *algor-* und *calor*-Heteropathien, bei *inanitas* und *repletio* auftreten, was differentialdiagnostisch zu unterscheiden ist.

b) Quälende Hitze („Hitzeabscheu", *wu-jô)*, d. h. die subjektive Empfindung drückender Hitze — unabhängig von Körper- und Umgebungstemperatur und Kleidung.

b1) Fieber *(fa-joh)* d. h. eine objektive, oft auch subjektiv wahrgenommene Temperaturerhöhung des ganzen Körpers über das physiologische Maß hinaus.

b2) Hitzewallungen, d. h. das intermittierende oder anfallsweise Auftreten der in b) beschriebenen Störung.

b3) Periodisches Fieber *(ch'ao-joh)*, d. h. intermittierendes, anfallweise oder periodisch wiederkehrendes Fieber, mitunter von Schüttelfrost begleitet.

Aus den Auskünften über das Temperaturempfinden sind Rückschlüsse möglich auf die relative Stärke von Orthopathie und Heteropathie, auf *inanitas* des Yin oder des Yang, auf exogene Noxen oder endogene Störungen.

(1) Auf **exogene Noxen** deuten plötzliches Auftreten der Symptome, Fieber mit Schüttelfrost, größere Wärme des Handrückens als des Handtellers, größere Wärme des Rückens als des Bauchs und der Brust.

(2) Der **endogene Charakter** einer Störung wird nahegelegt durch allmählich sich entwickelnde Symptomatik, Wechsel von Hitze und Kälte, Frieren, das durch warme Bedeckung zu bessern ist, Handteller wärmer als Handrücken, Brust und Bauch wärmer als der Rücken.

(3) Die relative Stärke von Schüttelfrost und Fieber steht stets in direktem Verhältnis zur Stärke der Heteropathie und *im allgemeinen* im umgekehrten Verhältnis zur Stärke der Orthopathie.
(4) Eine stets eintretende Verschlechterung des Befindens bei Tag weist auf eine primäre Affektion der aktiven Energien (= Yang), eine stets während der Nacht eintretende Verschlechterung des Befindens weist auf eine primäre Affektion der struktiven Energien (= Yin).
(5) Über längere Zeit jeden Tag nach Mittag ein Temperaturanstieg deutet auf *inanitas* des Yin. Frostigkeit, spontane Schweiße und kalte Extremitäten sind Zeichen von *inanitas* des Yang.

2. Schweiße

Schweiß wird im Körper aus struktiver Energie unter der Einwirkung aktiver Energie gebildet und tritt durch die Poren der Haut nach außen. Mit anderen Worten, Schweiß zeigt stets eine Verschiebung im dynamischen Gleichgewicht der aktiven Energien und struktiven Potenzen einer Person an. Schweiß bildet sich also sowohl, wenn die Aktivität über das Maß des ihr die Waage haltenden Struktivpotentials gesteigert wird, als auch, wenn bei gleichbleibender Aktivität — und sei diese nur die Aufrechterhaltung physiologischer Funktionen — die verfügbare struktive Energie vermindert ist. Im ersten Fall würde man Redundanz des Yang oder *calor*, im zweiten Fall Defizienz oder *inanitas* des Yin diagnostizieren.

Bei exogenen Störungen kann Schweiß oder Schweißlosigkeit auftreten. Schweißlosigkeit ist dann ein Zeichen von *repletio speciei,* bei der die Poren geschlossen bleiben; Schweiß ist ein Zeichen für *inanitas speciei,* bei der sich die Poren öffnen.

Aus diesen Zusammenhängen ist klar, weshalb im Fall einer außeninduzierten, leichten *species*-Erkrankung ohne Schweiß die therapeutische Lösung der *species-repletio* mit folgenden Schweißausbruch nicht nur sofortige subjektive Erleichterung, sondern zumeist auch schon eine völlige Heilung bringt — mit Beruhigung der Pulse, Weichen des Zungenbelags. Selbstverständlich sind diese ergänzenden Befunde zur Bestätigung des Heilerfolgs unerläßlich.

Anders als die bei großer Kraftanstrengung physiologisch auftretenden Schweiße sind diagnostisch vor allem interessant:

a) **Die spontanen Schweiße** *(tzu-han),* d. h. solche, die sich ohne besondere Anstrengung von selbst einstellen. Sie deuten in der Regel auf *inanitas* des Yang.

b) **Die Schweiße während des Schlafs** *(tao-han),* d. h. solche, die sich nach dem Einschlafen einstellen und nach dem Erwachen sogleich wieder versiegen. Sie weisen zumeist [46]) auf *inanitas* des Yin.

c) **Die Kopfschweiße,** d. h. die nur auf dem Kopf bzw. das Gesicht beschränkten Schweiße. Sind sie von quälendem Durst, gelbem Zungenbelag, *pp. superficiales et celeri* begleitet, so deuten sie auf schwelende Hitze im *calorium*

---

[46]) Es sind allerdings die Ergebnisse der übrigen Diagnosen, insbes. der Pulsdiagnose zu berücksichtigen.

superior; geht mit ihnen Abgeschlagenheit, Müdigkeit, schlüpfriger gelber Zungenbelag einher, so sind sie ein Zeichen für die Ansammlung von *calor humidus;* im Verein mit kalten Extremitäten, Schüttelfrost, schlüpfrigem, weißem Zungenbelag, *pulsus mersi,* weisen sie auf *inanitas* des Yang; Stirnschweiß, begleitet von Keuchen, ist ein Zeichen für den Zusammenbruch der aktiven Energien.

d) **Die absoluten Schweiße** *(chüeh-han),* d. h. solche, die bei schwersten Krankheitserscheinungen ohne Unterbrechung hervorperlen, deuten auf einen total zerrütteten Rapport zwischen Yin und Yang und auf ein wurzellos nach außen diffundierendes Yang.

e) **Die Trepidationsschweiße** *(chan-han),* d. h. solche, die im Anschluß an einen heftigen Anfall von Kältezittern ausbrechen. Sie zeigen stets den Eintritt der Krisis an, wobei eine genaue Diagnose erbringen muß, ob damit die Wende zum Bessern tatsächlich erfolgt ist (Zeichen dafür etwa: fallendes Fieber nach dem Schweißausbruch, Normalisierung der Pulse), oder ob eine zu stark geschädigte Orthopathie ein normales Konzert der Funktionen nicht aufbauen kann (Zeichen dafür: subnormale Temperatur nach dem Schweißausbruch, harte, schmale, schwache Pulse).

3. Schmerzen

Schmerzen sind ein integrierender Bestandteil [47]) vieler Krankheitsbilder, weshalb ihre genaue Beschreibung und Lokalisation diagnostisch von großem Wert ist.

1) Kopfschmerzen

Im allgemeinen sind akute Kopfschmerzen *repletio*-bedingt und durch eine exogene Heteropathie ausgelöst, chronische, anfallsweise auftretende Kopfschmerzen endogener Natur, nämlich durch *inanitas* des *ch'i primum* bedingt. Doch gibt es häufige Ausnahmen dieser Regel, wie eine genauere Diagnose oft zeigen wird.

Kopfschmerz im Zusammenhang mit der weiblichen Regel deutet gewöhnlich auf eine Defizienz des *yin hepaticum,* die indirekt dazu führt, daß das *yang hepaticum* nach oben steigt (und im Kopf) zu einer lokalen *repletio* führt.

Es bestehen ziemlich genau definierte Beziehungen zwischen den topologischen und sonstigen Modalitäten der Kopfschmerzen und den Sinarterien.

---

[47]) Diese Auffassung der chinesischen Medizin ist wesentlich verschieden von jener der kausalanalytischen westlichen Medizin, die Schmerz — wie alle anderen Symptome auch — analytisch, mithin losgelöst von den übrigen Veränderungen oder Störungen der Gesamtpersönlichkeit betrachten und behandeln kann. In der chinesischen Medizin ist eine Schmerzbehandlung nur im Rahmen der Gesamttherapie einer ganz individuellen Erkrankung möglich und sinnvoll. — Die Nadelstichanalgesie (oder wie der volkstümliche Ausdruck lautet „Akupunkturanästhesie") ist, wie ich verschiedentlich dargelegt habe, z. B. in „Der wissenschaftliche Ort der Akupunktur", (vgl. die Bibliograpie II — eine als Hilfsdisziplin der westlichen Chirurgie in allerjüngster Zeit in China entwickeltes Verfahren.

Kopfschmerzen, die wiederholt auf Nacken und Rücken ausstrahlen, deuten auf die *sinarteriae yang maioris;*
Stirnkopfschmerz, Supraorbitalschmerz, weist auf die *sinarteriae splendoris yang;*
Schläfenkopfschmerz (oft bohrend in der Nähe des *foramen clusa superior* [cF 3]) weist auf die *sinarteriae yang minoris;*
Kopfschmerz mit Gliederschwere, gespanntem Abdomen, spontanen Schweißen, weist auf die *sinarteriae yin maioris;*
Innenkopfschmerz, auf die Zähne ausstrahlend bei Zyanose der Nagelfelder, deutet auf die *sinarteriae yin minoris;*
Scheitelkopfschmerz, auf die Schläfen ausstrahlend, mitunter von Aufstoßen und Übelkeit begleitet, deutet auf die *sinarteriae yin flectentis.*

2) Anhang: Schwindel

Auch der Schwindel ist akut und chronisch durch *repletio* oder *inanitas* bedingt. Plötzlicher, heftiger Schwindel ist ein *repletio*-Symptom, das auf emporlodernden *ardor* des *orbis hepaticus* oder auf nicht sich niederschlagenden Schleim weist. Chronisches Auftreten von Schwindel ist entweder ein Zeichen energetischer Defizienz, vor allem im *orbis renalis,* oder von angestauter Schleimfeuchtigkeit, die die Entfaltung der aktiven Energien nach oben hemmt.

3) Körperschmerzen

a) **Diffuse Schmerzen** im ganzen Körper treten oft im Zusammenhang mit exogenem *algor venti* auf; es sind hier die Zeichen einer *species*-Affektion.

b) **Heftige Schmerzen** im vorgeschrittenen Stadium von Schwindsucht weisen auf eine bereits extreme Erschöpfung der struktiven Energie, die deshalb zur Erhaltung der *nervus* und Knochen nicht mehr ausreicht.

c) **Leibschmerzen des Weibes** *post partum* hängen in der Regel auch mit *inanitas hsüeh* (infolge Blutverlusts) oder Stauungen von *hsüeh* in den Leitbahnen zusammen.

d) **Gelenkschmerzen** *(pi)* weisen auf *ventus-, algor-* oder *humor*-Heteropathien, und zwar
α. wechselt der Schmerz nicht die Stelle, besteht gleichzeitig Gliederschwere und Abgeschlagenheit, so spricht man von **haftenden Gelenkschmerzen** *(chao-pi),* die im wesentlichen durch *humor* bedingt sind;
β. wandern die Schmerzen und treten sie bald in diesem, bald in jenem Gelenk auf, so spricht man von **wandernden Gelenkschmerzen** *(hsing-pi),* die im wesentlichen durch *ventus* bedingt sind;
γ. treten die Schmerzen heftig und stechend auf, spricht man von **heftigen Gelenkschmerzen** *(t'ung-pi),* die im wesentlichen durch *algor* bedingt sind.

e) **„Lendenschmerzen“** [Ischias] deuten überwiegend auf Affektionen des *orbis renalis.*

α. Ist die Lendengegend kraftlos, treten die Schmerzen anhaltend, in ihrer genauen Lokalisation und Eigenart aber schwer bestimmbar im Verein mit reichlich hellem Urin und Durchfall sowie Kälte der Lendengegend auf, so sind sie ein Zeichen von *inanitas yang renalis.*
β. Ähnliche Schmerzen im Verein mit Stuhlverstopfung, wenig dunklem Urin, wiederholten aktiven Kongestionen in Kopf und Oberkörper (bedingt durch emporlodernden *ardor inanitatis)* weisen auf *inanitas yin renalis.*
γ. Lendenschmerz mit dem Gefühl „als säße man im Wasser" oder „als trüge man ein schweres Gewicht um den Leib gebunden", im Verein mit Gliederschwere, bei trübem oder feuchtem Wetter und im Sitzen verschlimmert, deuten auf *humor.*

f) **Rückenschmerzen,** auch solche die in Schultern und Nacken ausstrahlen, weisen auf die *sinarteriae yang maioris* hin. Halten sie über längere Zeit an, ist auch an eine *inanitas orbis renalis* oder an eine *humor-venti*-Heteropathie zu denken — was eine genauere Diagnose zeigen muß.

4. Stuhl und Urin

Soweit die Modalitäten von Stuhlgang und Miktion der *inspectio* et *olfactio* unzugänglich sind, müssen sie durch Befragung festgestellt werden.

1) Stuhlgang

a) **Verstopfung,** d. h. das Ausbleiben der Defäkation bis zu mehreren Tagen, läßt grundsätzlich entweder an eine Säfte-Defizienz in den Oo. *intestinorum* oder an einen Verfall der aktiven Energie ebendort denken.
α. Repletio-Stuhlverstopfung, bedingt durch Säfte-Defizienz infolge von *calor,* wird durch Symptome wie periodisches Fieber, Durst, trockene Zunge mit gelbem Belag, harter gespannter Bauch, nahegelegt.
β. Eine *inanitas*-Verstopfung, gleichfalls bedingt durch mangelnde Säfte, tritt im Senium oder bei Frauen *post partum* auf, wenn das *hsüeh* geschmälert erscheint.
γ. Stuhlverstopfung bei grünlich-bleichem Gesicht, Verlangen nach heißen Getränken und *pp. mersi atque tardi* ist durch *algor* bedingt.

b) *α.* **Durchfall** mit dem Gefühl von brennender Hitze am Anus während der Defäkation und sehr übelriechenden *faeces* deutet auf *calor*-Kongestion.
β. Durchfall mit Bauchschmerzen, kalten Extremitäten, weißer Zunge, fadem Mundgeschmack weist auf *algor intimae.*

c) Zunächst harter, dann durchfälliger Stuhl weist oft auf eine *inanitas* des *orbis lienalis,* bedingt durch eine *humor*-Heteropathie.

d) **Morgendurchfälle** (vor Sonnenaufgang) deuten auf eine *inanitas* des *yang renale.*

2) Miktionen

a) Eine auffallend **gesteigerte Urinmenge** deutet auf Defizienz der aktiven Energien.

Wenn diese vermehrte Urinausscheidung allerdings mit fortwährend großem Durst und gesteigerter Flüssigkeitsaufnahme einhergeht, ist sie Teil des *sitis diffundens* [Diabetes] Krankheitsbilds, das hier außer acht bleibt.

a1. **Vermehrter Urin** ohne Durst ist ein Zeichen von *inanitas* des *orbis renalis.*

b) Eine deutlich **verringerte Urinausscheidung** weist oft auf eine Schädigung der Säfte durch *calor.* (Die Säfte können indes auch durch eine Schwitzkur oder durch Purgieren geschmälert sein.)

c) **Häufige Ausscheidung geringer Mengen dunklen Urins** deutet auf *calor humidus* im *calorium inferius.*
c1. **Häufige Ausscheidung von klarem Urin** weist auf *algor inanitatis calorii inferius.*
c2. **Häufige Ausscheidung kleinster Urinmengen („Harnträufeln")** ist ein Zeichen von *calor intimae,* durch welchen die struktive Energie erschöpft wurde.

d) **Erschwerte Miktion** ist im allgemeinen ein Zeichen von *calor.*

e) **Urininkontinenz** bzw. *Enuresis nocturna* bei Erwachsenen ist oft durch *algor inanitatis* im *calorium inferius* oder — nach schwerer Krankheit — durch eine Schädigung des *ch'i primum* bedingt.

f) **Totale Urinverhaltung** ist (soweit nicht klare somatische Befunde gegeben sind) bedingt durch mehr oder weniger extreme Defizienz der aktiven Energie des *orbis vesicalis.*

5. Appetit und Nahrungsaufnahme

Auskünfte über den Appetit und die Nahrungsaufnahme erleichtern die Beurteilung der Funktionen der *Oo. lienalis et stomachi.* Hinweise auf Nahrungsidiosynkrasien zeigen oft Schwächen oder Überfunktionen spezifischer Orbes an.

1) Durst

a) **Fortwährender starker Durst** weist im allgemeinen auf *calor.*

b) **Fader Mundgeschmack,** Verlangen nach Getränken, die dann doch nicht genossen werden, deutet auf *algor.*

c) **Großer Durst,** wirre Reden, kein Stuhlgang weisen auf *calor repletionis.*

d) **Fortwährendes Verlangen nach Getränken,** die immer nur schluckweise genossen werden, ist entweder ein Zeichen von *inanitas* oder von *calor humidus.*

e) **Verlangen nach heißen Getränken** kann entweder *α.* durch *humor vigens* oder *β.* durch *algor inanitatis,* endlich *γ.* durch Schleimsammlung in der Leibesmitte bedingt sein.

f) **Durst nach Erbrechen** deutet auf eine deutliche Schmälerung der Säfte.

2) Hunger, Appetit, Speisenaufnahme

Die Abnahme oder Zunahme des Appetits ist bei den meisten Krankheitsbildern ein Indikator nicht nur für die Stärke des *ch'i stomachi,* sondern mittelbar für die Stärke der Orthopathie überhaupt, mithin meist auch ein Gradmesser für die Schwere der Krankheit. Verminderter Appetit deutet auf Schmälerung der aktiven Energien der Oo. *lienalis et stomachi;* Zunahme des Appetits ist ein Zeichen erneuter Kräftigung dieser Energien.

Subjektive Besserung durch Nahrungsaufnahme ist ein Zeichen allgemeiner *inanitas,* subjektive Verschlechterung durch Nahrungsaufnahme ein Zeichen lokaler *repletio.*

a) Verminderter Appetit bei exogenen Affektionen weist auf aktive Kongestion in den Oo. *lienalis et stomachi.*

b) Verminderter Appetit bei endogenen Störungen ist ein Zeichen von *inanitas* in den Oo. *lienalis et stomachi.*

c) Fast völliger Appetitverlust zu Beginn einer Krankheit oder während einer leichten Krankheit weist auf eine Schädigung des *ch'i stomachi,* die besonderer Aufmerksamkeit bedarf.

d) Hunger und/oder Magerkeit trotz reichlicher Nahrungsaufnahme ist ein Zeichen von *ardor vigens orbis stomachi,* der zwangsläufig eine Schädigung der struktiven Energie des Orbis nach sich zieht.

e) Trotz Hunger kein Appetit weist auf eine Schädigung der struktiven Energien des *orbis lienalis.*

3) Mundgeschmack

Bitterer Mundgeschmack ist ein Zeichen überströmender Energie des *orbis felleus.*

Saurer Mundgeschmack weist auf *calor* im *orbis hepaticus.*

Scharfer Mundgeschmack zeigt *calor* des *orbis pulmonalis* an.

Salziger Mundgeschmack deutet auf *calor* des *orbis renalis.*

Süßlicher Mundgeschmack verrät, daß die trüben Energien des *orbis lienalis* nach oben überfließen.

Fader Mundgeschmack deutet auf *humor* im *orbis stomachi,* mithin auf eine ungenügende Assimilation des *ch'i aquaticum.* Außerdem kann ein fader Mundgeschmack während der Rekonvaleszenz auftreten und auf eine noch bestehende *inanitas orbis stomachi* (mit den gleichen Folgen) hinweisen.

4) Sapores [48])

Der zum Ikonogramm eines jeden Orbes gehörende *sapor* [49]) kann als diagnostischer Hinweis dienen, darf aber nicht schematisch und ohne Rücksicht auf die Gesamtdiagnose in den Befund übernommen werden.

6. Gehör

Das Gehör ist die primär vom *orbis renalis* abhängige Sinneswahrnehmung. An Gehörstörungen sind von Bedeutung

1) Taubheit

Eine akute, relativ rasch eintretende Taubheit ist entweder der *algor-laedens-yang-minor*-Symptomatik [50]) zuzuordnen oder durch eine *calor*-Heteropathie *(morbi temperati)* bedingt. In diesen Fällen besteht eine direkte Relation zwischen der Schwere der Krankheit und der Taubheit.

Bei *inanitas orbis cardialis,* bei Mangel an Struktivpotential *(ching,* besonders im Senium), bei *inanitas* der aktiven Energien des *orbis renalis* kann auch Taubheit eintreten.

2) Schwerhörigkeit

Schwerhörigkeit wird im allgemeinen durch eine *ventus*-Heteropathie oder durch *calor* in den *sinarteriae renales* ausgelöst. Aber auch bei *inanitas yin* im *orbis renalis* und daraus resultierender *repletio yang* in der Kopfregion kommt Schwerhörigkeit vor.

3) Ohrensausen, Ohrenklingen

Plötzlich auftretendes, sehr intensives Ohrensausen, das durch eine vor das Ohr gehaltene Hand noch verstärkt wird, deutet auf *repletio.*

Allmählich sich einstellendes, verhältnismäßig schwaches Ohrensausen, das durch Abdecken des Ohres mit der Hand vermindert wird, weist auf *inanitas.*

7. Augen und Sehkraft

Das Gesicht ist die primär vom *orbis hepaticus* abhängende Sinneswahrnehmung.

---

[48]) Der lateinische *terminus technicus „sapor"* bedeutet genau wie der chinesische Ausdruck *wei* nicht nur den mit der Zunge wahrgenommenen Geschmack, sondern zugleich Speisen, Nahrung, Arzneien der entsprechenden Geschmacksrichtung.

[49]) Vgl. die entsprechende Kolumne in der Falttafel.

[50]) Siehe oben S. 93 f.

1) Schmerzen des Auges und seiner Umgebung

Stechende, reißende Schmerzen im Auge, oft im Verein mit Kopfschmerz und Drehschwindel, sind ein Zeichen einer *calor*-Heteropathie im *orbis cardialis.*

Überempfindlichkeit gegen Licht, Rötung und Schmerzhaftigkeit des Auges und der Lider im Verein mit gedunsenem Gesicht tritt vornehmlich im Sommer auf und weist entweder

α. auf *calor venti,* wenn es von Frösteln begleitet ist, oder

β. auf *calor humidus,* wenn die Augen tränen und entzündet sind.

Überempfindlichkeit gegen Licht ohne Schmerzen oder Entzündungen weist auf *inanitas* des *hsüeh,* der individualspezifisch struktiven Energien.

2) Verminderte Sehschärfe

Verminderte Sehschärfe beruht stets auf energetischer Defizienz, gleichgültig ob diese nur durch lange, erschöpfende Krankheit, unmäßiges Weinen oder emotionalen Streß bedingt ist.

3) Nachtblindheit

Nachtblindheit ist letztlich stets durch *inanitas orbis hepatici* bedingt.

8. Schlaf und das Bedürfnis nach Schlaf

1) Schlaflosigkeit

Schlaflosigkeit, wenn sie auf übermäßiges Nachdenken *(cogitatio)* folgt, läßt auf die Defizienz des *hsüeh* im *orbis cardialis* schließen.

Geht Schlaflosigkeit mit Druck in der Herzgegend, erschwerten Miktionen, keuchendem, unregelmäßigem Atem einher, so mag sie durch Störung des energetischen Zusammenspiels im *orbis lienalis* und durch Säftestauung in der Körpermitte bedingt sein. Schlaflosigkeit mit Palpitationen bei Trockenheit des Mundes und *pp. minuti sive celeri* ist ein Zeichen von Defizienz der struktiven Energie.

Im Senium ist Schlaflosigkeit in der Regel durch allgemeine *inanitas* und infolgedessen durch ungenügenden Rapport der Energien bedingt.

2) Schlafsucht

Inanitas der aktiven bei *vigor* der struktiven Energien bedingt im allgemeinen Schlafsucht.

Geht die Schlafsucht mit Gliederschwere, *pp. languidi* einher, so ist auf überwiegende Feuchtigkeit zu schließen.

9. Weibliche Regel

1) Verfrüht eintretende Regel

Eine verfrüht eintretende Regel von roter, purpurroter bis schwärzlicher Farbe bei Trockenheit des Mundes, *pp. celeri,* schmerzhaftem Unterleib weist auf *calor* im Bereich des *hsüeh.* Tritt die Regel erst während der 2. Hälfte des Zyklus verfrüht ein, ist sie von heller Farbe bei normaler Mundfeuchtigkeit, *pp. tardi* und schmerzhaftem Unterleib, so besteht *inanitas* des *hsüeh.*

Bestehen *vor* der Regel Schmerzen im harten und gespannten Unterleib, so ist auf Kongestion bzw. Stasis der aktiven wie struktiven Energien zu schließen.

Bestehen *nach* der Regel Schmerzen im Unterleib ohne sonstige Symptome, kann auf endogenen *algor* infolge *inanitas* des *hsüeh* geschlossen werden.

2) Ausbleibende Regel

Sofern eine Schwangerschaft ausgeschlossen wurde, kann das Ausbleiben der Regel durch Erschöpfung oder Stauung des *hsüeh,* durch extreme Überanstrengung oder durch Energiestauungen in den *Oo. hepaticus et lienalis* bedingt sein.

3) Stockende Regel

Eine Regel, die zwar eintritt, dann aber ins Stocken kommt, kann durch *ira* oder durch *algore percussio* (d. h. eine sich plötzlich festsetzende *algor*-Heteropathie), gehemmt worden sein. Bei fiebrigen Erkrankungen ist ein Übergreifen der Hitze auf das *hsüeh* denkbar.

4) Anhang: Fluor albus

Fluor albus deutet im allgemeinen auf *algor inanitatis,* wenn er dünn, *calor humidus,* wenn er gelblich und übelriechend ist.

Anmerkung: Fragen nach eindeutig somatischen Befunden, insbesondere Fragen, die mit der Topologie der Organe zusammenhängen, ferner Fragen zur Bestimmung bestimmter epidemiologischer und gynäkologischer Krankheitsbilder, die auf klar umrissene somatische Störungen zurückgehen, können in diesem Kapitel, das der im Rahmen der chinesischen Diagnostik angewandten Befragung *(interrogatio)* gewidmet ist, wegfallen, da die Diagnose und Behandlung dieser Befunde optimal von der westlichen Medizin bewerkstelligt wird.

IV. Kapitel: Palpatio: Diagnose durch Tastung (ch'ieh-chen, an-chen)

Wie in jeder anderen Medizin nimmt auch in der chinesischen die Palpation, die Tastung des Körpers und der Pulse, einen wichtigen Platz ein. Im Unterschied zur westlichen Medizin sollen in der chinesischen Medizin jedoch auf dem Wege der Tastung nicht bloß oder zuvorderst Aufschlüsse über Schmerzempfindlichkeit, Verhärtung, Schwellung innerer Organe oder die Verspannung von Muskelpartien gewonnen werden, sondern eine schlechthin allesumfassende, höchst differenzierte und letztinstanzliche Information über den *status quo* aller Körperfunktionen. Daher die palpatorische Exploration kritischer Foramina, daher die überragende Rolle der Pulsdiagnose.

(1) Palpatio pulsuum, **die Tastung der Pulse,** (ch'ieh-mo), **kurz „Pulsdiagnose"**

1. Historischer und theoretischer Hintergrund

Die Palpation der Pulse ist seit den Anfängen einer wissenschaftlichen Heilkunde in China — d. h. seit der Entstehung des Inneren Klassikers der Gelben Fürsten im 3. Jahrhundert vor der Zeitwende — ein integrierender Bestandteil jeder Heilkunde. Eine monographische Behandlung erfuhr das Thema zuerst durch WANG SHU-HO (*floruit* ca. 265—316) in seinem „Pulsklassiker" *(Mo-ching).* Zwischen diesem Werk und der bislang letzten wissenschaftlichen Arbeit, den „Pulsstudien des LI SHIH-CHEN" [51]) vollzog sich eine fortwährende Verfeinerung und Klärung von Theorie und Methode durch berühmte wie auch durch anonyme Mediziner.

Die Pulsdiagnose bildet zweifellos das Rückgrat jeder sachgemäßen und eingehenden chinesischen Diagnose. Der Pulsbefund bestätigt oder korrigiert die verschiedenen Diagnoseergebnisse, die durch *inspectio, auscultatio et olfactio* sowie *interrogatio* gewonnen wurden, und er ist — so paradox dies auch für Außenstehende oder Anfänger klingen mag — weniger störanfällig oder manipulierbar und zugleich direkter und subtiler als jede andere diagnostische Maßnahme.

Die chinesische Pulsdiagnose setzt beim Diagnostiker keinerlei ausgefallene Begabung oder gar paranormale Fähigkeiten voraus, wohl aber — außer überschaubarem theoretischem Wissen — eine geschulte und gepflegte Hand.

Die letztgenannte Erfordernis einer geschulten und gepflegten Hand ist es auch, die selbst in Ostasien — allen Lippenbekenntnissen und Prätensionen

[51]) *Pin-hu mo-hsüeh. Li Shih-chen* lebte von 1518 bis 1593 und hat den meisten Pulsikonogrammen ihre heutige Präzision und Formulierung verliehen. Im übrigen ist er noch berühmter als Verfasser der monumentalen Pharmakopöe *Pen-ts'ao kang-mu.*

zum Trotz — die Zahl der kompetenten Pulsdiagnostiker wie früher so noch heute äußerst klein gehalten hat. Denn wie früher, so heute wurde und wird dort die traditionelle Heilkunde überwiegend im Nebenberuf ausgeübt, im Nebenberuf von Bauern, Handwerkern, Kaufleuten, Beamten, Apothekern und nebenbei auch von den Barfußärzten, ja sogar von den in westlicher Medizin voll ausgebildeten Ärzten. Und das Erlernen und die Praxis der chinesischen Pulsdiagnose ist absolut unvereinbar mit bestimmten manuellen Verrichtungen (s. u.), die die Sensibilität der Tastfinger beeinträchtigen.

Neben diesen mechanischen bzw. physischen und zu allen Zeiten gegebenen Hindernissen für die Ausübung der Pulsdiagnose, sollten aber auch die gerade in allerjüngster Zeit aufgerichteten intellektuellen nicht ganz unerwähnt bleiben.

Einige Ärzte, die die westliche Medizin routinemäßig beherrschen, bei denen jedoch in Sachen chinesischer Medizin und insbesondere in der Pulsdiagnose nicht annähernd ein vergleichbares Wissen vorhanden ist, argumentieren, daß es schlechthin denkunmöglich sei, all jene Informationen aus der Pulstastung zu gewinnen, die von der chinesischen Medizin postuliert werden.

Von der unzulässigen und willkürlichen Vermengung und Vertauschung westlicher und chinesischer Erkenntnismodi und Methoden haben wir in der Einführung kurz gesprochen; gesprochen auch von den Folgen jener pseudowissenschaftlichen Willkür, die darin besteht, daß für die vermeintliche Erzielung einer rational stringenten Aussage in der chinesischen Medizin die gleichen anatomischen und physiologischen Daten wie in der westlichen Medizin zugrunde gelegt werden [52]). Hier erscheint nun der ergänzende Hinweis sinnvoll, daß seit nahezu zwei Generationen die wissenschaftliche Physiologie — das ist also die Physiologie des Westens! — von der mechanistischen Hypothese abgerückt ist, daß der Blut- und Säftekreislauf allein durch die Pumpleistung des Herzens bewerkstelligt wird. Denn träfe diese Hypothese zu, so müßte der Mensch ein vielfach größer dimensioniertes Pumporgan als tatsächlich vorhanden ist, aufweisen, um den gewaltigen Strömungswiderstand im kapillaren Teil des Kreislaufs zu überwinden [53]). Der physiologische Blut- und Säftekreislauf ist also das Ergebnis eines nervös exakt gesteuerten Synergismus von rhythmischem Antrieb des Herzens in den großen Gefäßen und aktiver Fortbewegung der Flüssigkeiten in den Haargefäßen. Für das „Pulsbild" an einer bestimmten Stelle einer Arterie wie etwa dem *ostium pollicare* (am Radialisköpfchen) kommen aber eine Fülle weiterer Faktoren, die jeder für sich bekannt sein mögen, in ihrem *in-vivo*-Zusammenspiel an einem bestimmten Individuum aber schwer überschaubar geschweige denn exakt meßbar sind, in Betracht, wie etwa (nach arteriellem Druck und Schlagfrequenz des Herzens) die Dicke und Elastizität der Arterienwand, der Tonus der Arterienwand, Stärke

---

52) Vgl. PORKERT „Der wissenschaftliche Ort der Akupunktur", ferner auch PORKERT „On the Dilemma of Present-Day Interpretations of Chinese Medicine and on the Ways to Overcome this Dilemma", National Institutes of Health Conference Proceedings 1974.

53) Über diese Zusammenhänge gibt jedes moderne Physiologielehrbuch Aufschluß. Wir erinnern hier nur an das sogenannte Poiseuille-Gesetz (Jean-Marie POISEUILLE, 1799—1869), ferner an die Vasomotion der Kapillaren. Vgl. z. B. Arthur C. GUYTON: Textbook of Medical Physiology, Philadelphia 1971, p. 230 ff.

und Turgor des Gewebes zwischen Knochen und Arterie und zwischen Arterie und Hautoberfläche, die Länge der in elastischem Gewebe verlaufenden Arterienstrecke und anderes mehr. Auf jeden Fall ist es nicht eine bloße Vermutung, sondern eine wohlbekannte physikalische Gesetzmäßigkeit, daß die Oberschwingungen ein und desselben schwingenden Mediums oder Körpers von der Gestalt bzw. Form und Härte ihrer Umgebung bzw. Unterlage abhängen. Physikalisch bedingt muß also ein und dieselbe Pulswelle an drei zwar dicht beieinander liegenden, anatomisch jedoch verschieden gestalteten Orten — etwa den Stellen *pollex, clusa* und *pes* des *ostium pollicare* drei qualitativ deutlich verschiedene Impulse zeitigen.

Eine andere Frage ist es, wie diese qualitativ notwendig verschiedenen Pulsdaten rational streng zu allen übrigen Daten eines umfassenden Systems in Beziehung gebracht werden. Die Antwort auf diese Frage ist leicht und eindeutig zu geben: Pulstastung und Pulsikonographie sind gewachsene, mithin von Anbeginn an wesentliche und nahtlos integrierte Bestandteile der wissenschaftlichen Medizin Chinas. Hingegen stehen sie in keiner oder allerhöchstens in einer sehr ungefähren und mittelbaren Beziehung zu den wissenschaftlichen Postulaten der westlichen Anatomie und Physiologie. Oder, noch anders formuliert, die Annahme, ja bereits der bloße Begriff von „Organpulsen" ist eine Fiktion der dilettantischen modernen Akupunkturliteratur — und ohne jede Basis in einer authentischen Erkenntnis oder Theorie der spezifisch chinesischen Heilwissenschaft.

2. Praktische Voraussetzungen — Technik der Pulstastung I

1) Allgemeine Bedingungen der Pulstastung

Die chinesische Pulstastung wird grundsätzlich mit (Zeige-, Mittel- und Ringfinger) *einer* Hand vollzogen, indem man beim Patienten zunächst die Pulse an dem einen, dann am anderen Arm tastet. In der Regel wird man demnach als Rechtshänder mit der Rechten die Tastung erlernen und ausführen, als Linkshänder umgekehrt.

Es ist dennoch vorstellbar, daß ein passionierter rechtshändiger Tennisspieler, der nicht auf die chinesische Diagnose überhaupt verzichten will (s. u.), seine Linke als „Pulshand" ausbildet und pflegt. —

In Japan habe ich die chinesische Pulstastung niemals ausgeführt gesehen, selbst nicht von den Koryphäen der heutigen *kampô*-Medizin [54]) und Akupunktur. Man tastet oft mit beiden Händen gleichzeitig und nur während des Bruchteils einer Minute, was von vorneherein die Gewinnung des in der chinesischen Diagnostik erforderlichen umfassenden Pulsbefunds ausschließt.

Anders als alle übrigen Diagnoseverfahren läßt sich eine vollständige Pulstastung während eines ärztlichen Arbeitstags nicht an beliebig vielen Patienten durchführen. Zwar kann der routinierte Diagnostiker unter durchschnittlichen

---

[54]) Kampô, d. h. im Japanischen wörtlich „chinesische Rezeptur", bezeichnet die mindestens seit dem 8. Jh. unserer Zeitrechnung eigenständig sich entfaltende japanische Tradition der chinesischen Medizin.

anatomischen Voraussetzungen[55]) schon nach 5—10 Minuten einen genauen Pulsbefund erheben, während Problemfälle bis zu 30 Minuten Tastung erforderlich machen können. Ausschlaggebend ist aber der hohe Konzentrationsgrad und — oft bei der Tastung der *pedales*-Pulsstellen — auch die physische Belastung des Diagnostikers. Zwölf vollständige Pulsdiagnosen über den Tag verteilt ist das äußerste, was sich ein gewissenhafter Diagnostiker zumuten sollte.

Wie bereits angedeutet, setzt die chinesische Pulstastung allerdings keine außergewöhnlichen Talente, sondern stets nur eine geübte und *gepflegte* Hand voraus. Für Wochen völlig unmöglich wird die Pulstastung durch Kontakt der Tastfinger mit scharfen Alkalilösungen, Zement, Säuren, ja mitunter selbst mit scharfen Detergentien; ferner durch regelmäßiges Klavierspiel, Spiel von zweihändigen Zupfinstrumenten, Seilklettern usw.; schwer beeinträchtigt — also unerreichbar — wird die Präzision der Pulstastung durch eine Betätigung in Sportarten, die zwar nicht unbedingt eine Verdickung oder Verhärtung des Fingerepithels, zwangsläufig aber eine starke Kräftigung und relative Härtung des Gewebspolsters zwischen Haut und Knochen bringen, zuvorderst also Rudersport und Tennis und vergleichbare Betätigungen. Auch ein umfangreicher Umzug kann bereits die Sicherheit der Tastung auf Wochen hinaus beeinträchtigen.

Schließlich muß die Pulshand auch vor der in unseren Breiten auftretenden Winterkälte geschützt werden. Eine sich von starker Abkühlung erwärmende Hand kann zumindest während der Dauer der ersten Diagnosesitzung in ihrem sicheren Tastvermögen beeinträchtigt sein.

2) Der Zeitpunkt der Pulstastung

Im Prinzip kann zwar die Pulstastung zu jeder beliebigen Tages- und Nachtzeit durchgeführt werden. Ideal für die Gewinnung eines besonders treffenden Befunds ist indes die Zeit zwischen morgendlichem Erwachen und dem Frühstück des Patienten. Nächstbeste Alternativen sind die schon aus praktischen Gründen am häufigsten benutzten Zeiten zwischen den üblichen Hauptmahlzeiten, wobei zur vorangehenden wenigstens 2 Stunden und von der folgenden möglichst 1 Stunde Abstand gehalten werden soll.

Schon beim Gesunden, verdauungsmäßig absolut symptomfreien Individuum, werden durch die Einnahme eines Mittagsmahls normalen Umfangs zumindest die *clusales*-Pulse auf die Dauer 1 Stunde deutlich in Richtung auf Exundanz[56]) verschoben. Doch können sich die Auswirkungen des Verdauungsvorgangs je nach Art und Menge der genossenen Speisen und Getränke auf weitere, ja alle Pulse erstrecken.

Zumindest beim Schwerkranken sollte auch der späte Nachmittag und der ganze Abend wegen der dann besonders weiten Funktionsabweichungen nach oben und unten für die Stellung einer Basisdiagnose gemieden werden.

---

[55]) Vgl. unten S. 88 ff.
[56]) D. h. also *pp. exundantes.*

3) Die Beachtung bzw. Vermeidung von Zufallsschwankungen im Pulsbild des Patienten

Grundsätzlich gehen alle momentan auf die Person des Patienten wirkenden Einflüsse und Faktoren, außer den konstitutionellen insbesondere auch die meteorologischen und emotionalen, in das gewinnbare Pulsbild ein.

Ebenso grundsätzlich sollte man aber die Wirkung von Kurzzeitreizen und vorübergehenden Anpassungsvorgängen daraus fernhalten wie etwa Autofahrt, Treppensteigen, Übergang von der kalten Straße in die warmen Praxisräume usw.: zu diagnostizieren ist stets ein „Ruhepuls" unter der für den Patienten typischen Dauerbelastung. Deshalb sollte in ambulanter Praxis von einem Patienten frühestens 1/4 Stunde nach seiner Ankunft die Pulstastung durchgeführt werden. Andernfalls können während der Diagnose sich vollziehende Umstellungen die Klarheit der Pulsdiagnose unnötig schmälern.

Selbstverständlich beeinflußt jede Arzneieinnahme das Pulsbild. Der Tastung hat also unbedingt eine genaue Befragung in dieser Hinsicht voranzugehen. Bei erfolgter Einnahme starker Anregungs- oder Beruhigungsmittel sollte die endgültige Diagnosestellung, wenn irgend möglich, verschoben werden.

4) Die Allgemeinverfassung des Diagnostikers

Bei einem sich vollkommen gesund und leistungsfähig fühlenden Diagnostiker sind alle witterungsbedingten Einflüsse, die Folgen mäßiger Nahrungsaufnahme und auch eine essentielle leichte Hypertonie [57]) ohne Einfluß auf die Gewinnung einer verbindlichen und präzisen Pulsdiagnose.

Zwangsläufig beeinträchtigt wird die Genauigkeit der Pulsdiagnose hingegen durch alle ungewöhnlichen Belastungen wie Dauerstreß, Momentanstreß, durch Autofahren, Erschöpfung infolge Krankheit oder Arbeitsübermaß, einschneidende familiäre Ereignisse, intermittierende Anwendung starker Genuß- und Arzneigifte [58]) und anderes mehr. Denn durch diese Faktoren kommt es entweder zu einer deutlichen *repletio* oder umgekehrt *inanitas* in den palpierenden Fingern, womit die unerläßliche Vergleichsnorm verfälscht wird.

Beispielsweise könnte ein stark erregter Diagnostiker den *repleten* Puls eines Patienten u. U. als normal, einen *superficiales-Puls* als *inanis*, einen Puls mit Tendenz zu *inanitas* als *pulsus subreptus* beurteilen usw.

In der Tat sind sich alle Autoren früherer Zeiten und die gegenwärtigen Praktiker der chinesischen Pulsdiagnose darin ausdrücklich einig, daß nur ein Diagnostiker den Puls tasten dürfe, der vollkommen entspannt, gelassen und damit auch konzentrationsfähig ist.

Auch unter scheinbar optimalen Bedingungen kann man nicht an sich selbst den Puls diagnostizieren: Die unentwirrbare Vermengung subjektiver und ob-

---

57) Hypertonie ist nicht gleich *repletio!*

58) Rauchen und Alkoholgenuß müssen in ihrer Auswirkung individuell beurteilt werden, je nach Dosis und Konstitution.

jektiver Eindrücke sowie die nicht abzuschätzende Potenzierung und Überlagerung zwar gleichzeitiger, aber verschieden modulierter Impulse an den Fingerspitzen und den Pulsstellen verhindern dies.

3. Die Topologie und Bedeutung der allgemeinen Körperpulse

Zwar hat in der chinesischen Diagnostik methodisch und praktisch die Tastung der Radialispulse am sogenannten *ostium pollicare* vor der Palpation aller übrigen Pulsstellen mit großem Abstand den Vorrang. Historisch [59]) und auch als thematische Brücke zu der anatomisch begründeten, mithin an Körperorten orientierten westlichen Medizin, rangiert jedoch die Beschreibung der allgemeinen Körperpulse vor der Diagnose allein der Radialispulse.

Auch hier überlagern sich — wie bei allen anderen wichtigen Diagnoseverfahren — zwei Ebenen der Interpretation, nämlich 1. der Vergleich von 3mal 3 Pulsstellen an Kopf, Hand und Fuß, 2. die Palpation je eines Repräsentativpulses an Kopf, Hand und Fuß.

1) Die 3 x 3 Pulse des Körpers (Abb. 11)

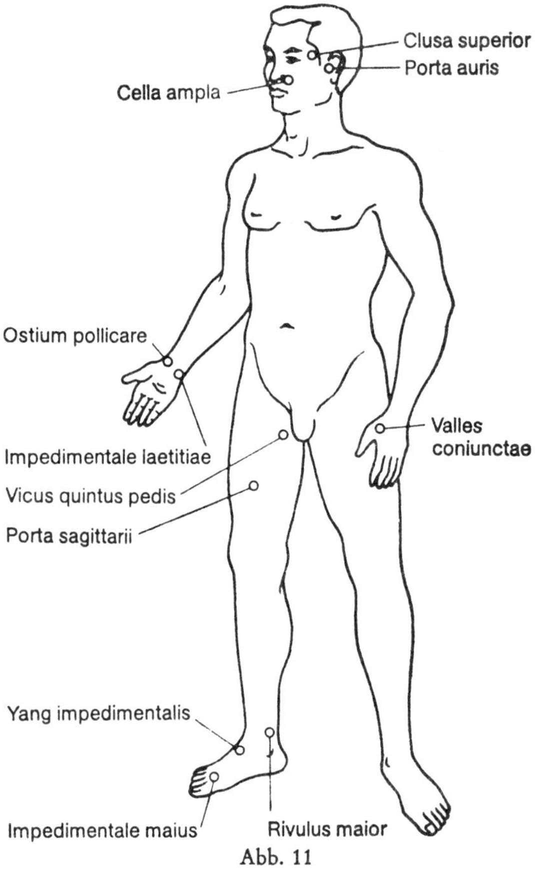

Abb. 11

[59]) Kapitel 20 des Inneren Klassikers des Gelben Fürsten.

a) **Obere Pulse (Kopfpulse):**
(1) Der Schläfenpuls (entsprechend dem Foramen *yang maioris* = *clusa superior*, cF3) zur Beurteilung der Energie in den Schädelflanken.
(2) Der Ohrpuls (entsprechend dem Foramen *porta auris*, cT 21) zur Beurteilung der Energie in Ohr und Auge.
(3) Der Nasolabialpuls (entsprechend dem Foramen *cella ampla*, cS3) zur Beurteilung der Energie in Mund und Zähnen.
b) **Mittlere Pulse (Handpulse):**
(1) Der *pulsus yin maioris manus* (entsprechend dem *ostium pollicare)* zur Beurteilung der Energie im *orbis pulmonalis.*
(2) Der *pulsus yin minoris manus* (entsprechend dem Foramen *impedimentale laetitiae*, Oi-cC7) zur Beurteilung der Energie im *orbis cardialis.*
(3) Der *pulsus splendoris yang manus* (entsprechend dem Foramen *valles coniunctae*, i-cIC4) zur Beurteilung der Energieverhältnisse im Thorax.
c) **Untere Pulse (Fußpulse):**
(1) Die *pulsus yin flectentis pedis* (entsprechend dem Foramen *vicus quintus pedis*, cH10 und dem Foramen *impedimentale maius*, Oi-cH3) zur Beurteilung der Energie im *o. hepaticus.*
(2) Die *pp. yin maioris pedis* (entsprechend dem Foramen *porta sagittarii*, cL11 und dem Foramen *yang impedimentalis*, O-cS42) zur Beurteilung der Energie in den *Oo. lienalis et stomachi.*
(3) Der *pulsus yin minoris* (entsprechend dem Foramen *rivulus maior*, i-cR3) zur Beurteilung der Energie im *O. renalis.*

2) Die Repräsentativpulse an Kopf, Hand und Fuß

Die Repräsentativpulse umfassen
a) am Kopf den Puls in Foramen *accipiens hominum* (cS9) [entsprechend etwa dem Carotispuls] zur Beurteilung des *ch'i stomachi.*
b) an der Hand das *ostium pollicare* [entsprechend der *arteria radialis]* zur Beurteilung der Energie der 12 *cardinales.*
c) am Fuß das Foramen *yang impedimentalis* (OcS42) [entsprechend der *arteria dorsalis pedis]* zur Beurteilung gleichfalls des *ch'i stomachi.*

Sowohl an den Stellen der allgemeinen Körperpulse als auch an jenen der Repräsentativpulse wird man nur übergeordnete Pulsqualitäten [60]) wie etwa *pulsus repleti* oder *inanes, celeri* oder *tardi, superficiales* oder *mersi* diagnostisch unterscheiden.
Die Repräsentativpulse wurden erstmals im *Shang-han-lun* [61]) beschrieben.

Die Tastung der Stellen *accipiens hominum, yang impedimentalis* und *rivulus maior* ist auch heute in China in jenen Notfällen üblich, in denen man am *ostium pollicare* keinen deutlichen Puls mehr tasten kann, man sich jedoch vergewissern will, ob in den *Oo. lienalis et renalis*, die respektive Sitz der erworbenen Energie *(ch'i ascitum)* bzw. der angeborenen Energie *(ch'i nativum)* sind, noch solche Energie vorhanden ist.

---

[60]) Näheres auf S. 187 unten.
[61]) *Tractatus de algore laedente* von *Chang chung-ching*. Seine Lebensdaten werden etwa von 150 bis 219 angegeben.

4. Die Topologie und Zuordnung der Pulse am ostium pollicare (ts'un-k'ou), d. h. der „Radialispulse"

1) Allgemeines und Historisches; Terminologie

Der Begriff des Situs *ostium pollicare (ts'un-k'ou),* also wörtlich „Zoll-Öffnung" leitet sich von dem Umstand her, daß die so bezeichnete Stelle ein Zoll (chinesisch: *ts'un,* lat.: *pollex)* proximal von der *linea piscis* („Fisch[bauch]grenze", *yü-chi)* beginnt, wie das Thenar nach der um es herumlaufenden Linie benannt wird.

Der Ausdruck wird, wie im vorangehenden Abschnitt angedeutet, zwar bereits im Innern Klassiker genannt; die differenzierte Beschreibung der Radiusstellen und ihrer diagnostischen Beziehungen beginnt jedoch erst im Klassiker der Einwendungen *(Nan-ching)*[62]) und erscheint nahezu vollendet im Pulsklassiker[63]).

In sinarteriologischer Terminologie entspricht die so definierte Stelle dem Foramen *vorago maior* (Oi-cP9), das als *conventus duodecim cardinalium* gilt. Während jedoch ein Foramen stets eine punktförmige Stelle mit zirkulärem Umkreis ist, gehören zum *situs des ostium pollicare,* der sich in proximaler Richtung ausdehnt, noch zwei weitere Pulsstellen, nämlich *clusa* und *pes.*

Die Bezeichnung „Fuß", chin.: *ch'ih,* lat.: *pes* rührt daher, daß ab dem in der Ellbogenbeuge gelegenen Foramen *lacus ulnaris* = *lacus pedalis,* c-cP5), man dann, wenn man einen biometrischen Fuß distal am Innenarm abträgt, genau an diese Stelle gelangt. Beim Erwachsenen verbleibt zwischen der Stelle *pollex* und der Stelle *pes* noch ein Zwischenraum, den man als *cl(a)usa* bezeichnet, was — wie das chinesische Wort *kuan* — zugleich „natürliche Enge" als auch „Befestigung, Sperre" bedeutet. *Clusa (kuan)* ist also vom Begriff her und tatsächlich auch ontogenetisch keine weitere extense Pulsstelle mit meßbarer Ausdehnung, sondern die gedachte Trennungs- bzw. Grenzlinie zwischen den Stellen *pollex* und *pes.* Erst indem diese Stellen beim Erwachsenen auseinanderrücken, kann auch an der *clusa* ein 3. Puls abgegrenzt werden. Die an den genannten drei Orten tastbaren Pulse werden nun primär nach diesen Stellen benannt, als *pulsus pollicaris, pulsus clusalis* und *pulsus pedalis* (Abb. 12).

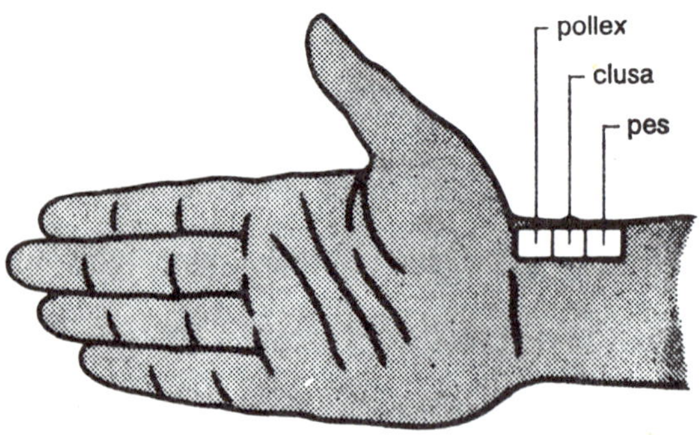

Abb. 12

[62]) Wahrscheinlich im 1. Jh. unserer Zeitrechnung kompiliert.
[63]) Vgl. S. 161 oben.

2) Körperregionen und Radialispulse

Wie dem Zungenkörper und bestimmten Körperpulsen, werden auch den Radialispulsen auf zwei Ebenen Orbes bzw. spezielle Funktionsbereiche zugeordnet. Bei der Diagnose der Radialispulse kommt diesen Alternativdeutungen besondere praktische Bedeutung zu, weil man je nach dem Stadium der Diagnose sowohl einen groben Bereichsraster zur allgemeinen Lokalisierung einer Störung — die Beziehungen zwischen Körperregionen und Radialispulsen — als auch einen etwas kleineren Funktionskreisraster — die Beziehungen zwischen Orbes und Radialispulsen — zur Verfügung hat. Den erstgenannten wird man stets *einleitend* anwenden, wenn andere Diagnoseverfahren unergiebig oder unmöglich waren (etwa fehlende Anamnese bei Bewußtlosigkeit) sowie als einzigen Modus, wenn es tatsächlich primär um die anatomisch regionale Bestimmung einer Läsion geht.

Ein konkretes Beispiel für letztere, nicht zu seltene Anwendung ist der Fall einer ca. 38jährigen Frau, die 17 Jahre früher in einen zu seichten Swimmingpool gesprungen und mit dem Kopf auf dessen Boden aufgeschlagen war. Seither leidet sie fast fortgesetzt unausstehliche Kopfschmerzen, die nur mit stärksten Analgetica zu beherrschen sind. Ein deutlicher röntgenologischer oder neurologischer Befund ist nicht vorhanden. Zwei Entziehungskuren wegen Analgeticaabusus; verschiedene physiotherapeutische Verfahren, Massage, Unterwassermassage, auch Akupunktur. Langwierige Pulsdiagnose während einer akuten Schmerzphase ergab eine Nuance eines *pulsus intentus* [64]) allein an den *clusalis*-Stellen. Anschließend palpatorisches *ad hoc* Aufsuchen von zwei extrem repleten Punkten zwischen den Brustwirbeln. Bei Nadelung dieser Punkte fast augenblickliche vollkommene Entspannung.

Es entsprechen *beidseitig:*

die *pulsus pollicares* dem Bereich vom Kopf bis zur Brust;
die *pulsus clusales* dem Bereich von der Brust bis zur Nabellinie;
die *pulsus pedales* dem Bereich von der Nabellinie bis zu den Füßen.

Diese Angaben implizieren eine Überlappung der zugeordneten Bereiche. Eine Affektion, die nach dem Verständnis der westlichen Medizin im oberen Thoraxbereich liegt — etwa eine schwere Bronchitis — kann entweder an den *pulsus pollicares* oder an den *pulsus clusales* zu signifikanten Veränderungen führen, wahrscheinlich an beiden. Auch bedeuten diese Zuordnungen eigentlich bereits eine Annäherung an die differenzierte Korrespondenz von Orbes und Radialispulsen.

3) Orbes und Radialispulse

Etwa seit dem 1. Jh. unserer Zeitrechnung [65]) werden jedem Radialispuls ein oder mehrere ganz spezifische Orbes zugeordnet, und zwar die *orbes horreales* direkt, die entsprechenden *orbes aulici* indirekt. Allerdings war das so

[64]) Siehe S. 176 unten.
[65]) Im Verlauf der klinischen Anwendung der im Innern Klassiker schon angelegten Pulsterminologie. Diese erste Entwicklung findet ihren vorläufigen Abschluß mit dem Erscheinen des *Mo-ching*, wie auf S. 161 oben erwähnt.

zu erwartende theoretische Schema aufgrund der empirisch-klinischen Daten nicht vollkommen symmetrisch auszufüllen. Als erprobt und abgeklärt können folgende Zuordnungen [66]) gelten:

manus sinistrae		*pulsus*	*manus dextrae*	
mediat	direkt		direkt	mediat
[O. intestini tenuis]	*O. cardialis* (O. pericardialis)	*pollicaris*	*O. pulmonalis*	*[O. intestini crassi]*
O. felleus	*O. hepaticus*	*clusalis*	*O. lienalis*	*O. stomachi*
O. vesicalis	*O. renalis (Oo. intestinorum paraorbis uteri)*	*pedalis*	*O. renalis (Oo. intestinorum paraorb. uteri)*	*[O. tricalorii]* (*O. vesicalis*)

Die in [ ] gesetzten Orbes kommen nur in Betracht, falls aufgrund auch der übrigen diagnostischen Befunde eine auffällige Störung ihrer Funktionen unterstellt werden muß; sie können mithin in der Regel an der genannten Stelle außer Ansatz bleiben.

Die in ( ) gesetzten Orbes bzw. Paraorbes sind jederzeit am Pulsbild der genannten *situs* mitbeteiligt und können nur differentialdiagnostisch von den übrigen Orbes des gleichen *situs* abgetrennt werden.

5. Die spezielle Ikonographie der Radialispulse: die „Pulsbilder"

1) Allgemeine Eigenschaften der am o s t i u m p o l l i c a r e zu tastenden Pulse

Jeder am *ostium pollicare* mit einem tastenden Finger zu ermittelnde Puls ist allgemein durch seine Länge, Breite und Tiefe definiert.

Länge des Pulses nennt man die tastbare Ausdehnung des Pulses an *einem* Situs, also unter *einem* tastenden Finger in der Verlaufsrichtung der Arterie.

Breite des Pulses nennt man die Ausdehnung des an *einem* Situs ermittelten Pulses horizontal mit der Haut und im rechten Winkel zur Verlaufsrichtung der Arterie.

Tiefe des Pulses nennt man die apparente Lage des an einem Situs ermittelten Pulses relativ zur Unterlage und zur Haut. Man unterscheidet dabei
pp. superficiales — sie pulsieren „auf dem Fleisch, jedoch unter der Haut";
pp. mersi — sie pulsieren „unter dem Fleisch, am Skelettknochen";
pp. mediani — sie pulsieren zwischen den *pp. superficiales et mersi* (Abb. 13 und 14).

[66]) Mit dieser Formulierung deuten wir an, daß es in der chinesischen Medizinliteratur wiederholt Abweichungen von diesen Entsprechungen gegeben hat, die sich jedoch stets in Grenzen hielten und die in diesem für die Praxis geschriebenen Lehrbuch nicht näher zu erörtern sind.

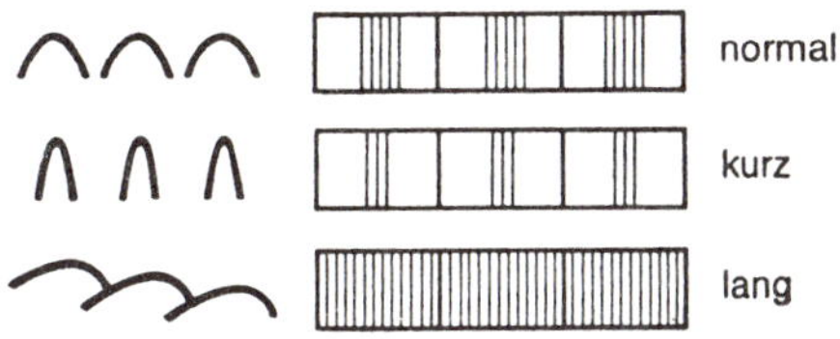

Abb. 13/14

Die Tiefe des Pulses ist durch Variation des Drucks des palpierenden Fingers zu bestimmen (siehe unten), die Wahrnehmung der Breite und Länge hingegen ist druckunabhängig.

Hier bereits ist auch darauf hinzuweisen, daß der normale *pedalis*-Puls um eine halbe bis eine Stufe tiefer liegt, als die normalen *pollicares*- und *clusales*-Pulse (Abb. 19). Mithin erfordert seine Palpation in der Regel und normalerweise höheren Fingerdruck als die der beiden anderen Pulsstellen.

2) Ikonographie der Pulse

Jedes der nachfolgend beschriebenen Pulsbilder kann an einem einzigen Situs, an mehreren, oder an allen sechs Situs eines Patienten beobachtet werden.

(1) **Pulsus superficialis**, „oberflächicher Puls" 浮脈 *(fu-mo)*

a) Ikonographie: Der Puls schlägt an der Oberfläche, ist bei leichtem Fingerdruck bereits spürbar, wird bei zunehmendem Druck immer schwächer; nimmt man den Druck zurück, so erscheint er wieder füllig.

b) Befund: Species-Symptom; ist der Puls kräftig, schließt man auf *repletio speciei,* ist er kraftlos, auf *inanitas speciei.*

c) Erklärung: Eine exogene Heteropathie hat die *species,* Haut und Fleisch befallen und wird von der Wehrenergie dort bekämpft. Ein kraftvoller *p. superficialis* deutet dann auf *repletio speciei.* Aber auch wenn die aktive, individualspezifische Energie *(ch'i) inanis* ist, kann noch Wehrenergie nach außen strömen — was dann zu einem kraftlosen *p. superficialis* führt.

Man beachte also, 1. daß ein *p. superficialis* nicht *per definitionem* schon ein *p. inanis* ist: er wird zwar unter Fingerdruck schwächer, kann aber nicht zum Verschwinden gebracht werden — es sei denn, es besteht außerdem *inanitas;* 2. daß bei der Therapie einer *inanitas speciei* der Akzent auf der Behebung der *inanitas* liegt.

(2) **Pulsus mersus,** „tiefer Puls" 沉 脉 *(ch'en-mo)*

a) Ikonographie: Der Puls bewegt sich „unterhalb des Fleisches", kann bei leichtem und mäßigem Fingerdruck überhaupt nicht wahrgenommen werden, erst bei starkem.

b) Befund: Intima-Symptom; ist dieser Puls kraftvoll, schließt man auf *repletio intimae,* ist er kraftlos, auf *inanitas intimae.*

c) Erklärung: Entweder eine Heteropathie hat sich in der *intima,* also in einem Orbis zusammengezogen und hemmt den Fluß sowohl der aktiven wie der struktiven Energien: es ergibt sich ein repleter *p. mersus.* Oder, 2. Möglichkeit, die aktive Energie des Orbis ist erschöpft *(inanis)* und wirkungslos und kann sich nicht entfalten. Dies führt zu einem *pulsus mersus inanis.*

(3) **Pulsus tardus,** „verlangsamter Puls" 遲 脉 *(ch'ih-mo)*

a) Ikonographie: Verlangsamter Puls mit (beim Erwachsenen) weniger als 4 Schlägen pro Atemzug [67]).

b) Befund: Algor-Symptom, gleichgültig, ob bei *algor inanitatis* (verlangsamt und kraftlos) oder bei massierter Kälteeinwirkung *(algor repletionis).*

c) Erklärung: Durch Kälte *(algor)* wird die Energie starr und das Yang schwer beweglich; deshalb erscheinen insbesondere alle aktiven Energien, so auch die Wehrenergie in ihren Bewegungen und Wirkungen gehemmt und gedämpft — was sich auch durch die Verlangsamung des Pulses äußert.

Es kann allerdings auch mittelbar, im Gefolge einer heteropathischen Hitzezusammenballung, durch welche der Energiefluß in den Leitbahnen auf weite Strecken behindert wird, zu einem *p. tardus* kommen, der aber *stets replet* ist. Diese letztgenannten Faktoren sind durch die übrige, mit ihnen einhergehende Symptomatik klar festzustellen [68]); in der Regel erweisen sie sich als *splendor yang algor laedens*-Syndrom [69]).

(4) **Pulsus celer,** „beschleunigter Puls" 數 脉 *(shu-mo)*

a) Ikonographie: Puls beschleunigt, mit einer Frequenz (beim Erwachsenen) von mehr als 5 Schlägen pro Atemzug.

b) Befund: Calor-Symptom; wenn kraftvoll, mit *repletio,* wenn kraftlos, mit *inanitas.*

---

[67]) Zu dieser Bestimmung der Pulsfrequenz vgl. S. 191 unten den einschlägigen Abschnitt.

[68]) Z. B. die Farbe des Zungenkörpers, Durst usw.

[69]) Vgl. S. 93.

c) Erklärung: Die Beschleunigung des Pulses läßt darauf schließen, daß das *yang vigens*, d. h. die aktive Energie in Fülle entfaltet ist bzw. daß sie durch eine *calor*-Heteropathie angetrieben wird → *pulsus celer repletus.*

Es kann aber auch sein, daß nach langer Krankheit die struktiven Energien erschöpft *(inanes)* sind und die aktiven ohne ausreichenden Antagonismus einseitig überwiegen → *p. celer inanis.*

Zu beachten ist schließlich ein *p. celer inanis superficialis*, bei dem ein erschöpftes Yang an die Oberfläche getrieben wurde: bei Zunahme des Palpationsdrucks bricht der Puls abrupt zusammen und ist nicht mehr zu tasten.

(5) **Pulsus inanis,** „erschöpfter Puls" 虛脉 *(hsü-mo)*

a) Ikonographie: Kraftloser Puls, nur durch behutsames Tasten in einer der drei Ebenen [70]) auszumachen. Er verschwindet völlig sowohl bei Zurücknahme als auch bei Verstärkung des seiner Lage entsprechenden Palpationsdrucks.

b) Befund: Inanitas der Orthopathie.

c) Erklärung: Die aktiven Energien reichen nicht aus, die struktiven in Bewegung zu halten → kraftloser Puls; oder die struktiven Energien reichen nicht aus, die aktiven zu erhalten → hohler, leicht kollabierender Puls.

(6) **Pulsus repletus,** „repleter Puls" 实脉 *(shih-mo)*

a) Ikonographie: Kraftvoller, in einer der drei Ebenen auftretender Puls. Er ist bereits bei geringem, aber auch noch unter stärkstem Palpationsdruck wahrnehmbar, am klarsten jedoch bei dem Druck, der seiner Ebene entspricht.

b) Befund: Repletio einer Heteropathie.

c) Erklärung: Beim Aufeinandertreffen von Heteropathie und Orthopathie kommt es zu einem Rückstau in den Leitbahnen, die mit den massiv mobilisierten, aktiven Energien erfüllt sind.

(7) **Pulsus lubricus**, „schlüpfriger Puls" 滑脉 *(hua-mo)*

a) Ikonographie: Der Puls kommt und geht leicht und gleitend und fühlt sich unter dem palpierenden Finger wie ein runder, schlüpfriger Gegenstand, wie etwa eine Kugel in einer polierten Schüssel an.

b) Befund: Schleim; infantile, aktive Indigestion *(shih)*; oder *calor repletionis.*

---

[70]) Vgl. S. 70 oben.

c) Erklärung: Der *p. lubricus* ist ein Yang-Puls: aktive Energie ist *replet* und läßt das *hsüeh* emporwallen, daher die Schlüpfrigkeit. Diese *repletio* der aktiven Energie kann durch eine Schleimansammlung, durch eine Verdauungsblockade im Kindesalter oder durch eine *calor*-Heteropathie, die auf Bau- und Wehrenergie einwirkt, bedingt sein.

Beim Weibe ohne sonstige Symptomatik kann er Schwangerschaft anzeigen [71]).

(8) **Pulsus asper,** „rauher Puls" 澀脈 *(sêh-mo)*

a) Ikonographie: Der Puls kommt und geht schleifend, rauh, wie gebremst — so als ob man mit einem leichten Messer über Bambus schabte.

b) Befund: Stagnierende aktive Energie; oder geschädigtes Struktivpotential; oder Defizienz der individualspezifisch-struktiven Energien; u. U. gleichzeitig Schleim, infantiler Verdauungsstillstand, Stasen. Falls kraftvoll: mit *repletio,* falls kraftlos: mit *inanitas.*

c) Erklärung: Ist die individualspezifisch-struktive Energie geschmälert, so sind die Säfte vermindert; die Folge ist ein schleifender, rauher Puls. Auch verhärteter alter Schleim oder Stasen, Hämatome, *concretiones* [Neoplasien, Keloide) führen zu einem solchen Pulsbild.

(9) **Pulsus longus,** „langer Puls" 長脈 *(ch'ang-mo)*

a) Ikonographie: Der Puls „ist an Kopf und Schwanz gerade" [72]), überschreitet mithin seinen Situs.

b) Befund: Energetische Redundanz.

c) Erklärung: Ein *pulsus longus* mit einer Nuance harmonischer *languiditas* deutet — unabhängig von der Pulsstelle — auf ein reichlich vorhandenes *ch'i medium* [73]), auf einen kräftigen, gesunden Energiehaushalt.

Auch bei Redundanz des *yang hepaticum,* wenn in der *intima* das Yang *vigens* und *calor* vorhanden ist, kommen *pulsus longi* vor, dann mit der Tendenz zu *chordalitas* [74]).

Im allgemeinen sind bei *pulsus longi* die weiteren festgestellten Pulsqualitäten und Tendenzen von besonderem diagnostischem Interesse.

---

[71]) Siehe S. 198 unten.

[72]) Vgl. die S. 170 oben sowie die Abbildung 13/14.

[73]) Mit anderen Worten, es ist ein Hinweis auf große Energiereserven in den ausgleichenden mittleren Oo. *lienalis et stomachi.*

[74]) Vgl. den *pulsus chordalis* auf S. 177 unten.

(10) **Pulsus brevis,** „kurzer Puls" 短脉 *(tuan-mo)*

a) Ikonographie: „Kopf und Schwanz des Pulses sind verkürzt", so daß der Puls seine Stelle nicht auszufüllen vermag [75]).

b) Befund: Ist der *pulsus brevis* kraftvoll, deutet er auf Zusammenballung, Einstauung des *ch'i,* der aktiven, individualspezifischen Energie, ist er kraftlos, auf Schädigung bzw. Schmälerung dieser Energie.

c) Erklärung: Das *ch'i,* die aktive Energie reicht nicht aus, das *hsüeh,* die individualspezifisch struktive Energie zu bewegen, nach außen zu führen. Außer einer Defizienz aktiver Energie kann aber auch stagnierendes *hsüeh,* zusammengeballtes *ch'i,* kurzum eine Stauung durch Faktoren wie Schleim, unverdaute Nahrung usw. zu einem *pulsus brevis* führen. Man achte also besonders darauf, ob er kraftvoll oder kraftlos ist [76]).

(11) **Pulsus exundans,** „überflutender Puls" 洪脉 *(hung-mo)*

a) Ikonographie: Der Puls bewegt sich wie eine Flutwoge: er kommt mit Macht und verebbt schwach und allmählich; er wirkt breit und überströmend.

b) Befund: Calor vigens (üppige Hitze).

c) Erklärung: Innere Hitze entfaltet sich nach allen Seiten im Übermaß, wird aber unzulänglich abgeleitet.

Auch eine *inanitas* des Yin in der *intima* und ein ungesteuert in die *species* schlagender *calor yang* zeitigt einen *pulsus exundans.*

Hält ein *pulsus exundans* (und der dahinterstehende Befund) längere Zeit an, so ist eine Dissoziation von aktiven und struktiven Energien zu befürchten. Wenn in der Rekonvaleszenzphase bei einem Patienten mit langwährender *inanitas,* mit Phthisis, nach schweren Blut- oder Säfteverlusten, schwerer Diarrhöe ein *pulsus exundans* auftritt, so ist dies ein ernstes Gefahrenzeichen.

(11a) **Pulsus magnus,** „großer Puls" 大脉 *(ta-mo)*

Im überwiegenden Teil der chinesischen Pulsliteratur wird der *pulsus magnus* als Synonym des *pulsus exundans* verstanden und nicht gesondert aufgeführt. Doch zeigt die klinische Erfahrung, daß er sehr wohl, wie nachfolgend definiert, vom *pulsus exundans* abgegrenzt werden muß.

---

[75]) Vgl. S. 170 oben.
[76]) Vgl. unten S. 190, auch Abb. 17.

Pulsus magnus

a) Ikonographie: Puls breiter und länger als der gewöhnliche Puls, jedoch *nicht* emporwallend.

b) Befund: Vigor heteropathiae; eine sich entfaltende, fortschreitende Heteropathie; unter Umständen auch ein Zeichen von *inanitas (intimae).*

c) Kommentar: Bei diesem Puls ist besonders darauf zu achten, ob er kraftvoll oder kraftlos ist, mithin zu bestimmen, ob er *repletio-* oder *inanitas-*Symptom ist.

(12) **Pulsus evanescens,** „verschwindender Puls" 微脉 *(wei-mo)*

a) Ikonographie: Der Puls ist (in welcher Ebene er auch auftritt) äußerst schwach, äußerst nachgiebig, schemenhaft und daher mit dem palpierenden Finger bald wahrzunehmen, bald wieder nicht.

(schwinden, vergehen)

b) Befund: Yang dilabens, Verfall oder extreme Defizienz der aktiven Energien; auch *inanitas* aller Energieformen.

c) Erklärung: Wenn die aktiven Energien verfallen *(dilabentes)* und/oder die struktiven erschöpft *(inanes)* sind, so wird der Puls nicht mehr klar erkennbar, vielmehr in seiner Gestalt verschwommen, schemenhaft. Legt man noch die für die Beurteilung der *pp. superficialis aut mersus* geltenden Kriterien zugrunde, so kann man schließen, daß ein *p. evanscens,* der auf leichten Druck schwindet, auf Verfall der aktiven Energien, ein bei starkem Druck schwindender *p. evanescens* die Erschöpfung der struktiven Energien anzeigt.

Ein *p. evanescens* nach langer Krankheit zeigt den unmittelbar drohenden Zusammenbruch der Orthopathie an; nach kurzer, nicht zu tiefgreifender Krankheit ist jedoch noch eine fauste Prognose möglich.

(13) **Pulsus intentus,** „gespannter Puls" 緊脉 *(chin-mo)*

a) Ikonographie: Der Puls erscheint vibrierend gespannt, wie ein verdrilltes Seil.

b) Befund: Algor; dolor; Verdauungsstillstand.

c) Erklärung: Wenn im *pulsus intentus* das Yin überwiegt, so ist dies ein Zeichen, daß eine struktive Heteropathie sich zusammengezogen hat, sei es, daß *algor speciei* das *ch'i defensivum* bindet, sei es, daß *algor intimae* die aktiven Energien niederhält. Die gleiche Erklärung — *algor* — ist mittelbar auch für die beiden anderen, zum *pulsus intentus* gehörenden Symptome, nämlich Leibschmerzen und Nahrung, die unverdaut im Magen liegenbleibt, zutreffend: stets hält Kälte die Entfaltung der wärmenden und harmonisierenden Aktivität hintan.

(14) **Pulsus languidus,** „behäbiger Puls" 緩脈 *(huan-mo)*

a) Ikonographie: Der Puls zeigt zwar die normale Frequenz von (beim Erwachsenen) 4 Schlägen pro Atemzug, doch ist er im Kommen und Gehen träge, behäbig.

b) Befund: Humor (Feuchtigkeit).

c) Erklärung: Humor, Feuchtigkeit ist die der Wandlungsphase Erde und dem *Orbis lienalis* entsprechende klimatische Qualität. In zu großer Fülle auftretend, hemmt sie die aktiven Abläufe. Ein gleichmäßiger, im Einsatz und Abklingen ausgewogener, konstellierende Kraft *(shen)* zeigender *p. languidus* kann jedoch ein Zeichen ausgezeichneter Gesundheit sein. Auch in der Rekonvaleszenz ist ein ausgeglichener *pulsus languidus* ein Zeichen einer sich wiederherstellenden Orthopathie.

(15) **Pulsus chordalis,** „saitenförmiger Puls" 弦脈 *(hsien-mo)*

a) Ikonographie: „Scharf, gespannt, wie eine Lautensaite", mit anderen Worten, der Puls ist auffallend schmal („scharf"), zugleich aber auffallend lang, dabei fest, straff, unabhängig von der Ebene, in der er auftritt.

b) Befund: Vento-laesio-Affektion des *orbis hepaticus; dolor;* Schleimverstopfung; Malaria.

c) Erklärung: Der *pulsus chordalis* ist der typische Puls der Wandlungsphase Holz, mithin ein Hinweis auf alle *vento laesiones* [78]), alle Affektionen des *orbis hepaticus* sowie die damit zusammenhängenden Schmerzzustände. Das Pulsbild kommt dadurch zustande, daß die energetisch redundanten Entsprechungen der Wandlungsphase Holz, die durch die Wandlungsphase Erde qualifizierten Funktionsbereiche überwältigen, wodurch die Feuchtigkeit *(humor)* über Gebühr verringert wird, die Leitbahnen ungenügend benetzt werden, so daß der starke Puls scharf, einschneidend wirkt. Tritt ein solcher Puls bei einer phthisischen Erkrankung auf, zeigt er den Verlust des *ch'i stomachi,* mithin ein kritisches Stadium an.

(16) **Pulsus cepacaulicus,** „zwiebelstengelförmiger Puls" 芤脈 *(kou-mo)*

a) Ikonographie: Großer, oberflächlicher, innen hohler Puls, vergleichbar einem Lauchstengel. Mit anderen Worten, ein breiter, langer *pulsus superficialis,* der jedoch unter dem palpierenden Finger in der Mitte einbricht, verschwindet und erst bei noch weiter gesteigertem Tastdruck wieder fühlbar wird.

---

78) Vgl. S. 54 oben.

b) Befund: Ein Mangel an struktiver Energie bedingt entweder durch Verlust von *hsüeh* [auch Blutverlust] oder durch Schädigung der übrigen struktiven Energieformen (etwa Bauenergie, Struktivpotential, Säfte).

c) Erklärung: Übermäßig reduzierte struktive Energie bietet der aktiven Energie keine hinlängliche Grundlage; die aktive Energie zerstreut und verflüchtigt sich deshalb nach außen, wie der breite *pulsus superficialis* mit leerer Mitte deutlich macht.

Tritt bei einem Pulsbild mit *pp. cepacaulici* an einem Situs ein *p. chordalis* oder ein *p. asper* auf, liegt die Vermutung einer Stasis, der inneren Ansammlung struktiver Energie nahe. Auf diese Möglichkeit einer *repletio* inmitten von *inanitas*-Symptomen ist sorgfältig zu achten.

(17) **Pulsus tymanicus,** „Trommelpuls" 革脉 *(ko-mo)*

a) Ikonographie: Oberflächlicher, innen hohler, außen hart gespannter Puls, vergleichbar dem Fell einer Trommel.

b) Befund: Fehlen von *hsüeh* [extremer Blutverlust]; Verlust des Struktivpotentials; schwere nachgeburtliche Blutungen; Abortus.

c) Erklärung: Der *pulsus tympanicus* zeigt äußere Stärke bei innerer Leere: eine extrem erschöpfte aktive Energie vermag die struktive Energie nicht zu regulieren — weil sie als Rückkoppelung in einem *circulus vitiosus* wiederum dazu führt, daß der bescheidene Rest aktiver Energie ganz nach außen schlägt.

(18) **Pulsus fixus,** „haftender Puls" 牢脉 *(lao-mo)*

a) Ikonographie: In der Tiefe, wie unverrückbar am Knochen haftender *pulsus longus atque repletus.*

b) Befund: Struktiver (mithin endogener) *algor* führt zu einer *repletio;* schmerzhafte Blockaden im Unterleib [z. B. Ileus].

c) Erklärung: Ein *pulsus fixus* deutet für sich genommen stets auf struktive (*algor*-bedingte) Zusammenballungen, auf Blockaden und *concretiones, niemals* auf *inanitas.* Er ist also ein *repletio*-Puls in der Regel bei Störungen der struktiven, mediat manchmal auch der aktiven Energien. Tritt eine durch ihn angezeigte *repletio* als Teil eines *inanitas*-Befunds auf, so ist höchste Lebensgefahr gegeben.

(19) **Pulsus lenis,** „sanfter Puls" 濡脉 *(ju-mo)*

a) Ikonographie: Der Puls ist oberflächlich, klein und nachgiebig, ohne Kraft.

b) Befund: Inanitas; Feuchtigkeit.

c) Erklärung: Ist der Puls zugleich *minutus* und *mollis,* so deutet dies in der Regel auf Defizienz sowohl der aktiven wie der struktiven Energien. Ein *pulsus mollis, superficialis et parvus* kann allerdings auch bei *humor* (Feuchtigkeit) auftreten, die den Energiefluß behindert, ohne daß *inanitas* vorhanden ist.

(19a) **Pulsus mollis,** „weicher Puls" 輭脉 *(juan-mo)*

Von den meisten Autoren wird der *pulsus mollis* als völlig synonym mit dem *pulsus lenis* verstanden. Indes läßt die nachfolgende Beschreibung eine Abgrenzung sinnvoll erscheinen.

a) Ikonographie: Weicher, nachgiebiger, oberflächlicher und kraftloser jedoch normal bis übernormal breiter und langer Puls.

b) Befund: Inanitas.

c) Erklärung: Bei Defizienz in erster Linie der aktiven aber auch der struktiven Energie ist die in den Leitbahnen *(= species)* verfügbare Energie reduziert.

(20) **Pulsus invalidus,** „schwächlicher Puls" 弱脉 *(juo-mo)*

a) Ikonographie: Nachgiebiger, dünner *(minutus),* zugleich tiefliegender *(mersus)* Puls.

b) Befund: Durch *inanitas* der aktiven und struktiven Energien bedingte Schwäche.

c) Erklärung: Dieser Puls unterscheidet sich von den vorangegangenen außer durch seine Ikonographie auch dadurch, daß ihm während der Rekonvaleszenz besondere Bedeutung zukommt: er zeigt die *noch* erschöpfte Orthopathie an — ist also in jenem Stadium normal. Tritt er bei frischen Erkrankungen im Verein mit *repletio*-Zeichen auf, läßt er auf einen kontravektiven, oft kritischen und atypischen Krankheitsverlauf schließen.

(21) **Pulsus diffundes,** „zerfließender Puls" 散脉 *(san-mo)*

a) Ikonographie: Oberflächlicher, zerfließender Puls ohne Wurzel: beim Zurücknehmen des Drucks des palpierenden Fingers ist er nur zögernd, schwach und unbestimmt tastbar; unter verstärktem Fingerdruck schwindet er völlig.

b) Befund: Das *ch'i primum*, d. h. der struktive Anteil des *ch'i nativum*, der mit der Geburt gegebenen konstitutionellen Energie, hat sich verflüchtigt, ist diffus geworden.

c) Erklärung: Wenn auch bei behutsamer und voller Fingerauflage der Puls keine Konturen gewinnt, ist dies ein Zeichen, daß die Energie aller *orbes* zu versiegen im Begriff ist.

(22) **Pulsus minutus,** „zarter Puls" 细脉 *(hsi-mo)*

a) Ikonographie: Puls fein und dünn wie ein Seidenfaden, doch unabhängig von der Ebene, in der er vorkommt, klar und deutlich tastbar.

b) Befund: Inanitas aktiver und struktiver Energien; durch Überanstrengung bedingte Erschöpfungszustände; auch auf den Energiekreislauf einwirkende Feuchtigkeit *(humor)*.

c) Erklärung: Wenn bei einem im großen und ganzen gesunden Menschen ein *pulsus minutus* auftritt, liegt dies in der Regel an einer Schädigung des *ch'i merum* des *orbis renalis*, bedingt durch übermäßige *cogitatio* oder *sollicitudo*. Tritt daher der *pulsus minutus* bei anscheinend in bester körperlicher Verfassung sich befindenden, lediglich über Kurzatmigkeit klagenden Personen auf, oder aber bei fiebrigen Erkrankungen im Verein mit Benommenheit und verminderter Sinnesschärfe, so ist er stets als Zeichen eines ernsten Befundes zu werten.

(22a) **Pulsus parvus,** „kleiner Puls" 小脉 *(hsia-mo)*

Gewöhnlich wird der *pulsus parvus* als völlig synonym mit dem *pulsus minutus* betrachtet, was nur bedingt möglich ist.

a) Ikonographie: Puls schmal und kurz, doch unabhängig von seiner Tiefe gut tastbar.

b) Befund: inanitas.

c) Erklärung: Je nach der Tiefe, in der man diesen *p. parvus* antrifft, kann man mehr auf *inanitas* der aktiven, der aktiven und struktiven oder primär der struktiven Energien schließen.

(23) **Pulsus subreptus,** „sich verkriechender Puls" 伏 脉 *(fu-mo)*

a) Ikonographie: Ein in der Tiefe verborgener, erst bei härtestem Druck gegen den Knochen oder die Sehnen schwach tastbar werdender, leicht wieder sich verlierender Puls.

b) Befund: Energie durch Heteropathie eingeschlossen; Flexus; Schmerzen höchsten Grades, stets durch *repletio* bedingt.

c) Erklärung: Der subrepte Puls deutet auf eine Abschließung, Einschließung — und daraus resultierende *repletio* — der energetischen Abläufe, auf Flexus und auf heftige Schmerzen.
Werden alle Pulse beider Hände subrept, werden gleichzeitig die Pulse der Foramina *Yang impedimentalis* und *Rivulus maior* [81]) untastbar, so ist dies ein Zeichen des drohenden Exitus.

(24) **Pulsus mobilis,** „beweglicher Puls" 動 脉 *(tung-mo)*

a) Ikonographie: Der Puls ist *lubricus, celer* und kraftvoll und fühlt sich an wie eine Bohne, die sich an einem Stengel hin- und herbewegt.

b) Befund: Dolor; pavor; [Streß oder die Wirkung stark tonisierender oder antiphlogistischer Drogen].

c) Erklärung: Aktive und struktive Energien sind nicht im Einklang, sondern im Widerstreit miteinander.

(25) **Pulsus agitatus,** „jagender Puls" 促 脉 *(ts'u-mo)*

a) Ikonographie: Jagender, heftiger Puls, der in unregelmäßigen Abständen aussetzt.

b) Befund: Yang vigens; repletio caloris; starke Stauungen der Energien, auch durch Schleim oder unverdauliche Nahrung bedingte; schmerzhafte Schwellungen.

c) Erklärung: Ist der *pulsus agitatus* kraftvoll und groß, deutet er auf überschießende, aktive Energien; ist er kraftlos und klein hingegen, auf überschie-

---

81) Vgl. S. 166 oben.

ßende struktive Energien bzw. auf *inanitas algoris.* Der Puls setzt immer wieder aus, weil beim Überwiegen entweder des Yang oder des Yin kein harmonisches Zusammenspiel zwischen den beiden Energien sich einstellen kann.

(26) **Pulsus haesitans,** „hängender Puls" 结脉 *(chieh-mo)*

a) Ikonographie: Träge und gemächlich schlagender Puls, der in unregelmäßigen Abständen aussetzt.

b) Befund: Infolge eines *yin vigens* bilden sich energetische Zusammenballungen, Blockaden, *concretiones et congelationes* [84]); auch Schleimblockaden [Darmverschlüsse].

c) Erklärung: Bedingt durch Übermacht der struktiven Energien gerät die aktive Energie außer Takt und wird zugleich in ihrer Entfaltung gehemmt.

(27) **Pulsus intermittens,** „intermittierender Puls" 代脉 *(tai-mo)*

a) Ikonographie: In *regelmäßigen* Abständen auffallend lange zum Stillstand kommender Puls.

b) Befund: Orbisenergie *dilabens* oder *evanescens; ventus; dolor;* Folgen heftiger Gemütserregung; Schlag- und Stoßverletzungen.

c) Erklärung: Ein *pulsus intermittens* deutet zunächst auf den unmittelbar drohenden Zusammenbruch der Energie in der *intima,* insbesondere in den Oo. *lienalis et stomachi.* Außer in den obengenannten weiteren Fällen wird er auch bei Schwangeren beobachtet. Man darf daraus schließen, daß er auch beim — vorübergehenden — Ausfall eines einzelnen Orbis auftritt und nicht kategorisch eine infauste Prognose bedingt.

(28) **Pulsus concitatus,** „rasender Puls" 疾脉 *(chi-mo)*

a) Ikonographie: Extrem erregter Puls mit (beim Erwachsenen) 7—8 Schlägen pro Atemzug.

b) Befund: Nachdem das Yin versiegt ist, erscheint das Yang auf das äußerste entfacht; unmittelbar drohender Zusammenbruch des *ch'i primum* [86]).

---

[84]) Tastbare Verhärtungen, Neoplasien. *Concretiones* sind Yin-Verhärtungen, ortsfest, in der Regel schmerzlos, *congelationes* sind Yang-Verhärtungen, den Ort wechselnd, nicht auf somatischen Veränderungen beruhend, in der Regel stark schmerzhaft.

[86]) Vgl. auf S. 46 die Anm. 36 oben.

c) Erklärung: Der *pulsus concitatus* deutet auf ein im *orbis renalis* erschöpftes *yin merum*[87]) und auf ein deshalb unkontrolliert nach außen schlagendes Yang; er ist zugleich ein Zeichen dafür, daß auch dieses Yang, die aktive Energie weitestgehend zur Neige gegangen ist. Wenn dieser Puls bei *algor-laedens*-Erkrankungen und *morbi temperati* als Begleiter extrem hohen Fiebers auftritt oder im Endstadium einer Phthisis, ist er stets ein sehr ernstes Zeichen.

Man kann beim *p. concitatus* ein Übergewicht der aktiven oder der struktiven Komponente diagnostisch bestimmen: verhärtet sich der *pulsus concitatus* bei zunehmendem Palpationsdruck, so ist auf ein völlig entfesseltes Yang, weicht er hingegen unter dem zunehmenden Druck, so ist auf ein unkontrolliertes Yin zu schließen. Im 1. Fall zeigt der Kranke auch Erregung, im 2. Fall auch Mattigkeit. In jedem Fall ist bei diesem Puls das *ch'i stomachi* nicht mehr faßbar. Dennoch sollte man auch dann nicht resignieren, sofern dieser Puls nur eine mittlere Größe hat, also weder groß *(magnus)* noch klein *(parvus)*[88]) erscheint.

3) Vergleichende Ikonographie der Pulse

Die soeben beschriebenen Pulsbilder haben eine Erprobung von nahezu 1 800 Jahren hinter sich und bieten eine optimale Grundlage für eine sowohl präzise und eindeutige als auch übersichtliche und klar reproduzierbare Funktionsdiagnose, vorausgesetzt, daß sie der Diagnostiker tatsächlich auch in ihren Nuancen sicher beherrscht und reproduzieren kann. Im Hinblick auf dieses letztere Ziel ist ihre vergleichende Betrachtung nützlich.

a) Ähnliche Pulsbilder

(1) Pp. tardus: languidus: der *p. tardus* zeigt — beim Erwachsenen — etwa 3 Schläge pro Atemzug, ist klein, hinfällig *(parvus, dilabens).* Der *p. languidus* zeigt — beim Erwachsenen — etwa 4 Schläge pro Atemzug, ist groß, mit einer Tendenz zu Redundanz.

(2) Pp. mersus: subreptus: Der *p. mersus* ist unter leichtem Palpationsdruck nicht wahrnehmbar, bei starkem Druck jedoch klar zu tasten. — Der *p. subreptus* ist auch unter starkem Druck noch nicht sicher festzustellen; er tritt erst bei härtestem Druck gegen die Unterlage (Sehne oder Knochen) in Erscheinung.

(3) Pp. celer: intentus: lubricus: Der *p. celer* ist beschleunigt, auf — beim Erwachsenen — 6 Schläge pro Atemzug. Der *p. intentus* schlägt wie ein verdrilltes Seil gegen den palpierenden Finger. Der *p. lubricus* schlüpft unter dem Finger hin und zurück wie eine Perle in einer polierten Schüssel.

(4) Pp. superficialis: inanis: cepacaulicus: der *p. superficialis* erscheint unter leichtem Druck redundant, unter gesteigertem Druck defizient. Der *p. inanis*

---

87) Vgl. S. 36 oben.
88) Vgl. S. 175 und S. 180 oben.

wirkt groß, doch kraftlos, völlig unabhängig von der Tiefe seines Auftretens. Der *p. cepacaulicus* ist sowohl an der Oberfläche (= bei leichtem Druck des Fingers) als auch in der Tiefe (= bei starkem Druck des Fingers), nicht jedoch in der mittleren Ebene (= bei mittlerem Druck des Fingers) wahrnehmbar.

(5) Pp. invalidus: lenis: mollis: Der *p. invalidus* ist dünn und nachgiebig, wird aber erst bei erhöhtem Fingerdruck (= in der Tiefe) überhaupt tastbar. Der *p. lenis* ist *superficialis*, zugleich klein, d. h. schmal, kurz- und nachgiebig.

Der *p. mollis* ist bei normaler oder größerer Breite und Länge *superficialis* und nachgiebig.

(6) Pp. evanenscens: minutus: inanis: Der *p. evanescens* ist schemenhaft, schwer und unsicher wahrzunehmen wie die Ahnung von einem pulsierenden Spinnengewebe. Der *p. minutus* ist zwar äußerst schmal und zart, aber stets klar tastbar. Der *p. inanis* ist eher vergrößert, dabei schwach und dennoch in seiner Tiefe sicher tastbar.

(7) Pp. chordalis: longus: Der *p. chordalis* ist schmal und lang, vor allem aber hart gespannt wie eine Lautensaite: der Pulsschlag geht teilweise in dieser extremen Spannung unter. Der *p. longus* erscheint über seinen Situs hinaus verlängert wie ein Bambusstecken, so daß man die einzelnen Pulswellen schwer unterscheiden kann.

(8) Pp. brevis: mobilis: Der *p. brevis* ist ein Yin-Puls, nicht nur verkürzt, sondern auch langsam, träge, schleifend im Kommen und Gehen. Der *p. mobilis* ist ein Yang-Puls, zwar verkürzt, dabei aber eher beschleunigt, glatt und kraftvoll.

(9) Pp. exundans: repletus: der *p. exundans* wirkt überfließend wie eine Flutwelle, breit und voll, doch verliert er diesen Charakter unter zunehmendem Palpationsdruck. Der *p. repletus* wirkt prall gefüllt und fest, ohne Rücksicht auf den Palpationsdruck.

(10) Pp. fixus: tympanicus: Der *p. fixus* liegt in der Tiefe *(mersus)*, ist dabei saitenförmig *(chordalis)*, d. h. lang und straff, zugleich wie am Knochen klebend, ortsfest. Der *p. tympanicus* liegt an der Oberfläche und ist dort straff und groß.

(11) Pp. agitatus: haesitans: asper: intermittens: Der *p. agitatus* ist ein jagender Puls, der in unregelmäßigen Abständen aussetzt. Der *p. haesitans* fließt zäh und träge, verlangsamt sich unregelmäßig bis zum Stillstand. Der *p. asper* ist *tardus, brevis,* dabei schleifend und zugleich unregelmäßig. Der *p. intermittens* ist ein in *regelmäßigen* Abständen lange stillstehender Puls.

b) Gegensätzliche Pulsbilder

(1) Pp. superficialis: mersus: Entsprechend dem An-die-Oberfläche-Treiben oder dem In-die-Tiefe-Absinken der Pulse kann man Yang und Yin, *species* und *intima* beurteilen. Der *p. superficialis* deutet auf die aktivierenden, dynamischen, leichten lockernden, klärenden Tendenzen, der *p. mersus* auf die struktiven, konkretisierenden, festigenden, beschwerenden, trübenden Tendenzen.

(2) Pp. tardus: celer: Beim Erwachsenen [89]) gelten 4—5 Schläge pro Atemzug als normale oder harmonische Pulsfrequenz. Weniger gilt als *tardus,* mehr als *celer.*

(3) Pp. inanis: repletus: Je nach der übermäßigen Festigkeit oder Nachgiebigkeit kann man über Defizienz und Redundanz, *repletio* einer Heteropathie oder *inanitas* der Orthopathie Aufschluß bekommen.

(4) Pp. lubricus: asper: Nach diesen Qualitäten beurteilt man die Beweglichkeit des Pulses. Der *p. lubricus* deutet auf viel *hsüeh,* wenig *ch'i,* der *p. asper* umgekehrt auf viel *ch'i* und wenig *hsüeh.*

(5) Pp. exundans: evanescens: Diese Qualitäten definieren die Kraft des Pulses. Der *p. exundans* tritt bei fülligem *hsüeh* oder auch bei *calor* als Zeichen von energetischer Redundanz auf. Der *p. evanescens* geht mit *algor, inanitas* des *ch'i* einher und deutet auf energetische Defizienz.

(6) Pp. intentus: languidus: Hiermit qualifiziert man die Spannung des Pulses. Gespannt ist der Puls, wenn *algor* die struktiven Energien *(hsüeh* und Bauenergie d. h. *ch'i constructivum)* geschädigt hat. Entspannt, spannungslos, behäbig ist der Puls, wenn *ventus* die Wehrenergie geschädigt hat, so daß die struktiven Energien nicht recht in Bewegung kommen.

4) Qualitative und systematische Ordnung der Pulse

Für die Präzision der Diagnose noch wichtiger als die deskriptiven Vergleiche der Pulse sind deren systematisierende Gliederungen und Zuordnungen.

a) Die Orbispulse

Diese Gruppe ist die in der Praxis mit Abstand wichtigste [90]). Der Orbispuls zeigt, unabhängig vom Situs, an dem er auftritt, eine Störung — gewöhnlich Redundanz — der Energie eines Orbis und damit des Orbis selbst an. Von den 5 Orbispulsen entspricht der

pulsus superficialis (1) (oberflächlich)	dem *orbis pulmonalis,* Metall
pulsus mersus (2) (tief)	dem *orbis renalis,* Wasser
pulsus exundans (11) (überflutend)	dem *orbis cardialis,* Feuer
pulsus languidus (14) (behäbig)	dem *orbis lienalis,* Erde
pulsus chordalis (15) (saitenförmig)	dem *orbis hepaticus.* Holz

b) Die Formpulse

Bei den 8 Formpulsen steht außer dem bedingten Hinweis auf einen oder mehrere Orbes die Information über das relative Energieniveau im Vordergrund.

[89]) Vgl. S. 191 und S. 196 unten.
[90]) Vgl. unsere Ausführungen auf S. 199 unten.

Es weisen der	auf den	und auf
p. longus	*o. hepaticus et o. lienalis*	Redundanz
p. brevis	*oo. hepaticus et lienalis*	Defizienz aktiver Energie
p. fixus	*o. renalis*	*repletio*
p. tympanicus	*oo. ren., hepat., pulmon.*	extreme Defizienz
p. cepacaulicus	*oo. ren., hepat. pulmon.*	Defizienz struktiver Energie
p. diffundens	*oo. renalis et hepaticus*	Defizienz
p. minutus	*o. renalis (o. lienalis)*	Defizienz
p. subreptus	—	*repletio*

c) Die Modalpulse

Die 15 Modalpulse endlich geben, wie ihr Name andeutet, die Qualität, d. h. die Verlaufsrichtung an, in welcher eine Störung sich entwickelt.

Es weisen der	*auf*
p. celer	*calor*
p. tardus	*algor*
p. intentus	*dolor, algor* [Verspannungen]
p. lubricus	Schleim
p. repletus	*repletio*
p. inanis	*inanitas*
p. asper	Stasen, Stauungen — *concretiones*
p. lenis	*inanitas* bei Feuchtigkeit
p. mollis	*inanitas speciei*
p. invalidus	Rekonvaleszenz — *inanitas*
p. evanescens	Energieverfall von Yang nach Yin
p. mobilis	*dolor, pavor,* Drogenwirkungen
p. haesitans	Redundanz des Yin; *concretiones*
p. intermittens	*ventus, dolor* [Schock]
p. agitatus	*yang vigens, repletio caloris*
p. diffundens	Versiegendes *ch'i primum*
p. concitatus	Versiegendes *ch'i primum,* dabei Aufflackern der aktiven Energien

d) Die Qualifikation der Pulse durch Yin und Yang

Im größeren medizinischen Zusammenhang ist die Yin-Yang-Qualifikation der Pulse von Interesse. Es werden qualifiziert als

Yin der *pulsus*	*Yang* der *pulsus*
tardus	*celer*
mersus	*superficialis*
asper	*lubricus*
inanis	*repletus*
brevis	*longus*
evanescens	*exundans*
languidus	*intentus*
tympanicus	*cepacaulicus* *
fixus *	*chordalis* *
mollis	*mobilis*
invalidus	*agitatus*
diffundens	*concitatus*
minutus	*magnus*
parvus	
subreptus	
intermittens	
haesitans	

Die mit * bezeichneten Pulse gelten als yang im Yin bzw. yin im Yang.

e) Die Ordnung der Pulse nach deskriptiven Oberbegriffen

(1) Pulsus superficiales

(p. superficialis)
p. exundans
p. magnus
p. tympanicus
p. lenis
p. mollis
p. chordalis
p. cepacaulicus

(2) Pulsus mersi

(p. mersus)
p. subreptus
p. fixus

(3) Pulsus tardi

(p. tardus)
p. languidus
p. asper
p. haesitans
p. intermittens

(4) Pulsus celeri

(p. celer)
p. agitatus
p. mobilis
p. intentus
p. concitatus

(5) Pulsus inanes

(p. inanis)
p. diffundens (oberflächlich)
p. minutus (Ebene beliebig)
p. brevis
p. invalidus (tiefliegend)
p. evanescens

(6) Pulsus repleti

(p. repletus)
p. longus
p. lubricus
(p. fixus)

6. Technik der Pulstastung II

1) Stellung und Lagerung des Arms des Patienten

Bei der Diagnose der Radialispulse ist der Stellung bzw. Lagerung des jeweils getasteten Arms besondere Aufmerksamkeit zu schenken. Durch zu starke Streckung bzw. Spannung der Muskulatur, eng anliegende oder gar einschneidende Kleidungsstücke können viele *inanitas*-Pulse überhaupt zum Verschwinden gebracht werden; andere Pulse — mit Ausnahme der repleten — werden in ihrer Qualität verändert, verfälscht. Der zu tastende Unterarm ist deshalb vom Handrücken bis mindestens zur Hälfte der Speiche auf einem eigens angefertigten nicht zu weichen „Pulskissen", das auf einer harten Unterlage ruht, abzustützen, in der Weise, daß der Patient völlig entspannt die erforderliche Zeit ruhig halten kann. Ideal hierfür ist zwar ein in der Höhe verstellbares Tischchen, doch auch das umsichtig zurechtgerückte Sitzmöbel und ein mittelhoher Tisch erfüllen den Zweck. Die Diagnose am bettlägerigen Patienten erfordert mindestens die gleiche Aufmerksamkeit. Eine sachgemäße chinesische Pulsdiagnose an einem bewegungsunfähigen Patienten in einem nur von einer Seite zugänglichen Bett ist ein nahezu aussichtloses Beginnen.
Daß im Stehen keine Pulsdiagnose möglich ist, bedarf keiner Begründung.

2) Fingersatz

Die 2mal 3 Situs des *ostium pollicare* des Erwachsenen werden mit dem Zeige-, Mittel- und Ringfinger der entsprechend geübten „Pulshand" des Diagnostikers getastet. Dabei gleitet zunächst der Tastballen des Mittelfingers, der sich an der Erhöhung des Radialisköpfchens orientiert, leicht medianwärts, um sich auf die *clusa* zu legen (Abb. 15). Während er dort verweilt, nehmen die Tastballen respektive des Zeigefingers und des Ringfingers zu beiden Seiten mit dem *pulsus pollicaris* bzw. dem *pulsus pedalis* Kontakt auf. Bei entsprechender Übung muß man am Durchschnittspatienten alle drei Pulse innerhalb von Sekunden sicher auffinden können.

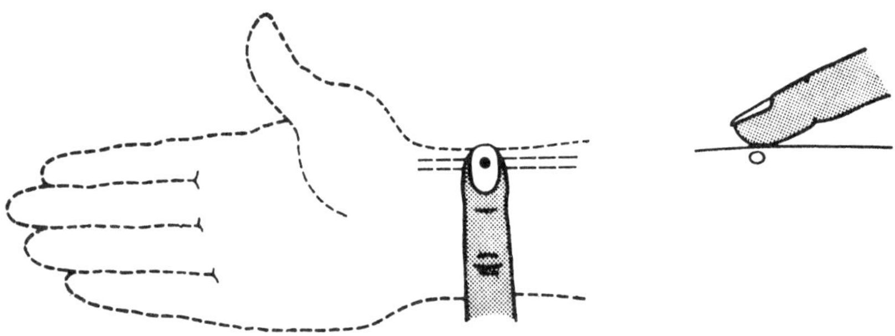

Abb. 15

Es kommt allerdings nicht so selten eine atypische Ausbildung der *arteria radialis* vor. Wenn man an der anatomischen Regelstelle *partout* keinen Puls tasten kann, ist daran zu denken, daß die Arterie weiter außen, an der Innenflanke oder gar am Rücken des Handgelenks verlaufen kann. Auch eine Arterie, die sich unmittelbar hinter der *clusa* gabelt, haben wir schon beobachtet. Wie in solchen Fällen die Situs zu legen und zu beurteilen sind, ist Sache der Erfahrung und des diagnostischen Ermessens. Stets ist aber mindestens eine Ein-Situs-Tastung [91]) möglich.

Die drei Finger sollen in der Regel mit dem Zentrum der Kuppe möglichst [92]) flach auf dem „Rückgrat" des entsprechenden Pulses liegen (Abb. 15).

Man kann einen oder alle drei Finger auch mit dem Kuppenmittelpunkt etwas über das Rückgrat des Pulses hinausschieben, um eine noch sattere Auflage der Tastfinger zu erreichen (Abb. 16). Dadurch kann u. U. die Tastempfindung noch plastischer werden. Ebensogut kann es allerdings passieren, daß bei dieser Fingerhaltung die Pulsation der eigenen Fingerarterie das Ergebnis deutlich verfälscht.

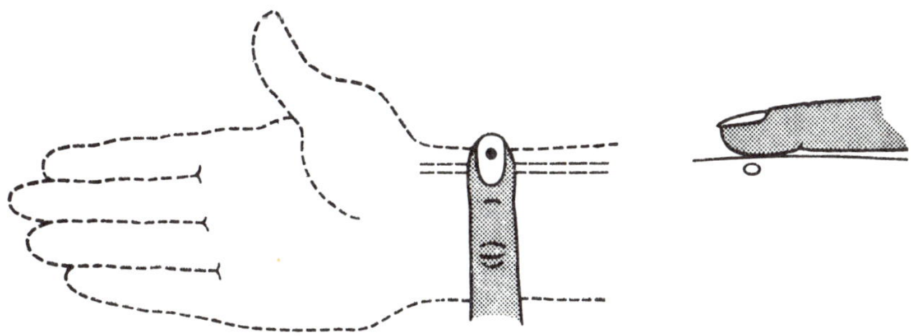

Abb. 16

3) Andruck, Zurücknahme, Kippen, Gleiten der Tastfinger

Nachdem die drei Tastfinger wie beschrieben mit leichtem Druck auf die entsprechenden Situs gesetzt worden sind, werden sie nun alle drei gleichzeitig mit gleichem ansteigendem Druck langsam niedergedrückt, sodann mit gleichem gleichzeitig verringertem Druck wieder bis auf den leichten Ausgangsdruck langsam zurückgenommen. Durch diese Verfahren ist zunächst ein allgemeiner Gesamteindruck vom Puls insbesondere hinsichtlich seiner Kraft, Tiefe, Länge und Breite zu gewinnen, der nun anschließend durch eine sorgfältige Einzeltastung jedes Situs mit dem auf ihm liegenden Finger nuanciert werden muß.

Während der Einzeltastung konzentriert sich die Aufmerksamkeit auf einen einzigen Pulssitus bzw. den ihn tastenden Finger, währenddessen die beiden anderen Finger locker auf ihren Pulsstellen liegenbleiben. Diese Einzeltastung muß in der Regel die gesamte Ikonographie des betreffenden Pulses einschließlich seiner Überlagerung oder Tendenz [93]) erbringen, weshalb hierfür ausreichend Zeit und völlige Konzentration unerläßlich ist.

---

[91]) Siehe S. 192 unten.

[92]) In der Praxis heißt dies niemals „ganz" — denn wegen der unterschiedlichen Länge der drei Finger müssen sie in verschieden großen Winkeln angehoben werden, um gleichzeitig auf die gleiche Linie zu liegen zu kommen.

[93]) Siehe S. 194 unten.

Obzwar der oben in Abb. 15 beschriebene Fingersatz mit verschiedenen Drücken ausgeführt für die Tastung der meisten Pulsbilder ausreicht, sind bei einigen gewisse Fingerbewegungen zweckmäßig. Über die Länge eines Pulses informiert man sich durch eine seitliche Rollbewegung des Palpierfingers (Abb. 17). Ein *pulsus exundans* läßt sich am besten nach Abb. 16 von einem *pulsus magnus* oder auch den *pp. superficiales* abgrenzen. *Pp. lubrici, fixi, mobiles, cepacaulici* erkundet man am besten genauer durch eine leichte Hebebewegung des Palpierfingers (Abb. 18).

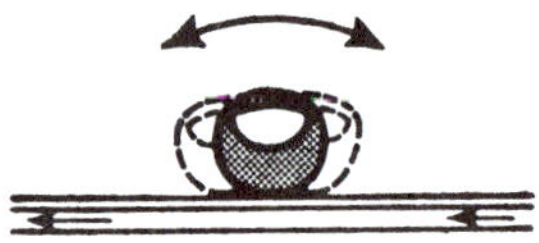

Abb. 17

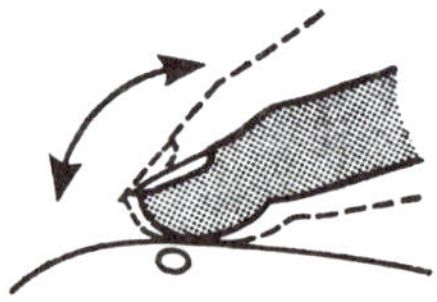

Abb. 18

Mit Ausnahme der tiefen *(mersi)* Pulse wird die genaue Tiefe aller übrigen Pulse *bei Zurücknahme des Drucks* bestimmt. Mit anderen Worten, auch wenn man einen *p. superficialis* bereits beim ersten Fingersatz vermeint klar ertastet zu haben, steigert man den Druck so weit, daß ein theoretisch oder tatsächlich in der Tiefe vorhandener Puls [94]) mit Sicherheit erfaßt wird — und vermindert ihn dann allmählich wieder. Dieses Verfahren ist deshalb sinnvoll, weil unter sich verminderndem Druck viele Pulsbilder unvergleichlich klarer sich abzeichnen, als bei zunehmendem Druck.

An dieser Stelle ist auch daran zu erinnern, daß alle *pedales*-Pulse anatomisch knapp eine Ebene tiefer liegen als die entsprechenden *pollicares*- und *clusalis*-Pulse (Abb. 19). Dies gilt auch noch für die *pp. mersi.* Das bedeutet 1., daß die Tastung des *pedalis*-Pulses stets höheren Tastdruck erfordert als die der beiden anderen Situs; 2., daß ein auf der gleichen Höhe wie ein *pulsus clusalis medianus* liegender *pulsus pedalis* bereits als *pulsus superficialis* zu werten ist, ein auf der gleichen Höhe mit einem *pulsus clusalis mersus* liegender *pulsus pedalis* ein *pulsus medianus* ist.

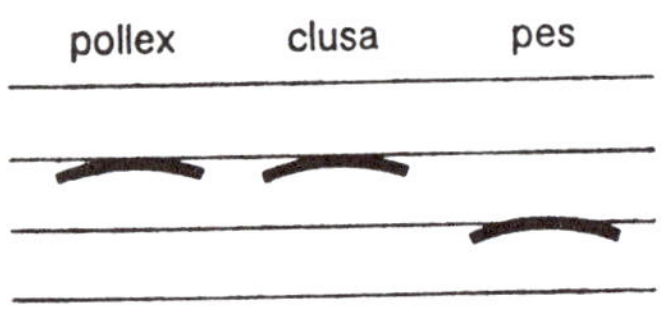

Abb. 19

[94]) Allerdings nicht unbedingt ein *p. subreptus.*

Der hohe Tastdruck für die *pp. pedales* bei dennoch subtilster Palpation ist einer der Gründe, weshalb nicht nur beim Anfänger der Zahl der in einer Folge oder pro Tag zu tastenden Pulse Grenzen gesetzt sind. Diese Schwierigkeit darf nicht dazu verführen, daß die *pedales*-Pulse abwechselnd mit verschiedenen Fingern getastet werden.

Zur Erzielung absolut gleichmäßiger und vergleichbarer Pulsdiagnosen ist es unerläßlich, daß unter allen Umständen stets der gleiche Finger auf den gleichen Situs gelegt wird. Das bedeutet nicht nur, daß der Diagnostiker stets die gleiche Hand zur Pulsdiagnose verwendet, sondern auch, daß der Patient stets an die gleiche Seite gesetzt oder gelegt wird.

4) Bestimmung und Beurteilung der Pulsfrequenz

Obzwar die Chinesen ein überaus zeitbewußtes Volk sind [95]), spielt in der chinesischen Pulsdiagnostik die absolute Pulsfrequenz — d. h. das einzige Merkmal, welches die westliche Medizin heute am Puls mit einiger Regelmäßigkeit noch registriert — überhaupt keine, und die relative Frequenz nur eine beiläufige Rolle.

Diese relative Frequenz wird unter Bezug auf die Atemzüge *(hsi)* des Patienten bestimmt. Ein Atemzug ist die Zeitspanne vom Beginn einer Ausatmung bis zum Ende der folgenden Einatmung. Beim Erwachsenen, d. h. etwa ab dem 15. Lebensjahr, dürfen 4—5 Pulsschläge pro Atemzug als gesunde Norm gelten.

Für gesunde Kinder und Jugendliche sind die entsprechenden Zahlen

bis zum 3. Lebensjahr	8 Pulsschläge pro Atemzug
im 4. Lebensjahr etwa	7 Pulsschläge pro Atemzug
vom 5. bis 12. Lebensjahr etwa	6 Pulsschläge pro Atemzug

5) Dauer der Pulsdiagnose

Zwar gibt es keine zwingende Regel, wie lange eine Pulsdiagnose zu dauern hat. Als unerläßliche Mindestdauer für die *kontinuierliche* Beobachtung jedes einzelnen Situs gelten jedoch 50 Schläge [96]). Grundsätzlich wird man sich zumindest zur Erstdiagnose eines Patienten viel mehr Zeit nehmen müssen, wenn man zu sicheren und therapeutisch praktikablen Befunden kommen will. So sind für einen routinierten Könner an einem außergewöhnlich klaren Puls 5 Minuten das absolute Minimum einer Diagnose; für den Puls durchschnittlicher Schwierigkeit dürften 10—15 Minuten das äußerst Erreichbare sein. Und bei der Beurteilung eines anatomisch wie ikonographisch schwierigen Pulses darf 1/2 Stunde nicht als Zeitverschwendung gelten. Der noch Ungeübte muß diese Zeiten mindestens verdoppeln.

---

[95]) Mechanische Uhren waren in China 400 Jahre früher als in Europa erfunden worden (bereits im 10. Jh.), und heute trägt, wo immer es die wirtschaftliche Situation erlaubt, jeder Chinese eine Armbanduhr.

[96]) Bei kürzerer Beobachtungsdauer ist es praktisch ausgeschlossen, einen *pulsus haesitans* oder einen *pulsus intermittens* überhaupt zu erkennen.

6) Schnell-, Kurz-, Notdiagnosen

In außergewöhnlichen Situationen und Notfällen sind die verschiedenen für eine sachgemäße und umfassende Pulsdiagnose unabdingbaren Voraussetzungen nicht annähernd zu erfüllen. Deshalb sollte man dann auch nicht noch Zeit vergeuden mit dem Versuch einer bruchstückhaften und mithin fragwürdigen Detaildiagnose. Man wendet dann am zweckmäßigsten die Ein-Situs-Diagnose mit der Daumenkuppe (nicht dem ganzen Daumen) an. Mit der Daumenkuppe am *ostium pollicare* aufgesetzt, trachtet man nur die Tiefe des Pulses genau zu erfassen — womit gewöhnlich auch schon eine Aussage über *repletio/inanitas* implizit gewonnen ist. Man ordnet dann zu

dem *pulsus*	der linken Hand den	*der rechten Hand*
superficialis	*orbis cardialis*	*orbis pulmonalis*
medianus	*orbis hepaticus et felleus*	*orbis lienalis et stomachi*
mersus	*orbis renalis*	*orbis renalis.*

Eine solche Schnelldiagnose ist in Erste-Hilfe-Fällen, bei Schwerstkranken, nach Entbindungen sinnvoll. Abwegig wäre es, sie generell anzuwenden.

7) Die Pulstastung am Kind und Jugendlichen

Das *ostium pollicare* gewinnt erst um das 15. Lebensjahr herum seine für eine normale Dreifingertastung erforderliche Länge. Zuvor ist es anatomisch schwierig oder absolut unmöglich, an ihm 3 Situs deutlich zu differenzieren. **Deshalb gilt für kindliche Patienten:**

a) **Bis zum 6. Lebensjahr** ist am *ostium pollicare* nur ein Puls, nämlich der *pollicaris*-Puls mit dem Zeigefinger zu tasten. (Diese Tastung ist *nicht* mit der im vorangehenden Abschnitt beschriebenen Kurzdiagnose zu *verwechseln!* Sie wird denn auch nach den Regeln, die für die *pollicares*-Pulse gelten [97]), ausgewertet.) An einem halbwegs vitalen Säugling, bis zur Vollendung des 1. Lebensjahrs, sollte die Pulstastung im allgemeinen unterbleiben. Aber auch danach, mindestens bis zum 4. Lebensjahr, darf den durch sie erhobenen Befund nur orientierende Bedeutung beigemessen werden, denn die genauere Wirkung der Störfaktoren, die während der Pulsdiagnose in der motorischen Unruhe des Kindes einerseits, dem Bestreben der Mutter, das Kind zu beruhigen und den Anstrengungen des Diagnostikers, diese Einflüsse durch erhöhte Konzentration und festeren Griff zu kompensieren, gegeben sind, läßt sich niemals sicher abwägen.

b) Etwa **ab dem 6. Lebensjahr** ist dicht neben der *pollicaris*-Stelle auch der *pedalis*-Puls (mit dem Ringfinger) zu tasten und zu interpretieren.

[97]) Unter Berücksichtigung der unten auf S. 199 gegebenen Hinweise.

c) Etwa **vom 12. Lebensjahr** an ist es möglich und sinnvoll, alle drei Pulsstellen zu bestimmen. Wenn an kurzen Handgelenken dabei der Raum für die drei Pulsfinger noch nicht ausreicht, setzt man zuerst Zeige- und Ringfinger beidseitig des Radialisköpfchens auf und beurteilt damit die *pollicares-* und *pedales*-Pulse. In einem 2. Diagnosegang setzt man dann den Mittelfinger allein genau auf die *clusa* am Radiuskopf.

8) Die Deutung unterschiedlicher Befunde bei Einfinger- und Mehrfingertastung; Halonierung

Bei der Palpation des *ostium pollicare* kommt es in der Praxis keineswegs selten vor, daß beim Niederdrücken aller 3 Finger ein relativ kraftvoller, beim Niederdrücken nur eines Fingers ein kraftloser Puls gefühlt wird; aber auch umgekehrt, daß der gleichzeitige Druck der 3 Finger einen schwachen, der Druck eines einzelnen Fingers hingegen einen kräftigen Puls zu offenbaren scheint. Einige dieser scheinbaren Widersprüche sind als die Wirkung eines Pulshalo *(yün)* aufzuklären.

a) Wegrutschender Puls

Fühlt man mit drei Fingern einen kräftigen, mit einem Finger nur einen schwachen Puls, so ist der Puls gewiß *chordalis* und zugleich *lubricus*, bei im ganzen gutem Energieniveau. Wird nämlich dieser extrem schmale und zugleich schlüpfrige Puls nur an einer einzigen Stelle erfaßt, so rutscht er buchstäblich unter dem Finger fort. Durch die breite Auflage dreier Finger wird dieses Weggleiten weitgehend verhindert, so daß nun die auf einen schmalen Streifen konzentrierte Energie als kräftiger Puls empfunden wird.

b) Täuschung durch einen zwar klaren doch schwachen Puls

Wird ein Puls bei der Tastung mit nur einem Finger als stark, bei der Tastung mit gleichzeitig drei Fingern als kraftlos empfunden, so ist auf einen im Grunde kraftlosen Puls zu schließen. Konzentriert sich nämlich die Aufmerksamkeit auf die Empfindungen in einem einzigen Finger, etwa in dem ohnehin sehr sensiblen Zeigefinger, kann auch ein sehr schwacher Puls, wenn er nur klar konturiert ist, den Eindruck relativer Stärke erwecken. Verteilt sich hingegen die Aufmerksamkeit auf alle drei Finger, so schwindet dieser Eindruck völlig.

c) Halo um einen schmalen Puls

Wird ein Puls bei der Palpation mit allen Fingern als *magnus*, beim Tasten mit nur einem Finger als *minutus* empfunden, so ist im Grunde auf einen *p. minutus sive chordalis* zu schließen, der einen Halo aufweist. Die Halonierung bedingt bei gleichzeitigem Druck aller Finger den Schein eines breiten und langen Pulses.

d) Großer Halo um einen schmalen Puls

Wird ein Puls unter dem Druck aller Finger als *minutus*, bei der Tastung mit nur einem Finger als *magnus* empfunden, so ist mit Sicherheit auf einen stark erschöpften Puls mit einem verhältnismäßig großen Hof zu schließen. Bei der konzentrierten Tastung erweckt der Halo den Eindruck eines großen Pulses, während bei der etwas diffuseren Wahrnehmung durch gleichzeitig drei Finger dieser Eindruck überhaupt nicht zustande kommt.

e) Halo über einem *pulsus mersus*

Gleichfalls der Effekt einer Halonierung ist der mit einem Finger als *superficialis,* mit allen Fingern hingegen als *mersus* qualifizierte Puls. Der Halo suggeriert einen oberflächlichen Puls.

Anmerkung: Nicht jeder Puls, der einmal klein oder schwach, einmal als groß und stark gefühlt wird, hat einen Halo! Oft ist solches Schwanken in der Beschrcibung einfach die Folge eines falschen Fingersatzes [98]), der Nichtbeachtung der elementaren Kautelen [99]) oder einfach die Folge ungenügender Übung und Erfahrung im Pulstasten.

9) Notation des Pulsbefunds

Auch ohne daß ein zwingendes Schema für die Notation des Pulsbefunds auf dem Krankenblatt existiert, sollten folgende Gesichtspunkte berücksichtigt werden:

1. Pulse sind grundsätzlich nach ihrem Situs, niemals nach einer schematischen Zuordnung dieses Situs etwa zu einem Orbis zu bezeichnen.
2. Gibt man, sofern irgend sinnvoll, außer dem Grundbefund stets auch die überlagernden Tendenzen zusätzlich an, so daß ein Pulsikonogramm etwa folgendermaßen aufzunehmen wäre:

1. Beispiel

	Links	Rechts
pollicaris	*mobilis* > *inanis*	*celer* > *minutus*
clusalis	*mobilis*	*celer* > *minutus*
pedalis	∅ > *superficialis*	∅ > *minutus*

2. Beispiel

	Links	Rechts
pollicaris	*inanis* > *mersus*	*exundans* > *inanis*
clusalis	*exundans* /	*exundans* > *mobilis*
pedalis	*exundans* /	*exundans* /

Die ∅ bedeuten, daß an diesem Situs kein von der Norm abweichender Befund erhoben wurde. Der / allein bedeutet, daß keine Überlagerungstendenz ermittelt werden konnte.

[98]) Man beachte insbes. die Ausführungen auf S. 189 oben sowie die Abb. 15 und 16.
[99]) Darüber wurde Ausführliches auf S. 165 ff. oben gesagt.

7. Die klinische Interpretation des Pulsbildes

1) Der normale Puls

Jede klinische Auswertung des Pulsbefunds setzt voraus, daß Klarheit darüber besteht, wie ein normaler Puls beschaffen ist. Der normale Puls erfüllt gleichzeitig drei Forderungen, nämlich er hat
1. ch'i stomachi, 2. shen, 3. stirps.

a) *ch'i stomachi*

Daß ein Puls *wei,* d. h. *ch'i stomachi* aufweisen müsse, wird bereits im Innern Klassiker [100]) klar ausgesprochen: „Ist *[ch'i] stomachi* vorhanden, kann man leben, ist *[ch'i] stomachi* nicht vorhanden, stirbt man." Der *orbis stomachi* ist orbisikonographisch jener Orbis, der *aktiv* den harmonischen Ausgleich im Energiekreislauf aller Orbes herbeiführt. Diese Kraft des selbsttätigen, aktiven harmonischen Ausgleichs aller Belastungen und Beanspruchungen, Störungen — und *nicht* der konkrete *orbis stomachi,* dessen Funktionen sich u. U. auf einen einzigen Situs projizieren — ist gemeint, wenn man vom *ch'i stomachi* der Pulse spricht. Mit anderen Worten „mit *ch'i stomachi* ausgestattet", „*ch'i stomachi* vorhanden" ist ein synthetisches Urteil vom Gesamteindruck *aller* Pulse. Wie äußert sich dieses *ch'i stomachi* diagnostisch? — Erstens dadurch, daß der Durchschnitt aller Pulse etwa eine Mittellage definiert. Kommt an einem Situs ein *pulsus mersus* vor, so wird dieser *p. mersus* an einem anderen Situs durch einen eher oberflächlichen Puls kompensiert, sind die *pulsus celeri* oder *tardi,* so nur in ihrer Tendenz, mäßig und nicht extrem; zweitens, darin, daß in allen Pulsen ein *gleichmäßiger* Grundrhythmus spürbar bleibt [101]).

Der Begriff *ch'i stomachi* ist also als Gesamteindruck eines kohärenten, in sich ausgeglichenen, in allen Details klar ausgeprägten Pulsbildes zu definieren.

Optimal ist die Mittellage der Pulse, wenn die *pp. pollicaris et clusalis* median, also in der Mitte der 2. Ebene, der *p. pedalis* mitteltief, d. h. im oberen Teil der 3. Ebene liegt (Abb. 19).

Die Feststellung ob *ch'i stomachi* vorhanden ist, ob es fehlt, weicht oder zurückkehrt, ist eine Grundaussage jeder Pulsdiagnose.

b) *shen,* **„konstellierende Kraft"**

Konstellierende Kraft im Puls deutet gleichfalls auf jene unerläßliche Elastizität und Resilienz, dank derer jede pathologische Verschiebung des Pulsbildes nach einer Richtung am gleichen oder einem anderen Situs durch kompensatorische Verschiebungen in der umgekehrten Richtung augenblicklich ausgeglichen erscheint.

So ist selbst ein *pulsus evanescens,* falls er *shen* hat, nicht grenzenlos verschwommen und unbestimmbar, sondern, u. U. mit Kunstgriffen [102]), für geraume Zeit recht deutlich wahrzunehmen. Und bei einem *p. chordalis* spürt man nicht einfach die hartgespannte Klaviersaite, sondern man hat den Eindruck einer lebendigen Pulsation.

---

[100]) Innerer Klassiker des Gelben Fürsten — Unbefangene Fragen *(Huang-ti Nei-ching Su-wen)* Kapitel 18 bzw. Angelpunkt der Struktivkraft *(Ling-shu)* Kap. 9.

[101]) Wenn einzelne Pulse *evanescentes* oder *subrepti* sind oder beim Auftreten von *pp. concitati* ist dies sicher nicht der Fall.

[102]) Vgl. oben S. 190 f. und die dazugehörigen Abb. 17 und 18.

c) *stirps (ken)*

Stirps („Wurzel") hat jedes Pulsbild, in dem die *pulsus pedales* noch deutlich wahrnehmbar sind. (Wie erinnerlich, informieren sie über die energetische Verfassung des *orbis renalis,* des Sitzes und Speichers der in der Konstitution von Geburt her gegebenen Energie *(ch'i nativum).* Der völlige Zusammenbruch dieser Energie, die zum Ausdruck kommt im Wegfall der *pp. pedales,* ist ohne Rücksicht auf die medizinischen Ressourcen ein sicheres Zeichen des bevorstehenden Exitus.

2) Varianten des normalen Pulses

Jeder Diagnostiker muß die Varianten und Nuancierungen kennen, die Wetter, Klima, Beruf, Konstitution, Lebensalter und Geschlecht in der Gesamtikonographie eines Pulses bedingen können. Denn ihr Auftreten ist durchaus „physiologisch", berechtigt also nicht, auf eine Krankheit zu schließen.

a) Klima und Jahreszeit

In der gemäßigten Klimazone bedingen der Wechsel der Jahreszeiten und ihr typisches Wetter leichte Inflexionen des gesunden Pulses, und zwar

im Frühling in Richtung auf einen *pulsus chordalis* (Holz)
im Sommer in Richtung auf einen *pulsus exundans,* (Feuer)
im Herbst in Richtung auf einen *pulsus superficialis,* (Metall)
im Winter in Richtung auf einen *pulsus mersus.* (Wasser)

Andauernder Aufenthalt in heißem Klima vergrößert und erweicht *(p. magni, p. molles)* die Pulse, langewährender Aufenthalt in sehr kaltem Klima vertieft *(p. mersi)* die Pulse, andauerndes Leben in sehr trockenem Klima macht die Pulse oberflächlicher und schmäler *(pp. superficiales sive minuti),* Leben in großer Feuchtigkeit bewirkt *pp. languidi* — ohne daß auf diese Zeichen allein schon ein Krankheitsbefund gegründet werden könnte.

b) Konstitution

α. Gesunde, pyknische, korpulente Typen zeigen eine klare Tendenz zu *pp. mersi.* Gesunde, asthenische, magere Typen zeigen eine klare Tendenz zu *pp. superficiales.*

β. Stellt man bei einem entsprechenden dynamischen Habitus an allen sechs Pulsstellen einheitlich *pp. exundantes* oder einheitlich *pp. magni* fest, ansonsten aber auch bei genauester Untersuchung keinerlei Krankheitszeichen, so müssen diese Pulse als für dieses Individuum normale Pulse bezeichnet werden. Ähnliches gilt bei „sanguinischen" bzw. „phlegmatischen" Typen, wenn bei ihnen an *allen Pulsstellen pp. languidi sive minuti* auftreten.

c) Lebensalter

α. Das **Kind** hat, wie es in der chinesischen Medizintheorie formuliert wird, „einen Körper ganz aus Yang". Mithin zeigt es bei guter Gesundheit und im Vergleich zur Norm des Erwachsenen stets *pp. superficiales et celeri* [103]).

---

[103]) Vgl. auch S. 191 oben.

Das bedeutet andererseits, daß das Auftreten von Erwachsenenpulsen bereits als Krankheitszeichen und gar die Feststellung echter Yin-Pulse wie z. B. eines *p. mersus*, eines *p. tardus*, ungleich ernster zu bewerten ist, als beim Erwachsenen.

β. Im **Senium** zeigen alle, insbesondere aber die *pedales*-Pulse, eine Tendenz in Richtung auf *pp. invalidi*, d. h. sich verschmälernde und zugleich vertiefende Pulse.

d) Geschlecht

Bei den ostasiatischen Rassen zeigen die Pulse des Weibes eine deutliche Tendenz zu *pp. lenes*, *pp. molles*, *pp. invalidi*, d. h. sie wirken stets weicher, weniger kraftvoll als die des Mannes. Dies liegt daran, daß der Fett- und Flüssigkeitsgehalt des weiblichen Gewebes dort auffallend stärker ist als beim Mann. Die Pulstastung an weiblichen Patienten erfordert deshalb besondere Übung und Aufmerksamkeit. Bei den indoeuropäischen Rassen besteht diese starke Ausprägung der geschlechtsbedingten Unterschiede im Unterhautfettgewebe des Handgelenks in aller Regel nicht. Hier kann, von seltenen Ausnahmen abgesehen, der Puls des Weibes in gleicher Weise wie der des Mannes getastet und beurteilt werden.

e) Lebensweise, Sexualität

α. Lang andauernde, sedentäre Lebensweise und Berufsausübung verschiebt die Ikonographie vor allem der *pp. pollicares* in Richtung auf *pp. invalidi* (d. h. nicht geradewegs *pp. inanes*, die bereits als krankhafter Befund zu werten wären). Umgekehrt führt andauernde körperliche Arbeit bzw. sportliche Betätigung zu *pp. celeri sive pp. magni.*

β. Lang andauernde sexuelle Enthaltsamkeit läßt die *pp. pedales* sich deutlich in Richtung auf *pp. invalidi* entwickeln (in China spricht man in diesem Fall von einem „echten Mönchspuls", weil man auf diese Weise den tatsächlich enthaltsamen vom in Wirklichkeit weltlich lebenden Klosterinsassen unterscheiden kann). Umgekehrt treibt übersteigerte Sexualität die *pp. pedales* an die Oberfläche *(pp. superficiales)*, verändert sie in Richtung auf *pp. minuti* oder *pp. inanes.*

f) Mahlzeiten, Genußgifte

α. Die *pp. clusales* tendieren bei kurzem Fasten zu *pp. invalidi*, bei anhaltendem Fasten und Hungern zu *pp. inanes et superficiales.*

Die Nahrungsaufnahme läßt die Ikonographie der *pp. clusales* vorübergehend nach *pp. exundantes sive pp. languidi* sich verschieben.

β. Der Genuß von Alkohol oder Bohnenkaffee wirkt sich kurzfristig in den *pp. pollicares* aus: Verschiebung zu *pp. celeri sive magni.* Gewohnheitsmäßiger Genuß führt zu pathologischen Verschiebungen auch der *pp. clusales.*

3) Pulse der Gynäkologie und Geburtshilfe

a) Menses

Wenn die *pp. clusalis et pedalis manus sinistrae* deutlich stärker *exundantes sive magni* sind als dieselben Pulse der rechten Hand, wenn dabei weder bitterer Mundgeschmack noch Fieber noch Abdominalschwellung zu beobachten sind, so steht die Monatsblutung unmittelbar bevor.

Dysmenorrhöe äußert sich im Pulsbild gewöhnlich dadurch, daß die *pp. pedales* deutlich an Energie gegenüber den durchaus harmonischen *pp. pollicares et clusales* abfallen.

Amenorrhöe, das völlige Ausbleiben der Periode, kann durch *repletio* oder durch *inanitas* bedingt sein. Ersteres wird durch *pp. pedales lubrici,* letzteres durch *pp. pedales* mit einem Anflug von *asperitas* angezeigt.

b) Gravidität

Schwangerschaft wird durch *pp. celeri aut lubrici* in einem im ganzen ausgeglichenen und harmonischen Pulsbild angezeigt, *vorausgesetzt,* daß ergänzende Symptome wie Wegfall der Periode, ungewöhnliche Appetitanwandlungen, Verlangen nach sauren oder salzigen Speisen ... gegeben sind. Die Verschiebungen des Pulsbildes beschränken sich bei normal und komplikationslos verlaufender Schwangerschaft auf die beiden *pulsus pedales* (Verschiebung nach *celer* und *lubricus)* und den *pulsus pollicaris manus sinistrae* (= Situs des *orbis cardialis* [104]) (Verschiebung nach *mobilis* und *celer).* Auch ist die gesunde Schwangerschaft durch die Abwesenheit von *pp. chordales, cepacaulici, asperi, fixi, subrepti* ... gekennzeichnet. Dadurch ist eine klare Abgrenzung gegenüber gynäkologischen Tumorwucherungen möglich, die u. U. gleichfalls von Amenorrhöe begleitet sind. (Bei solchen pathologischen Geschwülsten treten *pp. chordales, intenti, mersi, haesitantes,* mitunter auch *subrepti* auf.)

Auch bei Amenorrhöe infolge starker Erschöpfung treten *pp. celeri* auf, jedoch stets mit einer Tendenz zu *asperitas,* während bei Schwangerschaft stets die Tendenz zu *pp. lubrici* unverkennbar ist.

Ein während der Schwangerschaft deutlich auftretender *pulsus asper* zeigt an, daß die Frucht gefährdet oder schon abgestorben ist. Ein Hüpfen oder Zucken in den *pp. pedales* läßt neben anderen Zeichen auf das Einsetzen der Wehen schließen.

4) Einstufung der Symptome; Prioritäten

Mehr als alle anderen Verfahren der chinesischen Diagnostik muß die Pulsdiagnose durch präzise Definition des gestörten Bereichs und der Intensität der Störung exakte Grundlagen für eine zielsichere und rationale Therapie liefern. Dies setzt voraus, daß der Diagnostiker das relative Gewicht konkurrierender Eindrücke richtig zu taxieren vermag. In erster Linie ist abzuwägen zwischen 1. der Orbisbeziehung, 2. dem Situs eines Pulsbildes, 3. der Tiefe des gestörten Pulses.

---

[104]) Der wiederum orbisikonographisch mit dem *paraorbis uteri* in Beziehung steht (Vgl. PORKERT: T. G., S. 135).

a) Die Bedeutung der Orbispulse [105])

Ein Orbispuls deutet *unabhängig vom Situs seines Auftretens* auf eine replete Präponderanz der Energie des entsprechenden Orbis. Mit anderen Worten, nachdem zwar bestimmte Energien für die Funktion eines jeden Orbis erforderlich sind, sind diese Energien dennoch nicht mit dem Orbis, insbesondere nicht mit seinem struktiven Teil, seinem körperlichen Substrat identisch. „Präponderanz der Energien" bedeutet also praktisch stets ein pathologisch erhöhtes Leistungsniveau, eine erhöhte Beanspruchung des betreffenden Orbis, ohne daß somatische Veränderungen nachweisbar oder auch nur unterstellbar wären.

Tritt also ein bestimmter Orbispuls an einer oder mehreren anderen Situs auf, die nicht mit dem zum Orbis gehörenden Situs identisch sind, so bedeutet dies klar und eindeutig: der durch den Orbispuls gekennzeichnete Orbis X überlagert mit seinen Energien jene Orbes, die zu den Situs gehören, an denen der Orbispuls festgestellt wird.

1. Beispiel: Pp. chordales an den Pedales-Situs beider Hände. Folgerung: Die Energien des *orbis hepaticus (sive felleus* — der *pulsus chordalis* ist der Orbispuls des *orbis hepaticus)* überlagern den *orbis renalis.* Zur Festlegung einer Therapie wird man nun prüfen, ob diese Überlagerung auf echter Redundanz oder, im Gegenteil, auf *inanitas yin* des *orbis hepaticus* besteht. Hierbei führt die Untersuchung des *pulsus clusalis manus sinistrae* (= Situs des *orbis hepaticus)* weiter. Finden wir dort *repletio,* so erscheint eine direkte Ableitung von Energie aus *orbis et sinarteria hepatica* sinnvoll; findet man *inanitas* oder eine indifferente energetische Situation, so wird man den Situs *pollicaris manus sinistrae* und die weiteren Tendenzen der *pedales*-Pulse prüfen müssen.

2. Beispiel: An allen Pulssitus, mit Ausnahme des Pollex *manus sinistrae,* finden sich *pp. exundantes.* Am Pollex *manus sinistrae* ist ein *p. inanis* vorhanden. (Dieses Pulsbild ist mir besonders eindrucksvoll in Erinnerung, weil ich es sowohl in Ostasien als auch in Europa an einem Lehrer tastete.)

Befund: Die struktive Energie des *orbis cardialis* ist geschmälert, so daß sie nicht mehr alle aktive Energie des *orbis cardialis* erhalten kann; letztere zerstreut sich deshalb und überlagert die übrigen Energien. Therapie: Ergänzung der struktiven Energien des *orbis cardialis.*

b) Die Bedeutung des Pulssitus

Beim Erwachsenen entspricht jeder Pulssitus am linken und rechten *ostium pollicare* einem bestimmten *orbis horrealis* sowie seinem engeren oder weiteren Ausstrahlungsbereich [106]). Jeder Form- und jeder Modalpuls, der an dem betreffenden Situs beobachtet wird, gibt *direkt* Aufschluß über den Funktionsablauf in dem Orbis — sowie — indirekt und andeutungsweise — auch über die substrativen wie funktionellen, endogenen wie exogenen Faktoren, die zur beobachteten Deformation der Orbisfunktion — und mithin des Pulses führen. Mit anderen Worten, über den Pulssitus werden spezifische Aussagen primär über die Störung einer umschriebenen Funktion, sekundär aber zugleich über die Veränderungen an deren postulierbarem oder tatsächlich nachweisbarem Substrat gemacht.

1. Beispiel: Ein *pulsus asper* am *pollex manus dextrae* weist auf schwere Atembeklemmungen, Stauungen struktiver Energie im *orbis pulmonalis;* zugleich legt er aber auch die Annahme nahe, daß das Organ „Lunge" als Substrat des *orbis pulmonalis* stofflich belastet, verändert ist: [Emphysem, Hyperämie].

---

[105]) Eine Aufzählung dieser Pulse findet sich auf S. 185 oben.

[106]) Wir formulieren so allgemein, weil, wie oben auf S. 170 f. dargetan, es keineswegs immer die zugehörigen *Oo. aulici* sind, die sich an einem bestimmten Situs im Pulsbild spiegeln.

2. *Beispiel: Pp. minuti* an den *situs pedales* deuten direkt auf eine unter Streß nachgebende Funktion des *orbis renalis.* Zugleich implizieren sie, daß diese Schwäche konstitutionell durch eine Schwäche des spezifischen Substrats des *orbis renalis* bedingt ist [also in Worten der westlichen Medizin, auf eine neurologische Labilität schließen läßt].

c) Die Bedeutung der Pulstiefe

Unabhängig von Orbisbezug, Situs und Form oder Modalität eines bestimmten Pulses, besteht zwischen der Tiefe der Pulse und dem phylogenetischen Alter der biologischen Funktion (und ihrer Substrate) eine direkte Beziehung. Und zwar entsprechen die

pulsus superficiales	den schnellen Funktionen, dem raschen Metabolismus, den phylogenetisch jungen Geweben — vor allem vertreten durch die Oo. *pulmonalis, cardialis, pericardialis, intestinorum;*
pulsus mediani	den Funktionen mittlerer Geschwindigkeit, den Geweben mittleren phylogenetischen Alters — vertreten durch Oo. *lienalis et stomachi, tricalorii, hepaticus, felleus* [Mesenchym, Fleisch, Drüsengewebe];
pulsus mersi	den langsamen Funktionen, dem extrem langsamen Metabolismus, den phylogenetisch alten Geweben — vertreten durch den *orbis renalis* [Nerven, Knochen, Zähne].

Diese Entsprechungen liegen nicht nur der oben [107]) erwähnten Schnelldiagnose zugrunde; ihre empirische Wahrnehmung ist nicht zuletzt die logische Grundlage für die Paarung von *orbis cardialis* und *orbis intestini tenuis,* von *orbis pulmonalis* und *orbis intestini crassi* und der zugehörigen *perfectiones* [108]), *flores* [109]). Damit ist auch das scheinbare Paradoxon erklärt, nämlich, daß zwar der *orbis renalis* die Situs der *pulsus pedales* gemeinsam mit den Oo. *intestinorum, vesicalis, tricalorii* einnimmt, daß aber andererseits die tiefen Pulse niemals direkt auf einen anderen Orbis als den *orbis renalis* und seine *perfectio,* das „Knochengerüst" bezogen werden dürfen.

1. *Beispiel:* Ein *pulsus intentus* am *pes manus dextrae* läßt für sich allein noch keinen Schluß zu, auf welchen Orbis oder Bereich er zu beziehen ist. Beobachten wir indes gleichzeitig am Pollex der gleichen Hand einen *p. cepacaulicus,* so ist die Diagnose naheliegend, daß der Patient an Schmerzen im Unterleib infolge einer inneren Verletzung mit inneren Blutungen leidet.
2. *Beispiel:* Alle Pulse sind *superficiales,* dabei kraftvoll. Es handelt sich um eine *species*-Erkrankung, an deren Abwehr aktiv die Oo. *pulmonalis, cardialis, pericardialis* mit ihren *perfectiones* — Haut und Leitbahnen — in erster Linie beteiligt sind. Indirekt betroffen sind die Oo. *intestinorum et vesicalis,* denn ihnen wird — vorübergehend — die Energie vorenthalten, die zur Abwehr der äußeren Heteropathie mobilisiert worden ist.

d) Zusammenfassung der praktischen Konsequenzen

Bei der diagnostischen Tastung des *ostium pollicare* am Erwachsenen lassen sich alle auftretenden Möglichkeiten auf drei Grundmuster zurückführen, nämlich

---

[107]) Vgl. S. 192 oben.
[108]) Vgl. S. 66 und S. 77 oben.
[109]) Vgl. S. 32 oben.

(1) es wird an **einem einzigen Situs** ein **pathologischer Befund** beobachtet; alle anderen fünf Situs zeigen völlig normale Pulse. Befund: Der oder die Orbes, welche dem Situs entsprechen, sind gestört. Die therapeutischen Bemühungen haben sich allein auf die Korrektur jener Funktionen zu richten.

(2) An **mehreren** oder allen **Pulssitus** tritt nur eine **einzige pathologische Pulsvariante** in Erscheinung. — Befund: Eine bestimmte Störung einer oder mehrerer Energien. — Therapie: Einwirkung auf den „Sitz" der gestörten Energien [110]).

(3) An **mehreren Pulssitus** treten **unterschiedliche pathologische Pulsvarianten** auf. — Befund: Störung von Orbisfunktionen und Energien. — Therapie: Harmonisierung des Energiehaushalts durch Einwirkung (d. h. Zuführung oder Ableitung von Energie) auf die vom Pulssitus her als gestört auffallenden Orbes.

e) Einfache und komplexe Pulsikonographien

Der Vollständigkeit halber sei hier die in allen einschlägigen chinesischen Texten erwähnte, im Grunde nur für die Formulierung der Pulsdiagnose [111]) relevante Tatsache erwähnt, daß bei Zugrundelegung der 28 bzw. 30 Pulsikonogramme mitunter für die adäquate Definition eines einzigen, an einem Situs auftretenden Pulses mehrere der Ikonogramme und mithin auch die zugehörigen Befunde gleichzeitig anzuwenden sind, etwa
ein *pulsus superficialis atque intentus (= pulsus duplex)*,
ein *pulsus mersus et parvus et inanis (= pulsus triplex)* oder gar
ein *pulsus superficialis et celer et lubricus et repletus (= pulsus quadruplex)*.

Die Interpretation solcher „zusammengesetzter" Pulsikonogramme bereitet keinerlei theoretische Schwierigkeiten; wohl aber ist darauf zu achten, daß tatsächlich ertastete Komplexbefunde auch vollständig auf dem Krankenblatt notiert werden.

5) Kritische und infauste Pulsbilder

(1) Ein Puls wie ein überkochender Kessel, d. h. *superficialis et celer* in höchstem Maße, dabei innen hohl und ohne Wurzel, deutet auf extreme Hitze der drei Yang und Abwesenheit von Struktivität.
(2) Ein Puls wie ein treibender Fisch, d. h. am Kopf fixiert und mit dem Schwanze schlagend — mithin unter der Oberfläche treibend, bald wahrnehmbar, bald nicht — deutet auf extreme Kälte in den drei Yin-Leitbahnen sowie auf Verlust des Yang.
(3) Ein Puls wie ein klopfender Stein, d. h. ein *pulsus mersus*, der tief unten hart gegen den Finger schlägt wie ein Stein — deutet auf Zusammenbruch der Energien des *o. renalis*.
(4) Ein Puls wie ein aufgedrilltes Seil, d. h. *superficialis*, aufgelöst, locker, unscharf — deutet auf Totalverlust der Energien im *O. renalis*.
(5) Ein Puls wie das Tropfen einer Traufe, d. h. ein Puls *medianus*, bei dem man hin und wieder einen Schlag wahrnimmt, der dabei kraftlos und gedämpft ist: Bau- und Wehrenergien erschöpft, das *ch'i stomachi* ist verschwunden.

---

110) Vgl. in PORKERT: T. G., jeweils die Abschnitte V der Orbisikonogramme bzw. die Falttafel.
111) Vgl. das oben auf S. 187 bzw. S. 194 Gesagte.

(6) Ein Puls wie eine schwimmende Krabbe, d. h. ein *pulsus superficialis*, zumeist von unscharfen Umrissen, ab und zu erratisch emporschnellend.

(7) Ein Puls wie das Picken eines Sperlings, d. h. ein extrem heftiger, beschleunigter *pulsus medianus*, der ab und zu zum Stillstand kommt und dann wieder einsetzt: Zusammenbruch der Energie im O. *lienalis*.

(8) Ein Puls wie eine Messerschneide, d. h. bei leichtem Tastdruck wirkt der Puls klein und hektisch, bei gesteigertem Druck hart, groß und hektisch: Totalzusammenbruch der Energie des O. *hepaticus*.

(9) Ein Puls wie eine umhertaumelnde Bohne deutet auf Zusammenbruch der Energien des O. *cardialis*.

(10) Ein Puls wie umherwirbelnde Sesamsamen, d. h. *evanescens* bzw. *minutus* im Extrem, deutet auf Erschöpfung der Wehrenergie.

Alle beschriebenen Pulsbilder sind Zeichen schwerster Störungen, die, sofern sie nicht unverzüglich und energisch behandelt werden, zum Tode führen.

6) Anmerkung: Studium der Pulsdiagnose

Während ein praktisch tätiger Mediziner bei allen übrigen Verfahren der chinesischen Diagnostik, Interesse, Sorgfalt und Ausdauer vorausgesetzt, auf dem Wege des Selbststudiums zu beachtlicher Sicherheit gelangen kann, sollte er die Pulsdiagnose *nach* Erarbeitung aller theoretischen Voraussetzungen unter sachkundiger Anleitung am Kranken einüben. Dabei sollte der Schüler seine Befunde ohne Beeinflussung durch den Lehrer aufnehmen und diese erst nach Abschluß der Diagnose (und in Abwesenheit des Patienten) mit dem Lehrer austauschen und erörtern. Die Gewissenhaftigkeit und Kompetenz des Lehrers vorausgesetzt, kann beim Schüler erst dann von einer Beherrschung des Verfahrens gesprochen werden, wenn er unbeeinflußt konstant zu absolut dem gleichen Befund kommt, wie der Lehrer.

(2) Palpatio generalis, die allgemeine Tastung von Körperregionen

Auch bei der allgemeinen diagnostischen Tastung einzelner Körperpartien wird — entsprechend der Gesamtorientierung der chinesischen Medizin — die sinnlich-physikalische Beschaffenheit dieser Partien als Grundlage prinzipieller Aussagen über energetische Veränderungen genommen, die im wesentlichen unter Bezug auf die acht Leitkriterien formuliert werden.

1. Palpatio cutis pedalis

Als *„cutis pedalis“ (ch'ih-fu)* bezeichnet man in der chinesischen Diagnostik die Haut *(cutis, fu)* an der Innenseite des Unterarms, mithin im Bereich jener Fußlänge *(pes, ch'ih)* zwischen Ellbogenbeuge *(foramen lacus pedalis = lacus ulnaris)* und der Pulsstelle gleichen Namens [112]) vor dem Radiuskopf.

[112]) Vgl. S. 168 oben.

Den diagnostisch signifikanten Veränderungen dieses Hautbereichs ist bereits im Innern Klassiker [113]) ein eigenes Kapitel gewidmet. Ihm ist zu entnehmen, daß

(1) eine mollige, zugleich schlüpfrige *cutis pedalis* auf *ventus*,

(2) eine rauhe *cutis pedalis* auf Gelenkschmerzen, bedingt durch eine *ventus*-Heteropathie,

(3) eine grobe *cutis pedalis* vergleichbar der Schuppenhaut eines trockenen Fisches auf Redundanz der Säfte (Stasen),

(4) eine heiße *cutis pedalis* auf Fieber,

(5) eine kalte *cutis pedalis* auf Schwäche, *inanitas* schließen läßt.

2. Palpatio speciei carnis, **die palpatorische Bestimmung von Körpertemperatur, Hautfeuchtigkeit usw.**

Die Tastung der Körperoberfläche soll vor allem Auskunft geben über deren Wärme, die Elastizität und Stärke des Fleisches und die Feuchtigkeit der Haut.

a) Die Hautfeuchtigkeit wird mit einer ganz leicht über die Haut wischenden Hand getastet [114]).

b) Die Körpertemperatur ist mit leichtem, mittlerem und starkem Druck der Finger zu erkunden.

α. Fieberhitze, die bei leichtem Druck auffällig ist, unter der länger verweilenden Hand zu weichen scheint, deutet auf *calor* in der *species* bzw. im O. *pulmonalis,* auch auf Erschöpfungsfieber.

β. Fieber, das bei mittlerem Druck am deutlichsten ist, unter starkem sich zu vermindern scheint, deutet auf *calor* im *calorium medium,* auch im O. *cardialis.*

γ. Fieber, das unter starkem Druck am deutlichsten wahrnehmbar ist, deutet auf *calor* in „Mark und Knochen", d. h. durch *inanitas* der struktiven Energie oder *calor humidus* bedingtes Fieber.

c) Kalte Extremitäten (= Hände und Füße) weisen auf *algor* im Bereich der struktiven Energie (des Yin).

d) Zuckt der Patient bei der Berührung mit kalten Händen zusammen, so ist dies ein Zeichen für *inanitas* der aktiven Energie (des Yang).

e) Auffallende Hitze des Handtellers deutet auf endogene oder durch Überanstrengung bedingte Störungen, auffallende Hitze des Handrückens auf exogenen *algor venti.*

3. Palpatio ulcerum, **die Tastung von oberflächlichen Geschwüren**

Obzwar Geschwüre eindeutig somatische Veränderungen darstellen und oft durch kleine Chirurgie versorgt werden, kann ihre Einbeziehung in eine Gesamtdiagnose höchst bedeutsam sein.

---

[113]) Angelpunkt der Struktivkraft (*Ling-shu,* Kap. 74).

[114]) Zur diagnostischen Bedeutung des Schweißes vgl. S. 152 oben.

a) Geschwüre, die mit Schwellung verbunden sind und sich unter Druck unnachgiebig anfühlen, weisen auf *algor*.
b) Geschwüre mit Schwellung, die sich heiß anfühlen, deuten auf *calor*.
c) Eine flächige Schwellung mit eingesunkenem oder vertieftem Zentrum deutet auf *inanitas*.
d) Eine relativ engräumige und stark vorspringende Ulkus-Schwellung weist auf *repletio*.
e) Fühlt sich die erkrankte Stelle hart, mehr oder weniger heiß, geschwollen, aber unter Druck nicht schmerzhaft an, so hat sich kein Eiter gebildet.
f) Ist die erkrankte Stelle sehr heiß, fühlt sich ihre Peripherie hart, ihr Zentrum weich an und ist Druck darauf äußerst schmerzhaft, sind dies Zeichen einer Eiterung.

4. Palpatio infantum, **die Tastung in der pädiatrischen Diagnose**

Nachdem in der Pädiatrie so wichtige Diagnoseverfahren wie die Pulsdiagnose und Befragung nur sehr eingeschränkt anzuwenden sind, ist den speziell pädiatrischen Diagnosemöglichkeiten besondere Aufmerksamkeit zu schenken.

1) Palpatio membrorum

a) Heiße Fußsohlen weisen auf *calor*,
b) kalte Waden deuten auf *algor*.
c) Kalte Fingerspitzen sind ein Zeichen von *flexus pavoris*, d. h. von durch Schreck ausgelöster Zirkulationsstörung der Energien.
d) Hitze allein des Mittelfingers weist auf einen exogenen *algor venti*.
e) Kälte allein der Spitze des Mittelfingers läßt eine Pockeninfektion vermuten.
f) Hat das Kind kalte Handteller und schließt und öffnet es fortwährend die Hände, so ist dies ein infaustes Zeichen (bei Totalverlust der struktiven Energien).

2) Palpatio frontis

a) Ist die Stirn bei Fieber deutlich heißer als die Handteller, weist dieser Umstand auf *calor speciei*.
b) Sind die Handteller bei Fieber deutlich heißer als die Stirn, kann man auf *calor inanitatis* schließen.

5. Palpatio foraminorum, **die diagnostische Tastung der Foramina (der chinesischen „Akupunkturpunkte")**

Die Tastung der Foramina ist heute trotz der Existenz brauchbarer elektrischer Sonden nach wie vor ein wesentlicher Bestandteil gediegener Akupunkturtechnik — die hier aber nicht zur Diskussion steht. Aus dem abgestuften Fächer diagnostischer Hinweise, die durch palpatorische Untersuchung von Foramina zu gewinnen sind, ragen die an den *inductoria dorsalia (pei-shu)* [115]) und an den *foramina originalis* [116]) gewonnenen dadurch hervor, daß sie sehr präzis orbisbezogen sind.

Wenn unter palpatorischem Fingerdruck eines oder mehrere der genannten Foramina schmerzempfindlich sind, ist auf *repletio* und auf eine Störung des oder der entsprechenden Orbes zu schließen. Herrscht als Folge der *intima*-Erkrankungen an einem oder mehreren Foramina *inanitas*, bringt der Palpationsdruck auf dieses Foramen oder diese Foramina eine Besserung der Allgemeinbeschwerden.

Ergänzung:

Probleme beim Erlernen der chinesischen Pulsdiagnose

Der chinesische Pulsbefund wird als ein „Pulsbild" oder als eine Reihe von „Pulsbildern", d. h. Ikonogrammen bezeichnet. Dabei handelt es sich nicht um ein künstlerisches, sondern um ein, wir müssen sagen, „technisches" Bild, das mithin nicht einer gefühlsmäßigen, sondern einer rationalen Deutung unterworfen werden muß. Nun liefern uns die menschlichen Künste und Wissenschaften eine große Zahl von Beispielen, wie eine solche Deutung erfolgen kann, und wie sie es nicht darf.

Das Wichtigste bei einer rationalen Deutung eines Ikonogramms ist, daß der Deutende *vor der Deutung*, auf jeden Fall während der Deutung über einen Bestand konventioneller Normen verfügt, mit deren Hilfe er nicht nur für sich selbst, sondern, viel wichtiger, für all jene, die seine Befunde nachvollziehen, nachprüfen, an sie anknüpfen wollen, diese eindeutig und allgemeinverbindlich artikuliert.

In der Verkennung oder völligen Unkenntnis dieser Voraussetzung liegt meiner Erfahrung nach das Haupthindernis, das Hauptmißverständnis, an dem 95 % jender, die glauben, die Pulsdiagnose nicht erlernen zu können, scheitern. Es ist in erster Linie ein didaktisches Mißverständnis. Wenn man einem Musikschüler eine Geige in die Hand drückte, ohne ihm mehr anzudeuten, als daß Töne durch Anstreichen der Saiten erzeugt werden sollen, also ohne ihn in die technischen Details des Instruments, in die Konventionen der Tonleitern und Notenschrift einzuführen, so müßte er all dieses Wissen probierend neu schaffen – was nicht nur ein Vielhundertfaches der Zeit einer normalen Ausbildung an diesem Instrument erforderte, sondern seine Ausdauer aufs äußerste erproben müßte. Wenn man einem Blinden Texte in Blindenschrift, zu allem Überdruß womöglich in einer von ihm nicht beherrschten Sprache vorlegte, so müßte er enorme Zeitspannen und Konzentration aufwenden, um sie irgendwie zu deuten – und würde letztendlich vielleicht dennoch bei der Rekonstruktion der Laute der Fremdsprache scheitern.

Was wir mit diesen Beispielen sagen wollten ist, daß die manuelle, taktile Fertigkeit des Geigenspielers oder des mit den Fingern lesenden Blinden nur dadurch in absehbarer Zeit zu erkennbarer, beurteilbarer Beherrschung heranreift, weil beiden gleichzeitig oder sogar *vor der Ausbildung der manuellen Fertigkeit* präzise rationale Konventionen zum „Begreifen", zur eindeutigen Deutung oder Phrasierung der Sinneseindrücke gegeben worden sind.

---

[115]) Vgl. hierzu PORKERT: T. G., S. 223.
[116]) Vgl. hierzu ebenda S. 229.

Praktisch alle, die einen erfolglosen Versuch unternehmen, die Pulsdiagnose zu erlernen, scheitern an der Mißachtung dieser Tatsache oder, anders betrachtet, an dem Vorurteil, daß die vorgegebene Pulsikonographie, wie sie sich in China im Verlauf nahezu 2000 Jahren zur heutigen Reife entwickelt hat, eine irgendwie alte, darum zufällige und entbehrliche, vermutlich nicht mehr auf der Höhe der Zeit befindliche Tradition darstelle, über die man sich nicht nur als moderner, aufgeklärter Arzt hinwegsetzen dürfe, sondern sogar müsse. Derjenige, der sich für einen Schüler hält, faßt deshalb aus Neugier zwar an den Puls eines Probanden; aber in Unkenntnis, zumindest aber in unsicherer Kenntnis der Ikonographie vermag er das, was er fühlt, rational so präzis, so eindeutig, so allgemeinverbindlich zu artikulieren, wie es jede exakte Technis erfordert. Und was sich nicht artikulieren läßt, kann er auch für sich selbst, sich selbst gegenüber nicht mehr sicher reproduzieren und kontrollieren.

Das Fazit aus dieser Einsicht ist: *Vor jeder praktischen Unterweisung oder Anleitung in der Pulsdiagnose muß eine gründliche, mühelose Reproduzierbarkeit aller für die differenzierte Beschreibung eines Pulsbefunds erforderlichen* termini *und Normkonventionen beim Lernenden gegeben sein.*

BIBLIOGRAPHIE

(In die Bibliographie der Quellen sind nur Titel aufgenommen, die tatsächlich bei der Abfassung des vorliegenden Lehrbuchs konsultiert wurden.)

Chinesische Quellen und Sekundärliteratur

1) *Ching-yüeh ch'üan-shu* 景岳全書 (Gesammelte Schriften des Chang Ching-yüeh) = *Chang Chieh-pin)* 張景岳（介賓）
上海科學技術出版社, (1958) 1960

2) *Chin-k'uei yao-lüeh yü-i* 金匱要略語譯 中華人民共和國衛生部 中醫研究院；人民衛生出版社 1959

3) *Chung-i chen-tuan-hsüeh chiang-i* 中醫診斷學講義 廣州中醫學院；上海科學技術出版社 (1963) 1964

4) *Chung-i-hsüeh kai-lun* 中醫學概論 Nachdruck der 1. Auflage von 1958 durch 中醫藥衛生出版社, 香港 1971; 南京中醫學院

5) *Chung-i nei-k'o-hsüeh chiang-i* 中醫內科學講義 上海中醫學院 上海科學技術出版社 (1963) 1964

6) *I-hsüeh hsin-wu* 醫學心悟 verfaßt von Ch'eng Kuo-p'eng (Chung-ling) 程國彭(鍾齡)；人民衛生出版社, 北京 1963

7) *I-pu ch'üan-lu* 醫部全錄 (Medizinische Kapitel der Enzyklopädie 古今圖書集成), Nachdruck durch 人民衛生出版社, 北京 1959

8) *Mo-ching* 脈經 von Wang Shu-ho 王叔和 商務印書館, 上海 1956

9) *Nei-ching chiang-i* 內經講義 北京中醫學院 上海科學技術出版社 (1963) 1964

10) *Pin-hu mo-hsüeh* 瀕湖脈學 und andere Titel von Li Shih-chen 李時珍 人民衛生出版社, 北京 (1956) 1957

11) *San yin chi i-ping fang-ts'ui (= San-yin-fang)* von Ch'en Wu-tsê
三因極一病方粹（三因方） 陳無擇

12) *Shang-han-lun chi-chu* ediert von Huang Chu-chai
傷寒論集註：黄竹齋；人民衛生出版社，北京 1958

13) *Shang-han-lun chiang-i*
傷寒論講義：成都中醫學院；上海科學技術出版社
(1963) 1964

14) *Wen-ping-hsüeh chiang-i* 温病學講義：南京中醫學院
上海科學技術出版社 (1963) 1964

Eigene Veröffentlichungen

Einige Aufsätze des Verfassers zum Thema

1) *Chinesische Arzneimitteltherapie auf der Grundlage der traditionellen Diagnose,* NATURHEILPRAXIS, Heft 6/1982, SS. 851–856 und Heft 7/1982, SS. 966–976

2) *Funktionskreise – ein Postulat der chinesischen Medizintheorie, ACTA* MEDICINAE SINENSIS, Zeitschrift für chinesische Medizin, Heft 2/82, SS. 25 – 30

3) *The Difficult Task of Blending Chinese and Western Science: The Case of Modern Interpretations of Traditional Chinese Medicine* in EXPLORATIONS IN THE HISTORY OF SCIENE AND TECHNOLOGY IN CHINA („Needham-Festschrift"), Shanghai, 1982.

ferner

5. *Die sachlichen Prämissen für eine wissenschaftliche Diskussion der Akupunktur,* DEUTSCHES ÄRZTEBLATT, Heft 18/1976, SS. 1240–1244

6. *Richtung und Maß: Medizinisches Denken in Europa und in China,* ERANOS JAHRBUCH 1980, SS. 149–198.

Register (deutsch)

A

Abend 27
Abdomen, gedunsenes 76
Abdomen, schmerzhaftes 93
Abdomen, gespanntes 92, 93
Abdominalschwellung 70
Abgeschlagenheit 55, 73, 74, 76, 79, 80, 81, 101
Abkühlung 39
Abläufe, zyklische 26
Ableitung 48
Ableitung des Schleims 68
Abmagerung 57, 73, 76
Abortus 72, 178
Absinkendes 25
Absterbendes 24
Abwehrfähigkeit deutlich vermindert 98
Achsenkreuz 27
Aconit 38
Affektionen der Energien 103
Affektionen, grippöse 78
Aftervorfall 73, 81
Agens 33
Agens, Unterschied zwischen Ursache und 53
Agentien 17, 24, 33, **53**
Aggressives 24
Aktion 24, 36
Aktives **23**, 34
Aktivität 26, 152
Aktivität, aktuelle 27
Aktivierung, des hsüeh 69
Aktivität, potentielle 27
Aktualität 26
Aku-Moxi-Therapie 18
Akupunktur 11, 18, 30, 48
Algor-inanitatis-Diarrhöe 97
Allgemeintendenz, energetische 33
Allgemeinverfassung, des Diagnostikers 165
Alpträume 37, 64, 68
Alkohol 74, 120
Alkoholika 117
Alternanz 26
Ambivalenz 94
Ameisenlaufen 62
Amenorrhöe 198
Analyse, kausale, und ihre Grenzen **12**
Anamnese 35, 150
Anatomie 15, 29, 30
Andruck, der Tastfinger 189
Angelfunktion 94
Angelpunkt 99
Angelpunkt der Struktivkraft 195, 203
Angst 68
Ängstlichkeit 50, 64, 101
Anorexie 51, 61, 74
Antrieb, aktiver 28
Antriebskräfte, Bereitstellung der 59
Antriebslosigkeit 61
Antriebsorgane des Bewegungsapparates 59
Anus, entzündeter 81
Anus, geschwollener 81
Anus, schmerzhafter 81
Anwandlungen, seltsame 50
Anzeigen, therapeutische 17
Aphthen 67, 70
Apoplexie 121
Appetit 156, 157
Appetit, geringer 69
Appetit, verminderter 56, 74, 76, 157
Appetitlosigkeit 49, 55, 103
Appetitverlust 41, 57
Appetitverlust, völliger 157
Appetit, trotz Hunger kein **157**
Ardor orbis hepatici affiziert den orbis pulmonalis 64
Ardor des orbis hepaticus lodert empor 62
Arms, Lagerung des, des Patienten 188
Artikulation, deutliche 109
Arzneieinnahme 165
Arzneien, kalte 38
Arzneien, kühle 38
Arznei, kühlende 45
Arzneien, Kombinationen von ähnlich wirkenden 16
Arzneien, starke Anwendung kalter 72, 73
Arzneimittel 24
Arzneimittelbild 16
Arzneimittelprüfung 18, 24
Aspekt, aktiver 26, 108
Aspekte, aktive, aller Energien 100
Aspekt, struktiver 26
Assimilation 71, 113
Assimilation der Nahrung 92
Asthma 67, 84
Aszites 72, 84, 86
Atem, beschleunigter 55, 80, 82
Atem, flacher 56
Atem, Gleichmäßigkeit des 109
Atem, hastiger 57
Atem, heißer 80
Atem, hörbar 37
Atem, keuchender 101
Atem, lauter 35, 46
Atem, mühsamer 35
Atem, rauher 52
Atem, schwergehender 37, 55, 87
Atem, verlangsamter 147
Atembeklemmung 51, 74, 101
Atembeschwerden 49
Atemfunktion, gedrückte 76
Atemnot 50, 57, 67, 69, 73, 78, 79
Atemnot, besonders im Liegen 82
Atemnot, fiebrige 54
Atemrhythmus, unregelmäßiger 49

Atmen, flaches 93
Atmen, geräuschvolles 91
Atmung, geräuschvolle 147
Atmung, laute 147
Atmung, leise 147
Atmung, des Patienten mit offenem Mund 141
Atmungskanäle 99
Attributaustausch 27
Aufenthalt in feuchten Räumen 55
Aufmerksamkeit 59
Aufstoßen 61, 63, 72, 74, 75, 91
Aufstoßen, fauliges 75
Aufstoßen, saures 49
Aufstoßen, saures od. fauliges 57
Auftreten, plötzliches, der Symptome 151
Augen **59, 158,** 167
Auge, gerötetes 139
Auge, Inaugenscheinnahme des **138**
Augen, rotgeränderte 64
Augenschein **108**
Augen, schmerzhafte 64
Augenlid, stark gerötet 62
Augen, weit geöffnet 44
Ausbreitendes, sich 24
Ausfluß, trüber 55
Ausgleich 27, 72
Ausgleichsfunktion 114
Ausgleichsfunktion des orbis hepaticus 96
Ausgleichsreservoir der als Nahrung aufgenommenen Energien 75
Ausleben 32
Auslösendes 24
Aussage, Wissenschaftlichkeit einer bestimmten 12
Aussagen, spezifische 11
Ausscheidungen 41
Ausscheidungen, der Form und Farbe 108
Ausscheidung, häufige, dunklen Urins 156
Ausscheidungen, Inaugenscheinnahme der **145**
Ausscheidungen, Regelmäßigkeit der 109
Ausschweifung, sexuelle 83
Aussehen, müdes 35
Außenorbis 25
Außenseite 34, 39, 47
Äußere, das 25
Auswurf 82
Auswurf, blutiger 56
Auswurf, dickflüssiger 44
Auswurf, dünner 79
Auswurf, dünnflüssiger 44
Auswurf, gelblicher 44
Auswurf, klarer 44, 74, 79
Auswurf, reichlicher 44
Auswurf, schleimiger 56
Auswurf, viel 80
Auswurf, weißer 44
Autofahren 165

B

Bändigung 29
Bändigungsreihenfolge 29, 69
Barfußärzte 162
Bauenergie 26, 56, 72, 90, 100, **101,** 111, 118
Bauch 25, 151
Bauch, gedunsener 49, 64, 86
Bauchs, Schwellungen des 56
Bauchschmerz 61, 81
Bauchschmerz, mit Durchfall 61
Bauchschmerz, heftiger 70
Bauchschmerzen 43, 48, 54, 155
Bauchschmerzen, durch Druck verschlechtert 81
Bauenergie, Schädigung der 178
Bedürfnis zu liegen 112
Befragung, diagnostische 150
Befestigendes 24
Befinden, durch Hitze verschlechtert 37
Befinden, durch Kälte verschlechtert 37
Befund der chinesischen Medizin 22
Befund, spezifischer 17, 19
Befunde, unterschiedliche, bei Einfinger- und Mehrfingertastung **193**
Begabung, ausgefallene 161
Begabung, ungewöhnliche des Diagnostikers 107
Begriffe, energetische 99
Begriffsbildung 58
Beine, angezogene 44
Beine, ausgestreckte 112
Beine, geschwollene 37
Beine, kraftlos 80
Beine, schmerzhafte 80
Beklemmung 44
Benommenheit 54, 55, 80
Benommenheit, fiebrige 54
Beobachtungsergebnisse, Übermittlung von 23
Beobachtung, vergleichende 16
Beruhigung, der konstellierenden Kraft 68
Beruhigung, des orbis cardialis 68
Beschleunigung des Pulses 173
Beschreibung, der Wirklichkeit 27
Besserung 144
Besserung des Befindens durch Bewegungen **52**
Besserung, durch Aufstoßen 94
Besserung, subjektive durch Schwitzen 93
Bestand und materieller Aufbau des Körpers 101
Bestätigendes 24
Bestehendes 24
Betrachtungsweise, der chinesischen, d. h. induktivsynthetischen 15
Beugung, der Extremitäten 54
Bewegendes 24
Beweglichkeit, des Körpers 59
Bewegte, das 25
Bewegtes 24

Bewegung 13, 17
Bewegung des ch'i 70
Bewegung, des yang medium 73
Bewegung, erratische, des Yang 60
Bewegungen 112
Bewegungen, Besserung des Befindens 52
Bewegungsapparat, Antriebsorgan des 59
Bewegungscharakteristik 117
Bewegungsdauer 23
Bewegungsdrang 35
Bewegungsende 23
Bewegung, spezielle Charakteristik der 108
Bewegungsunlust 35
Bewegung, verschlimmert durch 67
Bewußtsein, getrübtes 101
Bewußtseinstrübung 56, 102
Beziehung 20
Beziehungen, funktionale 30
Bezugssystem 15
Bezwingungsreihenfolge 28, 32
Bitteres 26
Bleichheit 39
Blick, starrer 93, 193
Blockaden 130, 135, 178
Blut 38, 100, 101, 104
Blutspucken 61, 78
Blutung 37
Blutungen 178
Blutungen, aus Nase und Mund 62
Blutungen, gynäkologische 76
Blut im Nasensekret 102
Blut im Sputum 102
Blut im Stuhl 102
Blut im Urin 102
Blutverlust 154, 175, 178
Blutverteilung, schlechte 101
Brauen, Raum zwischen den 133
Brechreiz 41, 43, 44, 55, 69, 91, 103
Breite des Pulses **170**
Brennschmerz 68
Bronchitiden 78
Bronchopyelitis 78
Bruch, logischer 19
Brückenschlag 30
Brust 151, 169
Brust, Druckgefühl auf 55
Brust, gestaute 103
Brust, Spannungen in 50

C

Calor-humidus-Diarrhöe 97
Calor-humidus-Dysenterie 81
Calor-Kongestion 155
Calor-repletionis-Diarrhöe 97
Cardialis 30
cgs-System und Exaktheit 23
ch'i des orbis hepaticus 61
Chinesische Diagnostik, Einfachheit der 19
Cholera 55, 72

D

Dämpfung aller Energien 95
Darmverschlüsse 182
Darstellung, funktionelle 32
Daten, qualitative 20
Daten, sinnliche 15
Dauer der Pulsdiagnose 191
Defizienz 24, 37, 51, 67, 152
Defizienz, der aktiven Energien 37, 156
Defizienz, der individualspezifisch-struktiven Energien 174
Defizienz, der struktiven Energie 159
Defizienz, der struktiven Energie des orbis renalis **60**
Defizienz, des agua renalis 80
Defizienz des ch'i medium 73
Defizienz des hsüeh 139
Defizienz, des yang merum 36
Defizienz des yang renale 88
Defizienz des yin hepaticum 62
Defizienz, des yin merum 36
Defizienz des yin renale 82
Defizienz, des Yin orbis hepatici 60
Defizienz, energetische, des orbis renalis 57
Defizienz, struktiver Energie 68
Defizienz, konstitutionelle 83
Denkfunktionen, Ausdauer der 109
Denkfunktionen, Schlüssigkeit der 109
Determination 24
Determinierbares 24
Determiniertes 24
Diabetes 97, 156
Diätfehler 40, 57
Diagnose durch Tastung **161**
Diagnose, individualspezifische 17
Diagnose, kausalanalytische 17
Diagnostikhilfen, technische 19
Diaphragma 44
Diarrhöe 36, 37, 44, 52, 72, 74, **97**
Diarrhöe, heftige 97
Diarrhöe mit Schüttelfrost 97
Diarrhöe mit unverdauten Einschlüssen 86
Differentialdiagnose **33**
Differenziertheit 26
Differenzierung der Krankheitszeichen 34
Diskrepanzen 59
Disposition, asthmatische 92
Disposition, konstitutionelle 111
Dissonanz 110
Dissoziation von aktiven und struktiven Energien 175
Disziplinen, induktivsynthetische 14
Dosierung 59
Drang, sich abzuschließen 57
Drehpunkt 27
Drehschwindel 54, 61, 62, 64, 69, 87
Drogen, heiße 124
Drogen, kühlende 124
Drogen, mit stark tonisierender Wirkung 181
Drogenwirkung 186
Druck, auf der Brust 69, 74

Druck, Besserung auf 51
Druckgefühl 44
Drucks, Zurücknahme des 190
Drüsengewebe 200
Dunkle, das 25
Durchfall 40, 41, 43, 45, 52, 54, 55, 57, 64, 72, 73, 74, 80, 81, 95, 97, 99, 155
Durchfälle 55, 56
Durchgängigmachen des orbis intestini tenuis 70
Durchschnittswert 13
Durchzugsgebiet, aller Leitbahnen 114
Durst 37, 40, 41, 43, 44, 45, 46, 54, 55, 56, 68, 74, 99, 100, 101, 102, **156**
Durst, fortwährender, starker 156
Durst, großer 93, 156
Durst, heftiger 92
Durst, mäßiger 101
Durst, starker 80
Durst, mit Verlangen nach kalten Getränken 75
Durst nach Erbrechen 157
Durstlosigkeit 41, 43, 44, 64, 95, 102
Dynamisches 13, 24
Dynamisierendes 24
Dynamisierung der aus der Nahrung gewonnenen Energien 95
Dysharmonie zwischen den orbes hepaticus et lienalis **64**
Dysmenorrhöe 198

E

Echtheit 36
Eindeutigkeit 28
Eindeutigkeit der Aussagen **16**
Eindeutigkeit funktionaler Aussagen 23
Eindringungsgrad 34
Eindringungstiefe einer Heteropathie 114
Einfachheit 11, 19, 107
Einfluß, kühlender, des O. pulmonalis 80
Einfluß, richtungsweisender 66, 113
Einflüsse, emotionale 17
Einflüsse, jahreszeitliche 116
Einflüsse, klimatische 17
Einflüsse, milieubedingte 17
Eingeweiden, Rumpeln in den 54
Einheit 26, 27
Einsatzfreudigkeit 98
Einsicht, klare 66, 113
Einstauung des ch'i 175
Einstauung des ch'i, der aktiven, individualspezifischen Energie 175
Einzeltastung 189
Eiter 204
Eiter, stinkender 80
Eiterung 204
Elastizität 34, 195
Elektrodynamik 14
Emblem 23
Emotionen, Entfaltung gerichtete 83
Emotionen, Sieben 45, **56**
Emphysem 112
Empirie, positive (d. h. beliebig oft verifizierbare) 16
Energetik, medizinische 59
Energie, aktive 114, 152
Energieausgleich 113
Energieaustausch 92
Energie, Defizienz, der struktiven 159
Energie, des orbis cardialis stagniert 69
Die Energie des orbis hepaticus affiziert den orbis stomachi **63**
Energie, die individualspezifische aktive 100
Energie, die individualspezifische struktive 101
Energie, durch Heteropathie eingeschlossen **181**
Energie, Erschöpfung der aktiven 122
Energie, heteropathische 48
Energie, individualspezifisch struktive 38
Energie, Mangel an struktiver 121, 178
Energie, stagnierende, aktive 174
Energie, struktive 35, 114
Energie, struktive, Schäden in der 120
Energie, trübe 124
Energieformen, die Pathologie der 99
Energiehaushalt 114
Energiehaushalt, kräftiger 174
Energiekomponenten, der aktiven 60
Energieniveau, höheres 116
Energieregulation, Entgleisung der 114
Energiereserve 36
Energiestadien 27
Energieumsetzung 95
Energieverfall 186
Energien, Affektionen der 103
Energien, Inanitas, aktiver und struktiver 180
Energien, kontravehente, gestaute 52
Energien, Schädigung der aktiven 54
Energien, struktive 152
Energien, Verfall, der aktiven 176
Energien, Verfassung der aktiven 114
Energien, Verfassung der struktiven 114
Energieverteilung 113
Energieverteilung, rhythmische, Störung dieser 136
Entfaltendes, sich 24
Entfaltung, äußere 32
Entfaltung, behinderte 68
Entfaltung, des yang cardiale 68
Entgleisung der Energieregulation 114
Entscheidungsfähigkeit 59
Entschlußkraft 61
Entschlußlosigkeit 57
Entsprechungen **23**, 25
Enuresis 84, 88
Epilepsie 15, 61
Epistaxis 67, 68, 78
Erbrechen 37, 41, 54, 55, 72, 75, 97, 98, 148, 149
Erbrechen, galliges 62

Erbrechen, von Gallensaft 61
Erbrechen, von Schleim und Speichel 69
Erbrechen, von Unverdautem 57
Erde 25, 27, 110
Erde, Wandlungsphase 72, 75, 81, 92, 95, 113, 116, 128, 177
Erfahrung, klinische 116
Erfahrungsheilkunde 16
Erfolgsorganen 24
Erfrischung des orbis hepaticus 64
Ergänzung 48
Ergänzung, der Energie der orbes cardialis et lienalis **69**
Ergänzung, echte eines Energiedefizits 48
Erhaltung, des orbis cardialis 68
Erhaltung, des Yang 99
Erhaltung, zeitlicher Fortbestand einer Persönlichkeit **32**
Erhebungen, spitze, des Zungenkörpers 118
Erkältlichkeit, große 41
Erkenntnisse, funktionale 16
Erkenntnis, Schrittmacher der 29
Erkenntnisgefälle 12
Erkrankung, infektiöse 124
Erkrankungen, Verlauf fiebriger 88
Erkrankung, abklingende 39
Erkrankung, leichte 39
Erkrankung, oberflächliche 39
Erkrankung, rezente 39
Erlernbarkeit, sichere 107
Erprobung 107
Erratische Bewegung des yang orbis hepatici **62**
Erregbarkeit 64
Erregbarkeit, leichte 61
Erregungen, wollüstige, im Schlaf 86
Erschöpfbarkeit 64, 73
Erschöpfung 26, 36, 37, 48, 57, 112, 121
Erschöpfung, totale 119
Erschöpfung, unechte 52
Erschöpfung, (inanitas) der Energie des orbis cardialis 56
Erschöpfung, Zeichen äußerster 52
Erschöpfungssymptome 52
Erschöpfungsunruhe 64
Erschöpfungszustände, bedingt durch Überanstrengung 180
Erstarrendes 24
Erwärmung, des orbis intestini tenuis 70
Erwärmung, des yang medium 73
Eßunlust 37, 64, 75
Eßgewohnheit, falsche 17
Essensgeruch, erregt Widerwillen 73
Euphorie, prämortale 109
Exantheme 43, 101, 102
Extreme, von Kälte und Hitze 77
Exitus 196
Exophtalmus 139
Expansives 24
Extraversives 24
Extrem, qualitatives 51
Extremitäten 53
Extremitäten, bald fiebrig heiß 97
Extremitäten, bald kalt 97
Extremitäten, gekrümmte 62
Extremitäten, heiß 35
Extremitäten, kalte 35, 37, 41, 46, 62, 67, 73, 81, 97, 152
Extremitäten, paretische 50
Extremitäten, schmerzhafte 97
Extremitäten, warm 37
Exzeß, klimatischer 53
Exzesse, geschlechtliche 53
Exzesse, in vino et venere 40, 45, 85
Exzesse, klimatische 89, 99, 121
Exzesse, Sechs klimatische **39, 54**
Exzesse, sexuelle 57

F

Fähigkeiten, technische 83
Faktoren, konstitutionelle 116
Faktoren, pathogene 33
Faktoren, übergeordnete 33
Farbe 31, **110**, 108, 117
Farbe des Zungenbelags 108
Farbe des Zungenkörpers 108
Farbe der Gesichtspartien 108
Farbe, deversante 110
Farbe, dominante 110
Farbe, Inaugenscheinnahme der 109
Farbtemperatur 116
Faselei 147
Fehlanwendung, purgierender Arznei 125
Fehlbehandlungen 92
Fehlernährung 72
Fehltherapie 97
Felleus, Krankheiten des 59
Fesseln 143
Feuchtigkeit 72, 75, 92, 159, 177, 179, 180, 186
Feuchtigkeit bedrängt den humus lienalis 76
Feuchtigkeit, große 196
Feuchtigkeit, höhere 116
Feuchtigkeitsgrad des Zungenbelags 126
Feuchtigkeitsheteropathie 105
Feuer 25, 26, 27, 45, 46, 56, 110
Fieber 36, 40, 45, 46, 54, 55, 74, 81, 91, 92, 99, 100, 151, 152, 203
Fieber, am Nachmittag 103
Fieber, anhaltendes 40, 97
Fieber, adynamisches 101
Fieber, heftiges 56, 101
Fieber, hohes 37, 40, 71, 93, 101
Fieber, hohes während der Nachtstunden 102
Fieber in der Abenddämmerung 94
Fieber, intermittierendes 40
Fieber, leichtes **40**
Fieber, mit Durst 92, 102
Fieber, mit Durstlosigkeit 102
Fieber, mit Schweiß 92, 102
Fieber, mit Schweiße im Schlaf 49
Fieber, periodisches 78, **151**

Fieber, periodisch steigendes und fallendes 93
Fieber, starkes 103
Fieber während der Nacht am höchsten 102
Fieber, während der Nachtstunden 101
Fieber, zur gleichen Zeit wiederkehrendes 69
Fieberanstieg, nachmittags starker 102
Fieberhitze 203
Fingernägel 143
Fingersatz 188
Flanken, schmerzhafte 61
Flecken, rote 46
Fleisch 71, 74, 85, 93, 100, 111, 138, 147, 200
Fleisch, Festigkeit des 109
Flexibilität 30
Flexus 96
Flexus, starker 103
Flexuskälte 47
Flimmern, vor den Augen 52
Fluchen 35, 46
Flüssigkeitsverlust 38
Form 108
Foramina 32
Foramina, diagnostische Tastung 204
Formpulse, die 185
Fortpflanzungsfunktionen 83
Frieren **151**
Frösteln 41, 69, **151**
Frösteln an Brust 82
Frösteln ohne Fieber 98
Frostigkeit 74, 79
Frostschauder 40, 43, 47, 100
Frühdiagnose, echte 18
Frühling 25, 27, 54, 196
Fülle 26, 36, 48
Fülle, unechte 52
Fünf Wandlungsphasen 26
Funktion 13, 17, 30
Funktion, assimilierende 115
Funktion, aufnehmende 115
Funktion, dominante 32
Funktion, fundamentale 32
Funktion, gesunde 29
Funktion, grundlegende 30
Funktion, langsame 200
Funktion, neurologische 83
Funktion, schnelle 200
Funktion, spezifische 32
Funktion, weiterleitende 115
Funktion, zwischenspeichernde 115
Funktionen, Aussagen über 29
Funktionen, Erkenntnis der 16
Funktionen, Zusammenbruch der, des orbis stomachi **129**
Funktionsdiagnose 18
Funktionskreise, Erscheinungen der 16
Funktionsorientiertheit 107
Fürsten 66
Fuß 168, 169
Fuß, kalter 87, 99
Fuß, klammer 57
Fußpulse 167
Fußsohlen 103
Fußsohlen, heiße 37

G

Gänsehaut 151
Gallensaft 93
Gaumen, klebriger 43
Gedanken, sorgenvolle 56
Gedunsenheit 85, 87, 88, 137
Gedunsenheit, der Extremitäten 143
Gedunsenheit, des Bauches 48
Gefühlsregung 32
Gefühlsverlust 62
Gefühlswallung, eruptive 60
Gegensteuerung, physiologische 32
Gegensteuerung, struktive 28
Gegenwart 17
Gehör **158**
Gehör und Geruch, Diagnose durch **146**
Gehörkraft, verminderte 84
Geistesgegenwart 59, 98
Geisteskrankheiten 15
Geistesstörung 68
Gelb, frisches 136
Gelbfärbung der Skleren 74
Gelenkschmerzen 41, 55, **154**
Gelenkschmerz, haftender 154
Gelenkschmerz, heftiger 154
Gelenkschmerz, wandernder 154
Gemütserregung, Folgen heftiger 182
Genesungstendenz 89
Genußgifte 197
Genuß von Süßigkeiten 55
Gepräge, der Persönlichkeit 66
Gepräge, der Persönlichkeit und ihr Zusammenhalt 113
Geradzahliges 26
Geruch 31
Geruch, der Ausscheidungen 150
Geruchsdiagnose **149**
Gesamteindruck aller Pulse 195
Gesamteindruck vom Puls 189
Gesamtverhalten, erratisches 56
Geschlecht 197
Geschmack, bitterer 43
Geschmack, neutraler 37
Geschmackloses 26
Geschmacksinn 113
Geschmacksrichtung 31
Geschwätzigkeit 35, 44, 146
Geschwüren 203
Gesetzmäßigkeit, physikalische 163
Gesicht 108
Gesicht, blasses 103
Gesicht, blaugrünes 135
Gesicht, bleiches 37, 73
Gesicht, diaphan weißes 85
Gesicht, eingefallenes 57, 69
Gesicht, fahles 54, 84

Gesicht, Gelbfärbung des 135
Gesicht, gelbliches 69, 103
Gesicht, gerötetes 44, 52, 56, 102, 103
Gesichtsfarbe, grünliches 44
Gesicht, grünlich-bleiches 155
Gesicht, grünlich-weißes 35
Gesicht, heißes 62
Gesicht, hochrotes 35
Gesicht, Inaugenscheinnahme des **133**
Gesicht, intermittierend gerötet 35
Gesicht nach außen 112
Gesicht, rotes 45, 62, 68, 98, 99, 135
Gesicht, rotes und Wangenflecken, rote nachmittags **63**
Gesicht, schmutzig blaß 35
Gesicht, schwärzlicher Teint 136
Gesicht, wächsernes 68, 79
Gesicht, weißer Teint 136
Gesichtsfarbe 110
Gesichtsfarbe, blasse 44
Gesichtsfarbe, diffuse 137
Gesichtsfarbe, Inaugenscheinnahme der **135**
Gesichtsfarbe, intensive 137
Gesichtsfarbe, klare 137
Gesichtsfarbe, konzentrierte 137
Gesichtsfarbe, Modalitäten der **137**
Gesichtsfarbe, oberflächliche 137
Gesichtsfarbe, schimmernde 137
Gesichtsfarbe, schwärzliche 88
Gesichtsfarbe, schwache 137
Gesichtsfarbe, stumpfe 137
Gesichtsfarbe, tiefe 137
Gesichtsfarbe, trübe 137
Gesichtsfarbe, verwaschene 137
Gesichtspunkte, übergeordnete 17
Gesichtszüge, eingefallene 64
Gespann, funktionelles 31
Gestalt 108, 117
Gestalt des Gesichts **137**
Gestalt, Inaugenscheinnahme der körperlichen **111**
Gesunden, Zahnfleisch des 142
Gesunden, Zungenbelag des 122
Gesunden, Zungenkörper des 117
Gesundheit 19, 136
Getränke, fortwährendes Verlangen nach 156
Getränken, Verlangen nach heißen 73, 157
Getränken, Verlangen nach kalten 37
Getränken, Verlangen nach warmen 37
Geweben, jungen 200
Gewebsturgor 108
Gewicht, um den Leib 155
Gewürze 117
Gifte, infektiöse 99
Ginseng 38
Glanz von Augen 108
Glanz von Haut 108
Gleichförmigkeit 22
Gleichmäßigkeit des Atems 109
Glieder, kalte 44
Glieder, kraftlose 80
Glieder, warme 44
Gliederschwere 159
Gliedmaßen, Inaugenscheinnahme der **143**
Glieds, Atrophie des 57
Glied, Hitzegefühl im 87
Glied, Schmerzen im 87, 88
Glied, schmerzhaftes 70
Glut 56, 62
Gravidität 198
Große, das 25
Grundtendenz, Bewertung der 25
Grundrhythmus, gleichmäßiger 195
Gynäkologie, Pulse der 197

H

Haar, brüchiges 133
Haarausfall 133
Habitus, dynamischer 196
Halo 194
Halonierung **193**
Halo, um einen schmalen Puls 193
Hals 54
Hals, geschwollener 45, 80
Hals, schmerzhafter 45, 86
Hals, trockener 37, 63, 69, 86, 94
Halsschmerzen 49, 55, 70, 98, 103
Halsschmerzen, akute 67
Hämatome 49, 61
Hämatome des Thorax 139
Hämaturie 67, 68, 76, 84
Hämoptöe 67, 68, 72, 87
Hand, kalte 99
Hand, klamme 57
Hände und Füße, auffallend warme 95
Hände, ziellos herumtastende 93
Handgelenke 143
Handlungen, widersprüchliche 57
Handpulse 167
Handteller 103
Handteller, heißer 37
Harmonie von ch'i und hsüeh 96
Harmonisierung 72
Harndrang, fortgesetzter 87
Harngries 84, 87
Harnträufeln 156
Harnverhaltung 84
Härte 63
Hartes 26
HARTNER, Willi 58
Hauptleitbahn 32, 90, 143
Haut 31, 38, 39, 46, 77, 100, 110, 111, 138, 148, 152
Hautfeuchtigkeit 203
Haut, Funktionstonus der 100
Haut, Glanz von 108
Haut, heiße 80
Haut, Inaugenscheinnahme der **144**
Haut, juckende 74
Haut, kalte 37, 68, 85
Haut, purpurne Verfärbung der 54
Haut, trockene 50
Haut, warme 37

heiß 25
Heißen Getränken, Durst nach 98
Heißer Getränke, Verlangen nach kleinen Mengen 98
Heiserkeit 78
Heißes 43
hell 25
Hepaticus, Krankheiten des 59
Herbst 25, 27, 196
Hernien 61
Hervorbringung 29
Hervorbringungsreihenfolge 28
Herzattacken 97
Herzflattern 103
Herzklopfen 49, 57, 69, 70, 98, 101
Herzschmerzen 67
Herzstiche 68
Herz, unruhig 37
Herzversagen, drohendes 67
Heteropathica 112
Heteropathie 39, 53, 114
Heteropathie, außeninduzierte 89
Heteropathie, Beseitigung der 90
Heteropathie, ein energetisches Übermaß der 48
Heteropathie, eine sich entfaltende 176
Heteropathie, oberflächliche 124
Heteropathie, relative Stärke von 151
Heteropathie, struktive 176
Hilfsmittel, technische 20
Hilfsmittel, zur Beschreibung der Wirklichkeit 27
Himmel 25
Hindernisse für die Pulsdiagnose 162
Histologie 15, 17
Hitze 96, 97, 112, 119, 121
Hitze, Ableitung der 80
Hitze, Abneigung gegen 46
Hitze, an den pedalis-Pulsstellen 102
Hitze, äußere 35
Hitze, brennende, am Anus 155
Hitze, Dämpfung von 90
Hitze, drückende 54, 101
Hitze, echte 45
Hitze, Erzeugung von 90
Hitze, extreme, in den Leitbahnen 120
Hitze, Gefühl drückender 64
Hitze, höchsten Grades 131
Hitze, innere 43, 57, 86, 92
Hitze, innere, im Übermaß 175
Hitze, quälende 40, 41, 47, 151
Hitze, Regulationsstörungen von 96
Hitze, trockene 75
Hitze, unechte 45
Hitzeabscheu 151
Hitzebeklemmung 93
Hitzediarrhöe 47
Hitzeexanthem 51
Hitzeheteropathie 80, 96, 99, 120, 124, 125
Hitzeheteropathie, feuchte 93
Hitzerezeptur 43
Hitzeschädigung 133
Hitzesensationen, vom Herzen ausgehende 49
Hitzestauung 93, 105
Hitzesymptome 45
Hitzewallungen 68, 86, 92, 98, 151
Hitzschlag 55
Höcker, unter der Haut 54
Hoden, Schwellungen der 63
Holz 26, 27, 61, 110
Holz, Wandlungsphase 177
Homogenität 13
Homogenität, Abnahme der 13
Homogenität, abnehmende des Substrats 12
Homogenität des Substrats 22
Hüften, schmerzhafte 103
Hüften, Schwäche der 57
humor-algidus-Heteropathie 95
humor-Heteropathie 131
Hunger 157
Hunger bei Appetitlosigkeit 97
Hungerschmerz 68
Husten 36, 55, 56, 74, 78, 79, 80, 86, 100, **148**
Husten, anfallweiser 64
Husten, chronischer 112
Husten, in der Nacht verschlimmert 80
Hustenreiz 43, 78
Hustenreiz, fortgesetzter 79
Hustenreiz, heftiger, mit Brustschmerzen 55
Husten, schallender 80
Hydrantenstühle 46, 82
Hypertonie 165
Hypoventilation 148

I

Ikonographie der Radialispulse **170**
Ikonographie, vergleichende, der Pulse **183**
Ikterus 55, 72, 76, 93
Impfung 58
Impotenz 37, 84
Inanitas der struktiven Energie in den Oo. hepaticus et renalis 64
Inanitas-Symptome 63
Inanitas-Zeichen 60
Indigestion, aktive 173
Indikator 114
Indikationsstellung 16
Individualfalles, Prognose des 13
Individuums, spezifische Qualität eines 108
Induktive Synthese **13, 15**
Induzierendes 24
Infektionskrankheiten, Beherrschung der **14**
Infiltrationen 85
Initiative 61
Innenkopfschmerz 154
Innenorbis 25
Innenseite 34, 39
Innere, das 25
Innere Medizin 39, 59
Inneren Klassikers 43, 88, 203

Innern Klassiker des Gelben Fürsten 57, 59, 134, **161, 195**
Instrumentengebrauch 20
Integration der Diagnoseergebnisse 21
Integrität, funktionelle 48
Interferenz 42
Interpretation des Zungenbefundes 116
Interpretation, klinische, des Pulsbildes **195**
Intrasuszeptiv 25
Inversion, des Energieflusses 46
Iris 138
Irrereden 35, 36
Irresein 103
Irrsinn 67, 92, 102
Ischias 154

J

Jahreszeit 31, 110, 196
Jugendlichen, Pulstastung am, und Kind 192

K

Kälte 46, 54, 78, 80, 96, 112, 119
Kälte blockiert die Leitbahnen des orbis hepaticus 62
Kälte, Furcht vor 47
Kälte in der Lendengegend 87
Kälte, innere 35, 45
Kälte, Regulationsstörungen von 96
Kälte, schädigende 89
Kälteeinwirkung 172
Kälteflexus 54
Kälteheteropathie 89, 98, 99
Kälteverschlechterung 41
Kalte, das 25
Kaltes 43
Kanalisierung der Feuchtigkeit 93
Kausale Analyse und ihre Grenzen 12
Kehle, schmerzhafte 64
Kehle, trockene 64
Kernphysik 14
Keuchen 35, 43, 44, 45, 50, 78, 79, 147
Kind, Pulstastung, am, und Jugendlichen **192**
Kinn 134
Klares 26
Klärung der Postulate 58
Klassiker der Einwendungen 168
Kleidung 107
Kleine, das 25
Klima 196
Klima, heißes 196
Klima, kaltes 196
Klima, trockenes 196
Klumpen, Gefühl eines, in der Magengrube 63
Klumpengefühl im Magen 74, 75, 101
Klumpengefühl, in der Magengrube 69
Klumpen- und Druckgefühl im Magen 101
Knie, schmerzhaft und kraftlos 64
Knochen 39, 83, 112, 138, 200
Knochenbau 111
Kollern 64
Kollern im Bauch 76
Kollern in den Eingeweiden 70
Kollern im Magen 49
Koma 102
Kompaktes 24
Komplementärorbis 31, 33
Komplexmittel 17
Kongestionen, im Kopf 155
Kongestionen, im Oberkörper 155
Konkretisation 24
Konsequenz, praktische 200
Konservativ 25
Konstitution **196**
Konstitution, erworbene 72
Konstitution, Fundament der angeborenen 83
Konstitution, kräftige 111
Kontext, diagnostischer 116
Kontraktiv 25
Kontravektionen 61, 96, 97, 111
Konzentrierendes 24
Koordinationsstörungen der Augenmuskulatur 139
Kopf **169**
Kopf, benommener 76
Kopf, heißer 62
Kopf, roter 56
Kopfes, Inaugenscheinnahme des **132**
Kopfes, Schmerzen des 54
Kopfhaar **133**
Kopfpulse 167
Kopfschmerz 40, 41, 49, 55, 61, 62, 63, 91, 100, 102, **153**
Kopfschmerz, leichter 55
Kopfschmerz, mit Gliederschwere 154
Kopfschmerzen, auf Nacken und Rücken ausstrahlend 154
Kopfschweiße 152
Kopfsensorium 115
Körper 12, 17
Körper, allgemein geschwächter 86
Körperflüssigkeit, extremer Verlust 37
Körperflüssigkeiten 38
Körperhaar 77
Körperhaltung 108
Körperoberfläche 53, 90, 100
Körperpulse, allgemeine **166**
Körperregionen und Radialispulse 169
Körperschmerzen **154**
Körperteilen 32
Körpertemperatur 203
Korrespondierendes 24
Kräfteverfall, allgemeiner 73
Kraft, konstellierende 26, 46, 52, 64, 66, 68, 71, 108, 117, 121, 195
Kraft, konstellierende, im Auge 138
Kraftlosigkeit 35, 49, 56, 57, 61
Kraftlosigkeit der Gliedmaßen 76
Kraft, Stärke der konstellierenden 109

Kraft, Verfall der konstellierenden 112
Kraft, Zerstreuung der konstellierenden 56
Krämpfe 50, 102
Krämpfe, im Kindesalter 112
Krankheiten, chronodemische 58
Krankheiten des splendor yang (yang-ming) **92**
Krankheiten des yang maior (t'ai-yang) 90
Krankheiten des yin flectens (shao-yin) **96**
Krankheiten des yin maior (t'ai-yin) **95**
Krankheiten des yang minor (shao yang) **93**
Krankheiten des yin minor (shao-yin) **98**
Krankheiten, in den Oo. cardialis et intestini tenuis **66**
Krankheiten in den Oo. lienalis et stomachi **71**
Krankheiten in den Oo. pulmonalis et intestini crassi **77**
Krankheiten in den Oo. renalis et vesicalis **83**
Krankheiten, zeitverbreitete 58
Krankheitsbild 16
Krankheitskonstellation, verborgene 58
Krankheitsmechanismen, des orbis hepaticus 60
Krankheitsstadium, kritisches 101
Krankheitssymptome, schwerste 98
Krankheitszeichen, Differenzierung der 34
Kreislauf 162
Kriterium, chronisches 39
Kriterium, langwieriges 39
Kriterium, tiefsitzendes 39
Kühle 25
Kühlung, verlangen nach 93
Kunstlicht 116
Kurzatmigkeit 35, 56, 64, 69, 74, 79, 85

L

Labilität des ch'i renale
Labilitätorbis 31
Lachkrämpfe 50
Lage, horizontale, wird nicht ertragen 86
Lähmung, der Lid- und/oder Gesichtsmuskulatur 54
Lähmung, halbseitige, der Extremitäten und des Facialis 62
Länge des Pulses **170**
Latenzzeit, Erkrankung nach einer 58
Launenhaftigkeit 50
Laxation, befeuchtende, des orbis felleus 93
Lebensalter 196
Lebensäußerungen 16, 32, 109
Lebensfunktionen 100
Lebenswärme, mangelnde 48
Lebensweise 197
Leib, gedunsener 37, 52
Leib, gespannter 50
Leibschmerzen 40
Leibschmerzen, des Weibes, post partum 154
Leibschmerzen, nicht die Stelle wechselnde 52
Leiden, chronische 18
Leitbahnen 39, 53, 101, 138, 154
Leitbahnen, die Pathologie der **88**
Leitbahnen, Durchzugsgebiet aller 114
Leitbahnen, Fuß- 45
Leitbahnen, Hand- **45**
Leitbahnen, Lehre von den 59
Leitkriterien, acht diagnostische **33**
Lenden, Kraftlosigkeit der 84
Lendenschmerzen 154
Lenden, schmerzhafte 80
Lenden, Schmerzhaftigkeit der 84
Lider 138
Lider, auffallend glänzende 139
Lider, Dunkelfärbung der 139
Lidern, Schlummern mit halbgeöffneten 139
Lidränder, gerötete 102
Lidschwellung 139
Lidzucken 49
Liegen, Bedürfnis zu 112
lienalis 30
Linke, die 25
Lippen 135
Lippen, bläulich violett verfärbt 44
Lippen, blasse 37, 49
Lippen, blaßrote 141
Lippen, Farbe der 141
Lippen, gedunsene 44
Lippen, gesprungene 35, 103
Lippen, grün-bläuliche 141
Lippen, Inaugenscheinnahme der **141**
Lippen, rissige 44, 49, 81
Lippen, rote 44
Lippen, tiefrote 36, 41, 141
Lippen, trockene 35, 44, 141
Lippen, schwärzliche 141
Lockeres 24
Loses 24
Lungengeschwür 78
Lust 56

M

Magen, Kältegefühl im 73
Magen, Schmerz im, durch Wärmeanwendung und Druck gebesserter 75
Magens, Gefühl eines vollen 75
Magenausgang 115
Mageneingang 115
Magengegend, Druck in 74
Magengrube, Klumpengefühl in der 57
Magengrube, Schmerzen in der, wie von einem Klumpen 51
Magengrube, Schwellung in der 55
Magenmitte 115
Magerkeit 71
Mahlzeiten 197
Malaria 55, 177
Mangel an Säften 117

Mangel an struktiver Energie 178
Manifestation, stimmliche 31
männlich 25
Mark 39
Masern 141
Materialisierung 24
Materie 12, 17
Maxilla 114
Maxilla, Herden in der 114
Mehrung, der Energie der orbes cardialis et lienalis 69
Menses 197
Menses, unregelmäßige 69
Mesenchym 200
Metabolismus, langsamer 200
Metabolismus, rascher 200
Metall 26, 27, 110
Metall, Wandlungsphase 81
Miktion 156
Miktion, erschwerte 62, 156
Miktionen, häufige 45, 92
Miktionsdrang, häufiger 88
Miktionsstörung 68, 91
Milieu, psychisches 17
Mittag 25, 27, 152
Mitte 94
Mitte, Stärkung der 75
Mittellage 195
Mittelpunkt 27
Mittelstirn 133
Mitternacht 25, 27
Modalpulse, die 186
Modelle, funktionaler Beziehungen 30
Moderation, aller Energien 95
Monatsblutung 198
Monatsfluß, stocken des 51
Mond 25
morbi-varii-Systematik 88
morbi-temperati-Heteropathien 99
Morgen 27
Morgendurchfälle 37, 50, 87, 155
Motorik, charakteristische, des Körpers 108
mouches volantes 37
Moxibustion 11, 18
Müdigkeit 57, 69, 79, 86
Müdigkeit, fiebrige 54
Müdigkeit, große 45
Mund 71, 113, 167
Mund, Atmung des Patienten mit offenem 141
Mund, bitterer 64
Mund, trockener 37, 41, 45, 62, 63, 78, 81
Mundes, Stellung des 141
Mundes, Trockenheit des 159, 160
Mundgeruch 47, 75, 76, 150
Mundgeruch, übler 75
Mundgeschmack 157
Mundgeschmack, bitterer 62, 74, 94, 101, 157
Mundgeschmack, fader 155, 156, 157
Mundgeschmack, salziger 157
Mundgeschmack, saurer 157
Mundgeschmack, scharfer 157
Mundgeschmack, süßlicher 73, 157
Mundgeschmack, übler 41
Mundes, Inaugenscheinnahme des 141
Muskeln 59, 112
Muskeltonus 108
Muskelzuckungen 49, 62
Muskulatur, verspannte 49
Mut 59
Mutation 56
Mutmaßungen 18

N

Nabellinie 169
Nachdenken 56
Nachdenken, übermäßiges 67
Nachdenken, übersteigertes 57
Nacht 25
Nachtblindheit 63, 159
Nachtessen-Syndrom 149
Nachtschweiße 80
Nacken 90
Nackensteife 62, 90
Nacken, steifer 41, 94
Nägel 143
Nagelfelder 143
Nagelfelder, rote 44
Nagelfelder, violett 44
Nahrung 71
Nahrung, Genuß fetter 72
Nahrung, Genuß ungekochter 72
Nahrungsaufnahme 156
Nahrungsaufnahme, Hunger, trotz reichlicher 157
Nahrungsaufnahme, Magerkeit, trotz reichlicher 157
Nahrungsaufnahme, Unregelmäßigkeit der 51
Nahrungsfülle 70
Nahrung, unverdauliche 181
Nahrung, unverdaute 175, 176
Nase 77, 114, 134
Nase, Farbnuancen der 140
Nase, Inaugenscheinnahme der 140
Nase, Schwellungen der 55
Nase, Trockenheit der 80
Nase, Trockenheit in der 56
Nase, verstopfte 40, 54, 55, 79
Nasenbluten 61
Nasenflügel 133
Nasenflügelatmung 80
Nasenfluß 140
Nasenmitte 133
Nasenöffnungen, trockene 140
Nasenspitze 133
Nasenwurzel 133
Nasolabialpuls 167
Natur, mißtrauische 68
Nebenhöhlen 114
Negation 24
Negatives 24
Nerven 200

Nervensystem, Schädigungen des 15
Nervosität 68, 69, 98
Netzbahnen 90, 143
Netzbahnen, durchgängigmachen der 69
Neurologie 17
Norden 27
Normen **23**
Normen, konventionelle 23
Normenkonventionen, qualitative 23
Normenkonventionen, qualitative 23
Normenqualität 27
Normenwerte, Qualifikation der 88
Normenkonventionen, allgemeine **23**
Notation des Pulsbefunds 194
Notdiagnosen 192
Notfälle 167
Noxenabwehr 77
Nullpunkt 27

O

Obere, das 25
Oberfläche 25, 42, 171
Oberlippe, hochgezogene 142
Oberlippe, Innenseite der 142
Oberlippe, weiße Pusteln an der 142
Oberlippe, weiße Pusteln an der Innenseite, zeigen Hämorrhoiden an 142
Oberstirn 133
Objektivierbarkeit, leichte 107
Objektivierung diagnostischer Befunde 20
Ohnmacht 54, 56, 61, 62, 121
Ohnmacht, plötzliche 55
Ohr 83, 167
Ohres, Inaugenscheinnahme des **141**
Ohrenklingen 61
Ohrensausen 37, 49, 69, 85, 86, 158
Ohrensausen, allmählich auftretend 63
Ohrensausen, heftiges 62
Ohrmuschel 141
Ohrpuls 167
Okularplexus 59
Orbes, Pathologie der 59
Orbes und Radialispulse 169
Orbis 30, 53, 114, 144
Orbis, bändigender 32
Orbis, Beziehungen des 31
Orbis, Charakteristika des 31
Orbis, Qualitäten des 31
Orbisbeziehung **198**
Orbisenergie, dilabens oder evanescens 182
Orbisikonogramm 33
Orbisikonographie 16, 58, 59
Orbisikonographie, die **29**
Orbispulse, die **185**
Orbispulse, Bedeutung der **199**
Orbita, einsinkende 139
Ordnung, der Pulse nach deskriptiven Oberbegriffen 187
Ordnung, qualitative und systematische, der Pulse 185
Organ 29, 30
Organisierenden, zu **24**
Organpulse 163
Orientierungsvermögen 66
Orthopathie 58, 98, 114
Orthopathie, Defizienz der 48
Orthopathie, relative Stärke von 151
Orthopathie, Stützung der 90
Osten 27

P

Palpitationen 67, 68, 69, 86, 97
Paradigma, orbisikonographisches **31**
Paralysen 84
Paralyse, der Füße 37
Paraorbes 30, 39
Parästhesien 63
Paresen 54, 62, 63, 84
Paresen, spastische 61
Parkinsonismus 15
Pathologie 39, **58**
Pedalespulse 39
Perfektives 24
Persönlichkeit 30
Persönlichkeit des Patienten 22
Persönlichkeit, Entfaltung der 98
Persönlichkeit, Gepräge der 66
Persönlichkeit, Gesamtdarstellung der 98
Persönlichkeit, ihr Gepräge und ihr Zusammenhalt 113
Persönlichkeit, Kohäsion der 66
Persönlichkeitsdarstellung 66
Perspektive 12, 16
Petitives 24
Phantasie 61
Phantasie, gesunde Entfaltung der 56
Pharynx 114, 133
Phasen, aktive 27
Phasen, expansive 27
Phasen, konservative **27**
Phasen, kontraktive 27
Phasen, struktive 27
Phasensequenzen 28
Philtrum 142
Phthisis 78, 175
Physik 14
Physik, Revolution der 14
Physiologie 17, 29, 30
Physiologie, westliche 16
Pocken 141
Polarisation, kausalanalytische 14
Polarisationskriterien 26
Polarität 11, 26
Pole 27
Pollicarespulse 39
Polyurie 69
Poren 100, 111, 152
Positiv 25
Postulate, Klärung der 58
Potentialität 26
Potenzierung **166**

Potenzierung von Kraft 83
Potenzstörungen 87
Prädisposition 45
Präkordialangst 67
Präzision 20, 28, 107
Prinzipien, philosophische 23
Prioritäten **198**
Prognose 16, 18, 34
Prognose, günstige 109
Prognose, sichere 11
Projektion, aktive der Persönlichkeit 59
Proportionalsatz 13
Prostration, nervöse 147
Protowissenschaft 14
Prüderie 107
Psyche 30
Psychisches 13
pulmonalis 30
Puls, der normale **195**
Puls, kraftloser 173
Puls ohne Wurzel 179
Puls, wegrutschender 193
Pulsbilder, infauste 201
Pulsbilder, kritische 201
Pulsdiagnose 20, 48, 52, 114, **161**
Pulsdiagnose, Dauer der 191
Pulsdiagnose, Studium der 202
Pulse der Gynäkologie 197
Pulses, Beschleunigung des 173
Pulsfrequenz **191**
Pulsfrequenz, absolute 20
Pulshand 188
Pulsieren 62
Pulsklassiker 161, 168
Pulsqualität, übergeordnete 167
Pulssitus, Bedeutung des **199**
Pulstastung am Kind und Jugendlichen 192
Pulstastung, Technik der **163**
Pulstastung, Zeitpunkt der 164
Pulstiefe, Bedeutung der **200**
Pupillen, abwechselnd Verengung und Weitung der **49**
Pupillen, stark geweitete 139
Purgieren 46, 93, 156

Q

Qualifikation des Orbis durch eine Wandlungsphase **31**
Qualifikation der Pulse durch Yin und Yang 186
Qualifikationsnorm 34
Qualität, energetische 31
Qualität, spezifische eines Individuums 108
Qualitätsnormen 25

R

Radialispuls 32, **168**
Rahmen, pathologischer 59
Rapport, zerrütteter, zwischen Yin und Yang **153**
Rasselatmung **147**
Rationalität der Diagnose 21
Räume, Aufenthalt in feuchten 55
Räuspern 78
Reaktion **24**
Rechte, die 25
Rede 109
Rede, abgehackte 73
Redefluß 146
Redeunlust 146
Reden, wirres 41, 56, 57, 97, 101, 102, 147, **156**
Reden, zusammenhangloses 56
Redundanz 24, 152
Redundanz der Säfte 203
Redundanz, ein energetisches Übermaß der 48
Redundanz, energetische 29, 51, 174
Redundanz des Yang 35, 96
Redundanz des Yin 186
Reflexhusten mit Schweißausbruch 85
Regeln 28
Regen 25
Regulator des Säfte- und Wasserhaushaltes 83
Regulationsfähigkeit deutlich vermindert 98
Regulationsstörungen 95
Regulationsstörungen von Hitze 96
Regulationsstörungen von Kälte 96
Reinigung, der Zunge 117
Reizpunkte 32
Reizung, durch Schleim 68
Rekonvaleszenz 124, 157, 179
Rekonvaleszenz — inanitas 186
Rekonvaleszenzphase 175
renalis 30
Repletio-Symptome 61, 66, 122
repletio- und calor-Symptome 90
Repräsentativpulse **167**
Resilienz 195
Respiration **147**
Responsives 25
Rezeptur, chinesische 163
Rezeptur, kalte 43
Rezeptur, kühle 45
Richtung im Raum bzw. Qualität 23
Röteln 54
Rückbildungstendenzen 87
Rücken 25
Rücken, schmerzhaft und kraftlos 64
Rücken, steifer 50
Rückens, Kraftlosigkeit des 84
Rückens, Schmerzhaftigkeit des 84
Rückens, Wärme des, größer als des Bauches und der Brust 151
Rückführung, der Glut 68
Rückgrat, auf dem, des Pulses liegen 189
Rückwirkungen 107
Rückwirkungsfreiheit 107
Ruhebedürfnis 57
Ruhebedürfnis, stark 44
Ruhelosigkeit 78

Ruhendes 24
Ruhepuls 165
Rülpsen 149
Rumpeln 44
Rumpeln, in den Eingeweiden 69
Rumpf 26
Rhythmisierung aller Orbesfunktionen 92
Rhythmus, Regulierung des 77

S

Säfte 56, 101, 148
Säfte, aktive 26
Säfte, Erschöpfung der 142
Säftehaushalt 90, 111
Säfte, Hemmung des Flusses 74
Säftekreislaufs, aktiver Antrieb des 93
Säftekreislaufs, aktive Steuerung des 93
Säfte, Schädigung der 178
Säfte, Schädigung der aktiven 122
Säfte, Schmälerung der 157
Säfteverlust 175
Salziges 26
Samenerguß, im Schlaf 37, 57
Samenverlust 67, 80, 84
Samenverlust, unwillkürlicher 50
Sapores 158
Saures 26
Sechs klimatische Exzesse **39, 54**
Sehen, verschwommenes 50
Sehkraft 158
Sehnen 59, 112
Sehschärfe 159
Sehstörungen 43, 64
Sekrete 101
Sekundovektion 111
Selbstbehauptungswillen 66
Selbstdarstellung 107
Senium 197
Sensibilitätsverlust 54
Sequenz II 32
Sequenz, pathologische 29
Seuchen 57, 58
Sexualfunktionen 83
Sexualität 197
Sicherheit 107
Sieben Emotionen 45
Signifikanz, Grenze der 13
Sinarterien 32, 59
Sinne 20
Sinneseindrücke 17
Sinnesorgane 59
Sinnesorgan, spezifisches 32
Situation, meteorologische 58
Situation, perverse 58
Situs **198**
Sklera 138
Skleren 138
Skleren, auffallend klare und weiße 139
Skleren, Gelbfärbung der 74
Skleren, gerötete 56
Skleren, injiziert 41, 44
Skleren, trübe **139**
Skrotums, Schrumpfung des 50
Sofortkontrolle der durchgeführten Therapie **18**
Soma 30
Somatisch 12
Sommer 25, 27, 196
Sonne 25
Sorgen 56
Spannungsgefühl im Abdomen 91
Spannungsgefühl, im Unterbauch 63
Speichel 145
Speichelfluß 49
Speichelsekretion, verminderte 76
Speichel, verminderter 75, 88
Speicherfunktion 32
Speicherung 59, 60
Speicherung, Grundlage der 72
Speien 148
Speisen, salzige **147**
Speisen, saure **147**
Speisen, Spuren genossener 117
Speisen werden sofort erbrochen 97
Spiegelungen 33
Sprache, undeutliche 62
Sprechunlust 79
Spulwürmer 139
Spulwurmbefall **96**
Spur 17
Sputum, Blut im 102
Substrat 12, 17, 30
Substrat, vermutliches 30
Süden 27
Supraorbitalschmerz **154**
Süßes 26
Süßigkeiten, Genuß von 55
Symptomatik, allmählich sich entwickelnde **151**
Symptomatik der Krankheiten der Oo. renalis et vesicalis **87**
Symptomatik des orbis cardialis und orbis intestini tenuis 70
Symptomatik in den Oo. lienalis et stomachi **76**
Symptomatik von Krankheiten in den Oo. pulmonalis et intestini crassi 82
Symptome des calorium inferius 103
Symptome des calorium medium 102
Symptome des calorium superius **102**
Symptome durch Druck und Wärmeanwendung gebessert **82**
Symptome, echte 51
Symptome, Einstufung der 198
Symptome, halb-intima 42
Symptome, halb-species 42
Symptome, plötzliches Auftreten von 151
Symptome, unechte 44, 51
Syndrom 58
Syndrom, splendor yang algor laedens- 172
Synthese, Diagnosedaten 33
Synthese, Einzelfaktoren 22
Synthese, induktive 13, 15
System 33

Systematisierung 16
System, logisches 16

Sch

Schädeldach 59
Schädelflanken 167
Schädigung 32
Schädigung, der aktiven Energien 54
Schädigung, der Bauenergie 178
Schädigung der Säfte 178
Schädigung des Struktivpotentials 178
Schädigungen, innere 66
Scharfes 26
Scheidelinie 45
Scheidung von klaren und trüben Energien 90
Scheitelkopfschmerz 154
Schema, orbisikonographisches 89
Schimpfen 46
Schlaf **159**
Schlaf, kurzer 68
Schlaf, schlechter 68, 69, 86
Schlaf, wenig 63
Schlafbedürfnis 98
Schlaflosigkeit 41, 43, 49, 61, 64, 67, 68, 69, 78, 98, 101, 102, 159
Schläfenkopfschmerz 154
Schläfenpulse 167
Schlaganfall 56, 61
Schlagverletzungen 182
Schleim 49, 52, 56, 78, 80, 104, 118, 120, 126, 129, 139, 145, 147, 148, 157, **173**, 174, 175, 181, 186
Schleimansammlung 130
Schleimbildung 124
Schleimblockade 147, 182
Schleim, blockiert den Energiefluß 122
Schleim, blutgestreifter 82
Schleim des orbis pulmonalis 79
Schleim, dicker 79, 80, 82
Schleim, dünner 82
Schleim-Flexus 97
Schleimfluß aus dem Mund 62
Schleim, gelber 80, 82
Schleim, glutbedingter, zäher 68
Schleim, heller 82
Schleim, klebriger 78, 79
Schleim oberhalb des Zwerchfells 97
Schleimrasseln 35, 79, 85
Schleim, stockender 68
Schleim, subrepter 68
Schleim, trüber 79, 127
Schleim, viel 79
Schleim, weißer 79
Schleim, zäher 66, 68
Schleim, Verwandlung des 69
Schleims, Umsetzung des 74
Schleimhäute, Feuchtigkeit der 108
Schleimheteropathie 68
Schleimhitze 122
Schleimverstopfung 121, 177
Schluckauf 74, 75, 87, **149**
Schlüssigkeit, logische 21
Schmälerung, der aktiven, individualspezifischen Energie **175**
Schmerz **97**, 135, **153**
Schmerz an den Rippenbögen 101
Schmerzanfall 112
Schmerzen auf der Brust 80
Schmerzen, des Magens 72
Schmerzen, diffuse 40, 154
Schmerzen, diffuse, in den Gelenken 91
Schmerzen, durch Druck gebesserte 35
Schmerzen, durch Druck verschlimmerte 35
Schmerzen, heftige 154
Schmerzen, höchsten Grades 181
Schmerzen, höchsten Grades, stets durch repletio bedingt 181
Schmerzen im Kopf 79
Schmerzen im Körper 79
Schmerz im Unterbauch gebessert durch Druck 70
Schmerzen im Unterleib 35, 61, 63
Schmerzen in Brust oder Unterleib 40
Schmerzen in Brust und Flanken 64
Schmerzen, in das Skrotum ausstrahlend 71
Schmerzen in der Brust 78, 79
Schmerzen in der Lendengegend 84
Schmerzen, infolge blockiertem ch'i im orbis intestini tenuis **70**
Schmerzen, ischiatische 41
Schmerzen, lanzinierende, in Brust 49
Schmerzen, plötzliche, in allen Gelenken 54
Schmerzen, stechende 69
Schmerzen, stets durch repletio bedingt 181
Schmerzen unterhalb der Rippenbögen 62
Schmiere, käsige, auf der Zunge 125
Schnauben 147
Schnaufen 147
Schnelldiagnose 200
Schnelldiagnosen 192
Schnittpunkt 27
Schock 103
Schreckhaftigkeit 61, 64, 69
Schreien 35
Schultern 90
Schultern, hochgezogene 147
Schulter, hochziehen der 49
Schulung der Sinne 19
Schüttelfrost 36, 41, 47, 54, 55, 79, 91, 104, 112, **151**, 152
Schüttelfrost mit Diarrhöe 97
Schwäche der Hüften 57
Schwäche, durch inanitas der aktiven und struktiven Energien bedingte 179
Schwäche, konstitutionelle 17, 18, 51
Schwächen, konstitutionelle 66
Schwaches 25
Schwangerschaft 174, 198
Schwärzung der Umgebung des Mundes 137
Schweiß 35, 37, 38, 41, 55, 74, 92, 97, 101, **152**

Schweiße, absolute 153
Schweiß, anfallsweiser 41
Schweiß, geschmackloser 37
Schweiß, heißer 37
Schweiße, im Schlaf 57, 68, 69, 78, 86
Schweiß, kalter 37
Schweiß, kein 79, 100
Schweiß, klebriger 37
Schweiße, mit Fieber im Schlaf 49
Schweiß, nach dem Einschlafen 36
Schweiß, nicht klebriger 37
Schweiß, profuser 55, 93
Schweiß, salzig schmeckend 37
Schweiße, spontane 43, 68, 79, 91, 152
Schweiß, starker 37
Schweiß, wenig 100
Schweiße während des Schlafs 37, 87, 152
Schweißausbrüche, fiebrige 54
Schweißausbrüche, spontane 37
Schweißgeruch 150
Schweißlosigkeit 55, 91
Schwellung 80
Schwellung, der Extremitäten 143
Schwellung, leichte, der orbita 139
Schwellungen, schmerzhaft 181
Schwellung des Unterlid 139
Schweratmigkeit 139
Schwerhörigkeit 70, 103, 158
Schwerkranken 164
Schwerpunkt 27
Schwindel 37, 43, 49, 64, 69, 97, 154
Schwindelanfälle 52, 86
Schwindelgefühl 50
Schwindelgefühl, beim Aufsetzen 112
Schwinden eines Zungenbelages 124
Schwitzen 38, 46
Schwitzen, profuses 38
Schwitzen, spontanes 57
Schwitzkur 156

St

Stabilität, der Funktion 13, 22
Stadium, kritisches 45
Stagnation, des hsüeh 69
Stärke, der Heteropathie 152
Stärke, der Orthopathie 152
Starkes 25
Stasen 174, 186, 203
Stasis 119
Statisches 24
Stauung 60, 61, 135, 154, 181
Stauung, der aktiven Energie 61
Stauung, der struktiven Energie 119
Stauung, des orbis hepaticus 60
Stauungen, emotionale 66
Stauung, von Wasser in der Leibesmitte 96, 97
Stauungspunkte 51
Stehen 112
Steuerung der struktiven Energien 96
Stille 25
Stimme 46
Stimme, belegte 49, 54
Stimme, diagnostische Beurteilung der **146**
Stimme, Dröhnen der 146
Stimme, kräftige 35
Stimme, laute 35, 52, 102, 147
Stimme, leise 35, 79
Stimme, piepsende 146
Stimme, polternde 147
Stimme, Rauhheit der 146
Stimme, schrille 35
Stimmung, cholerische 50
Stimmverlust 78, 82, 146
Stirn 134
Stirnkopfschmerz 154
Stockung 120, 125
Stockung, Nachlassen der inneren 125
Störfreiheit 107
Störung 143
Störung dieser rhythmischen Energieverteilung 136
Störung, funktionelle 11, 17
Stoßverletzungen 182
Strahlung 24
Strenge 13
Streß 181
Streß, abnormer 83, 85
Stringenz 13
Struktion 23, 24, 36
Struktives 23, 24, 34
Struktivität 23, 24, 26
Struktivität, aktuelle 27
Struktivität, potentielle 27
Struktivität, Totalverlust der 38
Struktivpotential 26, 30, 48, 60, 83, 85, 152
Struktivpotential, geschädigtes 174
Struktivpotential, inanitas des ching 133
Struktivpotentials, Schädigung des 103, 178
Struktivpotentials, Verlust des 178
Struktivsubstrat 108
Studium der Pulsdiagnose 202
Stuhl 37, **145**
Stuhl, harter 35
Stuhl, blutiger 81
Stuhl, durchfälliger 44, 49, 73
Stuhl, eitriger 81, 83
Stuhl, fester 80
Stuhl, flüssiger 49
Stuhl, klebriger 92
Stuhl, lackartiger 92
Stuhl, lockerer 73
Stuhl, mitunter sehr übelriechender 35
Stuhl, nach Fisch oder Fleisch riechender 35
Stuhl, schwarzer 49, 92, 102
Stuhl, sehr übelriechender 81
Stuhl, stockender 37
Stuhl, verstopfter 35, 46, 86
Stuhl und Urin **155**
Stuhldrang, kaum zu beherrschender 86
Stuhldrang, vergeblicher 50
Stuhlgang **155**

Stuhlgang, bessert 70
Stuhlgang, bringt keine Erleichterung 61, 81
Stuhlverstopfung 36, 40, 43, 44, 45, 47, 50, 51, 52, 75, 80, 81, 93, 101
Stützung des Yang 99

T

Tabellarische Übersicht orbis hepaticus 65
Tachykardie 57
Tag 25
Tageslicht 1160
Tageszeit 31
Tastfinger 162
Tastung, allgemeine **202**
Tastung in der pädiatrischen Diagnose **204**
Tätigkeitsdrang, übersteigerter 88
Taubheit 61, 63, 87, 158
Taubheit, abebbend und wiederkehrend 62
Taubheitsgefühl 49
Taubheit, temporäre 49
Täuschung durch einen schwachen Puls 193
Technik, der Pulstastung **188**
Teilnahmslosigkeit 57, 80
Teint, gelber 55
Teint, schwärzlicher 45
Temperaturanstieg 152
Temperaturempfinden **151**
Temperaturwechsel 77
Tendenz 189
Terrorsyndrom **95**
Tetanus 54, 112
Thenar 168
Theorie, neurologische 15
Theorie, wissenschaftliche 19
Therapie 34
Therapie der Yang-Krankheiten 90
Therapie der Yin-Krankheiten 90
Therapie, gezielte 18
Therapie, rationale 11
Therapiefehler 45
Therapiepannen 40
Thorax **167**
Thorax, Hämatome des 139
tics convulsifs 49
Tiefe 25, **198**
Tiefe, der Pulse 200
Tiefe des Pulses **170**
Tobsucht 102
Tod 37
Todeszeichen 122
Tonverlust 56
Totalverlust 37, 38
Trachea 133
Tränenflüssigkeit, verminderte 63
Tränenfluß 54
Träume 63
Traurigkeit 50
Tremor 61
Trennung von Klarem und Trübem 73
Trepidationsschweiße 153
Das Tricalorium **102**
Trockenheit 75
Trübes 26
Tupfen, blutrote, des Zungenkörpers 118
Tympanie 51, 61, 72, 73
Typen, asthenische 196
Typen, korpulente 196
Typen, magere 196
Typen, phlegmatische 196
Typen, pyknische 196

U

Übelkeit 41, 68, 69
Überanstrengung 45, 69
Überanstrengung, körperliche 57
Überfülle 36
Übergänge 27, 39
Übergang der westlichen Medizin **14**
Übergang in das yang-maior Stadium 93
Übergang in das yin-maior-Stadium möglich 93
Übergriffe 61
Übergriff des yang hepaticum 63
Überlagerung 29, 56, 166, 189
Überlegenheit 16
Überlegenheit, reelle, der chinesischen d. h. induktivsynthetischen Betrachtungsweise 15
Überlegung 56
Überlegungen, rationale 33
Übermaß 24
Übermüdung 40
Übersichtlichkeit 21, 107
Überwältigungsreihenfolge 28
Überwältigungsreihenfolge der Wandlungsphasen 64
Umhertasten, ruheloses 112
Umnachtung, geistige 67
Umpolung 27
Umsetzung des Schleims 74
Umgebung, abgewandt der 112
Umgebung, zugewandt der 112
Umsetzung 71
Umsteuerung 27
Unbefangene Fragen 195
Undifferenziertheit 27
Ungeradzahliges 26
Unregelmäßigkeiten der Lebensweise 77
Unruhe 36, 40, 41, 43, 45, 47, 57, 69, 98, 101, 103
Unruhe der orbes hepaticus et felleus 64
Unruhe, große 102
Unruhe, nervöse 49, 70
Unterbauch, Stauung im Bereich des 50
Untere, das 25
Unterleib, gespannter 50
Unterleib, harter 43, 92
Unterleib, heftiges Reißen im 92
Unterleib, Schmerzen im 41
Unterleibsschmerzen 36
Unterlid, Schwellung des 139
Unterlippe 140

Unterscheidung, von species- und intima-Erkrankungen **40**
Unterschiede, individuelle 13
Unterschied zwischen Agens und Ursache 53
Urin **145**
Urin, dunkelgelb 44
Urin, dunkler 47
Urin, dunkler, häufige Ausscheidung von 156
Urin, gelber 62, 86, 87, 88, 103
Urin, gelber bis rötlicher 101
Urin, heller 43, 99
Urin, in kleinen Mengen 70
Urin, klarer 35, 44, 81, 84, 88, 156
Urin, reichlicher 35, 73, 92, 99
Urin, roter 70, 80, 88
Urin, rötlicher 35, 44, 45, 62, 68, 74, 81, 87, 88
Urin, rötlich gefärbter 40
Urin, spärlicher 44, 45, 46, 54, 70, 74, 80, 81, 85, 87, 88, 92, 93, **102**
Urin, stockender 37
Urinabgang, gestörter 103
Urinabgang, unwillkürlicher 50
Urin, verminderter 35, 101, 156
Urin, wenig 40, 88
Urinausscheidung, verringerte 156
Urinausscheidung, unregelmäßig 87
Urindrang, fortgesetzter 85
Urinkontinenz 84, 88, 156
Urinmenge, gesteigerte 156
Urinverhaltung 45, 50, 76, 87, 88, 156
Ursachen 17, 33
Ursache, Unterschied zwischen Agens und 53
Ursprung 27

V

Varianten des normalen Pulses 196
Vehikel von Beobachtungsdaten 28
Veränderndes 24
Veränderung 109
Veränderungen von Zungenbelag und Zungenkörper **114**
Verbindungen, Wiederherstellung der zwischen den Oo. cardialis et renalis 70
Verdauung 95
Verdauung, darniederliegende 50
Verdauung, gute 75
Verdauung, schwache 73
Verdauung, träge 55
Verdauungskanäle 99
Verdauungskontravektion 61
Verdauungsschwäche 73
Verdauungsstillstand 63, 95, 176
Verdauungsstillstand, infantiler 174
Verdichtendes 24
Verdrießlichkeit 101
Verfolgungswahn 57
Vergangenheit 17
Vergeßlichkeit 50, 57, 67, 68, 69, 86
Verhärtungen, tastbare 61
Verhalten 108, 117
Verkrampfung in der Herzgegend 94
Verkrümmung, der Extremitäten 143
Verlangen, fortwährendes, nach Getränken 156
Verlangen nach heißen Getränken 157
Verlangsamung des Pulses 172
Verletzung, äußere 53
Verlust, völliger des Yang 37, 38
Verlust, völliger des Yin 37
Vermischung 27
Vernetzung, stringent rationale 16
Ventus-Heteropathie 145
Verschlechterung 152
Verschlimmerung 89, **144**
Verschlimmerung, in der Abenddämmerung 102
Verschmälerung der Zunge 114
Versiegendes ch'i primum 186
Verspannung 61
Verstopfung 57, 61, 155
Versuchsanordnungen, analytische 16
Verteilungsfunktionen 73
Verwandelndes 24
Verwandlung 27
Verzagtheit 50, 57
Vokation 146
Völlegefühl 41, 50
Völlegefühl, in Brust 86
Völlegefühl in den Rippenbögen 94
Völlegefühl in Unterleib 86
Vollendendes 24
Vorstellungsgabe 61

W

Wahrscheinlichkeit 12, 13
Wandel, tages- und jahreszeitlichen 27
Wandlungsphase 26, 32
Wandlungsphase Erde 55
Wandlungsphase Feuer 54
Wandlungsphase Holz 54
Wandlungsphase Metall 55
Wandlungsphase, Qualifikation des Orbis durch eine **31**
Wandlungsphasen-Sequenzen 111
Wandlungsphase Wasser 54
Wandlungsphasen, Fünf 23, **26**
Wange 134
Wangen, hochrote 86
Wangen, nachmittags gerötete 78
Wange, rechte 134
Wangen, rote 36, 37
Wangenflecken, rote, nachmittags 63
Wärme 100
Wärmebereiche 100
Wärmebereiche, drei 102
Wärme, des Handrückens 151
Wärmeheteropathie 99
Wärmekrankheiten **99**
Warmes 25

Wasser 25, 26, 27, 38, 45, 46, 110
Wasser, Gefühl als säße man im 155
Wasser, langer Kontakt mit 73
Wasser, Wandlungsphase 83, 85, 128
Wechselfieber 55, 101
Wechselspiel 90
Wechsel, von Hitze und Kälte 151
Wechselwirkung zwischen Funktion und Substrat 17
Weggetretensein 40
Wehen, Einsatz der 198
Wehr, äußere 66
Wehrenergie 26, 56, 77, 90, **100**, 101, 111, 172
weiblich 25
Weibliche Regel **160**
Weiches 26
Wertnormen 23
Westen 27
Wettersturz 17
Widerstand, des Substrats 28
Willenskraft 98
Willkür 116
Wind 54, 80
Winter 25, 27, 54, 196
Wirkung 33
Wirkung, erhoffte 16
Wirkung, gegenwärtige 17
Wirkung, in die Vergangenheit zurückgesunken 17
Wirkung, vergangene 17
Wirkungen, Arznei- oder Therapie **18**
Wissenschaft, kausalanalytische 22
Wohlbefinden 98
Wortkargheit 35, 44, 73, 74
Würgen 44, 91, 148, 149
Wurzel 196
Wurzel des Lebens 83
Wutanfälle, heftige 62

Y

Yang **23**, 28, 34, 35, 36, 152
Yang, das Mächtige 25
Yang der orbis lienalis entfaltet sich nicht 76
Yang-Energie 36
Yang, erschöpftes 45
Yang, inanitas des 37
Yang-Krankheiten, Therapie der 90
Yang-Leitbahnen 46
Yang-Mützen-Syndrom 98
Yang-Säfte, Erzeugung der 117
Yang-Symptome 112
Yin **23**, 28, 34, 35, 36, 38, 152
Yin, inanitas des 38
Yin, das Mächtige 25
Yin, erschöpft 124
Yin, extreme Präponderanz des 135
Yin-Krankheiten, Therapie der 90
Yin-Säfte geschädigte 120
Yin-Symptome 46

Z

Zahl, statistisch großen 12
Zähne 167
Zähne, Inaugenscheinnahme der **142**
Zahnfleisch, blutendes 75
Zahnfleisch, geschwollenes 75
Zahnfleisches, Inaugenscheinnahme des **142**
Zahnfleisch, schmerzhaftes 75
Zahnschmerz 75
Zehennägel 143
Zeichen, kritische, der Zungendiagnose **131**
Zeigefingers, Inaugenscheinnahme des, in der Pädiatrie **143**
Zeitpunkt der Pulstastung **164**
Zentrifugales 24
Zentripetal 25
Zerstörendes 24
Zerstreuendes 24
Zerstreuung der Zusammenballung 70
Zerteilung 48
Ziehen, schmerzhaftes 54
Zittern, heftiges 112
Zoll 168
Zoll-Öffnung 168
Zorn 56, 60
Zorn, angestauter 61
Zornesausbrüche 56
Zornesbereitschaft 64
Zucken der Glieder 49
Zucken, fortgesetztes 112
Zucken in der Gliedermuskulatur 63
Zuckungen, krampfartige 62
Zufall 116
Zufallsschwankungen, im Pulsbild 165
Zufriedenheit 98
Zuführung 48
Zunge 66, 108, 113
Zunge, bebende 121
Zunge, feuchte 119
Zunge, Flecken auf der 125
Zunge, Furchen der 119, 120
Zunge, Gestalt der 119
Zunge, glänzende 63
Zunge, hervorgestreckte 122
Zunge, käsige Schmiere auf der 125
Zunge, klebrige 73, 76
Zunge ohne Belag 37
Zunge, paretische 121
Zunge, rote und trockene 37
Zunge, Risse der 119, 120
Zunge, schlüpfrige 63, 119
Zunge, schwarze 46
Zunge, Stacheln in der 119
Zunge, tiefrote 98
Zunge, trockene 37, 49, 103
Zunge, verschleimte 76
Zunge, weiße 155
Zunge, weiße und feuchte 37
Zunge, Zartheit der 119
Zunge, zitternde 62
Zunge, zurückgezogene 122
Zunge, zur Seite fallende 122

Zunge, zwischen den Lippen spielende 122
Zungenbefund, Interpretation des 116
Zungenbelag 113, **114**
Zungenbelag, aschfarbener **128**
Zungenbelag, aschgrauer **128**
Zungenbelag, ausgetrockneter, schwarzer, nur an der Zungenspitze 130
Zungenbelag, ausgetrockneter, schwarzer, nur an der Zungenwurzel 130
Zungenbelag, beinahe farbloser, schwach gelber 128
Zungenbelag, dicker 43, 44, 71, 83, 101, 125, 126
Zungenbelag, dicker, gelber, ausgetrockneter 128
Zungenbelag, dicker, gelber, schlüpfriger 128
Zungenbelag, dicker, trockener, weißer 127
Zungenbelag, dünner 40, 41, 54, 63, 64, 70, 71, 74, 76, 81, 84, 85, 86, 117, 125, 126
Zungenbelag, dünner, gelber, schlüpfriger 127
Zungenbelag, dünner, gelber, trockener 128
Zungenbelag, dünner, trockener, weißer 127
Zungenbelag, echter 123
Zungenbelag, falscher 123
Zungenbelags, Farbe des **126**
Zungenbelag, farbloser 67, 86
Zungenbelag, fauliger 126
Zungenbelag, fauliger oder klebriger 125
Zungenbelag, feuchter 35, 43, 44, 87, 125
Zungenbelag, feucht-glänzender 87
Zungenbelag, Feuchtigkeit des 125
Zungenbelag, feuchtschlüpfriger, schwarzer **129**
Zungenbelag, gelber 35, 36, 40, 44, 54, 62, 63, 70, 74, 75, 79, 80, 81, 83, 87, 88, 93, 101, 102, 103
Zungenbelag, gelber **127**
Zungenbelag, gelblicher 43, 56
Zungenbelag, gelber mit spitzen Vorsprüngen 56
Zungenbelag, gelber und aschgrauer, ausgedörrter 131
Zungenbelag, gelber und schwarzer, klebrig oder schlüpfrig **131**
Zungenbelag, glatter 35
Zungenbelag, grauer 40
Zungenbelag, haftender 123
Zungenbelag, klebriger 62, 64, 69, 73, 74, 81, 103, 126, 127, **101**
Zungenbelag, klebriger, gelber 128
Zungenbelag, kleisterartiger 127
Zungenbelag, lederartiger 102
Zungenbelag, lehmfarbener 35
Zungenbelag, lockerer 123
Zungenbelag, mit spitzen Vorsprüngen 102
Zungenbelag, partieller 124
Zungenbelag, sehr feuchter 88
Zungenbelag, schlammiger 126
Zungenbelag, schlüpfriger 35, 44, 75, 76, 79, 81, 82, **126**, **127**
Zungenbelag, schlüpfriger, aschfarbener 128
Zungenbelag, schlüpfrig, glasig weißer 127
Zungenbelag, schmutziger 71
Zungenbelag, schmutzigfarbener 121
Zungenbelag, schwarzer 40, 44, 87, 101, 129
Zungenbelag, schwarzer, ausgetrockneter 129
Zungenbelag, schwärzlicher 102
Zungenbelag, Schwinden eines 124
Zungenbelag, stacheliger 36
Zungenbelag, Stärke des 125
Zungenbelag, totaler 124
Zungenbelag, trockener 35, 36, 44, 55, 56, 62, 80, 81, 93, 101
Zungenbelag, trockener, aschfarbener **129**
Zungenbelag, trockener bis ausgedörrter schwarzer **129**
Zungenbelag, trockener, mit spitzen Vorsprüngen 56
Zungenbelag, Veränderung des 124
Zungenbelag, verminderter 63, 69, 75, 80, 86, 87, 103, 88
Zungenbelag, verschiedener Farbe 130
Zungenbelag, verwaschener 43
Zungenbelag, von weiß zu gelb wechselnder 101
Zungenbelag, Vorhandensein von 124
Zungenbelag, weißer 41, 44, 54, 63, 64, 69, 70, 71, 73, 74, 75, 76, 79, 80, 81, **126**, 127
Zungenbelag, weißer und aschgrauer 130
Zungenbelag, weißer, aschgrauer und schwarzer 131
Zungenbelag, weißer und gelber 130
Zungenbelag, weißer, gelber und schwarzer 131
Zungenbelag, weißer, wie gepuderter 127
Zungenbelag, weißlicher 40, 55, 67, 74, 79, 84, 100
Zungenbelags, Beschaffenheit des 125
Zungenbelags, Diagnose des **122**
Zungenbelags, Gelbfärbung des 118
Zungenbelag des Gesunden 122
Zungenbelags, Weißfärbung des 118
Zungendiagnose 20, **113**, 133
Zungendiagnose, Anamnese der 116
Zungendiagnose, Beleuchtung bei der **116**
Zungendiagnose, Kautelen bei der 116
Zungengeschwüre 67
Zungenkörper **113**, **117**
Zungenkörper, blasser 35, 37, 41, 44, 69, 70, 71, 73, 76, 79, 81, 82, 84, 85, 86, 87, 88
Zungenkörper, blaßroter 74, 118
Zungenkörper, blauer 119
Zungenkörper, blutroter 118
Zungenkörper, dunkler 51
Zungenkörper, dunkelroter 49
Zungenkörper, empfindlicher 76
Zungenkörper, gedunsen 35, 76, 82, 87, 120
Zungenkörper, geschrumpfter 44, 120
Zungenkörper, geschwollener 43
Zungenkörper, grauer 101
Zungenkörper, harter 44, 121

Zungenkörper, hochroter 71
Zungenkörper, karminroter 117
Zungenkörper, lederartiger 44
Zungenkörper, leuchtendroter 101
Zungenkörper mit wenig Belag 86
Zungenkörper ohne Belag 36, 64, 69
Zungenkörper, purpurfarbener 118
Zungenkörper, purpurner 49, 51, 101
Zungenkörper, roter 36, 54, 56, 62, 63, 71
Zungenkörper, scharlachroter 35, 68, 75, 76, 101, 102, 103, 118
Zungenkörper, schwarzer 119
Zungenkörper, steifer 121
Zungenkörper, tiefroter 35, 56, 64, 68, 69, 70, 78, 80, 86, 87, 88, 100, 101
Zungenkörper, trockener 63, 68
Zungenkörper, verminderter Belag 78
Zungenkörper, weicher 121
Zungenkörper, weißer 76
Zungenkörper, weißlicher 85
Zungenkörper, wenig feuchter 36
Zungenkörper, zarter 82, 87
Zungenkörper, zartrosa 44
Zungenkörper, zerklüfteter 68
Zungenmitte 115, 124, 126, 129, 131
Zungenrand 124, 131
Zungenrand, gerötet 62
Zungenränder 115
Zungenspitze 114, 115, 140
Zungenspitze, gerötet 62
Zungenwurzel 115, 131
Zuordnungen 170
Zusammenballung des ch'i 175
Zusammenballung des ch'i, der aktiven, individualspezifischen Energie 175
Zusammenbruch 46
Zusammenbruch, unmittelbar drohender, des ch'i primum 182
Zusammenhalt, der Persönlichkeit und ihr Gepräge 66, 113
Zusammenhang, logischer 29
Zusammenspiel 26
Zusammenspiel, aller Haupt- und Netzbahnen 69
Zuschreibungen, mystische 15
Zustände, pectanginöse 43
Zuteilung 71
Zuteilung, Grundlage der 72
Zwerchfell 26, 45
Zyanose 67
Zyanose der Lippen und Nägel 86

Register (lateinisch)

A

accipiens hominum 167
aestus 53, 54, 55, 135 (Hitze, Glut)
aestus subreptus 55
aestus venti 54
algor 34, 35, 41, 42, 43, 45, 47, 53, 54, 90, 91, 93, 97, 98, 99, 112, 114, 118, 126, 128, 129, 135, 136, 141, 143, 145, 146, 148, 149, 154, 155, 156, 160, 172, 176, 178, 186, 204 (Kälte)
algor externus 126
algor falsus 44, 45, 46, 47, 48
algor inanitatis 119, 156, 157
algor inanitas in den orbis lienalis et stomachi 97
algor inanitatis calorii inferius 156
algor inanitatis orbis intest. crassi 82
algor inanitatis orbis intestini tenuis 71
algor inanitatis intestini tenuis 70
algor inanitatis des orbis vesicalis 87, 88
algor internus 146
algor intestini crassi 81
algor intimae 41, 45, 155
algor intimae et speciei 42
algor laedens 39, 42, 45, 46, 51, 59, 88, 89, 99
algor laedens cardinalem yang maioris 91
algor-laedens-yang-minor 158
algor merus 44, 46
algor orbis pulmonalis 82
algore percussio 160
algor sinarteriae hepaticae obstruit 62
algor speciei 41
algor speciei cum calore intimae 43
algor stomachi 75
algor venti 54, 76, 126, 130, 140, 146, 148, 154, 203
aqua 136
aqua algida 128
aqua renalis 63, 80, 86, 96, 98
ardor 38, 47, 53, 56, 60, 62, 64, 66, 68, 88, 111, 130, 135, 138, 147, 148 (Glut, Feuer)
ardor inanitatis 118, 155
ardor orbis cardialis 38
ardor orbis hepatici 60, 62, 138, 154
ardor orbis lienalis 138
ardor structivus 38, 135
ardor venti 54, 140
ardor vigens orbis stomachi 157
ariditas 53, 55 (trockener Zustand)
ariditas frigidula 55
ariditas orbis pulmonalis 82
ariditas pulmonalis 78
ariditas temerata 55
ariditas venti 54
ascaris lumbricosus 139
aula 31
aula cerebri et medullae 132
augmentatio ch'i cardialis 68
auscultatio 35, 44, 146
auscultatio singulti 149
auscultatio vocis 146

B

C

calor 34, 35, 41, 42, 43, 46, 47, 74, 90, 93, 97, 98, 99, 100, 112, 114, 117, 121, 126, 129, 130, 136, 139, 141, 143, 144, 145, 146, 148, 149, 152, 156, 160, 172, 186, 203, 204
calor falsus 44, 45, 46, 47
calor heteropathicus 103
calor humidus 74, 88, 118, 120, 127, 138, 140, 153, 156, 159, 160, 203
calor, im orbis pericardialis 147
calor inanitatis 78, 103, 204
calorium inferius 103, 156
calor intestini crassi 81
calor intimae 41
calor intimae et speciei 42
calorium medium 102, 118, 203
calor merus 44, 45
calor orbis cardialis 71
calor orbis hepaticus 157
calor orbis pericardialis 71
calor orbis pulmonalis 82, 157
calor orbis renalis 157
calor pulmonalis 102
calor repletionis 156, 173
calor repletionis intestini crassi 77, 83
calor repletionis intestini tenuis 70, 71
calor repletionis orbis vesicalis 87, 88
calor speciei 41, 204
calor speciei cum algore intimae 43
calor splendor yang pedis 102
calor stomachi 75
calor vigens 142, 175
calor venti 54, 159
calorium medium 111, 118, 203,
calorium superior 152, 153
cardinales splendoris yang 92
cardinales splendoris yang manus 142
cardinales splendoris yang pedis 142
cardinales yang maioris 90
cardinales yang minoris 93
cardinales yin flectentis 96
cardinales yin maioris 95
cardinalis 32, 43, 90

cardinalis cardialis **71**
cardinalis hepatica yin flectentis pedis 103, 113
cardinalis lienalis yin maioris pedis 103, 113
cardinalis pericardialis yin flectentis manus 102
cardinalis pulmonalis yin maioris manus 102
cardinalis renalis yin minoris pedis 103, 113
cardinalis stomachi splendoris yang pedis 102
cardinalis yin minoris 98
cardo 98 (Pol, Grundlinie, Wendepunkt)
causa 33, 53
cella ampla 167
ch'i aquaticum 157
ch'i ascitum 167
ch'i constructivum 68, 72, 100, **101**, 118, 185
ch'i constructivum et ch'i defensivum 90
ch'i defensivum **100**
ch'i frumentarium 125 (Verpflegung)
ch'i hepaticum 56, 62
ch'i heteropathicum 122
ch'i lienalis 48, 77
ch'i medium 73, 82, 174
ch'i nativum 36, 46, 141, 167, 180, 196
ch'i orthopathicum 112
ch'i primum 46, 57, 79, 85, 156, 180, 182, 186
ch'i renale dilabens 133, 139 (schwinden (?))
ch'i renale 140
ch'i stomachi 48, 110, 111, 122, 124, 125, 157, 167, **195**
ch'i subreptum 58
clusa 168 (Enge)
clusa ch'i 143
clusa fortunae 143, 144
clusa superior 154, 167
clusa venti 143
cogitatio 53, 56, 72, 85, 159
color vultus 110
concha ostreae 38 (Muschel)
concretio 61, 186, **182**
congelatio 61, **182** (Verhärtungen)
contravectiones 96
conventus omnium yang 132
cutis pedalis 202
cutis regio 32

D

Defizienz des orbis renalis 80
deversari 110 (deversor = Gast)
diabetes mellitus 84
distensio orbis pulmonalis 112, 139
dolor 135, 136, 141, 144, 176, 177, 181, 182, 186
dilabens (schwinden, vergehen)

E

ejaculatio praecox 57, 84
emotio 32, 51
enuresis nocturna 156

F

faeces **145**
flexus 96, 97 (Biegung, Wendepunkt)
flexus algoris 54
flexus ascaridis 96
flexus occaecans 61, 62
flexus orbis 96
flos 32, 111
fluor albus 160
foramina originalis 205

H

humor 53, 55, 74, 95, 126, 127, 135, 136, 145, 148, 154, 155, **177**, 180
humor algidus 73, 95, 130, 136
humor externus 55
humor im orbis stomachi 157
humor inferior 55
humor internus 55, 126
humor lienalis 74
humor superior 55
humor venti 155
humor vigens 157
humus aridus 75

I

ignis cardialis 98 (Feuer)
ignis merus portae fortunae 120
ignis ministri orbis pericardialis 96
impedimentale laetitiae 167
impedimentale maius 167
inanitas 26, 34, 35, 36, 41, 42, 45, 47, **48**, 51, 56, 57, 60, 64, 90, 93, 95, 111, 112, 118, 119, 126, 129, 136, 137, 141, 143, 144, 146, 147, 148, 149, 156, 157, 158, 176, 179, 180, 192, 198, 203, 204
inanitas, aktiver u. struktiver Energien 180
inanitas ch'i 48
inanitas ch'i medii 48
inanitas ch'i primi 49
inanitas ch'i pulmonalis 48, 79, 82
inanitas ch'i renalis 49
inanitas falsa **51, 52**
inanitas hsüeh 49, 154, 159, 160
inanitas intestini crassi 81

inanitas intimae **42**
inanitas orbis cardialis 50, 158
inanitas orbis hepatici 50, 159
inanitas orbium cardialis et lienalis 69, **74**
inanitas orbium cardialis sive renalis **147**
inanitas orbis lienalis 50, 111, 139, 155
inanitas orbis pulmonalis 50, 112
inanitas orbis renalis 50, 155, 156
inanitas orbis stomachi 157
inanitas orbium 50
inanitas orbium lienalis et stomachi **139**
inanitas pulmonalis 88
inanitas renalis cum humo dilabente 86
inanitas speciei 41, **186**
inanitas speciei cum repletione intimae 43
inanitas speciei et intimae 43
inanitas stomachi 75
inanitas yang 112, 152
inanitas yang orbium lienalis et renalis 74
inanitas yang renalis **155**
inanitas yin 152
inanitas yin renalis 155
inductoria dorsalia 205
inspectio 31, 35, 44, **108, 132**
inspectio auris 141
inspectio coloris 109
inspectio dentium 142
inspectio indicis infantum 143
inspectio linguae **113**
inspectio membrorum 143
inspectio motus 112
inspectio nasi 140
inspectio oculi **138**
inspectio shen 108
inspectio somatis 111
inspectio vultus **133**
intentus 186
intermittens 186
interrogatio 35, 44, **150**
intest. tenuis, 88
intima 31, 34, 35, **39**, 42, 47, 89, 114, 130, 137, 172, **176**
invalidus 186
ira 53, 56, 60, 160

L

lacus pedalis 168
lacus ulnaris 168, 202
laesiones interni 66
latefactio 63
lignum hepaticum 96

M

madefactio 78 (befeuchten)
maeror 53, 57 (Trauer)
mare 75
mare hsüeh 96
merus 186 (echt)
metallum pulmonale 78
mollificatio 63
morbi algoris laedentis 43
morbi varii 39, 45, 59
morbi-varii-Systematik 88
morbus temperatus 42, 59, 66, **99**, 102, **124**, 142
morbus temperatus species **47**
muci 145

N

nervocardinalis 32
nervus 59, 111, 112, 138

O

olfactio 35, **146, 149**
orbes herrealis 26, 30, 31, 32, 33, 39, 50,
orbes intestinorum et stomachi 52
orbes lienalis et stomachi 55, 111
orbes renalis et vesicalis 38, 54
orbis aulicus (Hof) 26, 30, 31, 32, 39, 50, 53, 90, 169
orbis cardialis 30, 38, 54, 56, 57, 66, 67, 68, 69, 70, 86, 87, 90, 98, 100, 102, 110, 111, 112, 113, 115, 118, 120, 122, 133, 134, 135, 136, 138, 159, 167, 170, 185, 192, 200, 203
orbis cardialis et hepaticus 57
orbis cardialis, inanitas des 69
orbis cardialis sive renalis, inanitas des 147
orbis felleus 31, 59, 64, 73, 90, 93, 96, 110, 115, 135, 157, 170, 192, 200
orbis hepaticus 30, 56, 59, 63, 64, 71, 87, 90, 93, 96, 110, 111, 115, 121, 133, 134, 135, 136, 138, 143, 158, 167, 170, 185, 186, 192, 200
orbis hepaticus et felleus 54, 115
90, 169
orbis intestini 127
orbis intestini crassi 31, 70, 77, 80, 92, 95, 110, 115, 170, 200
orbis intestini tenuis 31, 54, 66, **70**, 98, 110, 115, 170, 200
orbis intestinorum 55, 101, 115, 124, 126, 170, 200
Oo.intestinorum paraorbis uteri 170
orbis lienalis 30, 55, 56, 57, 64, 67, 69, **71**, 75, 81, 87, 90, 92, 93, 95, 110, 113, 115, 116, 117, 120, 122, 127, 128, 133, 134, 135, 136, 138, 141, 142, 156, 157, 159, 167, 170, 185, 186, 192, 200
orbis lienalis, inanitas des 69
orbis pericardialis 30, 54, 66, 68, 93, 96, 100, 115, 118, 121, 147, 200
orbis pulmonalis 30, 38, 56, 64, 74, 77, 78, 87, 92, 95, 101, 110, 115, 119, 127, 133, 134, 135, 138, 140, 141, 147, 148, 170, 185, 186, 192, 200

orbis pulmonalis, algor venti 79
orbis pulmonalis, calor heteropathicus überlagert den 80
orbis pulmonalis, inanitas lienalis, affiziert den 80
Oo.pulmonalis et intestini crassi 55, 56
orbis renalis 15, 30, 36, 38, 45, 54, 57, 60, 64, 69, 74, **83,** 90, 98, 110, 112, 115, 118, 120, 128, 132, 134, 135, 136, 137, 138, 139, 141, 142, 147, 154, 158, 167, 170, 185, 186, 192, 196, 200
orbis o.renalis, ardor, im 142
orbis stomachi 31, **71,** 75, 81, 90, 92, 95, 110, 113, 115, 116, 117, 118, 121, 122, 124, 125, 126, 127, 128, 129, 133, 136, 141, 149, 156, 157, 167, 170, 192, 195, 200
orbis stomachi repletio 83
O. stomachi, ardor, im 142
orbis tricalorii 31, 54, 66, 87, 93, 96, 115, 170, 200
orbis vesicalis 31, 38, 54, 70, 80, **83,** 90, 98, 110, 115, 128, 156, 170
organum **32**
ostium pollicare 114, 166, 167, **168**

P

palpatio 35, 44, **161**
palpatio cutis pedalis 202
palpatio foraminorum 204
palpatio frontis 204
palpatio infantum 204
palpatio membrorum 204
palpatio pulsuum **161**
palpatio speciei carnis 203
palpatio ulcerum 203
paracardinalis 32
paraorbis cerebri 31
paraorbes cerebri et medullae 132
paraorbis felleus 31
paraorbis medullae 31
paraorbis uteri 31, 198
parareticularis 32
pars kardiaca 115
pars pylorica 115
partium **132**
parvus 186
pavor 53, 57, 135, 181
pel pedalis 102
percussio aestus 54, 55
percussio algoris mensum aestus 55
perfectio 32, 111
pes 168
plexus ocularis 114
pollex 168
porta auris 167
porta sagittarii 167
pulsus agitatus 37, 39, 181, 184, 186, 187
pulsus asper 35, 49, 51, 69, 82, **174,** 178, 184, 185, 186, 187, 198
pulsus brevis **175,** 184, 186, 187
pulsus celer 35, 36, 37, 40, 42, 44, 45, 46, 51, 56, 62, 63, 64, 67, 68, 69, 70, 71, 74, 76, 80, 81, 82, 83, 86, 87, 88, 92, 100, 101, 102, 152, 159, 160, **172,** 183, 185, 186, 187, 196, 197, 198
pulsus cepacaulicus 37, **177,** 183, 186, 187, 190, 198
pulsus chordalis 42, 51, 52, 61, 62, 63, 64, 70, 82, 88, 94, 101, 103, 111, 174, **177,** 178, 184, 185, 186, 187, 196, 198
pulsus clusalis 168, 169, 170, 197, 198
pulsus concitatus 37, 39, 44, 67, **182,** 186, 187
pulsus diffundens **67, 179,** 186, 187
pulsus evanescens 35, 37, 39, 54, 81, 98, 129, **176,** 184, 185, 186, 187, 195
pulsus exundans 35, 37, 44, 46, 56, 71, 82, 92, 93, 101, 102, 103, 164, **175,** 184, 185, 186, 187, 196, 197
pulsus exundans (magnus) 35
porta fortunae 76, 88
pulsus firmus 178
pulsus fixus 49, **178,** 184, 186, 187, 190, **198**
pulsus haesitans **182,** 184, 186, 187, 198
pulsus inanis 37, 39, 54, 67, 69, 76, 79, 82, 85, 86, 87, 103, 149, 165, 173, 183, 184, 185, 186, 187, 197
pulsus intentus 40, 41, 43, 45, 46, 54, 69, 79, 82, 91, 97, **176,** 183, 185, 186, 187, 198
pulsus intermittens **182,** 184, 186, 187
pulsus invalidus 35, 43, 46, 67, 69, 73, 77, 79, 80, 82, 84, 85, **179,** 184, 186, 187, 197
pulsus languidus 41, 44, 51, 54, 64, 70, 73, 76, 81, 82, 91, 95, 101, 102, 159, **177,** 183, 185, 187, 196
pulsus lenis 51, 69, 73, 74, 75, 76, 80, 95, 101, 103, **179,** 184, 186, 187, 197
pulsus longus **174,** 184, 186, 187
pulsus lubricus 35, 47, 68, 69, 70, 71, 74, 75, 76, 77, 79, 81, 83, 85, 149, **173,** 183, 185, 186, 187, 190, 198
pulsus magnus 35, 67, 77, **175,** 186, 187, 190, 196, 197
pulsus medianus **170,** 192, 200
pulsus mersus 35, 36, 40, 41, 42, 44, 46, 47, 51, 52, 54, 63, 69, 70, 74, 76, 81, 82, 83, 85, 86, 87, 88, 93, 101, 128, 148, 153, **170, 172,** 183, 184, 185, 186, 187, **192,** 194, 196, 198, 200
pulsus minutus 35, 36, 37, 39, 44, 46, 51, 63, 64, 67, 69, 70, 73, 74, 78, 80, 81, 82, 84, 86, 87, 88, 94, 98, 103, 128, 159, **180,** 184, 186, 187, 196, 197
pulsus mobilis 102, **181,** 184, 186, 187, 190
pulsus mollis **179,** 184, 186, 187, 196, 197
pulsus movens 181
pulsus parvus **180**

pulsus pedales invalidi 38
pulsus pedalis 168, 169, **170**, **190**, **196**, 197, **198**
pulsus pedalis manus sinistrae 197
pulsus pollicaris 168, 169, **170**, 198
pulsus pollicaris invalidus 37
pulsus pollicaris manus sinistrae 198
pulsus repletus 35, 37, 41, 42, 43, 47, 77, 81, 83, 93, 101, 149, 165, 173, 182, 184, 185, 186, 187
pulsus repletus exundans 38
pulsus splendoris yang manus 167
pulsus subreptus 76, 165, **181**, 183, 186, 187, 195, **198**
pulsus subtilis 73
pulsus superficialis 35, 37, 39, 40, 41, 43, 44, 46, 54, 55, 79, 82, 91, 92, 100, 126, 152, 165, **170**, **171**, 178, 183, 184, 185, 186, 187, 190, 192, 196, 197, 200
pulsus tardus 35, 36, 41, 44, 46, 52, 54, 63, 75, 76, **82**, 86, 87, 149, 160, **172**, 183, 185, 186, 187
pulsus turbulens 103
pulsus turbulentus 181
pulsus tympanicus **178**, 184, 186, 187
pulsus yin flectentis pedis 167
pulsus yin mairois manus 167
pulsus yin minoris 167
pulsus yin minoris manus 167
pp. yin maioris pedis 167
purgatio 51

R

refrigerare 38
refrigeratio 64, 97, 99
refrigeratio caloris 62, 74, 93
refrigeratio caloris repletionis 70
refrigeratio laxatio caloris repletionis 70
refrigeratio laxatio humoris 74
refrigeratio, orbis cardialis 68
refrigeratio, des orbis pulmonalis 80
refrigeratio (Erfrischung) des orbis stomachi **75**
repletio 26, 34, 35, 36, 41, 42, 47, **48**, 51, 60, 90, 93, 95, 111, 112, 114, 117, 119, 126, 129, 137, 141, 144, 146, 147, 148, 149, 157, 165, 178, 181, 192, 204
repletio caloris 181, 186
repletio ch'i 49
repletio ch'i hepatici 49
repletio ch'i intestinorum 49
repletio ch'i pulmonalis 49
repletio ch'i stomachi 49
repletio falsa **51**
repletio hsüeh **49**
repletio intestini crassi 81
repletio intimae 42
repletio orbium 50
repletio orbis cardialis 50
repletio orbis hepatici 50
repletio orbis lienalis 50
repletio orbis pulmonalis 50, 112
repletio orbis renalis 50
repletio speciei 41, 91
repletio speciei cum inanitate intimae 43
repletio speciei et intimae 43
repletio stomachi 75
repletio yang 158
respiratio minor 148
retentio aquae 92
retentio hsüeh 92
reticularis 32, 90, 143
reticularis cardialis yin minoris manus 113
reticularis parvula 32
reversio 96, 97
rigatio 63, 64, 78 (Befeuchtung)
rigatio des Yin 68
rivulus maior 167 (Bächlein)
rubella 54 (rötlich)

S

salivae 145 (Speichel)
sapor 31, 158 (Geschmack)
sepsis 112
sequentia efficiens 28
sequentia violationis 29
sequentia vincens sive cohibens 28
sermo 146 (Gespräch)
shen oculi 138
sinarteria 39
sinarteria cardinalis 32
sinarteria renalis 158
sinarteria splendoris yang 127, 154
sinarteria yang maioris 154, 155
sinarteriae yang minoris 154
sinarteria yin maioris 128, 131, 154
sinarteriae yin flectentis 154
sinarteriae yin minoris 154
singultus 149
sitis diffundens 84, 97, 103, 156
sinus maxillaris 114
sollicitudo 53 ,56, 57 (Sorge, Kummer)
solutio, des orbis hepaticus 61
species 31, 34, 35, **39**, 42, 89, **90**, 114, 130, 137, 154, 171
splendor yang 88, **92**, 94, 131 (Glanz)
stomachi **114**, 195, 196
sudatio 92 (Schwitzen)
suppletio 51, 97, 99, (auffüllen)

T

tepefactio 74, 79, 97, 99 (erwärmen)
tepefactio orbis cardinaliumque hepaticae 63
tepefactio, yang cardialis 68
timor 53, 57 (Furcht, Schrecken)
transformatio 79

tricalorium 100, **102**
tussis **148**

U

urina puerum 38

V

valles coniunctae 167
vento-laesio-Affektion des orbis hepaticus 177
vento percussio 61, 91, 121
vento percussio cardinalis yang maioris 91, 92
ventus 43, 53, 54, 91, 111, 126, 127, 135, 144, 145, 154, 182
ventus hepaticus 62, 121, 139
ventus inanitatis 135
ventus internus 54, 60, 71, 112
ventus laedens pernitiosus 112
ventus pavoris 135
vertigo oculorum 61, 63
victoria 96, 97
vicus quintus pedis 167
vigor algoris yin in orbe 96
vigor caloris 103
vigor caloris ch'i constructivi 118
vigor heteropathiae **176**
voluptas 53, 56
vomitus **145**
vomitus, auscultatio 148

Y

yang 167
yang dilabens 96, 176
yang hepaticum 63
yang impedimentalis 167
yang lienale dilabens 72
yang lienale inanis 72
yang maior 88, **90**, 94
yang medium 73
yang merum 36, 37, 83
yang minor 88, 93, 94
yang renale 76, 85, 88
yang vigens 181, 186
yin deficiens 103
yin flectens 88, 96
yin hepaticum 63, 132
yin maior 88, 93, **95**
yin maior pedis 135
yin minor 88, 98
yin minor manus 135
yin merum 34, 36, 83, 85
yin orbis hepatici 60
yin renale 132, 142
yin vigens 46, 182

Register (chinesische Transkriptionen)

A

ai-ch'i 149
an-chen 161

C

CHANG CHIEH-PIN 41, 45
CHANG CHING-YÜEH 51
CHANG CHUNG-CHING 53, 59, 88, 167
chan-han 153
ch'ang-mo **174**
ch'ao-joh **151**
chao-pi 154
CH'ENG CHUNG-LING 38, 40
ch'en-mo **172**
CH'EN WU-TSÊ 53
ch'i 26, 48, 96, 100, 110, 125, 185,
ch'i-ch'ing **56**
ch'ieh-chen **161**
ch'ieh-mo 161
chieh-mo **182**
ch'i-fen 92
chih 32
ch'ih 168
ch'ih-fu 202
ch'ih-mo **172**
ch'i-kuan 143
chi-mo **182**
chin 26
ching 68
ch'ing 32, 135
ching-mo 88
chin-mo **176**
ching 26
Ching-yüeh ch'üan shu 41, 46, 51, 52
ch'ing 32, 38
ch'i-heng chih fu 30, 31
Chin-k'uei Yao-lü 53
ch'uan 147
chüeh-han 153
ch'ung 32, 111
chung-feng 91
Chung-i chen-tuan-hsüeh chiang-i 51, 52
chung-kuan 115
chuo 43

E

eh-ni 149
êh-sêh 110

F

fa-joh 151
feng 54
feng-chen 54
feng-kuan 143
fu 30
fu 1 25
fu 2 181
fu 3 39, 171
fu 4 26
fu-ch'i 58
fu-mo **171, 181**
fu-t'ien 55
fu-shu 55

H

hai 75
han 34, 54
hsia-kuan 115
hsiang-k'o-hsü 28
hsiang-sheng-hsü 2 28
hsiang-wu-hsü 29
hsiao 48, 147
hsieh 48, 53
hsien-mo **177**
hsing 108
hsing-pi 154
hsin-hsia 51
hsü 26, 34, 48
hsü 2 28
hsüeh 26, 38, 48, 51, 52, 56, 59, 60, 62, 63, 66, 68, 69, 92, 96, 100, **101**, 102, 118, 125, 132, 133, 136, 143, 150, 154, 155, 159, 185
hsüeh cardiale 69
hsüeh-fen 92
hsüeh-mo 66
hsü-mo **173**
HSÜ LING-T'AI 38
hua 111
hua-mo **173**
Huang-ti Nei-ching 59
Huang-ti Nei-ching Su-wen 195
huan-mo **177**
hun 26
hung-mo **175**
huo-mo **177**

J

joh 34
joh-lun 88
jou 63
juan-mo **179**
ju-mo **179**

jung 111
juo-mo **179**

K

Kampô 163
kan-ou 149
ken **196**
ko-mo **178**
kuan 32, 168
Ku-shih i-ching 52

L

lao-mo **178**
li 25, 31, 34, 39
liang-tsao 55
Ling-shu 195, 203
LI SHIH-CHEN 161
liu-yin **54**

M

man 30, 31
ming-kuan 144
Mo-ching 161, 169

N

Nan-ching 168
nei-feng 60
nei-k'o 59
Nei-ching Su-wen 48
nei-shang 66

O

ou 148

P

pa-kang **33**
pei 25
pei-shu 205
pen 32
Pen-ts'ao kang-mu 161
pi **154**
p'i 51
piao 25, 31, 34, 39
ping-yin 53
Pin-hu mo hsüeh 161
p'o 26
pu 48

S

san 48
san-chiao 100, **102**
san-mo **179**
San-yin chi i ping yüan lun 53
shang-han 39, 43, 59
Shang-han-lun 36, 39, 44, 88, 167
Shang-han tsa-ping lun 59
shang 66
shang-ch'i 147
shang-han **88,** 89, 91
shang-kuan 115
shan-sêh 110
shao-ch'i 148
shao-yang 93
shao-yin **96,** 98
sêh 108
she-chen **113**
shê-chih 113
shêh-t'ai 122
sêh-mo **174**
shen 46, 64, 68, 108, 113, 117, 195
shen 1 26, 66, 68
shê-t'ai 113
shih 26, 30, 31, 34, 48
shih 2 55
shih-ch'i-ping 58
shih-mo **173**
shu 54, 98
shu-mo **172**
shu-yüeh chung-han 55
Su-wen 110

T

t'ai 108
tai-mo **182**
tai-yang 98
ta-mo **175**
t'an 66, 68
tao-han 152
t'ai-kuo 175
t'ai-yang 90
t'ai-yin **95**
tsang 26, 29, 39
tsang-hsiang **29**
tsao 55
tsa-ping 39, 59
ts'u-mo **181**
ts'un-k'ou **168**
t'u 148
tuan-ch'i 148
tuan-mo **175**
tung-mo **181**
t'ung-pi 154
tzu-han 152

W

Wai-wei 66
wang-chen **108**
wang-hsing 111
wang-seh 109
wang-shen 108
WANG SHU-HO 161
wang-tung 60, 112
wei 1 26, 90, **100**
wei 2 158
wei 3 195
wei-mo **176**
Wei-shu 94
wen-chen **146**
wen-ping 59, **99**
wen-tsao 55
wu-feng 41, **151**
wu-han 47, **151**
wu-hsing 23, **26**
wu-jô 40, **151**

Y

Yang **23**
yang-ming 92
yeh 26
YEH T'IEN-SHIH 100
yin 1 **23,** 24
yin 2 53
yin 3 **17,** 33
ying 26, 68, 72, 90, 100, **101**
yü-chi 168
YÜ KEN-CH'U 51